AF569601

Gerrit Hohage

Tief verwurzelt glauben

Gerrit Hohage

Tief verwurzelt glauben

Wie man heute christlich denken kann

SCM

Stiftung Christliche Medien

SCM R.Brockhaus ist ein Imprint der SCM Verlagsgruppe, die zur Stiftung Christliche Medien gehört, einer Gemeinnützigen Stiftung, die sich für die Förderung und Verbreitung christlicher Bücher, Zeitschriften, Filme und Musik einsetzt.

© 2024 SCM R.Brockhaus in der SCM Verlagsgruppe GmbH
Max-Eyth-Straße 41 · 71088 Holzgerlingen
Internet: www.scm-brockhaus.de; E-Mail: info@scm-brockhaus.de

Lektorat: Tanja Omenzetter
Umschlaggestaltung: Stephan Schulze, Stuttgart
Titelbild: Antoine Demare, unsplash
Satz: Uhl + Massopust GmbH, Aalen
Druck und Verarbeitung: GGP Media GmbH, Pößneck
Gedruckt in Deuschland
ISBN 978-3-417-24185-3
Bestell-Nr. 224.185.000

Inhalt

Vorwort

Ein Sämann ging aus, um zu säen. (...) Und etliches fiel auf felsigen Boden, wo es nicht viel Erde hatte, und ging bald auf, weil es keine tiefe Erde hatte. Als aber die Sonne aufging, verwelkte es, und weil es keine Wurzel hatte, verdorrte es.

Matthäusevangelium, Kap. 13,5-6

Tief verwurzelt glauben in der Postmoderne – darum geht es in diesem Buch. Glaubenstiefe zu gewinnen in den Veränderungen, die in unserer Welt vor sich gehen. So wie ein Baum, der saftig und grün bleibt, weil seine Wurzeln das Tiefenwasser erreichen, auch wenn die Hitze den Boden ausdörrt (Jer 17,8).

Warum ist das wichtig? Jesus sagt in seinem Gleichnis von dem Sämann: »Der Same ist das Wort Gottes« (Lk 8,11). Dieses Wort des Lebens, das in unsere Herzen gefallen ist, erfüllt uns mit Freude. Aber die Welt, in der wir leben, stellt unseren Glauben vor große Herausforderungen. Diese können manchmal eine Wirkung entfalten, wie wenn die sengende Sonne das Wasser verdunsten lässt: Dürre entsteht – Glaubens-Dürre, Hoffnungs-Dürre. Dann vertrocknet die Liebe zu Gott und den Mitchristen. Und die Überlebensfrage ist: Worin wurzeln wir? Haben wir nur eine dünne Schicht Erde und darunter Stein? Dann wird es uns so gehen, wie Jesus im Lukasevangelium sagt: »Zu der Zeit der Anfechtung fallen sie ab« (Lk 8,13). Oder finden wir Boden, in den hinein sich unsere Wurzeln nach Wasser ausstrecken können?

Wir Menschen sind aber nun mal keine Pflanzen, und deshalb ist uns nicht einfach vorgegeben, worin wir wurzeln. Es liegt auch an unserer Entscheidung. Wohin wir graben und wo wir suchen, um zu finden, was unseren Glauben stärkt und erhält, das können wir gestalten. Dabei möchte dieses Buch behilflich sein. Es ist aus meinem eigenen Graben nach dem lebensspendenden Wasser hervorgegangen. Mein Wunsch ist, dass es auch anderen hilft, für sich herauszufinden, in welcher Richtung wasserhaltiger Erdboden zu erwarten ist und wo sich trockener Fels befindet. Das ist vielleicht nicht für jede und jeden genau dieselbe Richtung, in der ich es gefunden habe. Aber vielleicht zeigt sich, dass die eine oder andere Stelle, an der Mitchristen das Graben schon aufgeben wollten, in der Tiefe doch lohnender ist als andere Stellen, die oberflächlich feucht scheinen, aber darunter steinhart sind.

Mir hat dieses Bildwort Jesu vom Sämann und den Samenkörnern schon immer viel gesagt. Mit ihm möchte ich beschreiben, was ich in diesem Buch vorhabe. Im ersten Teil geht es nach einer anfänglichen Situationsbeschreibung darum, den fruchtbaren Boden und den Fels zu identifizieren und ihre Eigenschaften besser zu verstehen. Was bedeutet es eigentlich, »zum Glauben zu kommen«? Wo liegt das Grundwasser des Glaubens? Wo liegt die Quelle, aus der sie sprudelt, und wie genau sprudelt sie in unser Leben hinein? Wir betrachten dazu zentrale biblische Texte und Begriffe. Anschließend dringen wir in mehreren Schichten in die Kirchen-, Theologie-, Philosophie- und Wissenschaftsgeschichte ein, um nachzuvollziehen, wo und wie unsere Welt das Wasser des Glaubens aufgenommen hat und wo und warum nicht. Das hilft uns, zu erschließen, wo wir als Glaubende heute im Zeitalter der Postmoderne stehen und auf welchem Weg wir dort hingekommen sind.

Im zweiten Teil möchte ich das Phänomen geistlicher Dürre genauer betrachten – und zwar phänomenologisch, d. h., wie wir sie erleben und erfahren. Jesus redet in dem oben genannten Gleichnis in Lk 8,13 von der »Zeit der Anfechtung«. Was ist das genau, wie lässt sie sich ausdrücken? Kann man sie systematisieren? Wie begegnet man ihr? Dazu werden anhand der Bibel hilfreiche und weniger hilfreiche Methoden vorgestellt.

Mit diesem Werkzeug gehen wir im dritten Teil zurück zu zentralen Themen des christlichen Glaubens, in denen man aktuell Prozesse des Austrocknens beobachten kann. Es gibt in der Gemeinschaft der Glaubenden kontroverse Debatten, in denen vieles, was früher geglaubt wurde, infrage gestellt wird. Ich möchte nachprüfen, inwieweit sich diese Prozesse als Manifestation von Anfechtung verstehen lassen und ob sich das lebensspendende Wasser vielleicht doch wiederfinden lässt. Meine Absicht ist es weniger, Glaubenswahrheiten zu verkündigen, als Denk- und Glaubensmöglichkeiten aufzuzeigen – auch an Stellen, an denen andere vielleicht schon aufgegeben haben.

In allen drei Teilen leitet mich ein dreifaches Motiv. Erstens bin ich als Pfarrer »Hirte« der Gemeinde. Meine Aufgabe ist es, das Wort des Glaubens so auszuteilen, dass Menschen im Glauben wachsen. Zweitens bin ich nach meinem Gabenprofil Lehrer und Apologet, und da ist meine Aufgabe, den Glauben, den ich verkündige und selbst lebe, zu begründen und wenn nötig auch zu verteidigen. Drittens bin ich theologischer Wissenschaftler und habe den Ehrgeiz, die ersten beiden Aufgaben mit wissenschaftlichem Anspruch und entsprechender Unterfütterung zu betreiben. Das Buch enthält darum recht unterschiedliche Passagen. Manche davon erinnern vielleicht an »Erbauungsliteratur«; andere lesen sich wie ein Sach- oder Lehrbuch und es gibt auch Passagen, in denen ich wissenschaftlich-theologisch argumentiere und zu wissenschaftlichen Fragen Stellung nehme.

Das Buch ist also wie ein Puzzle mit ganz verschiedenen Puzzleteilen – autobiografische, biblische, historische, philosophische, theologische, seelsorgliche und andere mehr. Nicht alle diese Puzzleteile sind für jede Leserin und jeden Leser gleich wichtig. Die eine bleibt vielleicht an diesem Teil hängen, der andere an einem anderen. Nimm, was du brauchen kannst.

Was den Aufbau angeht, so gibt es lineare und spiralförmige Curricula. Ein linearer Buchaufbau unterteilt den Gegenstand des Buches in Themenfelder und schreitet diese nacheinander ab. Ich bin ein Fan von Spiralcurricula. Ein Spiralcurriculum ordnet die Themenfelder kreisförmig an und durchschreitet sie mehrfach, wobei immer mehr Aspekte berücksichtigt werden. Das Wissen kann

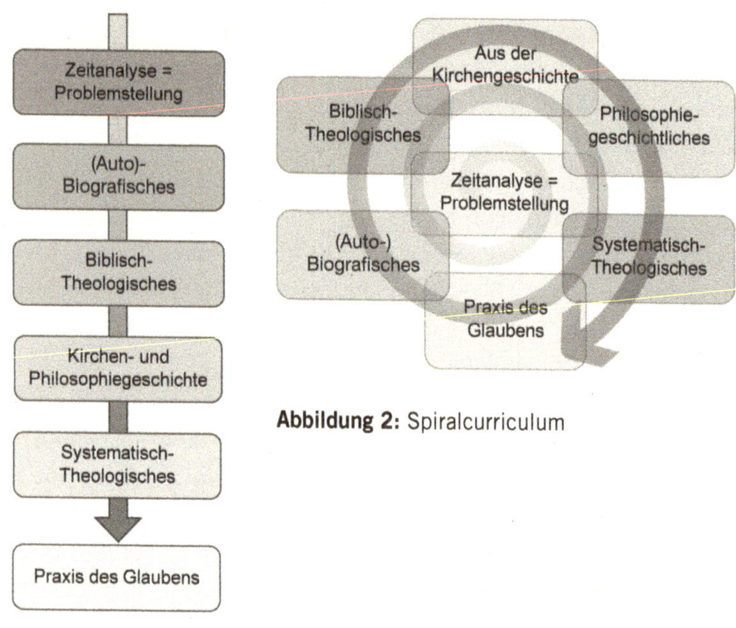

Abbildung 1: Linearcurriculum

Abbildung 2: Spiralcurriculum

sich so viel besser vernetzen. Einer meiner Lehrer, Sven Findeisen, war Meister darin. Die beiden Abbildungen hierzu zeigen, was ich meine.

Ich gehe bei alldem von einer Glaubenshaltung aus, die andere vielleicht als »theologisch konservativ« bezeichnen würden. An diesem Label ist durchaus Richtiges dran; es enthält aber auch zumindest Missverständliches. Richtig ist, dass ich an die Kraft des Evangeliums von Jesus Christus in seiner traditionellen Bedeutung glaube und sie für etwas zutiefst Bewahrens- und auch Schützenswertes halte. Ich mache keinen Hehl daraus, dass ich der Evangelischen Allianz[1] nahestehe. Ich werde ein wenig aus meinem Leben erzählen, damit vielleicht verständlich wird, warum das so ist. Missverständlich wäre die Unterstellung, Konservative würden sich prinzipiell gegen Veränderungen sperren. Das trifft nach meiner Erfahrung weder auf Konservative allgemein noch auf das zu, was ich mit diesem Buch möchte. Das Evangelium wurde vielmehr immer dadurch bewahrt, dass es mit den Mitteln der Gegenwart verstanden wurde – sonst wurde es nämlich vergessen, und auch das hat es in der Theologiegeschichte mehrfach gegeben. Man hat die Kirchen der Reformation mit einem lateinischen Bonmot als *ecclesia semper reformanda* beschrieben – als die »sich immerfort reformierende Kirche«. Eine Reformation aber setzt das eigene Erfassen und Aneignen voraus und dies ist immer eine kreative Aufgabe. Ein solch kreatives Bewahren des bewährten Glaubens ist mein Anliegen, und ich hoffe, im Laufe des Buches gute Gründe dafür liefern zu können.

Das Puzzle zwischen diesen Buchdeckeln ist nicht vollständig. Das liegt nicht nur daran, dass wir mit unserer theologischen Arbeit sowieso nie fertig werden. Das Buch verdankt sich einer dreimonatigen Studienzeit, in der ich von der Gemeindearbeit freigestellt war. Ich bin meiner Kirche, der Evangelischen Landeskirche in Baden, für diese Möglichkeit sehr dankbar. An diesen Zeitrahmen war die Verschriftlichung gebunden, und das erklärt vielleicht den einen oder anderen weißen Fleck im Bild.

Danken möchte ich meiner Frau Karen, die in dieser Zeit auf vieles verzichtet hat. Dr. Markus Till danke ich für das aufmerksame Korrekturlesen und für manch kritische Rückfrage, die mir geholfen hat, mein Anliegen zu präzisieren. Und ich möchte noch jemandem danken, der eigentlich nur indirekt an diesem Buch beteiligt war, nämlich Prof. Dr. Heinzpeter Hempelmann. Von seinem umfassenden wissenschaftlichen Werk zwischen Systematischer Theologie, Missiologie und Philosophie habe ich einmal mehr überaus profitiert, auch wenn ich manche Punkte anders sehe (und auch darin habe ich von ihm profitiert). Vor seiner Lebensleistung möchte ich mich an dieser Stelle tief verneigen.

Gundelfingen, im April 2023

Gerrit Hohage

Formalia

Vorweg noch einige einführende Bemerkungen. Dieses Buch werden Menschen aus den Großkirchen, aus landeskirchlichen Gemeinschaften und Freikirchen lesen. Da sind manche Begriffe sehr spezifisch. Ich verwende die Begriffe »Kirche« und »Gemeinde« synonym und sie bedeuten entweder die einzelne Ortskirche bzw. Ortsgemeinde, zu der ein Mensch sich zugehörig fühlt (»meine Gemeinde«), oder im Kollektivsingular die Gesamtheit der Kirchen bzw. Gemeinden in der Welt. Wo verfasste Kirchen (z. B. die evangelischen Landeskirchen oder die katholische Kirche) gemeint sind, adressiere ich sie ausdrücklich.

Bibelstellen zitiere ich nach der Luther-Übersetzung von 2017 oder ich übersetze selbst, um die Bedeutung einzelner Worte herauszustellen. Andere Übersetzungen habe ich angegeben. »par« (z. B. Mk 1,1-8par) weist auf Parallelstellen, die z. B. in der Luther-Übersetzung immer unter der Kapitelüberschrift angegeben sind.

Die anderen verwendeten Bibelübersetzungen werden wie folgt abgekürzt:

ELB: Elberfelder Bibel
GNB: Gute Nachricht Bibel
LUT: Lutherbibel
MEB: Menge-Bibel (Übersetzung von Hermann Menge)
ZB: Zürcher Bibel

Manchmal gehe ich direkt auf Begriffe in der griechischen und hebräischen Ursprache des Neuen bzw. Alten Testamentes ein. Ich habe mich dazu entschlossen, diese in Umschrift statt in griechischer und hebräischer Schrift zu zitieren – das theologische Fachpublikum möge es mir um meiner nicht theologischen Leserschaft willen verzeihen. Literatur zitiere ich in den Fußnoten mit Namen und Kurztitel statt Jahreszahl.

Was innerhalb von Zitaten in [eckigen Klammern] steht, habe ich selbst zur Erklärung des Zitates hinzugefügt; drei Punkte in eckigen Klammern sind als Auslassungspunkte zu verstehen.

In meinem Blog http://tieferglauben.wordpress.com finden sich ergänzende Materialien wie ein Glossar sämtlicher in diesem Buch verwendeter Fremdwörter und theologischer Fachbegriffe, ein Bibelstellen-, Sach- und Personenregister sowie eine Auswahl wichtiger Texte, auf die ich im Buch Bezug nehme.

Es gibt bei manchen meiner Leser*innen ein Bedürfnis nach inklusiver Schreibweise und bei manchen anderen kein Bedürfnis danach. Man kann nicht gleichzeitig etwas tun und nicht tun. Zumindest ich kann das nicht. Die grundsätzlichen Einwände gegen »gendern« sind nicht von der Hand zu weisen und werden nach Umfragen von der Mehrheit der Bevölkerung geteilt.[2] Ich habe für mich auch noch keine Lösung gefunden, wie ich flüssige, lesbare Texte mit inklusiver Schreibweise produzieren kann, die ich hinterher selbst lesen mag. Ich bitte bei denen, die dies eigentlich erwarten, um Verständnis, dass ich ihre Erwartung, von einigen Ausnahmen abgesehen, nicht erfüllen kann, und versichere allen biologischen und sozialen Geschlechtern, dass sie bei der Verwendung von Kollektivsingularen immer mitgemeint sind.

I. TEIL

Der Boden, der Fels und das Samenkorn

1 Glauben in einer Welt ohne Horizont

1.1 Die »Post-« ist da

Auch wenn die altehrwürdigen Filialen aus vielen Dörfern verschwunden sind, scheint die Post in aller Munde: »postmodern«, »postfaktisch«, »postkolonial«, »postevangelikal« – die »post-« schwirrt herum in unseren Köpfen und füllt Zeitungsspalten und Buchseiten. Spaß beiseite: Das Wort ist ursprünglich lateinisch und bedeutet »nach-«. Es zeigt an, dass sich irgendetwas in unserer Gesellschaft, unseren Köpfen, unserer Welt verändert hat. Man kann die Zeit vor und nach dieser Veränderung unterscheiden.

In der Menschheitsgeschichte hat es schon mehrere kulturelle Umbrüche dieser Art gegeben – der Übergang von der Antike zum Mittelalter, vom Mittelalter zur Neuzeit oder »Moderne«. Und jetzt? Wir leben in irgendwas danach. Und in was wir leben, das kam über uns wie eine Welle mit Ansage.

Friedrich Nietzsche (1844–1900), der oft der »Philosoph der Postmoderne« genannt wird, hat diese Welle schon vor fast 150 Jahren kommen sehen. In seiner kleinen, ursprünglich 1882 veröffentlichten Geschichte vom »tollen [d. h. verrückten] Menschen«[3] lässt er diesen am helllichten Tag mit einer Laterne auf einem belebten Platz auftauchen und zum völligen Unverständnis der Anwesenden rufen: »Gott ist tot! Wir haben ihn getötet.« Als könne der Mann das Grundstützende dieser Wahnsinnstat nicht fassen, ruft er: »Was taten wir, als wir diese Erde von ihrer Sonne losketteten? Wir haben den Horizont weggewischt!« Am Ende seiner merkwürdigen Rede sieht der »tolle Mensch« ein: »Ich bin zu früh. Ich bin noch nicht an der Zeit.« Kein Wunder. Es dauerte noch mehrere Jahrzehnte, bis Jacques Derrida (1930–2004) und seine Freunde Francois Lyotard (1924–1998), Michel Foucault (1926–1984) und andere eine Philosophie zusammenbauten, die so klapprig wie der erste PC war, den Steve Jobs in der Garage zusammengelötet hatte. Sie ist unter den Begriffen »Dekonstruktivismus« und »Poststrukturalismus« bekannt. Sie war der Höhepunkt, gleichsam die Schaumkrone der Welle der Postmoderne.

Sie hatte sich angekündigt – ganz sachte zuerst, wie ein Spiel im seichten Wasser. Was war das noch nett, als wir so ungefähr vor dreißig Jahren aufhörten, uns zu streiten, was »Wahrheit« ist, und stattdessen akzeptierten, dass es »meine« und »deine« Wahrheit gibt. Wichtiger als das Streiten um Wahrheiten schien die Suche nach pragmatischen Lösungen für praktische Probleme. Schon Cole Porter hatte 1934 in seinem gleichnamigen Musical das Motto ausgegeben: *Anything goes* – alles geht, alles ist legitim! Dieses programmatische Ausbrechen aus überkommenen Rollen- und Moralvorstellungen war ein schönes Spiel – meine Wahrheit ist halt meine und nicht deine. Und wir hatten schließlich noch genug gemeinsame Wahrheiten, die uns einen sicheren Stand ermöglichten. Wir waren wie die Schwimmer in der beginnenden Ebbe, die noch sicheren Boden unter den Füßen wähnten und gar nicht merkten, wie sie sachte ins Meer hinausgezogen wurden, während sich die Welle aufbaute, in der die subjektiven Wahrheiten immer umfassender und bestimmender wurden und die noch vorhandenen gemeinsamen Wahrheiten Stück um Stück dekonstruierten.

Überspült

Die Welle, die sich in den Zirkeln der Philosophen und Soziologen, der Sprach- und Literaturwissenschaftler aufgebaut hatte, brach dann in voller Breite über die harmlos in »meiner« und »deiner« Wahrheit Planschenden herein. Wenn ich mich umhöre, in welchem Themenzusammenhang die Menschen zuerst wahrgenommen haben, dass sich die Spielregeln des Debattierens gerade ändern, wird sehr oft der Bereich von Ehe, Familie und Sexualität genannt. Eine Schlüsselrolle spielten dabei die »Gender-Theorie« (v. a. Judith Butler, *1956) und die damit verbundene Identitätspolitik, die im Zuge des *Gender Mainstreamings* politische Wirksamkeit erlangte. Ich glaube, es war das erste Mal, dass eine Theorie, die die Mehrheit der Wissenschaftler zum damaligen Zeitpunkt als »faktenfrei« betrachtete, es zu allgemeiner politischer und gesellschaftlicher Geltung brachte. Dabei besteht ihre Argumentation ausschließlich in der Dekonstruktion von Bestehendem, nämlich der »Geschlechterbinarität«. Judith Butler sagte mit Derrida und Foucault: Geschlecht ist nicht einfach, was es ist, sondern es wird durch gesellschaftliche Sprechakte sozial konstruiert.[4] An diesem konkreten Beispiel haben wir die Grundlagen der neuen Philosophie gelernt. Diese sagt: All die vielen Unterscheidungen, die wir für wahr und unwahr, für gut und schlecht, für richtig und falsch halten, sind nicht, was sie zu sein scheinen. Menschen haben sie durch sprachliche Machtwirkungen hervorgebracht. »Wahr« ist nicht wahr, sondern nur ein verborgenes »Wir wollen«. Und nun wollen wir halt etwas anderes.

Das ist es, was der »tolle Mensch« gemeint hatte – der Horizont, an dem sich Himmel und Erde, Luft und Ozean unterscheiden, ist weggewischt. Wahrheitsansprüche sind nur noch Machtansprüche, nichts weiter. Und so wurde die Gender-Theorie denn auch nicht (natur)wissenschaftlich erwiesen, sondern machtpolitisch *top-down* (d. h. von oben nach unten) durchgesetzt. Den Beweis ersetzte der »Narrativ« (die »große Erzählung«); diskursive Macht (Empörung und *Shitstorms*) ersetzte die Debatte. Und ein neues Bonmot kam in die Welt, das das angeblich postmoderne *Anything goes* ersetzte: »Das geht gar nicht!« Es illustriert die reine Inanspruchnahme von Diskurshoheit, die Fakten erst hervorbringt.

Es gab Menschen, die meisterhaft auf dieser Welle zu reiten verstanden und sie vor allem über die Medien in die Öffentlichkeit brachten. Und es gab Menschen, die sich von dieser Welle überspült fühlten – das waren die, die sich selbst als »konservativ« verstanden. Sie fanden sich selbst plötzlich in der Rolle der Unmenschen und die Werte, die sie vertraten, als delegitimierte Unmöglichkeiten am Rande der Gesellschaft. Sie hatten die Welle nicht erwartet und sie waren nicht vorbereitet. Die Nichtkenntnis der neuen Regeln, die jetzt plötzlich galten, war der entscheidende Vorteil derer, die als Avantgarde gekonnt auf der Welle der Postmoderne surften – darunter auch viele Christinnen und Christen mit bibelkritisch-liberaler Einstellung. Für sie war die neue Philosophie ein Mittel, um Vorgegebenheiten der herkömmlichen Glaubenslehre als menschliche Machtwirkungen zu dekonstruieren und durch zeitgemäße Vorstellungen zu ersetzen. Es war ein tolles Gefühl von Macht und Einfluss: Wir machen den neuen Horizont, an dem sich Glaube und Gesellschaft orientieren sollen.

1.2 Die Rückseite der Postmoderne

Toscana 2008, am Sandstrand. Ich plansche mit einem meiner Kinder auf dem Arm im Meer. Wir sind in Ufernähe und haben Spaß mit den Wellen. Ich stehe sicher, auch wenn die Wellen relativ hoch sind und ich mich mitunter dagegenstemmen muss, um stehen zu bleiben. Alles kein Problem. Dann aber plötzlich Rufen am Ufer – es kommt ein Brecher auf uns zu, der mehr als doppelt so hoch ist als alle anderen Wellen bisher. Zum Rausgehen ist es zu spät; ich stemme mich mit aller Kraft gegen die Welle, verliere den Boden unter den Füßen, aber ich bin noch aufrecht. Und doch verliere ich plötzlich den Halt. Der Sog der Rückseite dieser Welle war so stark, dass es mich umriss, als die Welle eigentlich schon durch war. Prustend retten wir uns ans Ufer.

An diese Welle muss ich in letzter Zeit oft denken. Denn etwas Ähnliches passiert gerade im Christentum in unserem Kulturkreis: Der Sog der Rückseite der Postmoderne-Welle hat uns ergriffen. Uns – damit meine ich die, deren Glauben biblisch-konservativ geprägt ist, die Teil der landes- und freikirchlichen Strömung sind, welche aus dem Pietismus und der Erweckungsbewegung hervorgegangen ist. Ich sehe viele von uns prustend paddeln, aber da ist anscheinend kein Ufer mehr, wenn sich Fragen stellen wie: Welchen Medien können wir glauben? Wird uns die Wahrheit von den Eliten verschwiegen, um bestimmte Ziele zu erreichen – z. B. finanzielle Interessen oder die Einschränkung von Freiheitsrechten, auch für uns Christen? Welche von den Informationen, die uns von verschiedenen Seiten aufgetischt werden, geben Fakten wieder und welche sind erfunden oder falsch interpretiert?

Viele Christen wussten nicht wirklich, was sie da eigentlich ergriffen hatte, wenn sie z. B. zu der Überzeugung kamen, dass eine große Verschwörung im Gange sei, in der eine kinderbluttrinkende Elite die Weltmacht an sich reißen will und nur einer in der Lage sei, sie aufzuhalten, nämlich der von Gott gesandte Donald Trump. Oder wenn sie sich sicher waren, dass die Medien uns die Unwahrheit über das Coronavirus erzähl(t)en, das Drehbuch der Angstmache lange geplant war, und zwar von einer Schar von faschistoiden Politikern, deren Ziel es sei, die Menschen um ihre Freiheitsrechte zu bringen, wogegen sie als Christen beten und Widerstand leisten müssten. Sind da nicht satanische, böse Mächte am Werk? Ist es nicht legitim, sich für diesen guten Zweck zu vernetzen, sich mit den politischen Strömungen zu verbinden, die dasselbe denken, oder die Kritiker anzuhören, die in den Medien förmlich ausgegrenzt und nicht gehört werden? Sind die Fakten im Licht der biblischen Endzeitprophetie nicht ganz anders zu interpretieren, als die Öffentlichkeit das tut, die wie von unsichtbaren Dompteuren am Nasenring durch die Manege geführt wird? Und warum – so fragten sie sich verwundert – reagieren die anderen Menschen immer so gereizt, wenn man ihnen einfach die Wahrheit sagt?

Die andere Seite der Welle

Die Avantgarde, die die neue neue postmoderne Weltsicht in den politischen Machtzirkeln und den herkömmlichen und sozialen Medien verbreitete, hatte mit einem Umstand nicht gerechnet: Der Mensch ist lernfähig. Die konservativ empfindenden Menschen der Gesellschaft sahen, wie ihnen da geschah. Einige von ihnen analysierten die Spielregeln, erlernten sie dabei (zum Teil auch unbewusst) und irgendwann wendeten sie sie selbst an – exakt dieses war die Ursache für den Aufschwung des Rechtspopulismus nach der Jahrtausendwende. Auch der Rechtspopulismus ist oft faktenfrei. Auch er lebt von Narrativen und übt diskursive Macht aus, um seine Gegner zu delegitimieren. Donald Trumps *Alternative Facts* waren kein Zufallsprodukt, sondern die Form einer Antwort ehemals Konservativer auf die Welle der Postmoderne. Ja, ehemals – denn diese Konservativen haben im Erlernen der neuen Regeln und Fertigkeiten eine Metamorphose durchlaufen, die ihnen exakt den Boden unter den Füßen wegzog, den sie zu verteidigen beabsichtigten: ihre Werte. Donald Trump, Jair Bolsonaro, Alice Weidel, Boris Johnson, das sind Schein-Reaktionäre; in Wahrheit sind sie durch und durch postmoderne Gestalten. Der Trumpismus, die Querdenker, die französischen Gelbwesten und was alles phänomenologisch dazugehört, sie alle bilden die Rückseite der Postmoderne. Sie vertreten ganz andere Inhalte und verfolgen andere Ziele als ihre politischen Kontrahenten auf der Vorderseite dieser Welle, aber sie vertreten sie in derselben Form, mit denselben Methoden und mit demselben Konzept von »Wahrheit«. Und ebendies sind die Strukturen, in denen die Postmoderne existiert. Das ist so wie jedes Ding, das eine Vorder- und Rückseite hat und dennoch dasselbe Ding ist.

Im Sog dieser »Rückseite der Postmoderne« sehe ich biblisch-konservative Christen in immer größerer Zahl ihr Gleichgewicht verlieren. Ich kenne einige, die die Mechanismen der Postmoderne erkennen, analysieren, benennen und davor warnen konnten und die die Sogwirkung der Rückseite dennoch in die Welle hineinzog. Tiefes Misstrauen gegenüber den Institutionen und Eliten, gegenüber den Medien und dem Mainstream-Gehabe des Konformismus trägt seinen Teil ebenso dazu bei wie die technischen Plattformen der sozialen Medien, die etwa zeitgleich entstanden. Es gibt ein ganzes Bündel von Ursachen, auf die ich in den nächsten Kapiteln eingehe. Die Frage, für die keine objektive Lösung mehr sichtbar ist, lautet:

> **Welche der Wahrheiten, die von Politikern, von Medien, im Internet, in Mailverteilern und von den Kanzeln angeboten werden, ist wirklich wahr?**

Es scheint außerhalb der eigenen Subjektivität kein Kriterium mehr zu geben, um beurteilen zu können, welche Interpretation die Interpretation der anderen richtig interpretiert, denn jeder interpretiert die Interpretation des anderen so, wie es ihm passt, um einen Debattenvorteil zu erreichen. Der eine sagt »Meinungsfreiheit« oder »selbstständiges Denken«, der andere sagt »Verschwörungstheorie«, und jeder will damit sagen: Meine Version ist legitim und deine nicht.

(Nicht) postmodernes Christsein?

Es scheint, als habe die Postmoderne auf diesem Weg biblisch-konservativ glaubende Christen ebenso ergriffen wie vorher die liberalen Strömungen der Christenheit, und zwar in zahlenmäßig rasch fortschreitender Art und Weise. Ich möchte nicht behaupten, dass dieser Trend alle konservativ Glaubenden ergriffen hätte, aber ich möchte behaupten, dass die, die nicht in postmodernen Schemata denken, von immer mehr Gesprächspartnern trotzdem nach postmodernen Schemata interpretiert werden, weil diesen nämlich keine anderen mehr zur Verfügung stehen. Darum können sie die oben skizzierte Frage mit den ihnen zur Verfügung stehenden Kommunikationsmitteln nicht mehr lösen. Das stellt die Vermittlung des Glaubens an die nachfolgenden Generationen vor schwerwiegende Probleme. Kann es eine nicht postmodern kontaminierte Strömung des christlichen Glaubens als Weg in die Zukunft geben? Ich hätte vor einigen Jahren noch »Ja« gesagt. Der Anblick der »Rückseite der Postmoderne« lässt mich inzwischen daran zweifeln, ob ein nicht oder sogar antipostmodernes Christentum überhaupt eine gangbare Option für die Zukunft darstellt – außer in sozialen Enklaven, und die können den Missionsauftrag Jesu in Mt 28,16-20 nicht mehr erfüllen.

Diese Einsicht hat die Fragestellung für mich verändert. Ich bin auf eine neue Frage gestoßen, die den Gedankengang dieses Buches eröffnen soll:

Welche der angebotenen Wahrheiten hilft uns, Jesus Christus nachzufolgen und ihm immer ähnlicher zu werden (Röm 8,29; 2Kor 3,18)?

Seien wir dabei ehrlich: Machen wir uns die Mühe zu beobachten, was die Wahrheit, der wir glauben, mit uns macht, welche Früchte sie trägt – gute oder faule (Mt 7,15-20)? Vielleicht können wir nicht mehr ohne Weiteres entscheiden, welche »Wahrheiten«, die die Welt uns bietet, wahr sind. Aber wir können wahrnehmen, welche uns in der Nachfolge Jesu behindern und welche uns helfen, als seine Jüngerinnen und Jünger zu leben.

1.3 Paralleluniversen

Ich bin ein alter Trekkie. Ich habe *Raumschiff Enterprise*, *Star Trek: Next Generation* und *Deep Space 9* von Kindesbeinen an gefeiert. In manchen Folgen kommt ein Paralleluniversum vor – eine fast astrophilosophisch anmutende Idee, nach der es nicht nur eines – nämlich unseres –, sondern eine unendliche Zahl von Universen gibt. Sie entstehen fortwährend dadurch, dass bei jedem quantenmechanischen Vorgang, der eigentlich ein Entscheidungsprozess mit mehreren Ausgangsmöglichkeiten ist, auch jede dieser Möglichkeiten tatsächlich eintritt. Dabei bildet sich jeweils eine eigene alternative Realität in einem Paralleluniversum. Diese Paralleluniversen existieren nach dieser Vorstellung im »Multiversum« nebeneinander und interagieren normalerweise nicht. Aber die Macher von *Star Trek* haben sich genau diesen Fall ausgedacht, wie es denn wäre, wenn es dazwischen eine Spalte gäbe. Verschiedene Protagonisten der Serie gelangen mehr oder weniger unfreiwillig in eines dieser Paralleluniversen, in denen die Naturgesetze gleich, aber das Leben dennoch ganz anders ist. In der Regel haben sie dort Doppelgänger, die völlig anders »ticken«, ganz andere Rollen spielen und oft spiegelbildlich verkehrte Werte vertreten. Die Lösung der Situation zeigt sich meist dadurch, dass sie immer mehr verstehen und entschlüsseln, in was für einem Universum »die da« eigentlich leben und wie man es »bespielt«. Meist haben sie nach ihrer Rückkehr dabei auch viel über sich selbst erfahren.

Ich finde diese literarische Vorlage eine überaus gelungene Verbildlichung der Situation, in die hinein sich unsere Gesellschaft in der Postmoderne auflöst. Der ehemalige Präsident des Deutschen Bundestages Wolfgang Thierse hat die Problematik in seinem viel beachteten FAZ-Beitrag[5] umrissen, der zu ebender Kontroverse geführt hat, über die er geschrieben hatte: Wenn die Gesellschaft in zahllose selbstbezügliche Identitäten zerfällt, denen nicht nur der Gemeinsinn, sondern auch die gemeinsame Sprache abhandengekommen ist – was passiert dann mit der Gesellschaft? Ich denke diesen Gedanken einen Schritt weiter: Wenn der Leib Christi, die Gemeinschaft der Glaubenden, entlang den Rissen in der Gesellschaft in lauter *tribes* (engl. »Stämme«) zerfällt, die nicht nur die gemeinsame Wahrheit, sondern in ihren virtuellen Filterblasen auch die gemeinsame Sprache verloren haben – was macht das mit dem universalen Auftrag, den Jesus seiner Kirche gab, alle Völker zu Jüngern zu machen (Mt 28,16-20)?

Viele Gigabytes an Internet-Diskussionen und Myriaden Gigaflops an Rechen- und Lebenszeit gehen dabei verloren, diese Problemlage dadurch zu lösen, dass einer versucht, den anderen von der Gültigkeit seiner eigenen Anschauung zu überzeugen. Die meisten dieser Versuche – auch der verunglückten – sind, wie ich glaube, von der ernsthaften Hoffnung getragen, dass der andere anfängt, so zu denken wie man selbst, und dadurch die gemeinsame Wahrheit und die gemeinsame Sprache wiedergewonnen werden können. Und viel Frustration, Enttäuschung und Wut entsteht an der nachhaltigen Erfolglosigkeit dieser Versuche. Ich bin inzwischen der Überzeugung, dass diese Versuche gar nicht mehr erfolgreich sein können, weil wir im Bewusstsein unserer Gesprächspartner kein außerhalb unserer eigenen Subjektivität liegendes Kriterium mehr anbieten können, um zu entscheiden, welche der vielen Wahrheiten unserer Welt wirklich wahr sind, denn in unserem eigenen Bewusstsein sind unsere Wahrheiten selbstverständlich objektiv wahr. Solche Diskussionen haben lediglich die Wirkung, dass sich diejenigen Gruppen *(tribes)* herausbilden, mit denen wir dasselbe Werte- und Sprachsystem teilen. Leben wir also in unseren Köpfen tatsächlich in lauter Paralleluniversen nebeneinanderher – nur dass die sich alle an demselben physikalischen Ort befinden, wodurch es ständig Krach gibt?

Jesus, das Licht des Multiversums

Jesus Christus sagt: »Ich bin das Licht der Welt. Wer mir nachfolgt, der wird nicht wandeln in der Finsternis, sondern wird das Licht des Lebens haben« (Joh 8,12). Jesus sagt nicht: »Ich bin das Licht *deiner* oder *seiner* Welt, sondern *der Welt*« – das Licht des Multiversums. Ich glaube, dass Jesus in jedem dieser Paralleluniversen irgendwie gegenwärtig ist. Das befreit mich von dem Druck, meine Gesprächspartner erst aus ihrem Universum in mein Universum »überführen« zu müssen, um ihnen Jesus zeigen zu können. Aber wir können uns davon erzählen, in was für einem Universum wir leben, und uns dadurch besser verstehen. Uns tut hier eine gute Portion Gelassenheit des Glaubens gut. Ich habe immer weniger das Gefühl, ich müsste meine Glaubensgeschwister, die z. B. Ansichten aus der Querdenker-Bewegung vertreten, aus ihrem Universum hinausbeamen. Es gibt Menschen, auch Christen, die in einem Universum leben, in dem eine faschistoide Regierung versucht, unter Vorgaukeln einer Pandemiesituation eine Umstellung der Weltwirtschaft vorzunehmen und den Bürgern dauerhaft die Freiheitsrechte zu entziehen. Ich lebe nicht in diesem Universum. In meinem Universum grassierte ein echtes Virus und eine Regierung hat in bester Absicht, aber mit exponential ansteigender Überforderung, ihr Bestes getan hat, um es einzudämmen, und sich dabei in Fehler verrannt, die sie nicht zugeben konnte, weil Wahlkampf war. Noch andere leben in einem Universum, in dem eine Regierung inmitten einer immer mehr wissenschaftsfeindlichen Welt versucht, auf die einzig wissenschaftliche Weise die Pandemie zu bewältigen, und daran von allen möglichen Wissenschaftsfeinden gehindert wird. *So what* – na und? In diesen und noch mehr unterschiedlichen Universen leben wir. Und Jesus ist irgendwie in jedem von ihnen anwesend und lässt uns in keinem von ihnen allein. Er gibt denen, die ihm nachfolgen, das Licht des Lebens. Und darum ist für mich die für uns als Leib Christi entscheidende Frage nicht: Lebst du in dem »richtigen« Universum – in meinem natürlich? Sondern: Wie kannst du in dem Universum, in dem du lebst, Jesus Christus glaubwürdig nachfolgen, sodass dein Leben mit seinem Licht im Einklang ist? Wie kannst du in deinem Universum als Jüngerin und Jünger Jesu erkennbar werden, der das Licht des Lebens hat und es weiterträgt, um selbst »Licht der Welt« (Mt 5,14-16) zu sein?

Ein multiversaler Auftrag

Jesus, das Licht des Multiversums, hat seinen Nachfolgern einen Auftrag gegeben. »Geht hin in alle Welt und macht alle Völker zu meinen Jüngern (griech.: *mathēteúsate*), indem ihr sie tauft auf den Namen des Vaters und des Sohnes und des Heiligen Geistes und indem ihr sie alles (be)halten lehrt, was ich euch aufgetragen habe. Und siehe, ich bin bei euch alle Tage, bis an das Ende der Welt« (Mt 28,19). Dieser Auftrag Jesu ist sozusagen multiversal. Jesus, der irgendwie in jedem Multiversum gegenwärtig ist, sendet uns aus. Und zwar nicht nur innerhalb unseres eigenen Universums, in dem unser *tribe* zu Hause ist. Der Auftrag Jesu geht darüber hinaus und schließt Menschen ein, denen wir begegnen und die in einem Paralleluniversum zu existieren scheinen.

Unsere erste Aufgabe als Christinnen und Christen ist nicht, Menschen von der Richtigkeit unseres eigenen Universums zu überzeugen. Unsere Aufgabe ist es, Menschen zu Jesus zu führen. Nicht mehr und nicht weniger. Kein Problem, denken wir, wir müssen zuerst die Menschen in unser – also das richtige – Universum beamen und dann können wir sie auch zu »unserem« Jesus führen. Aber leider macht es uns Jesus nicht so einfach. Sein Auftrag bedeutet auch, Menschen innerhalb ihres Paralleluniversums zu Jesus zu führen.

Tuchträger sein

Kapernaum, vor fast 2000 Jahren. In einem kleinen antiken Haus lehrt Jesus die Menschen. Die Hütte ist brechend voll, und draußen an der Tür und am Fenster stehen noch dreimal so viele Leute. Alle wollen hören, was Jesus sagt. Plötzlich gibt es komische Geräusche, leise rieselt der Kalk, Licht fällt hinein in den Raum. Vier Männer stehen oben und decken das Dach ab. Dann lassen sie eine Decke an vier Tauen herunter und darin einen Menschen, einen Gelähmten. Ihren Freund. Laufen kann er nicht mehr. Er muss getragen werden. Durch die Tür wäre kein Durchkommen gewesen. Aber die vier wollen unbedingt, dass ihr Freund zu Jesus kommt. Denn Jesus kann ihn heilen. Sie scheuen keine Mühe dafür. Keine Ahnung, wie sie den Mann da auf das Dach bekommen haben. Und dann heißt es in der Bibel: »Als Jesus ihren Glauben sah [also den der Freunde!], sprach er zu dem Gelähmten: Mein Sohn, deine Sünden sind dir vergeben.« Und später: »Steh auf, nimm dein Bett und geh heim« (Mk 2,1-12).

Das, was die Freunde tun, ist unser Auftrag. Wir müssen den Gelähmten nicht heilen. Wir müssen ihn auch nicht so verändern oder manipulieren, dass er in unseren Augen nicht mehr sündhaft wäre oder falsche Dinge denkt oder den falschen Leuten glaubt. Wir sind gesendet, ihn so, wie er ist, zu Jesus zu bringen. Bei Jesus, und nur bei ihm, wird er geheilt und mit Gott versöhnt.

Uns begegnen viele Menschen aus Paralleluniversen, die gelähmt sind, gefangen in ihrer Melange aus festgezurrten Gedanken und mit jeder Menge Wut im Bauch. Die Frage, die sich aus dem multiversalen Missionsauftrag Jesu ergibt, ist also: Was bringt diesen (!) Menschen zu Jesus? Das kann etwas ganz anderes sein als das, was Menschen in unserem eigenen Universum Jesus bringt. Dieser Auftrag ist eine echte Zumutung, denn wir würden mit diesem Menschen aus dem Querdenker-Universum, dem »Impferialisten«-Universum, dem Putin-Versteher-Universum, dem *Woke*-Universum, dem Genderisten-Universum und was es noch alles gibt, ja gerne etwas ganz anderes tun! Wenn wir uns aber von Jesus, dem Herrn des Multiversums, senden lassen, dann geht es vor allem anderen darum, was *diesen* Menschen zu Jesus bringt.

Die Tribalisierung unserer Gesellschaft hat sich längst auf unsere Kirchen und Gemeinden übertragen und das legt ein Missverständnis nahe: dass wir nur noch Menschen aus unserem eigenen Universum zum Glauben an Jesus zu bringen brauchten. Wir gewinnen ihr Vertrauen, wenn sie uns als einen von ihnen erkennen, und das tun sie automatisch, wenn wir gegen dieselben »anderen« sind und das durch die Haltung beweisen, in der wir uns äußern. Auf diese Weise hat sich unsere evangelische Kirche über Jahrzehnte den Zugang zu genau den Menschen verbaut, die sie jetzt am dringendsten bräuchten. Jesus schiebt solchen Bequemlichkeiten mit dem Missionsauftrag aus gutem Grund einen Riegel vor. Die Folge daraus ist, dass wir in dem, was wir sagen und tun, *auch für Menschen aus anderen Universen als Zeugen Jesu wahrnehmbar sein müssen.* Das ist also eine zweite Frage, die sich aus der ersten ergibt: »Was muss geschehen, damit dieser Mensch mich als Tuchträger zu Jesus wahrnehmen kann, dem er sich anvertrauen kann?«

Ich habe selbst erfahren, wie schwierig das ist. Der Apostel Paulus hatte zu der Zeit, als es noch echte *tribes* gab, schon genau dasselbe Problem. Seine Lösung ist sinngemäß: »Ich bin den Juden wie ein Jude geworden, damit ich Juden gewinne, und ich bin den Heiden wie ein Heide geworden, damit ich Heiden gewinne« (vgl. 1Kor 9,19-23). Tatsächlich war er beides nicht oder nicht mehr – er war Christ. Wie kann es für uns als Christen unserer Zeit aussehen, dass Menschen aus anderen Universen dennoch wahrnehmen können, dass wir Zeugen Christi sind?

1.4 Anker in der Zeit

Das führt uns Christen, die das Privileg – oder auch das Pech – haben, in dieser Zeit zu leben, in eine durch und durch paradoxe Situation. Uns fehlt die gemeinsame Sprache und dennoch sollen wir christliche Kirche und Gemeinde, Salz der Erde und Licht der

Welt sein, in der Menschen zum Glauben finden und im Glauben gestärkt werden. Wir leben in einer Gesellschaft, für deren Funktionieren die Kirche nicht mehr notwendig zu sein scheint, und dennoch sollen wir Menschen einladen. Wie fangen wir das an? Womit fangen wir an? Nietzsche lässt den »tollen Menschen« sagen: »Stürzen wir nicht fortwährend? Und rückwärts, vorwärts, nach allen Seiten? Gibt es noch ein Oben und ein Unten?«[6] Er bringt das Problem auf den Punkt: Wo finden wir in einer horizontlosen Welt ohne Orientierung einen Ankerpunkt, einen Bezugspunkt, von dem aus wir beginnen können?

Meine Überzeugung ist, dass es diesen Bezugspunkt tatsächlich gibt. Es gibt einen Boden, in dem das Samenkorn des Glaubens Wurzeln schlagen kann. Es gibt ein »Etwas« außerhalb dieses Samenkorns, was es trägt und nährt. Und das gibt es – so meine Behauptung – in allen Universen. Ich möchte dieses »Etwas« im nächsten Kapitel freizulegen versuchen. Dabei nutze ich mehrere Herangehensweisen und Perspektiven:

- die autobiografische, indem ich berichte, wie ich selbst auf diesen Boden gekommen bin,
- die kirchengeschichtliche, in der sich die Glaubensgeschichte vieler Menschen zu einem Gesamteindruck verbindet, der uns zeigt, wo wir als Glaubende herkommen,
- die biblisch-theologische, in der der Boden greifbar wird, der uns nährt,
- die philosophische und philosophiegeschichtliche, anhand derer wir nachvollziehen können, wie wir als Teil der Gesellschaft, zu der wir gehören, überhaupt in die jetzige Situation gekommen sind,
- die systematisch-theologische, die uns hilft, diesen fruchtbaren Boden zu unterscheiden von unfruchtbarem Felsgestein, das zwar fest zu sein scheint, aber das Samenkorn nicht nachhaltig nähren kann.

In einem Lied von Albert Frey heißt es von Jesus Christus: »Er ist das Zentrum der Geschichte, er ist der Anker in der Zeit. Er ist der Ursprung allen Lebens und unser Ziel in Ewigkeit.« Zu diesem Anker in einer Welt ohne Horizont wollen wir uns nun auf den Weg machen.

2 Glaubensgewissheit

2.1 Und es gibt IHN doch

Ich habe den christlichen Glauben nicht unbedingt mit der Muttermilch eingesogen. Ganz im Gegenteil: Meine Familie war kritisch gegenüber dem Christentum, der Kirche und allem Religiösen. Meine Mutter hatte sich in der Studienzeit vom Glauben abgewendet und in der väterlichen Familie spielte der Glaube keine Rolle. Ich teile mit Torsten Hebel, dem früheren Evangelisten und heutigen Leiter der Berliner Bildungseinrichtung Blu:Boks,[7] die Erfahrung, ein Scheidungskind zu sein. Mein Stiefvater war geprägt von der atheistischen Philosophie von Karl Marx, Friedrich Engels und Wladimir Iljitsch Lenin. Der Glaube galt ihm als Opium fürs Volk. Es waren die 68er; die Luft war voll mit Politik und dem Willen, die Gesellschaft zu verändern. Das schloss die Religion mit ein und darüber wurde mit uns Kindern auch geredet. Meine Großmutter war tiefgläubig gewesen, war aber auf ausdrücklichen Wunsch meiner Mutter äußerst zurückhaltend mit dem, was sie uns über den christlichen Glauben erzählte. Aber ich sollte den evangelischen Religionsunterricht besuchen, damit ich informiert war. Nicht gerade rosige Umgebungsbedingungen. Warum also wurde ich Christ?

Ein kindliches Gebet

Natürlich habe ich als Kind mal dieses, mal jenes aufgeschnappt. Ich besuchte eine evangelische Grundschule, in der ich mitbekam, dass man dort an Gott glaubte. In einem Traum war ich mit anderen Menschen, die ich nicht kannte, in einem kleinen, aber prunkvoll mit Blattgold verzierten Raum, der etwas Heiliges ausstrahlte. Wir saßen auf gepolsterten Stühlen und irgendetwas wurde gesprochen, was mein Herz anrührte mit einer merkwürdigen, heiligen Empfindung, die ich nicht beschreiben konnte. Meine Eltern sahen sich merkwürdig an, als ich den Traum erzählte, denn beide wussten, dass ich von einem Gottesdienst geträumt hatte – obwohl ich noch nie in einem solchen Gottesdienst gewesen war. Als ich später erstmals einen Schulgottesdienst besuchte, fand ich das schon sehr interessant.

Als ich zwölf Jahre alt war, wollte ich wirklich wissen, ob es diesen Gott, an den meine Familie nicht glaubte, nun gibt oder nicht. Von meiner Großmutter wusste ich, wie beten geht. Ich hatte gerade zum ersten Mal selbstständig eine Bestellung bei einem Versandhaus aufgegeben, von meinem eigenen Taschengeld: einen Kassettenrekorder. Ich wartete schon seit Tagen sehnlichst darauf. Und im Schulbus kam mir plötzlich die Idee, das eine mit dem anderen zu verbinden. Ich faltete die Hände und betete: »Lieber Gott, wenn du machst, dass heute der Kassettenrekorder ankommt, dann glaube ich auch an dich.« Voller Spannung kam ich nach der Schule nach Hause, aber das Paket war nicht angekommen. »Der Fall ist erledigt«, sagte ich mir enttäuscht. Aber als ich am Abend im Bett lag, da dachte ich plötzlich: »Also, mal angenommen, ich wäre Gott, und so ein Schnösel hätte das zu mir gesagt, dann hätte ich das auch nicht gemacht.« Und ich wusste: Ich brauche einen zweiten Versuch. Ich betete dann: »Lieber Gott, zeig mir, ob es dich gibt.«

Und was soll ich sagen: Gott hat dieses Gebet erhört. Es sind viele Dinge in diesem Jahr geschehen. Mein Religionslehrer, der passenderweise Herr Engels hieß, wurde ein wahrer Engel für mich, wenn er die Geschichten von Jesus erzählte. Eine andere Quelle des Glaubens waren die Bücher von Karl May. Ich staunte, wie Old Shatterhand die atheistischen Spötteleien von Old Wabble in den »Old Surehand«-Bänden konterte, die ich fast wortgleich zu Hause zu hören bekam. Oder wie der greise Klekhi-Petra in »Winnetou I« seine Bekehrungsgeschichte erzählte – das waren für mich förmlich Offenbarungen. In den alten Don-Camillo-Filmen mit Fernandel sah ich, wie der schrullig-coole Dorfpfarrer mit Jesus redete. Ich spürte tief in mir, dass das mehr als nur Theater war. Darin drückte sich aus, wie eine persönliche Beziehung mit Jesus ist. An einem Nachmittag, an dem ich allein zu Hause in der Küche war, dachte ich über das Böse nach. Wir hatten die Geschichte von der Versuchung Jesu in der Schule durchgenommen, und ich formulierte aus einem inneren Impuls heraus eine förmliche Absage an den Teufel, die ich später mehr oder weniger identisch in der hochlutherischen Taufliturgie wiederfand. Während dieser Absage begannen plötzlich Deckel von den Töpfen zu fallen und es grummelte und ächzte im ganzen Haus. Ich bekam Angst und lief in mein Zimmer, wo ich das Vaterunser betete, das ich kurz vorher im Religionsunterricht gelernt hatte. Ich barg mich bei Gott und bekam Frieden, und mir war klar, dass hier gerade etwas höchst Reales vor sich gegangen war.

Kurze Zeit später fand ich ein Traktat im Briefkasten. Es war ein Faltblatt der Missionsbewegung *Campus für Christus*. Darin wurde in vier Punkten erklärt, um was es im christlichen Glauben geht, und das war tatsächlich genau, was ich in dem Moment wissen wollte: (1) dass Gott uns geschaffen hat und uns unendlich liebt, (2) dass wir von uns selbst aus aber nicht zu Gott kommen können, weil wir durch die Sünde von ihm getrennt sind, (3) dass deshalb Gott in Jesus Christus zu uns kam, der am Kreuz für uns starb, um uns mit dem Vater im Himmel zu versöhnen, und (4) dass er von den Toten auferstanden ist, dass wir mit ihm reden und ihn in unser Leben einladen können. Ein Gebet für die Lebensübergabe war als Beispiel dabei. Ich habe nicht lange nachgedacht: Unverzüglich ging ich in mein Zimmer, schloss die Tür hinter mir zu und übergab mein Leben Jesus. Ich weiß nicht, welche Hand, geleitet durch den Heiligen Geist, an diesem Tag dieses Traktat in unseren Briefkasten in dem kleinen Ort Niederbachem beförderte. Gesegnet sei diese Hand! Ohne sie wäre ich nicht der, der ich bin. Und ich würde wahrscheinlich heute nicht dieses Buch schreiben. Wir wissen nicht, was geschieht, wenn wir unseren Glauben weitergeben wie ein Samenkorn, das wir auf Gottes Lebensacker hinauswerfen und aus dem Auge verlieren. Manchmal scheint es so, als wäre alles vergebens, als würde dadurch gar nichts passieren. Aber Gott spricht: »Mein Wort, das aus meinem Mund hervorgeht, [...] wird nicht leer zu mir zurückkehren, sondern es bewirkt, was mir gefällt, und führt aus, wozu ich es gesandt habe« (Jes 55,11; ELB).

Von diesem Moment an hatte ich einen Gott, zu dem ich gehörte. Zu ihm betete ich jeden Abend mein Nachtgebet, das hatte ich mal von meiner Großmutter aufgeschnappt. Und alle diese Dinge vollzogen sich, ohne dass ein anderer Mensch davon irgendetwas mitbekam. Nur zwei wussten das: Gott und ich. Vier Jahre lebte ich so, ohne mit einer Menschenseele über den Glauben zu sprechen.

Zeit der Entscheidung

Dann, inmitten eines familiären und persönlichen Krisenjahres, lernte ich eine Nachhilfelehrerin kennen: eine Christin aus der evangelischen Stadtmission Konstanz, die mir Englisch beibrachte und mich ganz beiläufig auf den Glauben ansprach. Mit ihr führte ich mein erstes persönliches Gespräch über den Glauben – ich zitterte am ganzen Körper wie Espenlaub vor Aufregung. Ihr erzählte ich, dass mein Leben seit vier Jahren Jesus gehörte und dass niemand bisher davon wusste. Und ich war völlig fasziniert, dass sie verstand, wovon ich redete, weil ihr Leben auch Jesus gehörte. Sie lud mich in den Jugendkreis der Gemeinde ein. Und was in den Tagen danach geschah, war nichts anderes als eine Schlacht um meine Seele. Denn es gab genau zur gleichen Zeit noch ganz andere verlockende Einladungen, die mich vor eine Entscheidung stellten. Es schien, als wolle mich der Böse, dem ich abgesagt hatte, nicht kampflos ziehen lassen. Mein Leben hätte in diesen Tagen auch eine ganz andere Wendung nehmen können, an deren Ende ich als Drogenabhängiger auf der Straße gelandet wäre. Es waren Wege, die Gott zerschlug, im wahrsten Sinne des Wortes. Und so kam ich am Ende dieser Tage doch in der Gemeinschaft der Glaubenden an – innerlich zerzaust und zerknittert, aber mit einem tiefen Wissen, dass dies der Ort war, an den ich gehörte.

In der Gemeinde wurde mir rasch bewusst, dass ich nicht getauft war – meine Eltern hatten das bei meiner Geburt unterlassen, weil sie fanden, dass ich einmal selbst darüber entscheiden sollte. Und jetzt entschied ich mich, mit Gott ganze Sache zu machen. Ich war 17, als ich zum Taufstein schritt und auf die Tauffrage »Willst du Jesus Christus nachfolgen und ein lebendiges Glied seiner Gemeinde sein?« aus vollem Herzen öffentlich vor der Gemeinde »Ja!« sagen konnte.

Gemäß der lutherischen Theologie ist die Taufe mehr als nur Wasser. Sie ist ein Sakrament, d. h. ein wirkmächtiges Zeichen, das gibt, was es sagt. Durch Taufe und Glauben übereignet Gott dem verlorenen Menschen das Heil, das Christus am Kreuz erworben hat, und verleiht ihm den Heiligen Geist. Ich glaube fest daran, denn ich kann anders nicht erklären, was in dem folgenden Jahr geschah: Ich erlebte ein explosionsartiges Wachstum meines Glaubens. Ich war bei Gott nicht mehr nur gern gesehener Gast, sondern jetzt war ich *Kind* – Kind Gottes. Das Alte war vergangen, Neues war geworden (vgl. 2Kor 5,17).

Wachstum des Glaubens

Dieses Wachstum hatte auch viel mit meiner Bibellese-Urerfahrung zu tun. Damals beschäftigte der NATO-Doppelbeschluss unsere Generation. Ich war auf einigen Demonstrationen der Friedensbewegung gewesen. Mir machte die Perspektive eines Atomkrieges entsetzliche Angst. Ich erwartete wirklich den Dritten Weltkrieg, schrieb viele bekümmerte Gedanken auf, wie die Menschheit zu retten sein könnte, und dann dachte ich plötzlich: »Du hast noch nie gefragt, was Gott dazu sagt. Sagt Gott etwas über den bevorstehenden Weltuntergang?« Der Gedanke packte mich. Ich nahm die Bibel zur Hand, die ich kurz vorher von meinem Religionslehrer geschenkt bekommen hatte. Aber Leseerfahrungen hatte ich noch kaum. Ich betete: »Lieber Herr Jesus, wenn du etwas zum Weltuntergang zu sagen hast, dann zeig mir das bitte!« Aufs Geratewohl schlug ich die Bibel auf. Und die Seite, die ich aufgeschlagen hatte, war Matthäus 24, die Endzeitrede Jesu. »Ihr werdet von Kriegen und Kriegsgerüchten hören; sehet zu, erschrecket nicht, [...] das alles aber ist erst der Anfang der Wehen« (Mt 24,6.8; ZB 1977). Dort stockte ich. Wehen bedeuten doch, dass ein Kind geboren wird! Da geht nicht etwas unter, sondern da wird etwas geboren! Und je mehr ich las, desto klarer wurde für mich das Bild: Gottes neue Welt ist es, die in diesen Wehen geboren wird. Die Welt geht nicht unter, sondern Gottes neue Welt geht auf. Er kommt, höchstpersönlich, und dann kommt sein Reich, das Reich Gottes. Wir gehen nicht auf ein menschengemachtes Ende der Welt zu, sondern er kommt und macht mit uns einen neuen Anfang!

Ich schlug die Bibel zu und spürte einen tiefen Frieden. Und ich hatte etwas Bedeutendes gelernt. Ich hatte Jesus gebeten und er sprach zu mir. Jesus spricht durch die Bibel, deshalb nennen die in der Gemeinde sie »Gottes Wort«. Das hatte ich nun selbst erfahren.

Von da an las ich fleißig und mit Feuereifer in der Bibel und lernte Jesus, meinen Herrn, immer besser kennen. Ich las sie, als ob ich selbst dabei gewesen wäre, wie Jesus seine Jünger lehrte, den Sturm stillte oder den Blinden heilte. Ich hatte mit Wundern kein ernsthaftes Problem, denn ich hatte ja selbst schon welche erlebt – *ich glaubte der Bibel.* Für mich war sie glaubwürdig, vertrauenswürdig, weil das, was ich dort las, mit meiner Glaubenserfahrung kohärent war. Ich betete für mich und gemeinsam mit anderen, und oft, sehr oft, hörte ich im Gottesdienst, in der Predigt, in Worten von Geschwistern und durch die Worte der Bibel Jesus mit mir reden. Und ich redete mit ihm. Wie bei Don Camillo, nur in echt. Es war wirklich wie die erste Liebe (vgl. Offb 2,4), und ich hatte Mitchristen um mich, die mich verstanden, mich stärkten und manchmal auch korrigierten. Mein Glaube war Beziehung – Ich-Du-Beziehung zum lebendigen Gott. Ich hatte Gott gefunden und erlebte in dieser Zeit etwas Wundervolles: die Gewissheit des Glaubens. Das Samenkorn des Wortes Gottes war in meinem Leben aufgegangen.

2.2 Gott ist real

Je mehr Menschen ich aus der weltumspannenden Gemeinschaft der Glaubenden kennenlernte und je tiefer ich in die Theologie eindrang, desto mehr habe ich begriffen, dass ich diese Erfahrung mit unglaublich vielen Menschen in Geschichte und Gegenwart teile. Nicht alle von ihnen glauben deshalb exakt dasselbe. Ich habe auch in meiner Gemeinde damals schon heiß diskutiert. Aber sie stehen in Beziehung zu demselben – zu Jesus Christus. Und weil er die, die ihm nachfolgen, seine »Brüder« nennt – heute würden wir »Geschwister« sagen –, deshalb verstehen wir uns genau so: als Schwestern und Brüder im Glauben. Das war 1846 der Anlass für die Gründung der Evangelischen Allianz, zu der meine damalige Gemeinde gehört und der ich mich bis heute verbunden fühle. Aber ich wusste schon bald, dass diese Art von Geschwisterschaft deutlich über die Evangelische Allianz hinausgeht. Es gibt sie in allen Konfessionen – in Landes- und Freikirchen, in der katholischen und der orthodoxen Kirche. Es gibt sie in allen Kulturen – Christen in Afrika, in Asien, in Nord- oder Südamerika und aus dem Orient berichten ähnliche Lebensgeschichten, in denen sie diesem lebendigen Gott, diesem auferstandenen Jesus Christus, begegnet und durch ihn neu geworden sind. Diese Erfahrung ist zeit- und epochenübergreifend: Deutsche Theologen und Philosophen wie Martin Luther, Philipp Friedrich Hiller, Johann Georg Hamann, Aloys Henhöfer und unzählige andere beschreiben auf ihre Weise dasselbe, was Petrus und Paulus, der Kirchenvater Augustinus und viele andere mit Jesus erlebt haben. All das ist außerdem unabhängig von einer bestimmten Sozialform. Ich habe wesentliche Teile meiner Begegnung mit Gott ganz alleine erlebt; andere Menschen erleben sie in der Gemeinde, bei einer großen Evangelisation oder in der persönlichen Seelsorge. Allein, mit anderen, in der Gruppe, in der großen Masse – völlig egal.

Das ist, wenn man wissenschaftlich denkt, ein Befund, aus dem man durchaus einen Schluss ziehen kann. Wenn etwas über zweitausend Jahre hinweg zeitübergreifend, ortsübergreifend, kulturübergreifend und unabhängig von einer bestimmten Sozialform in Milliarden von Menschen vorgeht, dann ist es nach wissenschaftlichen Maßstäben extrem unwahrscheinlich, dass wir es mit einer bloßen Vorstellung, Einbildung oder Suggestion zu tun haben. Es gibt auf der Welt kein anderes Beispiel für etwas Fiktives, das Menschen sich »nur einbilden« und das über einen so großen Zeitraum unabhängig von Ort, Zeit, Kultur und Sozialform Bestand gehabt hätte. Phänomene, die so aussehen, lassen vielmehr darauf schließen, dass wir es mit einer Realität zu tun haben. Diese milliardenfachen Erfahrungen von Gottes Gegenwart sind also *eo ipso* (= lat. »durch sie selbst«) zu interpretieren: Gott ist real. Er ist keine Erfindung von Menschen oder gar eine Wahnvorstellung, wie der britische Evolutionsbiologe Richard Dawkins meint. Gott ist wirklich da.

Genau das bedeutet der Name Gottes, mit dem er sich Mose am Dornbusch offenbarte, der ja eigentlich kein Name ist, sondern eine Verheißung: »Ich werde sein, der ich sein werde«, zugleich »Ich bin, der ich bin«, im Alten Testament abgekürzt geschrieben mit dem sog. Tetragramm: JHWH, »Ich bin« (vgl. 2Mo 3,14). Diese Verheißung trifft ein. So erfahren Menschen den Gott der Bibel.

Dagegen spricht auch nicht, dass nicht alle Menschen auf dem Erdball diese Erfahrung machen oder dass sie Erfahrungen mit anderen Göttern haben. Beides findet sich schon in der Bibel. Gott offenbart sich in Jesus Christus einer Welt, in der Menschen ihn auf sehr verschiedene Weise oder auch gar nicht zu erreichen versuchen. Deshalb sagt Jesus: »Niemand kommt zum Vater denn durch mich« (Joh 14,6), und: »Ich stehe vor der Tür und klopfe an. Wer meine Stimme hört und mir auftut, zu dem werde ich hineingehen und das Mahl mit ihm halten und er mit mir« (Offb 3,20).

2.3 Von Gottes Wirklichkeit zu Gottes Wahrheit

Wir stellen das jetzt in einen noch größeren Zusammenhang. Es gibt eine heute populäre, aber nicht unumstrittene philosophische Theorie, die man »Sozialkonstruktivismus« nennt. Wissen, so behauptet man dort, wird nicht empirisch gewonnen, sondern sozial konstruiert. Glaube entstünde dann so, dass Christen in einem Definitions- und Legitimierungsprozess die Wahrheit des Gottes der Bibel behaupten und damit den Glauben gemeinsam konstruieren. Wo es um »Gott« geht, gehe es also eigentlich um *Gottesbilder* von Menschen. Diese Theorie entspricht aber nicht dem, was Menschen in der Begegnung mit Gott erleben. Tatsächlich ist der Weg genau andersherum – und das war schon immer so, auch in der Bibel:

> **Menschen kommen von Gottes Wirklichkeit zu Gottes Wahrheit.**

Dieser Weg lässt sich beispielhaft an drei Glaubensgeschichten unserer Gegenwart aufzeigen, nämlich von dem katholischen Theologen und Gründer des Gebetshauses Augsburg Johannes Hartl, dem Journalisten Daniel Böcking und der Journalistin Charlotte Rørth.[8] Alle drei haben bis zu einem bestimmten Punkt in ihrem Leben ohne Glauben gelebt. Sie hatten zwar von Gott gehört, aber das war für sie eine simple Story, an der etwas dran sein könnte oder eben auch nicht. Dass es Leute gibt, die daran glauben, war für sie schrullig bis irritierend. Dann aber haben alle drei auf sehr persönliche Weise eine Begegnung mit Gott erlebt. Sie machten die Erfahrung: Der, von dem da in der Bibel die Rede ist, den mir die anderen Glaubenden bezeugt haben, genau den gibt es *wirklich*! Dieser Gott, dieser Jesus Christus, ist kein Interpretament oder nur ausgedacht oder zur Welt, wie sie ist, lediglich hinzugedacht, sondern er ist wirklich da! Und zwar nicht nur irgendwo, sondern er ist bei mir, ich habe ihn erlebt!

Es gibt eine Fülle solcher Glaubensgeschichten in unendlich vielen individuellen Variationen, in deren Mittelpunkt die persönliche

Begegnung mit dem »Du« des liebenden Gottes im Angesicht Jesu Christi steht.[9] Sie können im Detail sehr unterschiedlich aussehen. Manche finden beim Lesen in der Bibel oder im Hören eines christlichen Vortrages zu einer tiefen Gewissheit, die sie mit Gott verbindet. Bei anderen ist es das erste Gebet, das sie laut zu Gott sprechen, oder die Entscheidung, von jetzt ab als Christ zu leben. Drei Dinge spielen dabei fast immer eine gemeinsame Rolle: das Gebet, die Bibel und die Gemeinschaft der Glaubenden. Man könnte sagen, diese drei bilden miteinander ein Kraftfeld aus göttlicher Energie, in dem diese Begegnung mit Gott stattfindet.[10] Diese führt dann im Rückschluss zu der Erkenntnis: Folglich ist das, was in der Bibel von diesem Gott geredet wird, tatsächlich wahr. Wäre Jesus nicht auferstanden, könnte ich nicht eine so intensive, bis ins Körperliche hineinreichende Erfahrung seiner Gegenwart machen, die mein Leben verändert. Sie ist schwer zu beschreiben – als Welle, Wärme, als unbändige Freude, als Manifestationen seiner Gegenwart oder ganz einfach als Kuss. Sie wird so real erlebt, dass sie das Leben »in zwei Hälften schneidet« (Hartl)[11] und eine tiefe Sehnsucht nach dieser beglückenden Gemeinschaft mit Gott ins Herz einpflanzt, die nur mit dem Erleben von Verliebten vergleichbar ist.[12] Dabei verhält sich der Glaubende zu Gott nicht wie ein Forscher zu seinem Forschungsobjekt. Der Forscher ist nämlich der Aktive. Sein Gegenstand (ein Stein, ein Blatt, ein Buch etc.) ist im Erkenntnisprozess meistens passiv. Das ist in der Erfahrung der Gegenwart Gottes ganz anders. In dem Augenblick der Begegnung erscheint nicht der Mensch, sondern Gott als der Aktive, der Tätige: Er klopft an, der Mensch öffnet ihm die Tür (Offb 3,20). Der Gott der Bibel enthüllt sich selbst, macht sich »un-verborgen«. Und genau das bedeutet das Wort »Wahrheit« im Griechischen, in der Sprache des Neuen Testamentes: »Un-Verborgenheit« (griech. *a-lētheia*). Jesus spricht: »Ich bin der Weg, die Wahrheit und das Leben; niemand kommt zum Vater denn durch mich« (Joh 14,6).

»Wahrheit« kann demzufolge, wenn es um diesen Gott geht, grundsätzlich nicht mehr vom Menschen aus gedacht werden. Ich baue meinen Gott nicht zusammen; ich erfinde meinen Jesus nicht.

Sondern der wirkliche, der auferstandene Jesus enthüllt sich mir als der, der ist und der war und der kommt. Es geht um Offenbarung, nicht um Interpretation. Das Christentum ist und war nie eine spekulative Philosophie – es ist in seinem innersten Wesenskern eine *Offenbarungsreligion.*

»Wahrheit« – eine biblische Wortfeldanalyse

Manchmal lohnt es sich, die Wortbedeutungen der biblischen Ursprachen genauer zu betrachten. In der Theologie nennt man das »Wortfeldanalyse« – eines meiner beliebtesten *Tools* für die Bibelauslegung. Sie hilft dabei, die Verbindungen zwischen den griechischen Begriffen des Neuen und den hebräischen Worten des Alten Testamentes zu analysieren.

Zuerst schauen wir ins Alte Testament. Das hebräische Wort für »Wahrheit« lautet dort *'ämät.* Es bedeutet auch »Treue, Beständigkeit«. Wahrheit ist im Verständnis des Alten Testamentes also etwas, das Bestand hat: »Dein Wort ist nichts als Wahrheit, alle Ordnungen deiner Gerechtigkeit währen ewiglich« (Ps 119,160). »Denn des HERRN Wort ist wahrhaftig, und was er zusagt, das hält er gewiss« (Ps 33,4).[13] Wie das funktioniert, können wir daran erkennen, wie Gott sich Abraham offenbart hat (1Mo 12–21). Er gab ihm den Auftrag, seine Heimat zu verlassen und in das Land zu gehen, das er ihm zeigen würde. Und er versprach ihm, ihn zu segnen und ihn durch seine Nachkommen zu einem großen Volk zu machen. Abraham wartete und wartete, aber der versprochene leibliche Nachkomme stellte sich nicht ein. Abraham hatte Zweifel: Würde Gott sein Wort halten? Das Festhalten an Gottes Verheißung wurde für ihn eine Glaubensprobe, die umso schwerer wurde, je länger er warten musste. Und dann, als es menschlich gesehen längst unmöglich schien, geschah es doch: Sara wurde schwanger und Isaak geboren. Gottes Wort erweist sich also darin als wahr, dass es Bestand hat, indem geschieht, was er gesprochen hat, und dass man sich auf Gottes Treue verlassen kann, auch wenn alles dagegen zu sprechen scheint. Genauso erlebten Mose, David, Salomo

(1Kön 8,56) und das ganze Volk Israel Gottes Wahrheit: Er ist treu, sein Wort hat Bestand, auch wenn es zwischendrin ganz anders aussieht.[14]

Eine hebräische Besonderheit ist nun, dass dasselbe Wort *ʾämät* auch vom Menschen ausgesagt werden kann: »Weise mir, HERR, deinen Weg, dass ich wandle in deiner Wahrheit« (auch hier steht *ʾämät*; Ps 86,11). Die Wahrheit und Bundestreue Gottes finden also darin ihre Entsprechung, dass der Mensch ebenfalls beständig ist, und zwar in seiner Treue zu Gott. Wahrheit ist im Alten Testament also nicht zuerst etwas, was wir *sagen*, sondern was wir in der Beziehung zu Gott *leben*. Das Hebräische ist eine etwas merkwürdige Sprache mit verschiedenen Wortstämmen. Das Verb zu *ʾämät* heißt *ʾaman* (»wahrhaftig sein, treu sein«; daher kommt übrigens das »Amen« in der Kirche), und wenn es in Bezug zu einer bestimmten Ursache ausgedrückt wird, lautet es *häʾämin*. Und als das Alte Testament zwischen 250 und 100 v. Chr. ins Griechische übersetzt wurde[15], wurde dieses Wort mit *pisteúein* übersetzt – und das heißt auf Deutsch »glauben, vertrauen, treu sein«. Abraham »glaubte dem Herrn (hebräisch *häʾämin beJHWH*, griechisch *epísteusen Abram tō theō*), und das rechnete er ihm zur Gerechtigkeit« (1Mo 15,6). Das Substantiv dazu lautet *pístis*, »Glaube, Vertrauen, (Bundes-)Treue«.[16] Aus der Wahrheit, Treue und Beständigkeit Gottes wird, wenn der Mensch sie aufnimmt und genauso in der Beziehung zu Gott beantwortet, Glaube. Das ist im Hebräischen dieselbe Wortwurzel (so ähnlich wie im Deutschen »Treue« und »Vertrauen«). Das bedeutet:

Die Wahrheit von Gottes Wort und ihr Gegenstück, der Glaube des Menschen, sind biblisch betrachtet zwei Seiten derselben Medaille, zuinnerst miteinander verkoppelt. Gottes Wahrheit, Treue und Verlässlichkeit erschließt sich, wenn wir im Glauben, in der beständigen Treue zu Gott hinleben.

Ebendeshalb kann man Gottes Wahrheit nicht einem anderen Menschen gegenüber so demonstrieren oder vorführen, dass er überzeugt wird, ohne selbst diesen Schritt des Glaubens gehen zu müssen. Die Erfahrung einer Begegnung mit Gott geht von Gott aus und jeder Mensch kann sie nur selbst machen. Aber man muss dafür einen Schritt gehen – den Schritt des Glaubens.

Es gibt Menschen, die aus sicherer Distanz das Christentum beobachten – immer schön von einer Metaebene aus. Sie wissen alles über den Glauben, analysieren vielleicht glaubende Menschen und bilden sich, während sie zusehen, auf aufgeklärte Art und Weise eine kritische Meinung. Du kannst aber nicht gleichzeitig am Beckenrand stehen und schwimmen. Du kannst vom Beckenrand aus schwimmende Menschen beobachten, die Bewegungen studieren und ihnen vielleicht sogar Anweisungen geben. Aber wenn du schwimmen willst, muss du den Beckenrand verlassen und ins Wasser hineinsteigen. Erst dann wirst du erfahren, dass das Wasser dich trägt: »Ich bin bei euch alle Tage bis an das Ende der Welt« (Mt 28,20).

Genau das bedeutet das griechische Wort *pístis* (Glaube) im Verständnis des Neuen Testamentes bis in die Alte Kirche hinein: Ich verlasse den Beckenrand und steige in das Wasser der Wirklichkeit Gottes. Nur so kann ich erfahren, dass Gott wahrhaftig und treu ist und ich mich auf ihn verlassen kann. Glaube ist nicht nur eine Überzeugung und nicht nur ein Gefühl – wobei beides auch eine Rolle spielt –, es ist eine *Entscheidung*, mich im Vertrauen auf sein Wort auf diesen Gott einzulassen. Und die Verheißung dabei ist, dass wir auf genau diese Weise Gott »erkennen« – wie man jemanden kennenlernt, zu dem man in einer Ich-Du-Beziehung steht. Von innen, nicht von außen. »Erkennen« heißt auf Griechisch *gignōskō* und im hebräischen Alten Testament *jada*. Es bezeichnet nicht das Verhältnis eines Forschers zu seinem Forschungsgegenstand, sondern die persönliche Beziehung in der Wechselseitigkeit von Erkennen und Erkanntwerden.[17]

Den Menschen in der Bibel, die ganz konkret in diesem Vertrauen auf Gottes Worte lebten, stellte sich die abstrakte Frage nach der Wahrheit der biblischen Worte nicht. Das zeigt sich an der Art, wie die Schriften des Alten Testamentes im Neuen Testament behandelt werden: Ihre Wahrhaftigkeit und Vertrauenswürdigkeit als Gottes Worte werden vorausgesetzt und sie werden aufgrund ihrer Erfüllung durch Christus als wahrhaftig und vertrauenswürdig erlebt. Das blieb in der Alten Kirche so und wurde von Luther und den Reformatoren wiederentdeckt.

Diesen zentralen Zusammenhang von »Wahrheit« und »Glaube« müssen wir uns für später merken.

Satzwahrheiten

Aber wie verhält sich denn die so verstandene Wahrheit der Worte Gottes zu der Art von Wahrheit, die wir meinen, wenn wir sagen: Dies und das ist wahr? Das ist doch nicht dasselbe?

Nein, es ist wirklich nicht »dasselbe«, und das liegt an einem Kulturtransfer. Die Bibel ist zweimal in die griechische Welt transferiert worden: einmal durch die Septuaginta und nochmals in der Alten Kirche. Und der griechische Philosoph Aristoteles (384–322 v. Chr.) hatte gesagt: Wahrheit ist »die Übereinstimmung zwischen erkennendem Verstand und gegebener Sache«.[18] Wenn also jemand sagt: »Der Tisch ist aus Holz«, dann ist die Aussage wahr, wenn der Tisch wirklich aus Holz ist, und sie ist nicht wahr, wenn er nicht aus Holz, sondern aus Kunststoff ist. Das ist die sogenannte »Korrespondenztheorie« der Wahrheit. Sie ist in diesem Verständnis »absolut« (von lateinisch *ab-solutus*, losgelöst), d. h. unabhängig vom Betrachter auch für alle anderen Menschen gültig. D. h., wenn der Tisch aus Holz ist, dann ist er nicht nur für mich, sondern auch für alle anderen aus Holz. Es kommt nicht vor, dass er gleichzeitig für jemand anderen aus Kunststoff ist – außer einer von uns irrt sich. Die Gegenstücke von Wahrheit, die eben nicht wahr sind, sind darum der Irrtum, die Fiktion und die Lüge.

Dieses Verständnis ist durch den römischen Philosophen Cicero (106–43 v. Chr.) auch in die lateinische Sprach- und Denkwelt eingedrungen. Hier heißt Wahrheit *veritas*. Das ist eigentlich ein Begriff aus dem römischen Rechtswesen. Die Römer waren nämlich ganz groß im Führen von Gerichtsverfahren, und da galt die Regel: *Res iudicata pro veritate accipitur* – etwas, worüber ein Gericht schon geurteilt hat, wird als Wahrheit vorausgesetzt.[19] Hier ist Wahrheit also etwas, das in einem Gerichtsverfahren aufgrund von Beweisen festgestellt wurde. Das alles ist schon ziemlich anders als die Wahrheit in gelebter Treue zu dem Gott, der zu uns redet, wie es dem biblischen Sprachgebrauch entspricht.[20]

Und nun wurde in dieser griechisch-römischen Welt die Wahrheit und Treue Gottes in seinem Sohn Jesus Christus verkündigt! Auch vor der damaligen Bildungselite – und das war nicht so einfach. Denn die gebildeten Griechen und Römer wollten wissen, ob dieser Glaube der Christen *denkmöglich* ist. Die Lehrer der Alten Kirche lösten diese Herausforderung, indem sie die zentralen Begriffe der Glaubenslehre und der Philosophie miteinander verbanden. Das hatte durchschlagende Wirkung, denn der Glaube erwies sich damit als wissenschaftsfähig.[21] Nur so konnte das Evangelium »in aller Welt« verkündigt werden (Mk 16,15). Aber das funktionierte auch andersherum, dass nämlich die Begriffe der griechischen Philosophie zum Interpretament für biblische Ausdrücke und ihre Zusammenhänge wurden.[22] Und dies war nicht immer unproblematisch, weil sich auf diesem Wege die Wortbedeutungen verschoben. Manchmal konnte dabei auch eine *Win-win*-Situation herauskommen. Und bei dem Wortfeld »Wahrheit« ist genau das geschehen. Das griechisch-römische, philosophisch-juristische Verständnis von Wahrheit leistete der Alten Kirche nämlich eine entscheidende Hilfestellung bei einem riesigen Problem:

Im dritten Jahrhundert hatte sich eine Unzahl von religiösen Gemeinschaften gebildet, die das biblische Evangelium mit außerbiblischen religiösen, mythischen und pseudophilosophischen Einflüssen aus der griechischen Welt vermischten. Sie verzerrten es dabei bis zur Unkenntlichkeit. Eine ganze Bewegung fremdreligiösen Ursprungs schwappte damals in das Christentum hinein, die *Gnosis* genannt wurde.[23] Da wurde z. B. aus dem biblischen Schöpfergott der sogenannte »Demiurg«, ein unerträglicher, von Emotionen geplagter Möchtegern-Gott, der eine Welt voller unerträglicher Lüste erschuf. Jesus wurde als Botschafter einer anderen, absolut guten, vom Gefühl aber völlig unerreichbaren (d. h. »apathischen«) Gottheit verstanden, die mit dem »Demiurgen« nichts zu tun hatte. Die Gnostiker sagten: Erlösung ist, wenn wir durch die Erkenntnis (griech. *gnōsis*) des wahren Gottes von den niedrigen Lüsten gelöst und dadurch mit dem Göttlichen vereinigt werden. Das Problem war, dass diese Strömung absolut den Zeitgeist traf. Sie wurde in den Gemeinden von einer steigenden Anzahl von Lehrern verbreitet und brachte wirklich *viele* Christen, die ja aus diesem Kulturkreis kamen, total durcheinander. Was tun? Es wurde eine Richtschnur gebraucht, um die Übereinstimmung des verkündigten Evangeliums mit dem *wirklichen* Gott der Bibel und dem *wirklichen, authentischen* Jesus Christus feststellen zu können. Und so entstand die »Wahrheitsregel«, die lateinisch *regula veritatis* oder auch *regula fidei* (Glaubensregel) heißt. Sie klingt z. B. bei dem Kirchenvater Tertullian (ca. 150–220 n. Chr.) so:

> Es gibt eine Regel des Glaubens. Danach wird geglaubt, dass es unbestreitbar nur einen einzigen Gott gibt und keinen anderen neben dem Weltenschöpfer, der alles aus nichts hervorgebracht hat durch sein zuerst vor allem hervorgegangenes Wort; dass dieses Wort sein Sohn genannt worden ist, unter dem Namen Gott wiederholt von den Patriarchen geschaut, in den Propheten beständig vernommen, zuletzt aus dem Geiste und durch die Kraft Gottes des Vaters in die Jungfrau Maria herabgestiegen, in ihrem Mutterschoße Fleisch geworden und als Jesus Christus von ihr geboren worden ist; dass er dann das neue Gesetz und die neue Verheißung des Himmelreiches gepredigt und Wunder getan hat; dass er ans Kreuz geschlagen worden und am dritten Tag wieder auferstanden ist; dass er, in den Himmel entrückt, zur Rechten des Vaters sitzt; dass er als ihn stellvertretende Kraft den Heiligen Geist gesandt hat, der die Gläubigen leiten soll (…), und dass er zuletzt wiederkommen wird mit Herrlichkeit, um die Heiligen in den Genuss des ewigen Lebens und der himm-

lischen Verheißungen aufzunehmen und die Unheiligen zum ewigen Feuer zu verurteilen, nachdem die Wiederherstellung des Fleisches und die Auferweckung der einen und der anderen geschehen ist. Diese von Christus gelehrte Regel wird bei uns keinerlei Anzweifelungen unterworfen, außer solchen, die durch die Häresien angeregt werden und wodurch man zum Häretiker wird.[24]

Wie man an diesem Beispiel sieht, hatte die Wahrheitsregel noch keine festgefügte Form. Aber es sind immer wieder dieselben Inhalte, die bei den Kirchenvätern in leicht variierenden Formulierungen auftauchen. Aus ihnen entstanden dann später die Glaubensbekenntnisse. Die Wahrheitsregel war für die Alte Kirche die Rettung in der Not. Durch sie war sichergestellt, dass die christliche Kirche tatsächlich auf *den* Jesus von Nazareth bezogen blieb, in dem sich Gott in Israel offenbart hatte und sich gegenwärtig durch die biblischen Schriften den Menschen der Alten Kirche offenbarte. Aber eben dadurch erweiterte sich das Verständnis des christlichen Glaubens so, dass es darin um die *Wahrheit (d. h. Richtigkeit) von Glaubenssätzen* ging – das war das Ergebnis des Kulturtransfers, in dem der biblische und der philosophische Begriff von »Wahrheit« aufeinander bezogen und gegenseitig interpretiert wurden. Bald wurde denn auch vergessen, dass es sich dabei um zwei ursprünglich verschiedene Dinge handelte. Dieses Ergebnis ist ja auch gar nicht falsch: Die Richtigkeit von Glaubenssätzen ist *auch* ein Bestandteil des Glaubens, und wie die Geschichte zeigte, sogar ein unentbehrlicher, weil man sonst keine Gewähr hat, dass man auch zu dem wirklichen Gott in Beziehung steht. Aber es ist eben keineswegs *nur* das. Glaubenswahrheit wird zuallererst in der Beziehung zu Gott im Hören und Vertrauen auf sein Wort gelebt und erfahren und dann mittels Begriffen verkündigt und vertreten. Das ist dann »Theo-logie«, Reden von Gott. Das Zweite bezieht sich immer auf das Erste.

In der nachreformatorischen lutherischen Orthodoxie (ca. 1550–1700) hat man dafür eine hübsche Unterscheidung gefunden, die diese verschiedenen Seiten der Glaubens-Wahrheit wieder zum Vorschein bringt: die *fides quae creditur* und die *fides qua creditur*, zu Deutsch: der »Glaube, der geglaubt wird« und der »Glaube, durch den geglaubt wird«. Die *fides quae creditur* sind die Sachwahrheiten des Glaubens, die durch Sätze ausgedrückt werden, wie »Jesus Christus ist Gottes Sohn«. Die *fides qua creditur* ist der vertrauende Glaube, der die Beziehung zu Gott eingeht. Beides gehört zusammen, beides ist Bestandteil des Glaubens, so war die Lösung der frühkirchlichen und der von der Reformation herkommenden Theologie. Vertrauen ohne Sachinhalte gefährdet die Authentizität Gottes, an den wir glauben, und damit auch die Einheit der Kirche. Sachinhalte ohne Vertrauen und gelebte Beziehung werden zur bloßen Weltanschauung und das gefährdet irgendwann die Authentizität der Glaubenden. Man kann, wenn man will, hier noch den Glauben ergänzen, der im Handeln tätig wird, die *praxis pietatis* oder *fides formata*, die Glaubenspraxis.[25] Die Gewissheit des Glaubens ist am stärksten, wenn *fides quae creditur*, die *fides qua creditur* und die *fides formata* (also Glaubenslehre, gelebtes Vertrauen und Glaubenspraxis) zueinander im Gleichgewicht sind.

Wem gilt die Wahrheit?

Der Kulturtransfer der »Wahrheit« barg Risiken und Nebenwirkungen. Nun lag nämlich die Frage auf dem Tisch, für wen diese Wahrheit überhaupt gilt. Denn dazu sind die Antworten der hebräischen und der griechischen Denkwelt nicht deckungsgleich. Aristoteles' »Wahrheit« gilt unabhängig vom Betrachter für alle Menschen. Beim alttestamentlichen Begriff *'ämät* (Wahrheit) als Beziehung zwischen Gottes zuverlässigem Wort und menschlicher Glaubenstreue ist das etwas anders. Zur Wirklichkeit dieser Beziehung gehörte nämlich, dass sie durch einen rituellen Bundesschluss zwischen Gott und den Menschen verbindlich gemacht werden musste. Diesen Bundeschluss vollzieht Gott in der Bibel zunächst mit Abraham (1Mo 15 und 17). Für alle anderen gilt er nicht. Das Mittel dieses Bundesschlusses ist ein Tieropfer; das Bundeszeichen ist die Beschneidung der männlichen Vorhaut. Vierhundert Jahre später nimmt Gott das Volk Israel, das aus Abraham hervorging, durch den Bundesschluss am Sinai in diese Beziehung zu ihm ausdrücklich mit hinein (2Mo 24,1-11). Israel ist ja schon an sich die Erfüllung von Gottes Verheißung an Abraham, der Erweis von Gottes Wahrheit und Treue. Diese Verheißung gilt jetzt dem ganzen Volk, dem »Samen Abrahams«, und das heißt: Sie gilt jedem und jeder Einzelnen seiner Nachkommen. Die entsprechende Wahrheit Israels in Glauben und (Bundes-)Treue besteht im Halten der Gebote Gottes (dem sogenannten »Gesetz«).[26] Später erweitert sich der Kreis der Teilhaber an der Verheißung in mehreren Schritten. Der Prophet Jesaja sieht in einer Vision, wie die Völker nach Jerusalem auf den Zionsberg wallfahren, um von Gott Weisung zu empfangen und auf seinen Wegen zu wandeln (Jes 2,1-5). In Jes 49,6 sagt Gott zu seinem »Gottesknecht«: »Es ist zu wenig, dass du mein Knecht bist, die Stämme Jakobs aufzurichten und die Zerstreuten Israels wiederzubringen, sondern ich habe dich auch zum Licht der Heiden gemacht, damit du seist mein Heil bis an die Enden der Erde« (LUT 1984). In Jesus erfüllt sich diese Verheißung: »So sehr hat Gott die Welt geliebt, dass er seinen einziggeborenen Sohn gab, damit ein jeder, der an ihn glaubt, nicht verloren geht, sondern das ewige Leben hat« (Joh 3,16). Das bedeutet: Jesus in Person *ist* Gottes Wort der Verheißung.[27] Sich auf dieses Wort verlassen heißt sich auf Jesus verlassen. Und auch hier gibt es ein Bundeszeichen: die Taufe. Sie ist eigentlich nichts anderes als dieses Wort von Gott in leiblicher Verdichtung und Gestalt.[28] Er gibt es uns, indem er uns damit übergießt, uns in es eintaucht: »Fürchte dich nicht, denn ich habe dich erlöst; ich habe dich bei deinem Namen gerufen; du bist mein« (Jes 43,1), mein geliebtes Kind (vgl. Gal 3,26-27).

In der Person Jesu Christi richtet sich dieses Wort von Gott ausdrücklich und unterschiedslos an die ganze Menschheit: Er ruft *alle* aus der Verlorenheit in den neuen, ewigen Bund mit ihm (2Kor 5,19-20). Alle sollen die Chance haben, ihn in der Treue des Glaubens als den verlässlichen Gott zu erfahren (Kol 2,11-22). Der Heilige Geist, der die Gerufenen in alle Wahrheit leitet und die

Gegenwart Christi erfahren lässt, wird auf »alles Fleisch« ausgegossen (Apg 2,16-17). Im Reich Gottes endlich wird sich Gottes Treue an allen, die ihm vertrauen, vollenden. In diesem Sinne wird die Wahrheit (lies: die Offenbarung, Treue, Zuverlässigkeit) Gottes im Neuen Testament »universal«, d.h. menschheitsumfassend, und »teleologisch«, d.h. auf das Ziel (griech. *télos*) der endgültigen Erfüllung ausgerichtet.

Der Kulturtransfer in der Alten Kirche dreihundert Jahre später führte nun zu einer kleinen, aber feinen Bedeutungsverschiebung: Jetzt galten die Worte des Evangeliums *an sich* als wahr (1) in dem Sinne, dass der *Verstand* die gegebene Sache, in diesem Fall die Offenbarung Gottes, richtig erfassen und bezeichnen konnte, und (2) in dem Sinne, dass diese Wahrheit ab-solut[29] war, d.h. abgelöst vom Menschen, nicht auf ihn angewiesen, damit aber auch nicht angewiesen auf das Eingehen der Beziehung. Das hatte Folgen: Die Vorstellung, dass der Verstand an sich die Wahrheit Gottes erkennen kann, ließ die persönliche Glaubenserfahrung für mehr als ein Jahrtausend in den Hintergrund treten. Erst die Reformation und der Pietismus haben sie in vollem Umfang wiederentdeckt.

Flankiert wurde dies zu genau derselben Zeit durch einen *politischen* Kulturtransfer, der weniger die Inhalte des Glaubens betraf als die Art, wie er gelebt wurde: Das Christentum war unter Kaiser Konstantin im Jahr 325 n.Chr. Staatsreligion geworden. Die Wahrheit von Gottes Worten galt nun nicht mehr nur in dem Sinn »universal«, dass er alle Menschen in Gottes Gnade einbezog, sondern auch so, dass sie Geltung für alle Menschen *beanspruchte*, ja Akzeptanz einforderte. Das tat dann spätestens die frühkatholische Kirche. Ich will gar nicht sagen, dass das in Teilen der biblischen Botschaft nicht angelegt gewesen wäre. Das Weltgericht, von dem Jesus sprach (Mt 25,31-46), richtet sich genauso an »alle Völker« wie das Wort der Verheißung. Aber jetzt kam ein *Machtfaktor* mit dazu, den man im Neuen Testament nicht findet und an dem sich m.E. der Widerspruch der Moderne entzündete. Von nun an – und das ganze Mittelalter hindurch – verstand sich die verfasste Kirche als Hüterin der Wahrheit.

2.4 Wahrheit und Glaubensgewissheit in der »modernen Welt«

Nicht alle Menschen glauben an einen Gott, der real ist – es sind in unserer heutigen Gesellschaft sogar sehr viel mehr Menschen, die das nicht tun. Christen machen oft die Erfahrung, dass sie wegen ihres Glaubens belächelt, als naiv angesehen oder sogar bekämpft werden. Oft wird ihnen dabei der »wissenschaftliche Fortschritt« als Argument entgegengehalten – schon seit 350 Jahren. Um zu verstehen, warum und wie es dazu kam, müssen wir uns ansehen, wie die entstehende Moderne auf den Glauben reagierte und umgekehrt. Und zwar beginnen wir mit René Descartes (1596–1650), dem Vater der Aufklärung.[30]

»Ich denke, also bin ich«

Descartes wuchs in der katholischen Welt Frankreichs auf. Das Maß aller Wissenschaft war dort schon lange die Scholastik, eine Mischung aus Theologie und hauptsächlich auf Aristoteles fußender Philosophie, die das bestehende Wissen quasi verwaltete. Dieses Wissen bestand im Wesentlichen darin, dass man über Texte von Aristoteles, Petrus Lombardus (mittelalterlicher Theologe, 1095–1160) oder Thomas von Aquin (größter mittelalterlicher Theologe und Philosoph, 1225–1274) disputierte. Und zwar meist ohne schlüssige Ergebnisse. Denn diese Disputationen bestanden in syllogistischen Schlussverfahren, etwa so: »Jeder Mensch ist sterblich. Sokrates ist ein Mensch, also ist Sokrates sterblich.« Descartes beobachtete, dass so überhaupt kein neues Wissen entstand, sondern die Scholastiker immer nur reproduzierten, was sie auch vorher schon wussten.[31] Das, fand Descartes, löste keine Probleme. Sicheres Wissen, das Probleme löst, muss mit sauberer Methodik empirisch gewonnen werden. Aber was könnte der gesicherte Ausgangspunkt für eine solche Methodik sein? Descartes ging das Ganze mit der Präzision des Mathematikers an und nahm sich vor, alles zu bezweifeln, was man bezweifeln konnte, um an einen Punkt zu kommen, der über jeden Zweifel erhaben (d.h. evident) ist und der sich als Grundlage für rein vernünftige Schlussverfahren eignet. Der Zweifel diente ihm also als Methode zur Wahrheitsfindung. Er fand heraus, dass man eigentlich alles mit guten Argumenten bezweifeln konnte bis hin zur Existenz der Welt, außer einem Umstand: dass er zweifelte! Wenn er aber zweifelte, dann war damit gesichert, dass er existiert, denn ein Nichts kann nicht zweifeln. Zweifeln aber ist denken. So kam er zu dem grundstürzenden Satz, der eine Revolution des abendländischen Denkens einleiten sollte: »Ich denke, also bin ich« – *Cogito, ergo sum* (lateinisch).

Warum war das grundstürzend? Weil das denkende Ich zum Ausgangspunkt für die wissenschaftliche Erkenntnis geworden war. Es gibt etwas, das denkt; das nennt Descartes *res cogitans*, auf Latein das »denkende Ding«. Es gibt etwas, das gedacht wird, selbst wenn es bezweifelt wird (das ist alles andere); das nennt er *res extensa*, die ausgedehnten Dinge. Mit diesem Dualismus lässt sich die ganze Welt zusammenfassen. Es gibt »das Ding, das denkt« (nämlich die menschliche Seele) und »das Ding, das sich ausbreitet« (die Materie) und also gedacht wird. Ich hier – die Welt dort. Ich Forscher – die Welt als mein Forschungsgegenstand. Ich beobachte und denke die Welt. Die Welt liegt ausgebreitet da und lässt sich beobachten und denken. Beide waren für Descartes völlig verschieden und also voneinander getrennt; der Forscher steht seinem Forschungsobjekt objektiv gegenüber.[32] Das verleiht ihm eine unglaubliche Macht über die Dinge.

Damit war eine völlig neue Art der Wissenschaft geboren: die beobachtenden Naturwissenschaften. Diese existierten bis dahin noch nicht. An den Universitäten gab es nur vier Fakultäten: die »sieben freien Künste« (lat. *septem artes liberales*, die unserem Abitur entsprechen), die deswegen »frei« hießen, weil derjenige, der sie studierte, frei vom Broterwerb sein musste. Auf ihnen bauten Theologie, Medizin und Jura auf. Mehr Fakultäten gab es nicht. Jetzt aber entstanden plötzlich Physik, Chemie, Biologie, Geografie und andere Wissenschaften und damit das Bildungssystem der Aufklärung. Ihre Aufgabe war das Sammeln gesicherten Wissens über die ausgebreitete Welt, durchaus mit dem Ziel, sich dieses Wissen für technische Entwicklungen nutzbar zu machen.

Descartes war kein Atheist – gegen diesen Vorwurf hat er sich empört gewehrt. Er hat aus seinem Ausgangspunkt sogar einen Gottesbeweis abgeleitet.[33] Gott – gedacht als das unendliche, absolute Sein – garantiert für ihn erstens den Bestand der Materie (also der »ausgebreiteten Dinge«) und zweitens die Verwendbarkeit der Sinne für die Erforschung der Materie. Ein absolutes Wesen würde schließlich keine Sinnesorgane erschaffen, mit denen die Seele die ausgebreitete Welt, in die sie gesetzt ist, *nicht* erforschen könnte. Spätere Generationen überzeugte das nicht. Tatsächlich ist die empirische Wissenschaft, die Descartes vorschwebte, auch in der Haltung des reinen Rationalismus (von lat. *ratio* = Vernunft) ohne Annahme eines Gottes durchführbar. Was blieb, war die Methode des Zweifelns, um zu sicheren Erkenntnissen zu gelangen.[34] Sie prägte das moderne Wissenschaftssystem: Es gibt keine unwiderlegbaren Tatsachen; jede naturwissenschaftliche Erkenntnis kann im Prinzip bezweifelt, widerlegt oder neu gewonnen werden.

Wozu Descartes' Methode gut ist – und wo sie endet

Descartes' Methode hat sich im Zuge ihrer Modifikation und Weiterentwicklung als ungeheuer nützlich für die Lösung von theoretischen und praktischen Problemen erwiesen, z. B. für die Ausbildung von Technik. Kann man sie aber auch anwenden, um über den Gott der Bibel gesichertes Wissen zu erhalten?

Ein Blick auf die Bedeutung der Worte der Bibel zeigt, dass das grundsätzlich nicht funktionieren kann: Gottes Wahrheit (hebr. *'ämät*) erschließt sich in ihrem menschlichen Gegenstück, dem Glauben (griech. *pístis*), in dem sich der Mensch auf die Beziehung einlässt. Sie ist nur relational (= lat. »in Beziehung stehend«) zugänglich. Der methodische Zweifel sieht aber gerade die *Trennung* des Erkennenden von seinem Erkenntnisgegenstand vor. Das ist das genaue Gegenteil der biblischen Herangehensweise. Es erscheint logisch, dass man den Gott der Bibel auf diese Weise nicht erkennen kann. Descartes hatte die Zirkelschlüsse der Scholastik kritisiert, mit denen sie im Grunde nur reproduzierten, was sie bereits vorausgesetzt hatten. Exakt genauso verhält es sich, wenn man seine Methode dazu benutzt, den christlichen Glauben zu beforschen. Wenn man dies in der *Trennung* von Gott angeht, kann das zu nichts anderem als genau diesem Ergebnis führen. Das ist, als würde ich mit dem Thermometer den Reifendruck messen. Ich würde sicher keinen Reifendruck dabei herausfinden, denn es ist das falsche Messinstrument. Descartes' Methode bezieht sich auf die »ausgedehnten Dinge«. Gott ist aber kein »ausgedehntes Ding«. Also ist diese Forschungsmethode ihrer Definition nach dem Forschungsgegenstand nicht angemessen.

Das aber war während des Siegeslaufes der Wissenschaften in der Aufklärung, die mit Descartes begann, keineswegs jedem Forscher klar. Natürlich wurde die neue Methodik auch auf die christliche Glaubenslehre bzw. die »kirchlichen Dogmen« angewendet und von einer ganzen theologischen Schulrichtung übernommen, die man später recht pauschal als »liberale Theologie« bezeichnet hat.[35] Die großen atheistischen Philosophen bis zu Bertrand Russell (1872–1970) stützten sich auf Erkenntnisse der empirischen Wissenschaften in der Erforschung der Welt, in der sie Gott nicht fanden. Andererseits gab es Naturwissenschaftler wie Blaise Pascal, der bahnbrechende Forschung zu Vakuum und Luftdruck treiben konnte, aber gleichzeitig von tiefer Glaubenserfahrung geprägt war.[36] In Deutschland gab es einen breiten Strom der Aufklärungsphilosophie, unter ihnen der größte deutsche Aufklärer Gottfried Wilhelm Leibniz (1646–1716), für die Gott in diesem System ganz grundsätzlich woanders zu suchen war: Für sie offenbart sich Gott in der zeitlosen Vernunft; das wahre Christentum fanden sie in der Vernunftreligion. Dennoch: Glaube als Ich-Du-Beziehung zum lebendigen Gott, der sich in Jesus Christus offenbart hat und der in, mit und unter den Worten der Bibel heute gegenwärtig redet – das war für die Aufklärung unvernünftig. Es blieb außerhalb dessen, was wissenschaftlich haltbar war. Dafür hatten sie kein Verständnis.

Nun ist es höchst interessant, dass exakt *diese* Form des Glaubens genau zur selben Zeit wiederentdeckt und gelebt wurde.[37] Die Glaubensbewegung, die so entstand, nennt man Pietismus. Den Ausgangspunkt bildeten die »Vier Bücher vom wahren Christentum« von Johann Arndt (1555–1621), die noch hundert Jahre später neben der Bibel die verbreitetsten Bücher in der evangelischen Christenheit waren. Darin ging es um die persönliche Frömmigkeit – heute würde man »Spiritualität« sagen –, in der die Seele die »Vereinigung« (d. h. Gemeinschaft) mit Gott erlebt. Die Glaubenserfahrung spielt hier eine entscheidende Rolle. Philipp Jakob Spener (1635–1705), der Vater des Pietismus, nahm diesen Faden auf und setzte eine Idee Luthers um: »Die zu sammeln, die mit Ernst Christen sein wollen«.[38] Nun kamen die Christen in Hauskreisen (»Konventikeln«) zusammen, um die Bibel zu lesen und zu beten, das Wort Gottes umzusetzen und danach zu leben. Ihre zentralen Themen wurden die persönliche Umkehr vom Weg der Sünde, der von Gott wegführt, und die individuelle Annahme der Rettung, die Jesus Christus uns durch sein Kreuz schenkt. Der Pietismus nahm durchaus mehrere Gedanken der Aufklärung in sich auf. Hierzu gehören das Verständnis des Menschen als Individuum oder die Verantwortlichkeit jedes Einzelnen für die eigene Bildung im Bibellesen sowie der Blick für die praktische Lebens- und Weltgestaltung. Und dennoch fühlten sich die Gläubigen oftmals von der Wissenschaft der Aufklärung unverstanden und in ihrem Glauben nicht ernst genommen. Glaube und dieses Denken – das wollte nicht zusammenpassen.

2.5 Wer erkennt Gott?

Die Wissenschaft der Aufklärung war grenzenlos optimistisch: Wir werden mit der richtigen Methode im Lauf der Zeit alles richtig erkennen und erklären können – auch Gott. Dieses Überlegenheitsgefühl prägt die Wissenschaft teilweise bis heute. Aber stimmt es auch – gerade was den Glauben angeht? Mit Adolf Schlatter[39] gesprochen: Descartes' größtes Rätsel ist das »Ich«, das sich in seinem lateinischen Satz in den Verbformen versteckt hat. Kann dieses Ich Gott erkennen?

Wenn wir die diesbezügliche Selbstgewissheit mancher Wissenschaftler – und nicht nur die der damaligen Zeit – mit dem Neuen Testament konfrontieren, dann zeigt sich, dass sich genau an diesem »Ich« die Geister scheiden. Jesus sagt: »Niemand kennt den Sohn als nur der Vater; und niemand kennt den Vater als nur der Sohn und wem es der Sohn offenbaren will« (Mt 11,27par). Da steht im Griechischen das Wort *epigignōsko*. Es bedeutet mehr als ein oberflächliches Erkennen, es bedeutet ein »Kennen durch und durch«. Jesus, der Sohn Gottes, kennt den Vater durch und durch – und zwar *nur er*. Wir können uns über Gott viele Gedanken machen. Aber Gott *als den Vater* zu erkennen – durch und durch –, das muss von woanders herkommen als aus dem Menschen heraus. Das kann nur Jesus als Gottes Sohn. Für unsere menschliche Gotteserkenntnis heißt das: Wir sind Empfangende, angewiesen auf den Sohn, der uns den Vater offenbart. Philippus fragt in Joh 14,8-9: »Herr, zeige uns den Vater, und es genügt uns«, und Jesus antwortet ihm: »Wer mich sieht, sieht den Vater.«

Es gibt neben Jesus aber noch ein zweites »Ich«, das Gott erkennt: der Heilige Geist, der vom Vater ausgeht wie Jesus selbst (vgl. Joh 15,16 und 16,28). »Der Geist erforscht alle Dinge, auch die Tiefen Gottes. Denn welcher Mensch weiß, was im Menschen ist, als allein der Geist des Menschen, der in ihm ist? So weiß auch niemand, was in Gott ist, als allein der Geist Gottes. Wir aber haben nicht empfangen den Geist der Welt, sondern den Geist aus Gott, damit wir wissen, was uns von Gott geschenkt ist« (1Kor 2,10b-11). Das bedeutet: Nur der Vater, der Sohn und der Heilige Geist erkennen einander wirklich. Das Erkennen Gottes ist ein innertrinitarisches Geschehen, das permanent in der Dreieinigkeit bzw. Dreifaltigkeit von Vater, Sohn und Heiligem Geist stattfindet. Wenn wir Menschen daran Anteil erhalten, dann erhalten wir Anteil an etwas Göttlichem. Darum spricht Jesus vom Heiligen Geist als dem *Paraklet* (griech. »Tröster, Beistand, Fürsprecher«, vgl. Joh 14,15-26 und

15,26–16,15). Er ist der Geist der Wahrheit (*a-lētheia* – hier muss man wieder Gottes Worte, die treu und verlässlich sind, und die Glaubenswahrheit als sich anvertrauende Treue des Menschen mit hineinhören). Er leitet die Jünger »in alle Wahrheit«, indem er *in ihnen* ist (vgl. Joh 15,17) und mit ihm und durch ihn auch der Vater und der Sohn. Man nannte das in der Theologie von der Alten Kirche bis in die lutherische Orthodoxie auf Latein die Lehre der *inhabitatio Dei*, der Einwohnung Gottes im Menschen.[40] Indem der dreieinige Gott dem menschlichen Ich einwohnt und sich ihm offenbart (vgl. Joh 14,21), gibt er dem Menschen an seiner Erkenntnis Anteil – und *nur so, durch Teilhabe*, kann der Mensch Gott erkennen. Das »Ich an sich« ist, wenn es den »Geist aus Gott« nicht empfangen hat, zum Scheitern verurteilt. Martin Luther sprach vom *homo incurvatus in se ipso* – vom »in sich selbst verkrümmten Menschen«.[41]

Eine dreifache Entthronung

Was hier in der Bibel steht, ist für das Selbstbewusstsein der Aufklärung in dreifacher Hinsicht eine absolute Provokation:

1. Das menschliche Ich wird entthront. Erhob es sich bei Descartes gottgleich über die »ausgebreitete Welt«, die ihm zu Füßen lag, so findet es sich hier zu Füßen Jesu. Es ist davon abhängig, dass Jesus ihm durch den Heiligen Geist, der in alle Wahrheit leitet (vgl. Joh 16,13), den Vater offenbart. Paulus redet von der »Weisheit Gottes, die im Geheimnis verborgen liegt« (1Kor 2,7); nur Gott selbst kann sie dem Menschen aufdecken. Ohne ihn – mit »autonomer Vernunft« – klappt das nicht: Der Mensch kann diese Erkenntnis nicht aus sich selbst hervorbringen, selbst wenn er dafür all seine Kräfte anstrengen würde. Wir sind darin reine Empfänger. »Wir sind Bettler, das ist wahr«, lautet der letzte Satz, der von Martin Luther kurz vor seinem Tod überliefert ist[42] – wir können uns selbst wegen unserer Erkenntnis Gottes nicht rühmen. Das ist schmerzvoll und heilsam zugleich.

2. Die zweite Provokation liegt darin, dass dem Menschen die bloße Möglichkeit des Erkennens Gottes außerhalb der Offenbarung Jesu durch den Heiligen Geist rundweg abgesprochen wird. »Der natürliche Mensch vernimmt nichts vom Geist Gottes; es ist ihm eine Torheit (Dummheit), und er kann es nicht erkennen; denn es muss geistlich beurteilt werden« (1Kor 2,14; LUT 1984). Hier bricht eine Spannung auf, die sich bei dem oben angesprochenen Kulturtransfer des Wahrheitsverständnisses (vgl. S. 26) bereits gezeigt hatte: Nicht *jeder* Mensch kann Gottes Wahrheit aus den vernünftigen Begriffen der Lehre erkennen. Es sind zwar alle dazu berufen, aber der natürliche Mensch, der die Beziehung zu Gott nicht eingeht und den Heiligen Geist nicht empfängt, dem ist sie *a priori* (lat.: von vornherein) verschlossen. Sie kann ihm gar nicht offenstehen, weil die Erkenntnis Gottes seiner ganzen Struktur nach ein *relationales* (lat.: sich in Beziehung vollziehendes) Ereignis der *Teilhabe* an einem Vorgang innerhalb der Dreieinigkeit Gottes ist. Das Erkennen Gottes setzt die Beziehung zu Gott voraus, nicht umgekehrt.
3. Es gibt eine weitere Provokation für das Selbstbewusstsein der aufgeklärten Vernunft. Denn von dieser ist in der Bibel kaum die Rede.[43] Was ihr dem Sinn nach am nächsten kommt, ist in 1Kor 1,18–2,23 die »Weisheit der Weisen und der Verstand der Verständigen« – und die, sagt Paulus, hat Gott verworfen (vgl. 1Kor 1,19 mit Jes 29,14). Die Weisheit – ich lese: Vernunft – ist eine Sache der Hohen und Mächtigen, der Eliten und *Influencer*, derer, die alles erforschen und alles beurteilen wollen, auch Gott und wie man ihn erkennt. Verworfen! Entthront! Abgesetzt! Gott stellt eine riesige Dummheit daneben: das »Wort vom Kreuz«, die Predigt vom gekreuzigten Christus (vgl. 1Kor 1,18.23). Kein geniales System in kaum zu verstehender Sprache, sondern die Verkündigung in einfachen Worten: Christus starb für uns, um uns mit Gott zu versöhnen und zu verbinden. »So sehr hat Gott die Welt geliebt, dass er seinen einziggeborenen Sohn gab, damit jeder, der an

ihn glaubt, nicht verloren geht, sondern das ewige Leben hat« (Joh 3,16). Ausgerechnet dort am Kreuz können wir erkennen, wie sehr Gott uns liebt. Unter dem Kreuz, in den Stunden unseres tiefsten Scheiterns und der größten Scham und Schuld, genau dort berührt uns Gott. »Das Blut Jesu, seines Sohnes, macht uns rein von aller Sünde. Wenn wir sagen, wir haben keine Sünde, so betrügen wir uns selbst und die Wahrheit ist nicht in uns. Wenn wir aber unsere Sünden bekennen, so ist er treu[44] und gerecht, dass er uns die Sünden vergibt und reinigt uns von aller Ungerechtigkeit« (1Joh 1,7b-9). Das Wort vom Kreuz – ein Anstoß und ein Ärgernis für die einen, eine ausgemachte Dummheit und Naivität für die anderen, aber für uns ist es Gottes Kraft und Gottes Weisheit (vgl. 1Kor 1,22-25). Was als Offenbarung von Gott kommt, selbst wenn es vor der Welt total *weird* (engl. »seltsam«) aussieht, hat mehr Weisheit und Kraft als alle unsere Menschenweisheit. Er erwählt das Schwache, das Kleine und das Dumme für seine Selbstenthüllung. Und an den großen und Mächtigen geht er vorbei. Dieser Abschnitt im ersten Korintherbrief ist der Stachel im Fleisch jeder Philosophie und auch jeder wissenschaftlichen Theologie. Je mehr wir uns auf uns selbst einbilden, je mehr wir etwas gelten, je dichter und unangreifbarer unser theologisches System wird, desto mehr bedürfen wir der Korrektur durch das Schwache, das Gott erwählt hat – das Wort vom Kreuz.

Eine dreifache Erhebung

1. Was wir oben von der Wahrheit Gottes in seinem verlässlichen Wort und dem Glauben des Menschen als Gegenstück besprochen haben, erweist sich vor diesem Hintergrund als ein unschätzbares Geschenk des Heiligen Geistes. Wenn wir Gottes Stimme in seinem Wort hören und glauben können, ihm nahe sind und seine Treue und Gegenwart erleben, dann sind wir Beschenkte von Gott, unserem Vater, der uns An-

teil gibt an etwas Göttlichem. »Ihr seid alle durch den Glauben Gottes Kinder in Christus Jesus« (Gal 3,26). Das ist alles andere als eine Selbstverständlichkeit – es ist ein Wunder, das Gott durch seinen Geist an uns und in uns wirkt. Glauben zu können ist ein Grund zu tiefer Dankbarkeit.

2. Es gibt Menschen, die dieses Wunder schon seit ihrer Kindheit in die Wiege gelegt bekommen haben. Andere haben irgendwann in ihrem Leben die Berührung durch den Heiligen Geist bewusst erlebt als einen Anfang, der ihr ganzes Leben veränderte und ihm eine völlig neue Richtung gegeben hat. Sie fanden dieses Erleben wieder in dem Stichwort von der »neuen Geburt«. Jesus gebraucht es in Joh 3,3-16. Sie geschieht, sagt Jesus, »durch Wasser« – nämlich das Wasser der Taufe – »und Geist«, wenn der Heilige Geist uns berührt. Dieses Stichwort von der »Wiedergeburt« ist im Pietismus und in der Erweckungsbewegung eine viel gebrauchte Bezeichnung für diese erstmalige starke Erfahrung der Wirklichkeit Gottes geworden, wie ich sie oben beschrieben habe. Sie hat einen kleinen Nachteil: Sie lässt außer Acht, dass es Menschen gibt, die in ihren Glauben hineinwachsen und deshalb keinen Zeitpunkt oder ein besonderes Erlebnis nennen können, an dem sich ein solcher Neuanfang ereignet hat. Das macht ihren Glauben nicht weniger wertvoll! Wenn wir an Jesus Christus als Sohn Gottes glauben, in dem sich Gott uns offenbart hat, dann *sind* wir wiedergeboren, denn das *kann* man nicht ohne den Heiligen Geist. Aber für manche Menschen stellt sich dennoch irgendwann die Frage: Wie fange ich mit dem Glauben an? Wie trete ich in diesen Bund mit Gott ein? Da empfiehlt sich der Satz, der in vielen Variationen seit dem Pietismus – und eigentlich schon seit Martin Luther[45] – gebetet wurde: »Dir, Herr Jesus, will ich ganz gehören.«
3. Die Einwohnung des Heiligen Geistes geht von Gottes Geist selbst aus: »Er weht, wo er will« (Joh 3,8). Der Mensch ist Empfangender. Aber dennoch finden wir in der Bibel Hinweise, wo und auf welchem Weg dieses Empfangen stattfinden

kann. In 1Petr 1,23 heißt es: »Ihr seid wiedergeboren nicht aus vergänglichem, sondern aus unvergänglichem Samen, nämlich aus dem lebendigen Wort Gottes, das da bleibt.« Jak 1,18 sagt: »Er hat uns geboren nach seinem Willen durch das Wort der *Wahrheit*.« Das Wort Gottes ist das Samenkorn der Wiedergeburt – genauer: das Wort vom Kreuz (vgl. 1Kor 1,18), die Botschaft von der Versöhnung mit Gott (vgl. 2Kor 5,19-21), die Worte, die Jesus uns zu befolgen aufgetragen hat (vgl. Joh 14,21). Der Heilige Geist selbst ist unverfügbar, aber das Wort als das Mittel, durch das er uns berührt, steht immer zur Verfügung. Es soll sogar überall gepredigt werden (vgl. Mt 28,18-20). Wir haben diese Predigt im Neuen Testament. Sie ist »der Grund der Apostel und Propheten«, auf den die Kirche nach Eph 2,20 gebaut ist. Deshalb legten die Reformatoren Martin Luther und Philipp Melanchthon (1497–1560) solchen Wert auf die »Gnadenmittel«. Darunter verstanden sie das Wort Gottes in Gestalt der Heiligen Schrift und in Gestalt der Sakramente, d. h. Taufe und Abendmahl. Diese gebraucht Gott »als Mittel, durch die er den Heiligen Geist gibt, der (wo und wann er will) den Glauben wirkt in denen, die das Evangelium hören«, heißt es im Augsburger Bekenntnis.[46] Eins bedingt das andere: Durch den Heiligen Geist können wir in der Bibel die Worte Gottes hören, und um den Heiligen Geist zu empfangen, brauchen wir die Worte Gottes. Das schaukelt sich gegenseitig auf wie in einem Dynamo.[47] Und tatsächlich geht es ja um die »Kraft Gottes« (griech. *dýnamis*), die das Wort vom Kreuz entfaltet.

Es ist aber nicht so, dass der Heilige Geist dabei unser menschliches Denken außer Kraft setzen würde. Adolf Schlatter war dieser Punkt sehr wichtig: Die Kraft Gottes setzt das Denken nicht außer Kraft, sondern setzt es gerade in Gang! Nur denkt der Mensch, von Gott berührt, jetzt anderes als vorher.[48] Das sieht man am Apostel Paulus, der ja genau so eine Berührung mit dem auferstandenen Jesus Christus erlebt hat (vgl. Apg 9,1-19). Sie hatte eine solche

Kraft, dass sie in ihm die Erkenntnis weckte: »Die Herrlichkeit Gottes liegt auf dem Angesicht Jesu Christi« (vgl. 2Kor 4,6). Das hat das gesamte theologische Denken von ihm, dem ehemaligen Pharisäer, auf eine völlig neue Grundlage gestellt.[49] Es geht also nicht um eine Ausschaltung, sondern um ein Einschalten des Denkens von der Wirklichkeit Gottes her, die uns die Welt auf eine neue Weise sehen und verstehen lässt. Das »Ich«, das Gott erkennt, ist nicht das »denkende Ding«, sondern der von Gott erneuerte und damit unendlich gewürdigte Mensch, der erkennen kann, weil er glaubt. *Credo, ut intelligam*, »ich glaube, damit ich verstehe«, sagte der Theologe und Philosoph Anselm von Canterbury (1033–1109)[50] – das Denken folgt dem Glauben nach, nicht umgekehrt.

Mit dem, was wir in diesem Kapitel betrachtet haben, sind wir am Herzschlag des christlichen Glaubens angelangt. Es gibt in der Theologie seit dem Mittelalter über die Reformation und die lutherische Orthodoxie bis zum Pietismus einen Fachbegriff für diesen »Herzschlag«: die *unio mystica*, die »Vereinigung der gläubigen Seele mit Gott«. Seit dem 17. Jahrhundert hat sich der Fachbegriff »Mystik« dafür eingebürgert. Er hat heute bei manchen Christen einen schlechten Ruf und ich möchte deshalb einige Missverständnisse klären.

Mystik – ein missverstandenes Wort

»Bei der Mystik geht es um die erfahrungsbezogene Seite der Theologie, […] um das ›erfahrende Wahrnehmen Gottes‹. Erfahrungsbezogen meint: Nicht die gedachte, sondern die gelebte Dimension des Glaubens steht im Vordergrund«, und zwar in »Orientierung am biblischen Wort und an der Person Jesu Christi«.[51] Mystik ist also, wenn man in die Kirchengeschichte hineinsieht, weder etwas waberndes Unaussagbares noch eine Konkurrenz zur Bibel oder zum Glauben an Jesus Christus. Sie ist im Gegenteil der Moment, in dem das, was die Bibel beschreibt, erfahrbare Wirklichkeit wird. Sie ist das Erleben, wenn der Mensch dem auferstandenen Herrn Jesus Christus persönlich begegnet, der sich in der Bibel offenbart.

Sie ist der Vorgang, in dem der Heilige Geist uns berührt. Es geht bei christlicher Mystik um den »Gott-ist-real«-Moment, den ich oben in Kapitel 2.2 beschrieben habe. Biblisch denken wir z. B. an Mose, an Jesaja, an Paulus und an die Offenbarung des Johannes.

Mystische Erfahrungen als solche auszudrücken ist oft schwer, weil die Sprache, die sich aus Erfahrungen des Alltags speist, hier an ihre Grenzen stößt. Bernhard von Clairvaux (ca. 1090–1153) hat z. B. die Erfahrung der Glaubensgemeinschaft des einzelnen Menschen mit Christus beschrieben, indem er das biblische »Hohelied der Liebe« heranzog – also in der Sprache von Liebe und Partnerschaft. In der ganzen Kirchengeschichte gibt es einen roten Faden der Mystik, der immer wieder zu geistlichen Aufbrüchen geführt hat. Er zieht sich von Bernhard über Meister Eckhart (um 1260–1328) und Johannes Tauler (um 1300–1361), über Luther und die lutherische Orthodoxie zum Pietismus im 17. und 18. Jahrhundert (z. B. Johann Gerhardt, Gerhard Tersteegen, Ludwig v. Zinzendorf), zur Erweckungsbewegung und bis in unsere Zeit hinein. Die charismatische Bewegung und die Lobpreiskultur sind ohne sie nicht zu verstehen. Es gab auch Gefährdungen, und zwar dort, wo sie die Bindung an das »äußere Wort der Bibel« vernachlässigte, wie Luther gegenüber den sog. »Schwärmern« immer wieder warnend sagte. Das wurde später so missverstanden, als ob er damit die ganze Mystik ablehnen würde, was keineswegs der Fall war.[52] Glaubenslehre und Mystik gehörten lange Zeit als zwei Seiten einer Medaille zusammen: »Die *fides quae creditur* drängt zur *fides qua creditur*«, d. h. die »Glaubenslehre« zur »gelebten Beziehung zu Gott« (vgl. oben S. 49), »ja sie erreicht ihr Ziel erst darin. Erst wenn die Glaubensinhalte einem Menschen zur eigenen Erfahrung werden, beginnen sie für ihn lebendig zu werden und seine Existenz zu durchdringen.«[53]

Das änderte sich schlagartig mit der Aufklärung. Als diese in Form des theologischen Rationalismus in die Theologie durchschlug (18. Jahrhundert), war die Erfahrungsseite des Glaubens natürlich »unvernünftig«, weil sie nicht natürlich erklärbar war. Es kam zu einer radikalen Abwendung und einer ausgesprochenen protestantischen Antipathie gegenüber der Mystik.[54] So wollte Johann Salomo Semler (1725–1791) Theologie und Spiritualität völlig getrennt wissen. Auch für Adolf v. Harnack (1851–1930) waren mystische Erfahrungen mit dem evangelischen (Vernunft-)Glauben völlig unvereinbar. Mittelpunkt und Zielrichtung des Glaubens bestanden für ihn in der Ethik. Wenn Glaube sich aber in kritischer Rationalität und Ethik erschöpft, muss eine »Ich-Du-Beziehung zum lebendigen Gott« völlig unverständlich bleiben. »Mystik« war jetzt in der liberalen Theologie etwas, was an Vorwissenschaftlichkeit, Unvernunft und Spiritualismus erinnerte und sowieso katholisch und hochgradig suspekt war. Diesen negativen Klang hat die unter dem Eindruck zweier Weltkriege entstandene »Dialektische Theologie« noch verstärkt. Ihr Begründer Karl Barth (1886–1968) sah sich zwar in schroffem Gegensatz zur »Liberalen Theologie«, aber in seinem Denken blieb dennoch keinerlei Raum für Glaubenserfahrung: Gott ist für ihn der »ganz Andere«, der sich exklusiv in seinem Wort offenbart. »Mystik« hatte für ihn den Klang von Selbsterlösung an Gottes Wort und am ganzen Christus vorbei – ein Verständnis, das die Mystiker nie hatten.[55] Aus diesen beiden Richtungen kommt jedenfalls der negative Klang, den der Begriff »Mystik« in manchen evangelischen Kreisen bis heute hat und durch den er direkt neben »Esoterik« zu stehen scheint. Hinzu kam die Verwendung desselben Wortes für interreligiöse Phänomene, die in der Theologie selbst umstritten war, sowie eine Wiederbelebung der Mystik seit den 90er-Jahren unter Zuhilfenahme fernöstlicher Grauimporte (vor allem Zen-Meditation); das alles war für das Verständnis dieses Wortes auch nicht sonderlich hilfreich. Aber das sind vor allem Begriffsprobleme. Man kann schon recht sauber eingrenzen, was christliche und speziell evangelische Mystik bedeutet und was sie ausmacht. Esoterik u. a. ist wesentlich Selbsterfahrung; christliche Mystik ist wesentlich Gotteserfahrung.[56] Peter Zimmerling hat unter anderem folgende Kriterien in seinem lesenswerten Buch über evangelische Mystik ausgeführt:

- Sie orientiert sich am biblischen Wort; dieses ist Resonanzboden und Maßstab mystischer Erfahrungen.
- Sie ist hingewendet zum dreieinigen Gott, orientiert an Jesus Christus.
- Sie setzt die traditionelle Glaubenslehre voraus, auch wenn sie bisweilen hilft, sie neu zu verstehen (Luther!).
- Sie setzt persönlich praktizierten Glauben voraus (v. a. das Gebet).
- Sie ist in der Kirche bzw. Gemeinschaft der Glaubenden verortet, auch wenn von solchen Erfahrungen nicht selten Erneuerungsimpulse ausgehen, die in neue Gemeinschaften münden. In seltenen Fällen, vor allem bei Bekehrungen aus dem Islam heraus, führen Begegnungen mit Christus Menschen erst in die Gemeinde hinein.
- Sie ist kein Selbstzweck, es geht nie um »Erfahrung um der Erfahrung willen« oder um eigene Befindlichkeitssteigerung, sondern um Jesus.
- Sie lässt sich nicht für andere Ziele verzwecken, z. B. für den politischen Kampf für gesellschaftliche Veränderung.[57]
- Sie ist kein Business.

Mystische Erfahrungen können nicht absichtsvoll herbeigeführt werden und ihre Hervorrufung steht nicht im Fokus des Gebetes. Trotzdem gibt es regelmäßig praktizierte Übungen des Glaubens oder der täglichen Andacht (z. B. gründliches Bibellesen, Gebet, Lobpreis usw.), unter denen uns der Heilige Geist bevorzugt solche Begegnungserfahrungen schenkt. Wichtig bei allen Mystikern: Auch Erfahrungen tiefer Gottesferne gehören dazu (mehr dazu im zweiten Teil dieses Buches).

Mystische Frömmigkeit ist also kein Weg zu Gott neben Bibelfrömmigkeit, Glaubenslehre oder in Nächstenliebe tätigem Glauben, sondern untrennbar mit ihnen vernetzt. *Alle* Fälle in der Kirchengeschichte, wo das nicht der Fall war, sind letztlich schiefgegangen. Das hat einen einfachen Grund. Der Theologe Thorsten

Dietz hat die Seite der Unverfügbarkeit mystischer Erfahrungen hervorgehoben,[58] genauso wie das Erleben von Dunkelheit, Fremdheit und Gottesferne, die durchaus möglich sind. Manchmal ist einfach Schweigen, ein großes Nichts. Das sind schwere Momente. Aber uns bleiben das »äußere Wort«, das Wort der Bibel, und die Glaubenslehre, an die wir uns in diesen Momenten halten können. Wenn mystische Frömmigkeit aber auf sich allein gestellt ist, gibt es an diesem Punkt zwei Alternativen: entweder sich abzuwenden oder neue Versuche zu unternehmen, um wieder eine beglückende Erfahrung zu machen. Zwangsläufig gerät die mystische Erfahrung selbst in den Fokus der Übung und wird zu ihrem eigenen Ziel. Immer extremere Formen bis zum Kollaps des Glaubens sind an diesem Punkt vorprogrammiert.

Wäre es dann nicht besser, auf Mystik zu verzichten? Ich glaube nicht: Glaubenslehre ohne Mystik wird nach aller Erfahrung zu einem Rechthabe-Glauben oder einer Weltanschauung. Und Glaubenspraxis ohne die beiden anderen wird zu Aktivismus.

Der Glaube ist dann am gesündesten, wenn Glaubenslehre, Mystik und Glaubenspraxis, also der Glaube im Denken, Fühlen und Wollen, miteinander im Gleichgewicht sind.[59]

2.6 Meine, deine oder gar keine Wahrheit?

Wir haben also parallel zur Aufklärung einen breiten und ziemlich lebendigen Strom in der Christenheit gehabt, in dem man kritisch auf die quasi vergöttlichte »Vernunft« blickte. Und tatsächlich währte der Optimismus der Aufklärung, durch vernünftige Forschung die Wahrheit erkennen zu können, nur knapp 150 Jahre lang. Dann veröffentlichte der Königsberger Immanuel Kant 1781 seine »Kritik der reinen Vernunft«. Es war die erste von mehreren Erschütterungen des Wahrheitsverständnisses. Die letzte davon hat sich in unserer Gegenwart ereignet und dauert bis heute an. Unsere heutigen postmodernen gesellschaftlichen Diskurse und auch der Krieg in der Ukraine sind ohne sie nicht zu verstehen. Ich möchte den Verlauf dieser Erschütterung mit drei groben Strichen nachzeichnen. Denn je besser wir sie verstehen, desto besser können wir auch unsere Zeit entschlüsseln, in der wir heute leben und glauben.

Wie rein ist die »reine Vernunft«?

Immanuel Kant (1724–1804) hat den Versuchsaufbau von Descartes wiederholt, um zu erforschen, inwiefern die »reine Vernunft« die Fähigkeit besitzt, die absolute Wahrheit, die Descartes voraussetzte, zu erkennen. Bei seinem Denkexperiment versuchte er, alle Wahrnehmungen auszuschalten, bis nur noch das reine Denken übrig blieb – also das Denken »an sich« und nicht wie bei Descartes der Denkakt –, und am Schluss blieben zwei Kategorien übrig, die sich nicht abschalten ließen: Raum und Zeit. Diese beiden, sagte Kant, setzt das Denken immer schon voraus; ein Denken ohne sie findet nicht statt. Die Vernunft fügt also jeder Wahrheit, die sie denkt, immer die Kategorien von Raum und Zeit hinzu und *formt* sie dadurch als *Vorstellung*. Eine »absolute« Wahrheit an sich jenseits von Raum und Zeit ist darum prinzipiell unerkennbar. Die Vernunft kann nach Kant das »Ding an sich« nicht erfassen. Sie bringt stattdessen lediglich Vorstellungen der Dinge hervor, mit denen sie sich dem wahren Ding maximal annähern kann.[60] Das hat die Wissenschaft schwer erschüttert. Unter »Wahrheit« verstand sie jetzt die Wahrheits*vorstellungen* von Menschen. Die Wissenschaft kommt der an sich unerkennbaren Wahrheit nahe, wenn die verschiedenen Wahrheits*vorstellungen* sich nicht widersprechen, sondern miteinander übereinstimmten. Das nennt man die »Kohärenztheorie der Wahrheit« (von lat. *cohaerere* = zusammenhängen).

Nach Kant kann die Vernunft auch über Gott, den er als absolute Wahrheit schlechthin jenseits von Raum und Zeit versteht, grundsätzlich nichts sagen. Aber man kann durchaus etwas über den *glaubenden Menschen* und seine Gottes*vorstellungen* sagen.

Statt über Gottes *Sein* zu reden, redete die Wissenschaft also jetzt über das Gottes*bewusstsein* des Menschen – auch vielerorts in der Theologie.[61]

Spätestens jetzt liegt der wesentliche Teil des Glaubens als Ich-Du-Beziehung zum lebendigen Gott außerhalb des wissenschaftlichen Arbeitsbereiches.[62] Der Glaube einschließlich seiner Sachgehalte kann »als er selbst« (lat. *eo ipso*) in dieses Wissenssystem nicht mehr eingeholt werden – nur noch mit einer Verschiebung des Fokus, die ihn zu etwas grundsätzlich anderem macht, als er sein will, nämlich zu einer *Hervorbringung des Menschen*. Wie aber sieht ein glaubender Mensch eine Wissenschaft, die Gott zu einer bloßen Vorstellung uminterpretieren muss und damit zu Missverständnissen geradezu verdammt ist? »Die verstehen mich nicht, die stülpen mir etwas über. Aber ich erfahre Gott doch!« So gesehen ist völlig verständlich, warum sich unter Christen, die Gott – und nicht »ihre Gottesvorstellung« – in ihrem Leben als Realität erlebten, eine kritische Distanz gegenüber dieser Art von Wissenschaft ausbilden konnte, ja ausbilden musste.[63] Und sie waren nicht allein damit! »Quatsch, Vernunft – ich fühle! Leben ist Gefühl!«, sagte die Romantik und streckte der »reinen Vernunft« frech die Zunge heraus. Mit ihr ging eine ganze kulturgeschichtliche Epoche gegenüber der »reinen Vernunft« auf Distanz und genoss nach allen Regeln der Kunst die unmittelbare Wahrheit des Fühlens, so wie die Christen die unmittelbare Wahrheit ihrer Gottesbeziehung. Tatsächlich segelte die gesamte Erweckungsbewegung des 19. Jahrhunderts, die jetzt entstand, im Wind der Romantik. Die Glaubensentscheidung des einzelnen Menschen als Beginn seines Weges mit Gott erhielt große Bedeutung. Hunderttausende Menschen fanden in dieser Zeit in Amerika und Europa zum Glauben.[64] Und immer wieder fanden sich Theologen, die versuchten, den Glauben gegenüber einer Wissenschaftlichkeit der »reinen Vernunft« zu verteidigen.[65] Zu ihnen gehört der Erlanger Erweckungstheologe Christian Heinrich Konrad v. Hofmann (1810–1877) mit seinem Spruch: »Ich, der Christ, bin mir, dem Theologen, eigener Stoff meiner Wissenschaft.«[66]

»Sprache ist das Selbstmissverständnis der Vernunft«

Was die Wissenschaft für Kant zusammenhielt, war also »die Vernunft«. Und an die legte noch zu Kants Lebzeiten ausgerechnet ein Christ die Lunte, der selbst eine Bekehrung und eine Gottesbegegnung erlebt hatte und ohne den die Erweckungsbewegung nicht denkbar gewesen wäre: Johann Georg Hamann (1730–1788).[67] Er konterte Kant, über den er gern als die »Vernunft aus Königsberg« witzelte, mit einer einfachen Beobachtung: Vernunft ist Sprache! Denken ist Sprache! Aber Sprache ist immer höchst individuell geprägt und darum auch die Vernunft. Was für Kant vernünftig und wahr ist, muss darum für mich noch lange nicht vernünftig und wahr sein. Damit kickte Hamann wie ein Flegel im Vorübergehen denjenigen Stein aus dem Turmbau des abendländischen Wissens, der es nach Descartes und den frühen Aufklärungsphilosophen so gerade noch zusammenhielt und ohne den der ganze Bau letztlich an sich selbst kollabieren musste. Seine Zeitgenossen schoben diesen höchst gefährlichen Gedanken vorsichtshalber erst mal zur Seite: »Sprache ist der Mittelpunkt des Missverstandes der Vernunft mit ihr selbst.«[68] Für Hamann war das kein Problem, denn er lebte von der Wahrheit des Redens Gottes durch die Bibel. Die 150 Jahre später entstehende Sprachphilosophie tat das nicht. Die sagte im Gefolge u. a. des Philosophen Ludwig Wittgenstein (1889–1951): Wahrheit ist dem *Sprechen über Wahrheit* grundsätzlich nicht vorgegeben, sondern sie wird im Sprechen erst erzeugt.[69] Das kann die persönliche Wahrheit sein, die sich z. B. im therapeutischen Gespräch bildet. Es kann aber auch die kollektive Wahrheit sein, die sich im »herrschaftsfreien Diskurs« (Jürgen Habermas) herausbildet.[70] Jetzt haben wir ein »Konsensmodell« von Wahrheit, das sagt: Wahrheit sind die Werte, auf die wir uns im Konsens einigen; vorgegebene Wahrheiten gibt es nicht.

Wie der Horizont endgültig weggewischt wurde

Aber auch das kann man, wenn man will, noch mal toppen. Zuerst stellte der sogenannte *radikale Konstruktivismus* jeden Objektbezug des Denkens grundsätzlich infrage: Gehirne seien in sich geschlossene Systeme, die die Welt gar nicht abbilden könnten, sondern ihre jeweilige Welt so »konstruierten«, dass ihre Welterkenntnis im funktionalen Sinne »passt« wie ein Schlüssel in ein Schloss.[71] Demnach geben wir im Sprechen nur unsere eigene individuelle Konstruktion von Wahrheit zum Besten. Unsere Gesprächspartner können, wenn sie wollen, das, was wir sagen, als Steinbruch nutzen, um ihre individuelle Wahrheit zu konstruieren. Dieser Vorgang nennt sich »Bildung«. Meine Wahrheit und deine Wahrheit haben grundsätzlich die gleiche Berechtigung, wenn sie denn für uns persönlich »passt«. Diese Haltung nennt man »Relativismus« – es ist alles relativ. Das Motto des Musicals *Anything Goes* steht für das unterschiedslose Mit- und Nebeneinander widersprüchlichster Wahrheiten. Peter L. Berger sagte: So läuft das auch in gesellschaftlichen Systemen. Die Wirklichkeit, in der wir uns miteinander zu befinden glauben, ist darum lediglich das Ergebnis sozialer, also gemeinschaftlicher Konstruktion von Wirklichkeit.[72]

Und zu guter Letzt kam im Zusammenhang mit der Postmoderne die bereits genannte Gruppe französischer Philosophen um Jacques Derrida, Francois Lyotard und Michel Foucault. Sie dekonstruierte die Sprache selbst, die letzte verbliebene Verbindung zu »Wahrheit«. Derrida wies darauf hin, dass man Begriffe immer nur durch andere Begriffe erklären kann, dass Sprache also ein reines Verweissystem sei, das immer nur auf andere Verweise verweise.[73] Sie folgerten: Sprache bedeutet nichts außer Sprache; so etwas wie »Sinn« oder ein »Gemeintes« geht dem Sprechakt nicht voraus, sondern folgt ihm erst nach. Nach dem »Dekonstruktivismus«, wie man ihre Philosophie nennt,[74] ist schon allein das Wort »Wahrheit« eine Lüge. So etwas wie Wahrheit ist nicht nur nicht denkbar, sondern überhaupt nicht mehr aussprechbar. Was bleibt dann noch? Das ließ Friedrich Nietzsche hundert Jahre zuvor seinen »tollen

Menschen« sagen:[75] »Gott ist tot« – und er meinte damit nicht nur die Vorstellung des biblischen Gottes, sondern mit ihm jedes Absolute, Universale, das für alle gültig wäre, den Horizont, der weggewischt ist. Übrig bleibt nur noch die pure Sprache als »Wille zur Macht«: »Der Wille zur Macht interpretiert [...]. In Wahrheit ist Interpretation ein Mittel selbst, um Herr über etwas zu werden.«[76] In der »Interpretation« durch Sprache bemächtigt sich der »Wille zur Macht« der Welt – und auch der Interpretation des Mitmenschen. »Diskurse« sind dann kein gemeinsames Streben nach bestmöglicher Erkenntnis oder nach Konsens, sondern reine Machtwirkungen, um die Sprechweise von dem, was gelten soll, innerhalb eines sozialen Systems durchzusetzen. Dann wird nicht mehr um die Wahrheit gerungen, sondern es werden Sprechweisen legitimiert oder delegitimiert. Sachargumente sind in dieser Logik völlig unsinnig, weil »es« ja gar keine »Sachen« mehr gibt, die für alle gültig sein könnten, sondern nur Konstruktionen. Deshalb spricht man neuerdings auch vom »postfaktischen Zeitalter«.[77] Der Mensch oder die Gruppierung, die am stärksten und am lautesten an ihre Wahrheit glaubt, setzt diese auch gegenüber den anderen als legitime Sprechweise durch. Das ist die Logik hinter den identitätspolitischen Debatten, die wir in der Postmoderne führen und die Amerika gespalten haben. In ihnen äußern sich Menschen nur noch in Form von »Ich als X« oder »Ich als Y« und setzen sich exklusiv für andere »X« oder »Y« ein. Unwillkürlich kommt es zur Bildung von *tribes* (engl. Stämmen) aus Gleichgesinnten, die die Sprechweisen anderer *tribes* versuchen zu *canceln*. Was dabei herauskommt, ist eine Welt, in der so etwas wie ein Gemeinwohl aller immer weniger vorstellbar wird.[78] Und steckt nicht genau dieselbe Logik auch hinter Putins Überfall auf die Ukraine? Sie geht von demselben Wahrheitsverständnis aus und hat nur ein einziges Detail verändert: Putin und seine Gefolgsleute wollten ihre Wahrheit mit Waffengewalt legitimieren und die Wahrheit, dass sich die Ukraine als selbstständige Nation versteht, physisch *canceln*.[79]

Es wird sehr interessant, welche Rückwirkung der Ukraine-Krieg auf die philosophische und politische Debatte haben wird: Wird es zu der Erkenntnis kommen, dass es ganz offensichtlich doch Wahrheiten gibt, die auch für andere Menschen wahr sind? Oder wird die Schlussfolgerung sein, dass Putin die Durchsetzung seiner Wahrheit nur falsch angefangen hat? In diesem Fall würde sich bestätigen, was schon oft geäußert wurde: dass die Philosophie der Postmoderne völlig unabhängig von dem, was in den Diskursen tatsächlich vertreten wird, zwangsläufig im Totalitarismus enden muss.[80] Und dann wird Putins faschistisches Regime – was Gott verhüten möge – nur der Anfang sein.

Und jetzt? Alles Postmoderne oder was?

Würden wir alle geschlossen postmodern denken, dann wäre in unserer Welt längt das heillose Chaos ausgebrochen. Aber das ist ja nicht so: Auch in der Postmoderne fragen wir einander: »Warst du schon einkaufen? Ist das Essen vegan? Hast du an die Flugtickets gedacht?«, und erwarten dabei keine Diskurse über Machtansprüche, sondern in korrespondenztheoretischem Sinne »wahrheitsgemäße« Antworten, sonst könnten wir unseren Alltag überhaupt nicht mehr organisieren. Wenn ich z. B. einen Kaufvertrag mit der Begründung nicht bezahlen würde, dass Geld nur eine sozial konstruierte Vorstellung ohne jeden Wahrheitsanspruch sei, würde ich damit nicht durch-, sondern vor den Richter kommen. Und der würde mich mit einem Urteil vor die Wahrheit stellen, dass Geld, das ich »nicht zahle«, obwohl ich eine Ware bekomme, mich dem anderen gegenüber mindestens zum Schuldner, wenn nicht zum Dieb macht. Die postmoderne Konstruktion einer »Wirklichkeitskonstruktion« funktioniert also nicht überall, sondern nur in bestimmten Hinsichten. Genauso funktioniert eine an Descartes' Rationalismus orientierte Forschung wunderbar im Bereich weniger komplexer Systeme in Medizin und Biologie und die »Kohärenztheorie« gemeinsamer Annäherung an der Wahrheit in der Kriminalistik und Jurisdiktion, auch wenn ihr Wahrheitsverständnis wissenschaftstheoretisch längst überholt ist – weil sich das in Bezug auf ihren Forschungsgegenstand nicht auswirkt. Wir lernen nach wie vor anhand des »Kommunikationsquadrates« von Friedemann Schulz von Thun, wie wir unsere Kommunikation verbessern, indem wir ihre vier Seiten »Ich«, »Beziehung«, »Sache« und »Appell« voneinander unterscheiden – und das klappt auch, obwohl eine »Sache« nach Derrida überhaupt nicht mehr existiert bzw. in den drei anderen Seiten aufgeht.[81] Und zu guter Letzt gibt es auch philosophische Versuche, wieder zu einem »neuen Realismus« zu finden.[82] Was bedeutet das?

Wir verwenden in der Welt des Wissens permanent verschiedene Wahrheitskonzepte nebeneinander.

Müssen wir also jetzt alle nur noch postmodern denken, weil »alle« postmodern denken? Nein, das machen die anderen auch nicht immer, sondern nur in bestimmten Zusammenhängen. Und auch in der Gesellschaft sind »wir« nicht einfach »in« der Postmoderne. Heinzpeter Hempelmann hat mit Bezug auf die Sinus-Milieuforschung gezeigt, dass prämodern, modern und postmodern denkende Menschen munter nebeneinanderher leben.[83] Sie verstehen einander oft nicht, aber sie existieren in Lebenswelten, die sich teils fern sind, teils überlappen. Und seine Frage ist: Wie erreichen wir diese unterschiedlich denkenden Menschen mit dem Evangelium?

Ich würde sogar noch einen Schritt weitergehen und – im Unterschied zu Hempelmann – davon ausgehen, dass auch unser eigenes Denken innerhalb unserer Person keineswegs einheitlich ist, sondern fragmentiert oder geschichtet sein kann. Prämoderne, moderne und postmoderne Wahrheitskonzepte scheinen mir dynamische, einander überlagernde Denkmuster (*Patterns*) in unserem eigenen Denken zu sein. Und je nach Gewohnheit oder Herausforderung nutzen wir bald diese, bald jene.[84] Auch einem postmodernen Menschen würde es im Allgemeinen nicht einfallen, die moderne Erkenntnis der Kugelform der Erde anders zu interpretieren, als dass sie eben für alle Menschen gleich kugelförmig ist und auch schon immer war, auch wenn die Menschheit sich dieser Wahrheit erst in einem längeren Erkenntnisprozess angenähert hat.[85] Ich bin sehr sicher, dass auch ganz postmodern denkende Menschen sich im häuslichen Streitfall ganz instinktiv auf ein einfaches korrespondenztheoretisches »Ich hab aber recht!« zurückziehen, besonders wenn sie verletzt oder beleidigt sind. Die Anerkennung der Wahrheit der Partnerin oder des Partners ist dann ein Schritt zur Versöhnung, der erst wieder erarbeitet werden muss. Welches *Pattern* wir jeweils nutzen, dürfte vom Gegenstand und vom *Setting* der Konflikte abhängen, die wir lösen müssen, und nicht jedem Menschen steht jedes Denkmuster einfach so zur Verfügung. Da, wo die Dinge strittig sind, wo man sich abgrenzen muss, aus einer Bemächtigung befreien oder eine solche um einer vermeintlich guten Sache willen ausüben möchte, werden neue Denkmuster entwickelt bzw. auf sie zurückgegriffen. Wir erlernen diese Denkmuster in den Diskursen unserer Gesellschaft, die wir führen – in jüngster Zeit vor allem in den sozialen Medien. Der Mensch lernt, was er tut. Und darum ist die eigene Beteiligung auf Facebook, Twitter, Instagram und Co. ein höchst effektives Mittel, mit dem wir ganz unwillkürlich lernen, postmodern zu denken und zu argumentieren, ganz einfach, weil es andere tun und wir am Modell lernen.

Und so haben wir in der Coronakrise einen Punkt in unserer Gesellschaft erreicht, an dem meiner Meinung nach eine Schwerpunktverschiebung feststellbar geworden ist: Es ist das erste Mal, dass das postmoderne Wahrheitsverständnis als gesamtgesellschaftliches Phänomen voll durchgeschlagen hat. Seit den »Querdenker«-Protesten (mit denen wir uns später näher beschäftigen werden) sind wirklich »wir« als Gesellschaft in der Postmoderne – unabhängig davon, dass wir trotzdem verschiedene Wahrheitsverständnisse nebeneinander nutzen und wir den Schwerpunkt unserer Persönlichkeitsstruktur auch im prämodernen oder modernen Denkmuster haben können. Die Amerikaner »sind« in der Postmoderne seit Trumps *Alternative Facts*, die Briten seit dem Brexit, die Franzosen seit den »Gelbwesten«. Überall ähnliche Phänomene, Zeichen eines sich vollziehenden Kollapses des verbindenden, gemeinschaftlichen Wissens.

Fragen, die uns herausfordern

In dieser kollabierenden Welt sind wir Christen. In ihr leben wir mit Jesus, im Hören auf Gottes Worte, im Glauben an seine Verheißung, in der Gemeinschaft des Heiligen Geistes. Und wir werden als Gemeinschaft der Glaubenden von der postmodernen Welt vor ganz neue Fragen gestellt: Was sind für uns Worte des Glaubens – nur beliebige Verweise auf andere Verweise? Was ist Predigt, Verkündigung – Wille zur Macht? Was soll »Wort Gottes« anderes sein als menschliche Interpretation? Was ist »Gott« anderes als mein oder dein Gottesbild? Was ist »Glaube« anderes als ein individueller religiöser Deutungsmix? Warum sollen antike Wertekonsense (sogenannte »Gebote«) uns heute etwas angehen? Warum und mit welcher Absicht reden wir von »Wahrheit«, wenn es die doch gar nicht gibt? Das sind nicht nur Fragen von außen. Weil wir als Christen zugleich Teil unserer Gesellschaft sind und an ihren Diskursen Anteil haben, werden das mehr und mehr Fragen der Gemeinde, und diese werden immer nachhaltiger, je jünger die Leute sind. Die fragmentierten Fragen der fragmentierten Gesellschaft werden zu Fragen der fragmentierten Gemeinde. In ihnen stößt die Wurzel des Glaubens plötzlich auf harten, trockenen Fels.

Wir alle stehen vor dieser Herausforderung und reagieren irgendwie auf sie, egal ob konservativ, liberal, postevangelikal oder was auch immer. Und weil wir in einer fragmentierten Umgebung leben, glaube ich nicht mehr, dass es hierzu *eine* Lösung für alle geben kann. Ich fürchte, wir müssen uns für den Moment mit dem fragmentarischen Charakter unserer Lösungsversuche anfreunden – auch ich selbst, und in diesem Sinne verstehe ich auch dieses Buch. Was im Moment passiert, ist, dass mehr oder weniger hilfreiche *Tools* mit einem situativ begrenzten Lösungspotenzial für die oben gestellten Fragen entwickelt werden.[86] Diese *Tools* funktionieren meistens nur innerhalb des kirchlichen Fragmentes, für das sie gemacht wurden. Schöner wäre es, wenn sie verbindende Kraft über das eigene Fragment hinaus entwickeln würden. Aus der Glaubensgeschichte lassen sich m. E. gewisse Voraussetzungen aufweisen, ob ein *Tool* langfristig hilfreich sein kann oder nicht. Und »hilfreich« heißt, dass es uns Jesus näherbringt. Was Menschen in ihrem jeweiligen Wirklichkeitsfragment nicht Jesus näherbringt, hilft der Kirche oder der Gemeinde nicht, egal wie schön es aufgemacht ist. Denn nur in Jesus können wir als Glaubende für die Zukunft »verwurzelt und gegründet« sein (vgl. Kol 2,7) – »wie der Weinstock seinen Reben zuströmt Kraft und Lebenssaft«.[87] Das entscheidende *Tool* gibt Jesus uns dafür selbst:

2.7 Vom Wort, das auszog, um Sprache zu werden

»Am Anfang war das Wort, und das Wort war bei Gott, und Gott war das Wort« (Joh 1,1). Alles klar? Nein, gar nichts ist klar – wie kann denn ein Wort »bei jemandem« sein und gleichzeitig dieser Jemand selbst sein? Warum fällt uns auf, dass an diesem Satz etwas merkwürdig ist?

Weil wir, wenn wir »Wort« sagen, genau das nutzen, was wir sagen. Wir wissen aus Erfahrung, was ein »Wort« ist, sobald wir »Wort« sagen können, und das ist der Grund, warum uns dieser Satz aufstößt: Dieses »Wort«, von dem in Joh 1,1 die Rede ist, unterscheidet sich offenbar von dem, was wir kennen. Dieser Erkenntnisweg wiederholt sich bei dem Verb »sprechen«: Es verweist nicht auf tausend andere Verweise, sondern auf das, was ich gerade tue, indem ich es sage. Indem ich »sprechen« sage, mache ich eine Sprecherfahrung, die auch alle anderen Menschen machen, wenn sie sprechen. Und auf diese gemeinsame Sprecherfahrung verweist »sprechen«. Jeder, der sprechen kann, weiß, was ich meine, sobald er die Übersetzung des Wortes in seine Muttersprache kennt. Da ist nichts »ungefähr« und »näherungsweise« und bis zur Unendlichkeit hinterfragbar. Es gibt ein unmittelbares Grundverständnis dieser beiden Worte, das aus der gemeinsamen Sprecherfahrung resultiert.

Das bedeutet: Die postmoderne Hypothese der unendlichen Verweiskette von »Sprache« scheitert an der Selbstreflexivität von

Sprache. Oder mit Hamann ausgedrückt (vgl. oben S. 70): Sprache ist der Mittelpunkt des Missverständnisses der »Sprache« gegenüber ihr selbst.

Aber – so mag der kritische Leser einwenden – habe ich nicht mit dieser wortreichen Erklärung des Wortes »Wort« durch lauter Verweise Derridas Auffassung von Sprache als reinem Verweissystem (vgl. oben S. 71) bestätigt? – Nein, denn das, was ich hier nutze, ist *nicht* Wort, sondern *Schrift*. Das ist ein riesiger Unterschied. Schriftsprache ist *indirektes*, mittelbares, zeichenhaftes Sprechen, und die Buchstaben W-O-R-T sind *Zeichen* für »Wort«.

Wenn aber geklärt ist, dass es zum gesagten »Wort« etwas gemeinsam Erfahrbares als Gemeintes gibt, können wir davon ausgehen, dass es auch andere Worte gibt, auf die das genauso zutrifft. Dabei helfen uns die Kinder beim Sprachlernen. Alle Worte der alltäglichen Tätigkeiten, z. B. die »starken Verben« in den europäischen Sprachen (gehen, stehen, sitzen …) oder die gegenständlichen Substantive, die man mit den fünf Sinnen wahrnehmen kann, sind durch gemeinsame Erfahrung gedeckt. Je abstrakter die Begriffe werden (z. B. die mit »-heit«, »-keit« etc.), desto schwieriger wird es. Was in unserer Welt kollabiert ist, ist lediglich eine Form des Wissens, die in der Abstraktion von der Abstraktion von der Abstraktion des gelebten Lebens besteht.

Gott spricht

Was war noch mal die häufigste Tätigkeit Gottes in der Bibel? Genau: Sprechen. Mit weitem Abstand.

Das beginnt schon am Anfang der Bibel. Gott sprach: »Es werde Licht«, und es wurde Licht (1Mo 1,3). Und so geht es weiter. Gott spricht: »Es werde« – und es wird. Gottes Wort wirkt, was es sagt, es ist ein dynamisches Wort, ein Kraft-Wort. Interpretiert Gott die Welt? Nein, denn was noch nicht existiert, kann man nicht interpretieren. Ist es ein bemächtigendes Wort? Nein, denn eines »Nichts« kann man sich nicht bemächtigen. Es ist vielmehr ein *ermächtigendes* Wort, das das, was noch nicht ist, ermächtigt zu sein. Oder das die Erde ermächtigt, etwas hervorzubringen (vgl. 1Mo 1,11). Gottes Wort ist ein Schöpfungswort, ein lebendig machendes Wort. Es ruft »das, was nicht ist, dass es sei« (Röm 4,17).

Und auch später setzt Gott durch sein Wort Ereignisse in Gang. Er spricht zu Abraham: »Geh aus deinem Vaterland und von deiner Verwandtschaft und aus deines Vaters Hause in ein Land, das ich dir zeigen will. Und ich will dich zum großen Volk machen und will dich segnen und dir einen großen Namen machen, und du sollst ein Segen sein« (1Mo 12,1-2). Gottes Wort ermächtigt Abraham, sein Elternhaus zu verlassen – das war in der Antike gar nicht so einfach. Sein Segenswort *gibt* Segen. So geht es weiter bei Mose (vgl. 2Mo 3) und den Propheten, die oftmals sagen: »So spricht der HERR.«

Nur: *Wie* hat der HERR eigentlich gesprochen? In vielen Bibeltexten bleibt das offen. Klar ist, dass es nicht mit einem physischen Mund war wie bei uns Menschen. Als der Prophet Elia zum Horeb wanderte, heißt es einmal ausdrücklich: »Und siehe, da kam eine *Stimme* zu ihm und sprach« (1Kön 19,13). Aber kurz vorher heißt es: »Das Wort des HERRN kam zu ihm« (1Kön 19,9). Das ist nicht das äußere Wort an die Ohren, sondern das Wort, das Gott ins Herz spricht. In diesem Fall ist »Gott sprach« eine *Metapher.*

Damit will ich nicht sagen, dass Gott nicht wirklich gesprochen hätte, sondern dass er auf eine übertragene Weise gesprochen hat. Beweis dafür? Zwei Sätze vorher steht: »Damit will ich nicht sagen …« Aber ich habe ja gar nicht *gesagt*, sondern *geschrieben.* Auch eine Metapher. Dass ich das aber in diesem übertragenen Sinne tatsächlich »gesagt« habe (wenn auch ohne Mund und Zunge), kann jeder nachlesen. Metaphern helfen uns, geistige Vorgänge mithilfe physischer *icons* (engl. Bilder) auszudrücken, mehr nicht. Eine metaphorische Aussage ist nicht unwahr, *weil* sie eine metaphorische Aussage ist, sondern sie bringt Wahres auf ikonische Weise zum Ausdruck.[88] Auch in den Fällen, wo »Gott spricht« eine Metapher ist, sagt diese aus, *dass Gott spricht.* Und das tut er in der Bibel permanent. Aber nicht immer auf dieselbe Weise.

Die Sprache des Gebotes

Im »zweiten Schöpfungsbericht« in 1Mo 2,4b–3,24 erschafft Gott den Menschen und setzt ihn in den Garten Eden. Und hier spricht er zu ihm mit einer besonderen Sprache – der Sprache des Gebotes. »Du darfst essen von allen Bäumen im Garten, aber vom Baum der Erkenntnis des Guten und Bösen sollst du nicht essen, denn an dem Tag, an dem du von ihm isst, musst du des Todes sterben« (V. 16-17). Das sind zwei Seiten, eine Erlaubnis und eine Beschränkung. »Du darfst – du sollst nicht«. Ein wunderbarer Garten, dessen Bäume dazu da sind, die Bedürfnisse des Menschen zu stillen, nur ein Baum ist ausgenommen. Doch der steht nicht irgendwo am Rand, sondern ausgerechnet in der Mitte. Nicht möglich, ihn zu übersehen. Warum eigentlich? Hätte Gott den Menschen nicht vor diesem Baum schützen können, indem er ihn gar nicht reinstellt oder indem er den Menschen so macht, dass er gar nicht das Bedürfnis hat, ausgerechnet von diesem Baum zu essen? Oder anders gefragt: Ist das eine reine Machtdemonstration – oder kann man es so verstehen, dass Gott den Menschen durch das Gebot zu etwas *er*mächtigt?

Der Baum markiert die Grenze zwischen Schöpfer und Geschöpf.[89] Es ist die Grenze, wo »Mensch« aufhört und »Gott« anfängt. Diese Grenze ist sowieso da; schon allein durch das Geschaffenwerden ist der Mensch von Gott unterschieden. Aber der Mensch – und nur er – wird durch das Gebot herausgefordert, diese Grenze anzuerkennen. Er wird damit zur *Freiheit* ermächtigt: Er kann so oder so entscheiden. Damit kann er entscheiden, mit welchen Konsequenzen er leben möchte. Mit dem Gebot ermächtigt Gott den Menschen zur Selbstwerdung, zur Wahrnehmung des Unterschiedes zwischen ihm und Gott. Erst die Unterscheidung von dem, was er ist und nicht ist, lässt ihn sein eigenes Menschsein finden. Wir finden dasselbe Prinzip heute in der Kindererziehung. Kinder, die von ihren Eltern keine Grenzen gesetzt bekommen, werden in ihrer Persönlichkeitsentwicklung geschwächt. Die Unterscheidung zwischen »Ich« und »Nicht-Ich« ist für die Entwicklung eines gesunden Selbstverhältnisses essenziell.

Das Menschenpaar – auf hebräisch *'isch* (Mensch) und *'ischa* (Menschin) – findet sich am Ende von 1Mo 2 in einer perfekten Umgebung. Diese Welt ist gut – gut zu ihnen, gut für sie; sie atmet und spiegelt lauter Güte, die Güte des Schöpfers. Es gibt keinen Grund, ihm nicht zu vertrauen. Und so lenkt die Schlange in 1Mo 3 die Aufmerksamkeit auf das Gebot selbst, indem sie Misstrauen sät. Und das tut sie auf eine erstaunlich postmoderne Weise. Sie interpretiert das Gebot, ja, sie bemächtigt sich dieses Gebotes, indem sie Gott in der Vorstellung der Menschen einen »Willen zur Macht« unterstellt. Gott, so die Interpretation der Schlange, betrachte die Menschen als mögliche Konkurrenten. Das Gebot habe einfach den Zweck, ihren Aufstieg zur Ebenbürtigkeit zu verhindern. In einer szenischen Darstellung würde sie verschlagen flüstern: »Gott will euch Menschen niederhalten, indem er euch den Zugang zu diesem geheimen ›Wissen, was gut und böse ist‹ verweigert. Gott sagt euch nicht die Wahrheit; er denkt gar nicht daran. Seine Worte sind nicht verlässlich und treu, nein – er verfolgte Nebenabsichten, die er vor euch verbirgt«. Sie dekonstruiert das Gebot also in der Weise, dass Gott aus Machtgründen gelogen habe. Kennen wir das nicht alles irgendwoher?

Dabei bestätigt sich die Unterstellung der Schlange scheinbar von selbst: »Böse« (also nicht »schlecht« als phänomenologisches Gegenteil von »gut«, sondern intentional) ist für Adam und Eva ein unbekanntes Wort jenseits ihrer Erfahrung. Sie können nicht wissen, was es bedeutet, denn es existiert ja noch gar nicht – *weil sie es noch nicht getan haben*. Erst in dem Moment, als diese beiden Menschen[90] ihre Freiheit dazu nutzen, um das Gebot Gottes zu übertreten, ist das Böse in der Welt. Sie können es jetzt erkennen, weil sie es gerade eben hervorgebracht haben. Gelogen hat die Schlange. Es lag nicht an der *Frucht*, auf die sie den Blick gelenkt hat, sondern am *Essen entgegen Gottes Gebot*. Darin drückt sich ein Zweifel an Gottes Güte aus, obwohl es dazu in der Welt, in der sie sich fanden, nicht den geringsten Anlass gab. Der Baum in der Mitte trug keine »Zauberfrüchte«, sondern die Menschen waren es, die durch ihre gemeinsame (!) Entscheidung das Böse erzeugten, wie sie jetzt schamhaft erkannten. Sie sind immer noch nicht »wie Gott«, sondern als »Nicht-Gott« selbst geworden – nur auf die Weise, dass jetzt die Vertrauensbeziehung zu Gott zerstört ist. Abgeschnitten von dem lebensspendenden, Leben ermöglichenden WORT ist der Mensch endlich. Und endlich ist mit ihm die Schöpfung, die in den Abgrund, den der Mensch zwischen sich und Gott eröffnet hat, mit hineingezogen ist (vgl. Mo 1,28; Röm 8,18-23). Gott respektiert die Freiheit der Menschen, sich zu entscheiden. Der Mensch aber muss mit den Konsequenzen seiner Entscheidung leben. Das nennt sich Verantwortung. Sie ist die Rückseite der Freiheit – immer.

Die Sprache der Verheißung und die Sprache des Gesetzes

Das ist also die Situation, in der Gott Abraham berufen hat, in das Land zu gehen, das er ihm zeigen wird. Das ist an sich bereits ein Erweis von Liebe, Treue und Barmherzigkeit. Der Gott des philosophischen Deismus zieht sich nach der Schöpfung aus der Welt zurück und lässt den Menschen in seinem Schlamassel sitzen. Der Gott der Bibel spricht weiter zu den Menschen. Er gibt sie nicht auf, sondern ruft sie in Treue zurück in seine Gemeinschaft. Das Erste ist das Leben ermöglichende Wort der Verheißung, das Abraham zum Glauben ermächtigt. Es erweist sich dadurch als verlässlich und wahr, dass die Verheißung eintrifft. Das andere ist das Wort des Bundesschlusses am Sinai – die Worte des Gesetzes Gottes, d. h. die Zehn Gebote und die daran anschließenden Weisungen Gottes für ein gerechtes Leben. Hier zeigt sich die Bibel ambivalent. Einerseits gibt es im Alten Testament und im Frühjudentum eine tiefe Dankbarkeit für das Gesetz (z. B. Ps 119). Das Volk Israel wird *er*mächtigt, im Bund mit Gott und unter seinem Schutz und Segen zu leben.[91] Andererseits hat es durchaus etwas Herausforderndes, insofern es den Menschen abermals in die Situation von Entscheidung und Verantwortung stellt. So macht es den tiefen Graben zwischen den Menschen und Gott anschaulich. Gottes Wahrheit und Bundestreue sind verlässlich – die Menschen dagegen erweisen sich ein ums andere Mal als Wackelkandidaten.

Der Wort ward Fleisch

Die Überschrift ist kein Schreibfehler. »Am Anfang war der WORT, und der WORT war bei Gott, und Gott war der WORT.« In der Septuaginta (vgl. Fußnote 15) steht das griechische Wort *lógos* – im Deutschen »Wort, Sinn«. Und *lógos* ist maskulinum. »Der Wort« also. Und dieser WORT, sagt Joh 1,1, das ist nicht »etwas«, sondern »jemand« – der, durch den die Welt damals geschaffen wurde. Genau dieser göttliche »Logos« macht sich auf den Weg in die von ihm geschaffene Welt hinein: »Der WORT wurde Fleisch und wohnte unter uns, und wir sahen seine Herrlichkeit, eine Herrlichkeit als die des einziggeborenen Sohnes vom Vater, voller Gnade und Wahrheit« (Joh 1,14). »Der WORT« wird materiell, er wird Jesus, und Jesus spricht Sprache – die Sprache ganz bestimmter Menschen. Er spricht die Sprache der Kinder Abrahams, des Bundesvolkes Israel, die durch das Wort der Verheißung und das Wort des Gesetzes geprägt ist. Was will diese Sprache, in der der WORT sich kundtut? Interpretieren als Bemächtigung, als Wille zur Macht?

»Wie viele ihn aber aufnahmen, denen gab er Macht …« – sie zu knechten wie in »Der Herr der Ringe«? Nein, ganz im Gegenteil, um »Gottes Kinder zu werden: denen, die an seinen Namen glauben« (Joh 1,12). Dieser lebendige WORT redet mit Worten »voller Gnade und Wahrheit« (*'ämät*, Treue, Verlässlichkeit!), die Menschen *ermächtigen*, durch den Glauben (*hä'ämin*, Treue, Vertrauen!) Gottes Kinder zu werden. Das ermächtigende Wort setzt sich der Welt aus, die ihn nicht aufnimmt (vgl. Joh 1,11), sondern ihn interpretiert (vgl. Joh 9,16-41), sich seiner bemächtigt und ihn brutal am Kreuz *cancelt* (vgl. Joh 18–19). Gottes Wort rief Menschen ins Leben, und Menschen *canceln* ebendieses Wort und wissen nicht, dass sie mit diesem Wort zugleich sich selbst *gecancelt* hätten, wenn nicht »die Schwachheit Gottes stärker« wäre »als die Menschen« (vgl. 1Kor 1,25). Gott lässt seinen WORT, leiblich und physisch, wie er war, auferstehen von den *Gecancelten*. Das ist Gottes freie Entscheidung. Und er bleibt als der Auferstandene derselbe: »voller Gnade und Wahrheit«. Er redet durch die Sprache, ja, die *Sprachen* der Menschen, die ihn hörten und seit Pfingsten verkündigen, seit der Heilige Geist auf sie ausgegossen ist: »Wer euch hört, der hört mich« (Luk 10,16).[92] Und auch jetzt ist sein Wort nicht »Wille zur Macht«, sondern Ermächtigung zum Glauben. Martin Luther sagt: »Hier wird nicht die Macht dessen [eingesetzt], der da spricht, sondern derer, die da glauben.«[93] Durch sein Wort gibt Christus, was er sagt, er teilt es uns aus. Noch einmal Luther: »Denn ob Christus tausend Mal für uns gegeben und gekreuzigt würde, wäre es alles umsonst, wenn nicht das Wort Gottes käme und teilt es aus und schenkt es mir und spricht: Nimm hin und habe dir's!«[94] Dass dieses glaubensspendende Wort verlässlich und zeitlich unbegrenzt in der Welt gehört werden kann, ist der Sinn des Neuen Testamentes. »Der WORT« wird körperlich, spricht Sprache, spricht Sprachen durch die Menschen, spricht erneut verkörperlicht in Schriftsprache und spricht aus ihr heraus wieder mündliche Sprachen, wenn Menschen vom Lesen ins Hören und vom Hören ins Verkündigen kommen.[95] Dies ist das kraftvollste *Tool*, das Jesus uns gab, mit dem er uns heute ihm näherbringt. Und es wird immer bleiben (vgl. Mt 24,35), weil es der lebendige WORT ist, der da redet – voller Gnade und Wahrheit, verlässlich und treu.

Ermächtigung zum geheiligten Leben

Der WORT gibt uns ein neues Gebot: »Dass ihr einander liebt, wie ich euch geliebt habe« (Joh 13,34). Wie die Liebe zu ihm und zueinander das Leben verändert, davon spricht er in seinen Weisungen in den Evangelien und in den sog. »Paränesen«, den Mahnungen in den Briefen. Und auch hier ist es eine Ermächtigung, und zwar zum geheiligten Leben. Selbstwerdung aus der Macht heraus, Gottes Kinder zu sein – dafür brauchen wir dieses Wort, das uns ermächtigt, das Gute zu wählen und das Böse als Böses zu erkennen und von ihm zu lassen. Wir gehen diesen Weg der Selbstwerdung aus der Kraft des glaubenden Vertrauens (*pístis*) heraus, weil wir erkennen, wie zuverlässig unser Gott ist, der uns seinen WORT gesendet hat, und wie gut er es mit uns meint.

Diener des Wortes

Wir sind Diener des Wortes, Diener des Evangeliums, wie Paulus sagt (vgl. Eph 1,6-10), wenn wir das *Tool* dieses Leben schaffenden Wortes nutzen. Darin spricht er selbst: »Wer euch hört, der hört mich« (Luk 10,16). Wir nutzen darum keine Worte weltlicher Macht, sondern geistlicher Vollmacht. Sie nehmen Freiheit nicht weg, sondern ermöglichen sie. Es sind nicht Worte von Rechthaberei und Hypermoralismus, nicht die Worte der Aktivisten, der *Hater* und derer, die *Hater haten*. Es sind nicht die bemächtigenden Worte der macht-, gesellschafts- und identitätspolitischen Diskurse, die wir in der Gegenwart erleben und dabei selbst erlernen. »Er wird nicht schreien noch rufen, und seine Stimme wird man nicht hören auf den Gassen« (Jes 42,2). Jesus sagt: »Der Geist ist es, der lebendig macht; das Fleisch nützt nichts. Die Worte, die ich zu euch geredet habe, sind Geist und sind Leben« (Joh 6,63; EU). Die leisen Worte des Evangeliums mögen schwach und machtlos wirken neben den Worten der Lauten und Schreienden, die versuchen, sich durchzusetzen. Und die Versuchung ist groß, es in dieser Welt ebenso zu machen, um dem Wort des Glaubens politische und gesellschaftliche Geltung zu verschaffen. Aber damit würden wir nicht mehr Diener *dieses* WORTES sein, der nicht »etwas« ist, sondern »jemand«, nämlich Jesus Christus. *Er* ist es, der in unserem Munde sein will. Am »Schreien« (griech. *krázein*) erkennt man im Neuen Testament die Dämonen (vgl. Mt 8,29 u. a.). Die Worte unseres Herrn erkennen wir daran, dass sie »das geknickte Rohr nicht zerbrechen und den glimmenden Docht nicht auslöschen« (vgl. Jes 42,3). Es ist ein Wort, das nicht aus unserer eigenen Innen- oder Außenwelt, sondern von woanders herkommt, und deshalb steckt in ihm die Power des ewigen Gottes, der mitten unter uns zu uns gesprochen hat und noch heute spricht. Die Bibel sagt, dass dieses behutsame, leise, machtlos wirkende Wort stärker ist als menschliche Worte (vgl. 1Kor 1,25b).

Als Christen sind wir berufen, Diener *dieses* Wortes zu sein. Diesen Dienst können wir nur dann glaubwürdig tun, wenn wir auf diese anderen bemächtigenden Worte verzichten – auch wenn es schwerfällt. Dieses Verzichten gehört zur Heiligung des Lebens, zu der Gottes Wort uns ermächtigt. Dann wird spürbar, dass Gottes Wort ein gebendes, ein Leben ermöglichendes Wort ist, wenn es aus unserem Munde kommt. Doch das soll auch dann spürbar sein, wenn es von unseren Gesprächspartnern nicht aufgenommen oder sogar mit Hass quittiert wird. Denn der Glaube an Christus ist in der »Welt« ein Fremdkörper. Würde er sich nahtlos in die Welt einfügen, wäre er kein Glaube mehr. Er muss sich in einer Umgebung des Widerspruchs bewähren, das Wort des Lebens bewahren, und sich auch manchmal wehren. Aber nicht mit Macht, sondern mit Überführung. Das ist die Methode des Heiligen Geistes nach Joh 16,8.[96] Macht arbeitet mit Angst. Überführung arbeitet mit Erkenntnis. Macht möchte zwingen. Überführung möchte Bewegung ermöglichen.

Und genau darum setzen wir nun noch einmal den Bohrer an und arbeiten uns noch ein Stück weiter hinein in die Philosophie und Wissenschaftstheorie. Wir legen eine noch tiefere Schicht des Sprechens, Denkens und Glaubens frei, die hinter unseren Debatten steht und die normalerweise verborgen ist, um sie mit der Bibel zu kontrastieren. Die Methode dieses Kapitels war die beschreibende Darstellung. Mit einem wissenschaftlichen Begriff kann man das, was wir nun im nächsten Kapitel betreiben, »Analyse« nennen – Auflösung. Also die Frage: Was steckt dahinter? Mit welchen Mitteln kann ich den Fels *als Fels* identifizieren und wie den fruchtbaren Boden?

3 Fundamente des Denkens

3.1 Der Glaube in der Bewährungsprobe

Ich steige wieder autobiografisch ein, bei meiner Taufe als 17-Jähriger. Durch sie hatte sich etwas Entscheidendes geändert: Ich lebte meinen Glauben nun nicht mehr heimlich nur für mich selbst, sondern ganz offiziell, und ich bekannte mich dazu. Das aber war für meinen Stiefvater, der von den Philosophen Marx, Engels und Lenin geprägt war, schwer auszuhalten. Direkt nach meiner Taufe begann eine Zeit voller Diskussionen, in denen er versuchte, mich vom »Opium fürs Volk« zum Materialismus Marx'scher Prägung zurückzubekehren. Das waren keine leichten Trainingseinheiten – da ging es wirklich um etwas: Hat mein Glaube einen zureichenden Grund, dem auch mein Verstand folgen kann? Für mich war diese Frage existenziell. Ich hätte auf Dauer nicht an einen Gott glauben können, der eine Illusion ist. Sehr früh schon war ich also herausgefordert, christliche Überzeugungen zu bilden, argumentativ zu vertreten und gegen ihre radikale Infragestellung zu verteidigen. Das hat mir nicht nur gutgetan. Aber ich habe dabei sehr viel gelernt – nicht nur inhaltlich, sondern auch über die begrenzte Reichweite rationaler Argumente, ihre Verwobenheit mit der Biografie eines Menschen, über das, was Heinzpeter Hempelmann als »Inkommensurabilität« (Nicht-Mitteilbarkeit) von Anschauungen bezeichnet,[97] und über die verborgenen Motive, die Sachargumenten mitunter zugrunde liegen.

Weltanschauliche Sachaussagen haben sehr oft Motive, die auf einer ganz anderen Ebene liegen. Das können tiefe, vielleicht unbewusste Verletzungen sein oder unangenehme Erfahrungen mit Menschen, die bestimmte Meinungen vertraten. Oft spiegeln sich darin Eltern- oder Geschwisterbeziehungen mit Abnabelungsproblemen. Adolf Schlatter bemängelte an Descartes' Rationalismus, dass er glaubte, sich vom Fühlen und Wollen, von seinem Platz in der Geschichte und der Gemeinschaft verabschieden und sich aufs reine Denken zurückziehen zu können, was ihm misslang, wie er nachwies.[98] Schlatter sagte: Denken, Fühlen und Wollen beeinflussen sich gegenseitig. Deshalb haben Fühlen und Wollen auf unser Denken Auswirkungen. Man kann diese zwar verneinen, aber nicht abschalten. Besser ist es, sie zu beobachten und zu verantworten.

Es hat viele Jahre gedauert, bis ich vollständig verstehen konnte, was hinter Marx' Kritik an der Religion tatsächlich steckt. Warum soll die »Kritik der Religion die Voraussetzung für alle Kritik« sein, wie er behauptete?[99] Warum setzt er einfach voraus, dass seine Kritik richtig ist? Von welchem Standpunkt aus kritisiert er – und warum glaubt (!) er, dass sein Standpunkt wahr und meiner Glaubenserfahrung überlegen sei?

3.2 Ohne Glauben kann man nichts wissen

Ich habe später in meinem Theologiestudium diese Fragen vertieft, weil sie dort in ganz ähnlicher Weise wieder auftauchten. Was ich in Theologie und Philosophie als Antwort fand, hat den Gegensatz von »glauben« und »denken« für mich pulverisiert:

> **Alle Wissenschaftler glauben, egal ob sie christlich sind, atheistisch oder sonst etwas. Sie müssen glauben, denn ohne zu glauben, kann man nichts wissen!**

Wie komme ich zu so einer Aussage?

Man kann sich »Wissen« wie ein Fachwerkhaus vorstellen. Unten das Fundament, auf dem der Bau gründet. Auf ihm sind die Holzbalken gebaut, die dem Haus seine Form geben. Und dazwischen die Hohlziegel: Sie bilden das Einzelwissen, das an die richtigen Zwischenräume des Fachwerks eingebaut wird. Ab und zu wird das Fachwerk mal umgebaut. Dann werden die Ziegel von der einen Stelle entfernt und an der neuen Stelle eingebaut, zusammen mit anderen Ziegeln, die vorher nicht hineingepasst hatten. Wenn das Fundament sich ändert, muss das ganze Haus abgebaut und neu aufgebaut werden. Genau das wollte Descartes durch seine neue Methode erreichen. Für dieses Fundament gibt es seit der Antike den lateinischen Begriff *primum principium*, der »erste Urgrund«, die »Denkvoraussetzungen«.[100] Ein bekanntes lateinisches Sprichwort der Philosophie lautet: »*Contra negantem (prima) principia non est disputandum*« – zu Deutsch: Über die Bestreitung der Denkvoraussetzungen kann nicht diskutiert werden.[101] Und zwar deshalb, weil *discutare* (lat. »auseinanderlegen«) voraussetzt, dass man sich auf demselben »ersten Urgrund« befindet, weil sonst die Kommunikation nicht klappt. In der altgriechischen Sprache, in der die Grundsteine unseres heutigen Wissens gelegt wurden, gibt es drei mehr oder weniger synonyme (d. h. austauschbare) Begrifflichkeiten für das lateinische *primum principium*, und die sind alle drei sehr aufschlussreich:

a) *Archē*

Das Substantiv *archē* bedeutet sowohl »Anfang« als auch »Herrschaft«. Die griechischen Philosophen, vor allem Aristoteles, nutzten es als Bezeichnung für den »Ursprung aller Dinge«, nach dem sie suchten. Und zwar verstanden sie darunter entweder den *Seinsgrund* oder den *Ursprung eines Prozesses* oder – für uns wichtig – die *Prämissen (Denkvoraussetzungen) eines Erkenntnisprozesses*, die den Schlussfolgerungen zugrunde liegen. Aristoteles schreibt:

> »Ich nenne Prinzipien [gr. *archaí*] in einer jeden Gattung diejenigen, von denen es unmöglich ist, zu beweisen, dass sie sind. Was sie bezeichnen – und zwar sowohl die ursprünglichen Dinge als auch die von ihnen abhängigen Dinge – wird angenommen; dass sie jedoch sind [d. h. existieren], muss man von den Prinzipien annehmen, von den übrigen Dingen dagegen beweisen, wie zum Beispiel was eine Einheit ist, oder was das Gerade und Dreieck (…), muss man annehmen, das übrige dagegen beweisen.«[102]

Hoppla – Prinzipien sind nicht beweisbar? Schauen wir auf den zweiten Begriff:

b) *Axióō*

Das Verb *axióō*[103] bedeutet »für wahr halten, für richtig halten, der Meinung sein, glauben«. Von diesem Verb wird das Wort »Axiom« gebildet, ein Synonym zu »Prinzip«. Axiome sind die Grundannahmen einer Wissenschaft. Aus ihnen lassen sich die Theorien der betreffenden Wissenschaft herleiten. Das Charakteristikum von Axiomen und Prinzipien ist, dass sie *nicht beweisbar* sind, sondern sie werden *geglaubt*, d. h. unbewiesen für wahr gehalten. Ein klassisches Axiom ist z. B. der Satz Euklids: »Wenn von Gleichem Gleiches weggenommen wird, sind die Reste gleich«,[104] oder: »Durch zwei Punkte gibt es genau eine Gerade.« Wir haben in der Schule mal unseren Mathematiklehrer nach dem Grund dafür gefragt, doch er antwortete uns nur: »Das ist so!« Er konnte es uns nicht begründen, *weil es dafür keinen theoretischen Beweis gibt*!

Jede (!) Wissenschaft hat solche Axiome als Denkvoraussetzungen. Ohne sie ist eine Theoriebildung nicht möglich. Ohne Theoriebildung aber können Phänomene nicht verstanden und ihr Zusammenhang darum auch nicht gewusst werden. Das bedeutet, dass die Grundlage allen Wissens nicht in Wahrheiten besteht, die *bewiesen* wurden, sondern die *geglaubt* werden. Vor dem Wissen kommt das Glauben. Man muss am Anfang irgendetwas glauben, um wissen zu können. Man kann nichts wissen, ohne zu glauben. Das heißt, dass jeder Wissenschaftler glaubt. Die Frage ist nur, *was*?

Die Antike sagte: Axiome müssen unmittelbar evident, d. h. der Vernunft einleuchtend sein. Das sind sie durchaus nicht immer; dieser Anspruch wird in der Gegenwart auch nicht mehr erhoben. An ihre Stelle trat in der Moderne die Forderung nach ihrer Widerspruchsfreiheit (Karl Popper).[105] Manchmal werden Definitionen als Axiome angesehen, vor allem in der Mathematik. Manchmal werden Hypothesen, also Aussagen, die angenommen werden, »ohne mit Sicherheit als wahr erkannt zu sein«,[106] formal als Denkvoraussetzungen in einem axiomatischen System verwendet, um

Modelle bilden zu können. Und das klappt auch, außer sie werden widerlegt, und dann gibt man das Modell auf.[107] Damit sind wir bei dem dritten griechischen Begriff:

c) *Dokéō*

Dieses Verb (ursprünglich **dog-kéō*; **dog* ist der sogenannte »Wortstamm«) bedeutet ebenso wie *axióō* »meinen, glauben, dafürhalten«, auch »scheinen« (dt. »mich deucht« wird vom gleichen Wortstamm gebildet) sowie »beschließen«. Da wird das »glauben« als Ausgangspunkt von Wissen also zur Gruppensache. Und was ich glaube, meine und mit anderen zusammen beschließe, das wird dann zum *Dog-ma* (derselbe Worstamm). So galt hypothetisches Wissen lange Zeit als »Schein« oder »bloße Meinung« (*dóxa*, ursprünglich **dóg-sa*), was aber in dem Moment hinfällig wurde, als der schottische Philosoph David Hume (1711–1776) zeigte, dass die Naturgesetze prinzipiell nicht verifizierbar seien, weil man von empirisch wahren Aussagen über die Vergangenheit nicht die Zukunft logisch ableiten könne. Entgegen einer weitverbreiteten Annahme sind die Naturgesetze also keine »Gesetze«, *sondern bewährte Hypothesen, die aber der empirischen Falsifizierbarkeit* unterliegen und die dennoch, obwohl es keinen letztgültigen Beweis geben kann, dass sie *immer* gelten, als Ausgangspunkt für Modelle angenommen werden.[108] Z. B. wird die Schwerkraftgleichung bei jeder Konstruktion eines Flugzeugs als Voraussetzung angenommen.

Dogmen gibt es also nicht nur im Christentum. Es gibt sie überall, wo Menschen Wissen sammeln und wissend handeln, denn überall dort kommen Denkvoraussetzungen und Axiome zum Tragen. Das würden natürlich Denker wie Descartes nicht gerne hören, die sich mit ihrer methodisch klaren Wissenschaft ja gerade von den kirchlichen Dogmen absetzen wollten. Phänomenologisch jedoch haben sie die Dogmen nicht abgesetzt, sondern durch andere ersetzt. Der evangelische Theologieprofessor Reinhard Slenczka (1931–2022) hat die Realität des Dogmatischen als »Bewußtseinsprägung, Lebensgrundlage und Erkenntnisvoraussetzung« beschrieben, als das, woran sich das Bewusstsein gebunden fühlt und was Grundlage für die Beurteilung von Sachverhalten ist, von »wahr« oder »unwahr«.[109] Wenn verschiedene Denkvoraussetzungen (also Axiome) aufeinanderstoßen, dann gibt es einen Dogmenkonflikt. Einen solchen Dogmenkonflikt zwischen zwei Wissenschaften kann man gegenwärtig zwischen den »Gender Studies« und der Biologie beobachten.[110]

Slenczka unterscheidet drei Aspekte des Dogmatischen: den subjektiven, den sozialen und den autoritativen Aspekt. Ein subjektives Dogma ist bezogen auf den Einzelnen, wie z. B. Descartes, der in seiner Zeit zwischen seinem Austritt aus der Armee und seinen Publikationen für sich selbst zu Denkvoraussetzungen (Axiomen, Hypothesen) kam, die sein Bewusstsein prägten und Grundlage seines Denkens wurden. Nicht alle davon dürften ihm bewusst gewesen sein. Es gibt auch vor-, un- oder unterbewusste Denkvoraussetzungen. Mit seinen Publikationen kam es zum sozialen Aspekt des Dogmatischen: Seine Leser erlernten und übernahmen seine Denkvoraussetzungen; es bildete sich eine Schulrichtung, die sich schon bald gegenüber der herkömmlichen Wissenschaft als überlegen und bahnbrechend erwies. Der autoritative Aspekt des Dogmatischen tritt dort in Erscheinung, wo solche Denkvoraussetzungen für andere verbindlich vorgegeben werden. In manchen Fällen ist das selbstverständlich: Airbus würde z. B. keinen Ingenieur an einen Flugzeugentwurf setzen, der nicht an das Naturgesetz der Gravitation glaubt. Je hypothetischer die Axiome jedoch sind, desto stärker und desto restriktiver tritt der autoritative Aspekt in Erscheinung: Wer jetzt nicht »so« denkt, gilt als unwissenschaftlich, »umstritten« oder ganz einfach nicht tragbar. Eine Debatte ist hier in der Regel gar nicht möglich, denn »über die Bestreitung der Denkvoraussetzungen kann nicht diskutiert werden« (Aristoteles, siehe oben S. 89). Ich finde diese phänomenologische Betrachtung des Dogmatischen äußerst hilfreich, um die gegenwärtigen mitunter beinhart geführten Debatten um die Identitätspolitik richtig einzuordnen.

Warum glauben wir, was wir wissen?

Glauben und Wissen hängen also untrennbar miteinander zusammen. Anselm von Canterbury hat mit seinem berühmten Spruch »*Credo, ut intelligam*« (lat. »Ich glaube, um zu verstehen«; vgl. S. 63) nicht nur eine theologische Überzeugung ausgesprochen, sondern eine allgemeine Tatsache. Die Frage ist folglich nicht: »Glaubst du noch oder weißt du schon?«, sondern: »*Was* glaubst du, um zu wissen?« Und nun frage ich noch einen Schritt weiter: »*Warum* glaubst du das, was du glaubst, um zu wissen?« Ich frage damit nicht nach einer Begründung der Axiome. Das wäre eine unsinnige Frage, da man Axiome ja wie gesehen nicht begründen kann, sondern ich nehme mit dieser Frage einen Einwand in den Blick, den Adolf Schlatter gegen Descartes vorgebracht hat, aber auch gegen Immanuel Kant und die idealistische Philosophie insgesamt. Dort hatte man sich ja vorgenommen, unter Ausschaltung allen Fühlens und Wollens, aller umweltbedingten Einflüsse mit reinstem Denken und reinster Vernunft auf den unbezweifelbaren Urgrund gesicherten Wissens vorzustoßen. Schlatter leuchtet dieser Versuchsaufbau nicht ein: »Kühn tritt das einzelne Ich dem Gesamtleben gegenüber; es bedarf keines Lehrers, keines Empfangens, keines Erlebnisses; es denkt und schafft im Denken, was ihm die Gemeinschaft nicht vermitteln kann [nämlich]: die Wahrheit.« Descartes »sah nicht, dass sein Selbstbewusstsein, auf das er sich zurückzieht, eine bestimmte Formation hat, die ihm durch die Geschichte gegeben war, dass er das war, wozu ihn seine Position in der Geschichte gemacht hatte«.[111] Schlatters Einwand war somit, dass niemand aus dem Nichts etwas denken kann, denn vor jedem Wirken des Menschen kommt das Empfangen.[112] Auch wenn wir Neues denken, benutzen wir dafür die Bausteine, die wir in unserer Geschichte bekommen haben. Niemand kann einfach so zu jedem beliebigen Zeitpunkt einen neuen Gedanken fassen. Das geht erst an seinem bestimmten Platz in der Geschichte. »Eine Vernunft, die denken könnte, ohne zu empfangen, ist, wenn dabei vom Menschen gesprochen wird, ein Phantom.«[113]

Descartes und Kant *glaubten* also nur, dass sie bis auf den Anfang des Denkens zurückgingen. Aber in Wirklichkeit bildeten ihre Axiome ja gar nicht den Anfang ihres Denkens. Denn dann hätten sie diese Gedanken schon im Säuglingsalter fassen müssen. Sie gingen in ihrem ganzen Gedankenexperiment von dem aus, was sie in ihrer Geschichte als Kinder ihrer Zeit geworden waren. Da spielten Eltern, Lehrer, Freunde und Bücher eine Rolle, denn diese hatten sie sprechen gelehrt und in ihrem Denken geprägt. Sie gaben zwar vor, niemandem mehr zu glauben als sich selbst,[114] aber tatsächlich haben sie einigen von denen, die ihnen ihr Wissen und ihre Kenntnisse vermittelt haben, geglaubt und anderen nicht. Ein Bestandteil ihres Werdens war bei beiden die Auseinandersetzung mit Gott. Aus ihren Biografien lässt sich das erschließen. Und genau dasselbe gilt auch für andere Philosophen und Wissenschaftler, auch für Marx und Engels:

> **Bevor der Wissenschaftler versucht, Gott zu erkennen, hat der Mensch, als der er Wissenschaftler ist, bereits eine Glaubensentscheidung getroffen, die in seine Denkvoraussetzungen eingeht, ob er will oder nicht.**[115]

Bei Marx' Kritik am Christentum als »Opium fürs Volk« ging es also nicht um den Gegensatz von Glaube und Denken, sondern um den Gegensatz von Glaube und Glaube. Das ist aber nicht vordergründig zu erkennen. Im Bild gesprochen funktioniert das ganz ähnlich, wie wenn man eine Internet-Homepage erstellt. Da gibt es immer zwei Seiten: das sogenannte *back end* (engl. Rückseite) und das *front end* (engl. Vorderseite). Als *front end* bezeichnet man das, was Leute sehen, wenn sie die Website besuchen. Das *back end* ist die Seite, mit der diese Website gestaltet wird. Sie enthält die *Tools*, mit denen man die Homepage bastelt. Was wir in diesem Kapitel freigelegt haben, ist das *back end* unseres Denkens und Wissens.

3.3 Wie Axiome den Forschungsgegenstand beeinflussen

Wir können mit diesem Handwerkszeug nun die Denkvoraussetzungen (Prämissen) von René Descartes und seinen Schülern analysieren (vgl. Kap. 2.4).[116] Dabei zeigt sich, dass sie die dogmatische Zumutung (»Du musst das glauben!«), die als kirchliche Gängelung des Denkens angesehen wurde, keineswegs abgeschafft haben. Sie haben sie lediglich durch andere dogmatische Zumutungen ersetzt. Man kann diese noch einmal differenzieren in »axiomatische Prämissen« und von ihnen abgeleitete »hypothetische Prämissen« im Sinne von Hilfs-Hypothesen, die in der wissenschaftlichen Arbeit vorausgesetzt werden. Ich nummeriere sie als »A1« bis »A7« (A steht für Aufklärung):

Axiomatische Prämissen:

A1: Der Glaube, dass es eine Wahrheit gibt, die absolut und universal, d. h. für alle gültig ist

A2: Der Glaube an eine Vernunft, die – autonom, ganz auf sich gestellt und allem anderen überlegen – diese Wahrheit erkennen kann

A3: Der Glaube an eine »ausgedehnte Welt«, deren unterschiedliche Phänomene darin gleichrangig sind, dass sie vollständig und unterschiedslos zur »ausgedehnten Welt« gehören und entsprechend erforscht werden können

A4: Der Glaube, dass es keinen Gott gibt, der in den Lauf der »ausgedehnten Welt« eingreift[117]

A5: Der Glaube an unsere eigene Zivilisation, eine Zivilisation des Fortschritts durch vernünftiges Wissen, die stets in der Gegenwart die höchste Entwicklungsstufe der Menschheit darstellt

Hypothetische Prämissen:

A6: Der Glaube an die eigene Überlegenheit, die sich in Form der »Kritik« ausdrückt: Durch methodischen Zweifel wird

»Wahrheit« (lat. *veritas*) unter Aufnahme des römischen Verständnisses quasi gerichtlich festgestellt, wobei die »Vernunft« die Richterin ist

A7: Der Glaube, dass auf diese Weise im Lauf der Zeit absolut alles richtig erkannt werden kann

Und Gott? Für die Aufklärer war klar: Wenn sich Gott irgendwo offenbart – was einige durchaus glaubten –, dann offenbart er sich in der *Vernunft*.

Damit wir uns nicht missverstehen: Man kann auf diesem Fundament ein Wissenshaus bauen. Man kann die Forschung absolut legitim auf die Phänomene der geschaffenen Welt und auf ihre geschöpflich konstituierten, objektivierbaren und reproduzierbaren Zusammenhänge konzentrieren. Und man kann damit, wie wir ja in der Geschichte der Naturwissenschaften sehen, ziemlich weit kommen[118] – solange man keine Elementarteilchenphysik oder derartige Dinge betreibt. Auf die Medizin, die angewandte Physik, auf Wirtschaftswissenschaften oder Ähnliches wirken sich z. B. die Prämissen A4 und A5 faktisch nicht aus, solange sie nicht in Grenzbereiche vorstoßen. Deswegen brauche ich als Christ mit einem Mediziner nicht über die richtige Heilbehandlung bei Fußpilz zu streiten, mit einem Biologen nicht über Chlorophyll oder mit einem Chemiker nicht über die Benzolformel. Erst wenn die Forschung weltanschaulich wird oder auf das Feld der Religion ausgreift, dann kommt das Problem des Zirkelschlusses, das Descartes beobachtet hatte,[119] zum Tragen. Denn wenn der Mensch, der forscht, für sich selbst eine negative Glaubensentscheidung (Prämisse A4) getroffen hat, wird dies die Art und Weise bestimmen, wie er Phänomene des Glaubens wahrnimmt und deutet. Er wird zum Beispiel die Stellen in der Bibel, in denen steht, dass Gott »sprach« oder »redete«, nicht so verstehen, *dass Gott redete*, sondern *dass Menschen glaubten* oder gar vortäuschten, dass Gott redete. Die Denkvoraussetzungen bewirken also mehr als nur eine Verschiebung der Perspektive: Sie verändern für den Forscher den Forschungsgegenstand selbst. Es ist ein kategorialer Unterschied, ob ich das »Reden Gottes« als

Reden Gottes betrachte – oder ob ich es, weil ich Gott als Wirkursache axiomatisch ausgeschlossen habe, rein immanent als Produkt des menschlichen Geistes ansehe und *den Menschen* ergo als Ursache des *Glaubens an das Reden Gottes* adressiere.[120] Und tatsächlich ist genau dies in der Moderne weithin geschehen. Man nennt das »methodischen Atheismus«.

Atheistische Methoden in der Theologie?

Zu den erstaunlichsten und problematischsten Erscheinungen der Moderne gehört für mich, dass die wissenschaftliche Theologie die Prämisse A4 – also den Glauben, dass es keinen Gott gibt, der in die ausgedehnte Welt eingreift – in großem Stil übernommen hat. Die neue begeisternde Art, die Welt anzusehen und zu beforschen, hat die Theologie im 18. und 19. Jahrhundert derartig in die Defensive getrieben, dass sie glaubte, nur dann den Anschluss an die »moderne Welt« halten zu können, wenn sie den übrigen Wissenschaften in ihren Axiomen folgt. Seit der Aufklärungstheologie zieht sich dieser defensive Charakter der Theologie im Bangen um ihren Platz an den Universitäten bis in unsere Tage durch. Der Glaube wurde darum bruchlos in die Phänomene der »ausgedehnten Welt« eingeordnet und dies wurde als Fortschritt betrachtet. Das bedeutete für die wissenschaftliche Erforschung der Bibel, des Glaubens oder der Glaubensgeschichte, dass man nicht mit Gott als »Faktor« rechnet, sondern an das ganze Thema so herangeht, *etsi Deus non daretur* (lat.), d. h., *als ob es Gott nicht gäbe.*[121] Man kann das als »methodischen Atheismus« gestalten, indem der Wissenschaftler die Bibel so *betrachtet*, als ob es Gott nicht gäbe, obwohl er selbst eigentlich *glaub*t, dass es ihn gibt.[122] Wenn es programmatisch geschieht, kommen wir bei dem berühmten Satz Ludwig Feuerbachs heraus: »Der Mensch schuf Gott nach seinem Bilde« – und so wird dann das Zustandekommen des Glaubens erklärt.[123] Daraus ergab sich automatisch die Ablehnung der Mystik als Erfahrung des gegenwärtigen Gottes durch den Mainstream der protestantischen Theologie.[124]

Adolf Schlatter war einer der wenigen wissenschaftlichen Theologen, die hier Einspruch erhoben haben. In einem seiner Aufsätze[125] kritisiert er die Forderung eines »methodischen Atheismus«, (1) weil er sich aus dem Verständnis einer Wissenschaft, die Wahres erkennen will, gar nicht herleiten lässt, sondern spekulativ bzw. selbst dogmatisch ist, (2) weil er die kirchliche Gemeinschaft und (3) die Persönlichkeit eines gläubigen Wissenschaftlers zerreißt, wenn er wissenschaftlich atheistisch arbeitet, aber privat an Gott glaubt. Er sei darum (4) für die Ausbildung von Menschen, die nachher in der Kirche wirken sollen, nicht geeignet.

Es gab mehrere solcher Theologen, die implizit oder ausdrücklich einen anderen Weg gingen – im englischsprachigen Raum mehr als im deutschsprachigen. Viele von ihnen waren herausragende Lehrer ihres Faches, die ihre Hörer nicht nur im Wissensstand, sondern auch in ihrer Beziehung zu Gott voranbrachten. Mit Karl Barth und der Dialektischen Theologie gehörte eine Zeit lang eine ganze Schulrichtung dazu, die ausdrücklich von der Offenbarung Gottes ausging und sich damit schroff von der übrigen Theologie absetzte. Wenn man die Theologiegeschichte überblickt, waren Theologen, die dieser Ansicht waren, jedoch fast immer in der Minderheit. Der Mainstream mindestens der deutschsprachigen Theologie betreibt diese allen kritischen Anfragen zum Trotz[126] seit mehr als 200 Jahren *methodisch* so, »als ob es Gott nicht gäbe«. Das wird oft in Wortwatte verpackt und ungern offen eingeräumt. Aber wenn man genau hinsieht, dann findet man dies als selbstverständliche Voraussetzung in theologischer Literatur bis heute.[127]

Gibt es denn eine Alternative? In einem Vortrag des Neutestamentlers Klaus Berger (1940–2020) habe ich einmal den Satz gelernt: »Die Wissenschaft betrachtet die Welt unter Ausschluss der Wirklichkeit Gottes. Die Mystik betrachtet die Welt unter Einschluss der Wirklichkeit Gottes.« Unter Mystik versteht er dabei die gelebte Beziehung zum lebendigen, gegenwärtigen Gott. Das macht unser Herz offen für die Realität des heiligen Gottes als Grundlage unseres Selbst-, Welt- und Gottesverhältnisses. Ich habe gehört, dass der deutsche Mystiker Meister Eckhart (einer von Luthers wichtigsten Lehrern) aus dieser Offenheit heraus den Begriff der »Wirk-lichkeit« geprägt habe, verstanden als die »Gesamtheit dessen, was wirkt«.[128] Gott wirkt – allererst durch die Schöpfung. Die geschaffenen Dinge wirken; sie haben durch den Schöpfer die Macht zum Eigenwirken erhalten.[129] Der Mensch wirkt – leider nicht immer zum Heil, denn wo der Mensch wirkt, wirkt auch das Böse zum Unheil. Doch Gott wirkt – segnend und rettend, zum Heil des Menschen. Auf diesen Teil der Wirklichkeit kann eine Wissenschaft, die mit Descartes'scher Methodik auf das Eigenwirken der Schöpfung ausgelegt ist, nicht zugreifen. Seriös ist sie, wenn sie sich dieser ihrer Begrenzung bewusst ist und mit ihr umgeht. In einem solchen Sinn hatte Adolf Schlatter kein Problem damit, wenn man sich wissenschaftlich-methodisch auf Phänomene fokussiert, die durch natürliche oder menschliche Wirkursachen hervorgerufen werden.

Die De(kon)struktion der Axiome und der Übergang zur Pragmatik

Wir haben oben in Kap. 2.6 den Zusammenbruch der Moderne behandelt. Nun können wir vergleichen, wie sich dieser auf die Axiome als Grundlagen unseres modernen Wissens ausgewirkt hat.[130] Ich stelle dazu den ursprünglichen Axiomen der Aufklärungszeit (A1–A7; A steht für Aufklärung) die modernen (M) bzw. postmodernen (P) Dekonstruktionen gegenüber, und zwar in der zeitlichen Abfolge, in der sie vollzogen wurden:

Axiome der Aufklärungszeit (vgl. S. 95 f.)	**Neue Axiome der Moderne / Postmoderne**
A2: Die autonome Vernunft kann die Wahrheit erkennen. A7: Durch die Methode des wissenschaftlichen Zweifels wird im Lauf der Zeit absolut alles richtig erkannt werden können.	M2/7: *Kant* sagt: Die Vernunft kann sich der Wahrheit maximal annähern; die Wahrheit an sich ist dem Menschen nicht zugänglich und darum a priori unerkennbar (vgl. S. 68 f.). *Hamann* sagt: Es gibt gar keine autonome Vernunft. Vernunft ist Sprache und damit ein zeitbedingtes, zufälliges Produkt der Geschichte, deren Teil das jeweilige Individuum ist (vgl. S. 70).
A1: Es gibt eine absolute und universale Wahrheit.	P1: *Nietzsche* sagt: »Wahrheit« ist »die Art von Irrtum, ohne welche eine bestimmte Art von lebendigen Wesen nicht leben könnte«.[131] Sie ist nicht nur nicht erkennbar, sondern nicht existent. Das Einzige, was existiert, ist der »Wille zur Macht« (vgl. S. 72).
A3: Es gibt eine »ausgedehnte Welt«, deren unterschiedliche Phänomene von der über ihr stehenden Vernunft gleichrangig erforschbar sind.	M3: *Heisenberg* zeigt: Die »ausgedehnte Welt« ist von unserem methodischen Zugriff abhängig, d. h., der Forscher stellt durch seinen Zugriff den Zustand seines Forschungsgegenstandes erst her (Unschärferelation, vgl. Fußnote 32). P3: Der *Konstruktivismus* sagt: Die »ausgedehnte Welt«, die wir beforschen, ist im Ganzen eine Konstruktion unseres Gehirns. Wir sind es, die unsere Welt und uns selbst erfinden (vgl. S. 71).
A5: Unsere eigene Zivilisation des Fortschritts durch vernünftiges Wissen ist die höchste Entwicklungsstufe der Menschheit.	P5: *Francois Lyotard* sagt: Die Überlegenheit unserer eigenen Kultur ist ein »Narrativ«, eine »große Erzählung«, ein reiner Machtanspruch, der in sich selbst nichts begründen kann.[132]

A6: Die Erkenntnisgewinnung durch »methodischen Zweifel« und Kritik ist allen anderen Erkenntnisformen überlegen.	P6: Die Kritik der Kritik und der Zweifel am Zweifel lassen sich, auf sich selbst angewendet, unendlich fortsetzen und zeigen nichts anderes als den »Willen zur Macht«.[133]
A4: Es gibt keinen Gott, der in den Lauf der »ausgedehnten Welt« eingreift.	Hier herrscht Übereinstimmung.

Wir sehen, dass von dem, was die Aufklärung als Grundlage ihres Wissens glaubte, heute eigentlich nicht mehr sehr viel übrig geblieben ist. Im Gegenteil, ihr Fortschrittsglaube scheint in den Stürmen des Klimawandels endgültig zu ertrinken: Wir haben damit unseren Planeten an den Rand der Zerstörung gebracht. Ich halte dies keineswegs nur für einen peinlichen Ausrutscher, sondern für die unvermeidliche Folge, wenn der autonome, von der »ausgedehnten Welt« abgetrennte Mensch diese Welt durch Fortschritt zum Paradies machen möchte, weil er an den Gott, der uns das ewige Leben schenkt, nicht mehr glauben zu können glaubt.

Nun gibt es bei der ganzen Sache ein Paradox: Obwohl seit Kant ein Axiom nach dem anderen dekonstruiert wurde und die Grundlagen des Wissens immer mehr im Nichts versanken, wurde in dieser ganzen Zeit weitergeforscht, Wissen gesammelt und generiert und Fähigkeiten erweitert. Die Datenmenge möglichen Wissens steigt weiter exponentiell. Wie ist das möglich? Das dürfte doch eigentlich gar nicht mehr gehen? Doch es ist möglich, weil die Wissenschaft auf die Destruktion ihrer Grundlagen auf mehrere Arten reagiert hat:

1. Durch den Austausch von Axiomen. »Interpretation ist nur Wille zur Macht« ist zum Beispiel dort ein sehr einflussreiches Axiom, wo explizit postmodern gedacht und gearbeitet wird. Mein Verdacht ist allerdings, dass postmoderne Axiomatik vielfach eine Negations-Axiomatik ist: »Es gibt *keine* Wahrheit«, »Es gibt keine metaphysische Realität«. Eine solche

Negations-Axiomatik (wie z. B. Anti-Rassismus) bleibt auf eine hintergründige Weise an das gebunden, was man ablehnt. Sie setzt damit die Existenz eines Gegners voraus, dessen man sich bemächtigen will. Friedrich Nietzsche hat gesagt: »Wer davon lebt, einen Feind zu bekämpfen, hat ein Interesse daran, dass er am Leben bleibt.«[134] Wenn dieser Verdacht zuträfe, würde das bedeuten, dass die viel beklagte Segmentierung der Gesellschaft eine logische und unvermeidbare Folge postmoderner Axiome darstellt. D. h., der Austausch von Axiomen ist mit Risiken und Nebenwirkungen verbunden; er hat Folgen für das Zusammenleben.

2. Durch Rezeptionsverzögerung. Dass ein Gedanke formuliert wird, heißt noch nicht, dass er auch aufgenommen und verarbeitet (= rezipiert) wird. Hamanns Beobachtung, dass Vernunft von Sprache abhängig ist, wurde in seiner Zeit zum Beispiel nicht verarbeitet, erst viel später. Die Forschung ist ungleichzeitig; in vielen Bereichen wird einfach weitergemacht wie immer. Das führt automatisch zum Nächsten:
3. Durch pragmatische Fragmentierung. Die einzelnen Wissenschaftsbereiche verwenden die Axiome, die ihnen für ihren jeweiligen Gegenstand angemessen und hilfreich erscheinen, und auf dieser Grundlage arbeiten sie jeder für sich, d. h. auf einer etwas anderen Grundlage. Sie gehen dabei das Risiko ein, dass ihre Forschungsergebnisse inkommensurabel werden, d. h. für andere, die auf einer anderen axiomatischen Grundlage arbeiten, nicht mehr mitteilbar. Das wird dann problematisch, wenn sie denselben Gegenstand beforschen. Das steht hinter dem Streit zwischen den Gender Studies und der Biologie. Die Biologie setzt als beobachtende Naturwissenschaft voraus, dass sie mittels genetischer Forschung das Phänomen »Geschlecht« weitestgehend so erkennen kann, wie es sich in der Welt der Lebewesen wirklich verhält – dass es nämlich nur zwei Geschlechter gibt (Axiome A1, A2, A3, A7). Die Gender Studies setzen voraus, dass das Erkennen an sich ein Vorgang sozialer Konstruktion ist, der von Macht-

wirkungen geprägt ist und dekonstruiert werden muss, weil er grundsätzlich auch ganz anders konstruiert werden kann und dann auch ganz andere Erkenntnisse hervorbringt, in diesem Fall eine Vielfalt der Geschlechter (Axiome P1, P3, P6).[135] Beide Wissenschaften verstehen einander nicht mehr, haben keine Möglichkeiten mehr, den Ertrag der anderen Seite in ihre eigene Forschung am selben Thema zu integrieren, beanspruchen aber beide, Wissenschaft zu sein.

4. Durch die Anerkennung der eigenen Grenzen. In den Naturwissenschaften hat es mehrfach ein Anstoßen an die Grenzen der Forschungsmethodik gegeben – am stärksten in der Physik. Solche Grenzerfahrungen haben eine Denkbewegung ausgelöst, in der die Prämissen der Forschung zugleich als Reichweitenbegrenzung verstanden werden. In den seriösen Wissenschaften gibt es heute ein Bewusstsein, über was man aufgrund einer spezifischen Methode und der darin liegenden Axiome Aussagen machen kann und über was nicht. So verstanden bilden Axiome einen *Definitionsbereich*, auf den sich die auf sie gegründete Forschung und ihre Methoden beziehen.

Was ist ein »Definitionsbereich«? Das kann man am besten mit Mathematik erklären. Man kann nämlich mit ganz unterschiedlichen Zahlenmengen rechnen, die zu Beginn der Rechenoperation definiert werden. Es gibt zum Beispiel:

- Die natürlichen Zahlen N = {0, 1, 2, 3…}. Negative Zahlen sowie Brüche oder Dezimalzahlen kommen in diesem Definitionsbereich nicht vor. Eine Gleichung wie x = 5-10 oder x = 4:7 lässt sich in diesem Definitionsbereich nicht darstellen.
- Die ganzen Zahlen Z = {…, -3, -2, -1, 0, 1, 2, 3…}. In diesem Definitionsbereich lässt sich x = 5-10 darstellen, aber x = 4:7 nicht.
- Die rationalen Zahlen Q. Sie enthalten alle Brüche, deren Zähler und Nenner aus Z stammen, außer den Nenner 0. Mit ihnen kann man alle Dezimalzahlen darstellen, aber z. B. nicht die Kreiszahl π, weil sie kein Bruch ist.

Das ließe sich noch fortführen. Wenn ich mit dem Definitionsbereich Z rechne, *weiß* ich, dass ich bestimmte Zahlen nicht darstellen kann. Der Definitionsbereich begrenzt also die Möglichkeiten und macht sie gleichzeitig übersichtlich. Er macht mir bewusst, dass ich nur bestimmte Ergebnisse mit Aussagekraft erhalten werde, nämlich ganze Zahlen. Wenn man Axiome auf diese Weise als Definitionen interpretiert, kann man mit ihnen arbeiten, solange man weiß, was man auf Grundlage dieser Axiome nicht wissen kann, dass also die Ergebnisse lediglich einen Teilbereich der Wirklichkeit umgreifen.

Diese Veränderungen sind für den christlichen Glauben und die Theologie von großer Bedeutung. Letztlich hat die Postmoderne auch etliche Denkvoraussetzungen des rationalistischen Atheismus der Aufklärung abgeräumt. Der Satz des neutestamentlichen Theologen Rudolf Bultmann (1886–1976), dass man im Zeitalter des elektrischen Lichtes nicht mehr an Wunder glauben könne, hat z. B. in der Postmoderne überhaupt keine Denkgrundlage mehr. Weil es »die Vernunft« nicht gibt, kann der »methodische Atheismus«, der Gott aus der Erkenntnis der Welt ausklammert, per se nicht mehr vernünftig sein. Er will nur als vernünftig gelten, aber das ist nichts als der »Wille zur Macht«. Insofern müssen wir sensibel sein für die Chancen, die sich uns in der Postmoderne eröffnen, auch wenn sie uns vor ganz neue Probleme stellt. Aber das ist überall so: Das gemeinsame menschheitliche Wissen befindet sich angesichts des »weggewischten Horizontes« eines überindividuellen, die Wissenden verbindenden Bezugspunktes mitten in einer akuten Krisensituation.

Die postmoderne Frage: Wem glaube ich?

Diese Krise des Wissens, die ich im Folgenden versuchen möchte zu beschreiben,[136] hängt mit drei Faktoren zusammen:

1. Niemand bildet sich die Grundvoraussetzungen für sein Denken ganz alleine. Wir stehen von der Schulbildung bis zum

universitären Wissenschaftsbetrieb in einer Lerngemeinschaft. In dieser empfangen wir die Inhalte des Wissens zusammen mit dem Wissensgerüst und den vorausgesetzten und in der Regel nicht benannten Prämissen. Wir übernehmen sie ungeprüft – *weil wir den Lehrern glauben*. Was sollten wir auch anderes machen? Niemand von uns ist selbst ins All geflogen, um sich zu überzeugen, dass die Erde eine Kugel ist. Wir übernehmen dieses Wissen von unseren Eltern und Lehrern, weil es plausibel ist. Wir lernen exemplarisch anhand immer weniger werdender, weil durch viel zu viele Sicherheitsrichtlinien verkomplizierter Experimente im Unterricht, wie empirische Erkenntnisse zustande kommen. Und wir setzen einen solchen Vorgang analog bei anderem Wissen voraus, das wir auf sprachlichem Wege erwerben und im Wesentlichen ungeprüft akzeptieren. Warum? *Weil wir unseren Lehrern glauben* oder den Büchern, in denen es steht, oder den Medien, durch die es uns gleichlautend und übereinstimmend vermittelt wird. Der Großteil unseres Wissens besteht in vermitteltem, nicht in selbst geprüftem Wissen.[137]

2. Die Medien der Wissensvermittlung haben sich in den letzten Jahrzehnten tiefgreifend verändert. Mit den sozialen Medien hat sich die Lerngemeinschaft durch die vielen Möglichkeiten der eigenen Beteiligung zur Lehrgemeinschaft entwickelt. Ein Beispiel ist die Online-Enzyklopädie Wikipedia, in der die Nutzer selbst die Inhalte generieren. Es sind viel, viel mehr Menschen an der Konstruktion von Wissen und Meinung beteiligt als je zuvor in der Geschichte der Menschheit. Aber der Sinnzusammenhang zwischen Gesagtem und Gemeintem wurde durch den Dekonstruktivismus prinzipiell infrage gestellt mit der Folge, dass Worte als bloße Machtansprüche aufgefasst werden. Damit einher geht ein neues Bewusstsein. Früher hieß es: Wissen ist Macht. Jetzt heißt es: Wissenmachen ist Macht. Plötzlich gibt es eine neue Plausibilitätsfrage: »Warum sagst du das? Was willst du damit erreichen, dass du das so sagst?« Will der Journalist vielleicht nur die Auf-

lage seiner Zeitung erhöhen? Will die Politikerin vielleicht nur ihre Macht sichern? Will die Wissenschaftlerin vielleicht gar nicht sagen, was ist, sondern die Gesellschaftspolitik verändern? Und für all das gibt es Beispiele, die die Menschen durchaus zur Kenntnis nehmen.[138] So konnten viele Evangelikale die große Diskrepanz zwischen etlichen Berichten über ihre Bewegung in öffentlich-rechtlichen Medien und ihrer eigenen Gemeinderealität anhand ihrer eigenen Erfahrung selbst feststellen, und die Aussage dahinter war leicht identifizierbar: »Die wollen uns ausgrenzen, an den Rand der Gesellschaft drängen. Wie glaubwürdig ist denn dann all das andere, was in öffentlich-rechtlichen Medien so erzählt wird?« Am Ende solcher und ähnlicher Erfahrungen stand der unschöne »Lügenpresse«-Vorwurf. Er war das Ergebnis einer von den Medien selbst verursachten Glaubwürdigkeitskrise, die daraus resultierte, dass sie von Informanten über Wahres zu gesellschaftlichen Akteuren, mitunter Aktivisten geworden waren. Inzwischen ist bei vielen Medienschaffenden gerade hierzulande ein beachtliches Problembewusstsein gewachsen.[139] Aber die Frage der absichtsvollen Fälschung von Inhalten ist nicht erst seit dem Spiegel-Fälscher Claas Relotius[140] nicht mehr aus der Welt zu schaffen: Ist nicht jede Wissensvermittlung mit einem Machtwillen verbunden? Wer kann denn schon sicher sein, ob wir nicht durch Wissenskartelle manipuliert werden? Könnte das alles vielleicht auch ganz anders sein? Muss ich nicht jedes Wissen vorher auf Fake News überprüfen?

3. Und da stoßen wir auf ein neues Problem. Selbst wenn wir das Wissen der Welt an einigen Stellen überprüfen wollten, könnten wir es gar nicht mehr, denn die Fähigkeiten des Menschen, Daten (und damit Wissbares) außerhalb unserer Gehirne zu speichern, haben im Zeitalter von *Big Data* extreme Ausmaße angenommen. Es ist einem Einzelnen, auch einem Wissenschaftler oder Politiker, gar nicht mehr möglich, zu ausgewählten Themen, wie z. B. dem Coronavirus, sämtliche Daten

zu sichten und sich eine Meinung zu bilden. Wissen zu generieren ist nur noch im Kollektiv zu leisten und selbst dann extrem schwierig und zeitaufwendig. Das bedeutet, dass der Einzelne, der jetzt in der Verantwortung steht und handeln muss, sich auf *ausgewähltes Wissen* beschränken muss, sonst wird er handlungsunfähig. Und das Übrige? Das fällt hinten herunter. Die schiere Menge von Wissbarem führt paradoxerweise also nicht zu mehr Wissen, sondern zu weniger, weil die Menschen sich notgedrungen auf ausgewählte *Selektate von Wissen* beziehen, die sie bewältigen können. Umgehend entsteht die Frage: Welche? Wer selektiert? Nach welchen Kriterien?

Hier hat die Corona-Krise der Öffentlichkeit etwas Erstaunliches offengelegt: Diese Wissens-Selektion findet bereits in der Wissenschaft statt. Und hier geht es keineswegs nur um wissenschaftliche Objektivität, sondern mitunter auch um sehr menschliche soziale Vorgänge wie Antipathien, Gruppenbildungen, Schulrichtungen, Seilschaften und anderes.[141] Ob ein Fachartikel in einer Fachzeitschrift erscheinen darf, hängt oftmals an anderem als am Inhaltlichen. In manchen Wissenschaften liegt die Entscheidungshoheit darüber in der Hand von einer knappen Handvoll Professoren, und wer sich mit denen nicht gut stellt, dessen Artikel wird nicht veröffentlicht. Wiederum kommen manche Artikel unbeschadet durchs Peer-Review-Verfahren, die die aktuellen Hörerwartungen bedienen, auch wenn sie inhaltlich völliger Unsinn sind.[142] Ich habe die Proteste der Querdenker mit ihrer Behauptung, die Pandemie sei eine Erfindung der Eliten, es gäbe das Virus gar nicht oder es sei harmlos oder die Impfung sei lebensgefährlich, inhaltlich nie geteilt. Aber sie hatten m. E. trotzdem einen systemischen und darum wissenschaftlichen Sinn, indem sie *die soziale Bedingtheit des Wissens als Problem für dessen Glaubwürdigkeit auf den Tisch legten*: Könnte es nicht sein, dass uns die Protagonisten unseres heutigen Wissens nur etwas vormachen? Und das Bestürzende ist, dass der Wissenschaftsbetrieb darauf keine Antwort als eben eine soziale Antwort fand, nämlich deren Ausgrenzung.[143] Mit dieser Antwort wird der Zweifel aber gerade bestätigt: Wenn die Glaubwürdigkeit des Kollektivwissens nicht durch das Wissen selbst, sondern nur noch durch Machtwirkungen gerettet werden kann, was folgt daraus für unser Wissen? Diese Frage wird nicht gelöst, wenn die Wortführer des Wissenschaftsbetriebes den »anderen«, d.h. der zweifelnden Öffentlichkeit, ihr Wissen immer neu präsentieren, weil das die eigentliche Frage nicht beantwortet: »Wem kann ich glauben? Wem soll ich glauben? Wem will ich glauben?« Dem Podcast des von Politik und Medien hofierten Virologen Christian Drosten oder dem YouTube-Video des wissenschaftlichen Outlaws Wolfram Wodarg, die während der Coronakrise diametral Gegenteiliges vertreten haben?

Das ist die neue Frage der Postmoderne: »Wem glaube ich?« Sie hat die alte, moderne Frage »Was glaube ich?« ersetzt. Sie ist eigentlich keine Sachfrage, sondern eine axiomatische Frage. Das sieht man daran, dass nicht argumentiert, sondern der jeweils andere verketzert wird, denn »über die Bestreitung der Denkvoraussetzungen kann nicht diskutiert werden«. Unser Gemeinwohl hängt daran, dass diese Frage vor dem Hintergrund von *Big Data* neu und zufriedenstellend beantwortet wird. Denn wenn sie unbeantwortet bleibt, könnte es sehr gut sein, dass wir mit dem »Horizont« (Nietzsche, vgl. S. 17 f.möglicherweise zugleich das gemeinschaftliche Wissen selbst weggewischt haben.

Merkwürdigerweise führt uns diese Frage der Postmoderne auf direktem Wege zurück zur Bibel.

3.4 Wem ich glaube

In der neutestamentlichen Forschung hat man alle Bibelstellen, in denen auch nur ansatzweise von der Auferstehung die Rede ist, nach allen möglichen Kriterien untersucht, um festzustellen, welches unter ihnen die älteste ist. Man kam dabei auf eine Formel, die Paulus u. a. in 1Thess 1,10 zitiert: »Gott hat Jesus auferweckt von den Toten.«[144] Nach Hans Kessler gehen diese Worte bis in die Anfänge der Jerusalemer Urgemeinde zurück – vielleicht sogar bis ganz an den Anfang? Dann wurde diese Urzelle des froh machenden, rettenden Evangeliums in eine vollkommen desillusionierte Männerrunde hineingerufen – von drei Frauen (z. B. Lk 24,9-10). Von diesen wird Maria Magdalena in allen vier Evangelien erwähnt. Sie waren zum Grab aufgebrochen, um einen Toten vorzufinden und einzubalsamieren. Jetzt stehen sie vor den Jüngern Jesu als Zeuginnen von etwas, was noch nie da war und eigentlich vollkommen unmöglich ist: Gott hat Jesus von den Toten auferweckt. »Auferweckt« heißt: Er lebt. Tod war mal. Jesus hat den Tod überwunden. Und die Jünger? Die stehen, überfordert, wie sie mit der ganzen Situation sind, vor der ganz einfachen Frage, *ob sie den Frauen glauben wollen*. Ausgerechnet Frauen, die damals vor Gericht nicht als Zeuginnen gegolten hätten (sage keiner, das hätte Jesus nicht mit Absicht so hingedreht)! Frauen, die etwas erzählen, das doch gar nicht möglich ist. Was für ein Geschwätz (vgl. Lk 24,11)!

Aber dabei blieb es nicht. Petrus ging zum Grab, und später heißt es, dass Jesus ihm erschien. Und es kamen immer mehr Zeugen dazu, die Jesus, den Auferstandenen, gesehen hatten. Immer sind drei Faktoren dabei: das verkündigte Wort von Gott, das ein Mensch sich nicht selbst sagen oder aus sich hervorbringen kann (vgl. Lk 24,4-6par). Der Schritt des Glaubens im Herzen. Und dann das Schauen des Auferstandenen. So erscheint Jesus den Jüngern. Eine mündlich tradierte Auferstehungsbezeugung, die Paulus zitiert, listet sie alle auf – einmal waren es fünfhundert auf einmal, die Jesus sahen (1Kor 15,1-8). Und in dieser geschriebenen Form als Schrift der Bibel kommt ihr Zeugnis auch zu uns. Die Frage ist nicht, was alle anderen tun. Die Frage ist, was *wir* tun: Glauben wir den Frauen? Glauben wir der Gemeinde, die seit diesen Zeiten mit diesem Jesus Kontakt hält? Wagen wir es, den Beckenrand zu verlassen und ins Wasser zu steigen? Vielleicht haben die, die so nahe dran waren an diesem Ereignis, einen Wahrheitsvorsprung gegenüber uns, zweitausend Jahre später, die wir belastet sind mit irgendwelchen Denkvoraussetzungen, die nie bewiesen wurden und an die wir uns ganz einfach gewöhnt haben? Den Frauen zu glauben kann bedeuten, unsere erlernten, sozial konstruierten Denkgewohnheiten für einen Moment zu übersteigen und uns auf etwas Ungewohntes einzulassen, auf ungewohnten Grund und Boden, dessen Tragfähigkeit wir noch nicht einschätzen können.

Das Wort der Wahrheit

Jesus hilft uns dabei mit drei Worten, die das Johannesevangelium überliefert und die wir nun mit der Lupe betrachten werden. (Diese Worte stehen unserem erlernten Verständnis entgegen, daher empfehle ich, an dieser Stelle langsam und aufmerksam weiterzulesen.) Das erste dieser Worte sagt er zu Pilatus, als der ihn verhörte:

> *»Ich bin dazu geboren und in die Welt gekommen, dass ich die Wahrheit bezeuge. Wer aus der Wahrheit ist, hört meine Stimme« (Joh 18,37).*

Und wie oben müssen wir das hebräische Wort *'ämät* (Wahrheit) mit seinem alttestamentlichen Bedeutungsfeld mitschwingen hören: Gottes Wahrheit als Verlässlichkeit und Treue und die ihm zugewandte, antwortende Wahrheit in Treue und Glauben. Jesus personifiziert beide Seiten: Gottes Wort und menschliche Antwort. Beides wird er bald »bezeugen« – das Wort heißt griechisch *martyreîn*. Daher kommt das Wort »Märtyrer« für Christen, die um ihres Glaubens willen verfolgt und getötet wurden. Wir werden dieses machtvolle Zeugnis Jesu im zweiten Teil dieses Buches im Detail betrachten. Die Wahrheit, die Jesus am Kreuz und in seiner Auferstehung bezeugen würde, ist nicht eine Übereinstimmung zwischen erkennendem Verstand und erkannter Sache, sondern ein *Beziehungsgeschehen von gegenseitiger Treue und Verlässlichkeit*. Und von daher erschließt sich auch die merkwürdige Formulierung »aus der Wahrheit sein«. Das muss für Pilatus vollkommen unverständlich geklungen haben. Denn er verwechselt das Wort mit etwas, von dem die griechischen Skeptiker, denen er offensichtlich glaubte, sagten, dass es das nicht gibt, und fragt verächtlich: »Was ist Wahrheit?« (Joh 18,38). Hat er nicht recht damit, das Gerede von Wahrheit einfach bleiben zu lassen, wo doch sowieso alles beliebig ist? Aber Jesus redet nicht von platonischen Ideen, Begriffen oder wahren Sätzen. Er redet von der Beziehung zwischen dem Wort des lebendigen Gottes und der Antwort im Glauben. Wer aus dieser Beziehung heraus lebt, hört Jesu Stimme, und indem er die Stimme Jesu hört, der Gottes fleischgewordenes Wort ist, ist er aus dieser Beziehung. Der Satz Jesu funktioniert nicht nur vorwärts, sondern auch rückwärts. Beides bedingt einander.

Man braucht keinen bestimmten Wahrheits*begriff*, um zu dieser Wahrheit Gottes Zugang zu erhalten, sondern das geschieht im Hören der Stimme Jesu und in der Entscheidung des Glaubens. Indem wir Jesus glauben, wird seine Wahrheit zum Ursprung, aus dem wir neugeboren hervorgehen.

Wahrheit und Jüngerschaft

Auch im zweiten Satz Jesu finden wir die Verbindung zwischen der Wahrheit und den Worten Jesu:

> »*Wenn ihr bleiben werdet an meinem Wort, so seid ihr wahrhaftig meine Jünger und werdet die Wahrheit erkennen, und die Wahrheit wird euch frei machen« (Joh 8,31-32).*

Er sagt das zu Menschen, die bereits an ihn glaubten (griech. *pisteúein*). Hier hatte das Vertrauen, die Beziehung also schon angefangen. Was Jesus ihnen ans Herz legt, ist das Bleiben – so wörtlich – »in dem Wort, dem meinigen« (griech.: *en tō lógō tō emō*). Die Formulierung ist mehrdeutig. Mit ihr kann sowohl das Wort gemeint sein, das er *selbst* spricht, als auch das Wort, das *von ihm* spricht, also Jesus zum Inhalt hat. Beide Bedeutungen verschmelzen in diesem Wort Jesu ineinander: sein Wort im Wort und durch das Wort der Jünger. Wenn seine Jünger weitergeben, was sie von ihm gehört haben, ist auch dieses weitergegebene Wort »sein Wort«, in dem er *selbst* spricht. Das haben die Jünger übrigens auch gemacht, deshalb nennt man sie Apostel. In der Bibel sind ihre Worte für uns aufbewahrt. Wenn wir sie hörend lesen, erhalten wir Anteil an diesem Geschehen, das Jesus im Lukasevangelium so ausdrückt: »Wer euch hört, der hört mich« (Luk 10,16): Wir glauben den zwölf Jüngern als ersten Zeugen. So werden auch wir zu Jüngerinnen und Jüngern.

Unsere Jüngerschaft manifestiert sich im »Bleiben« am Wort unseres Meisters. Das passiert nicht einfach so, sondern hier gibt es eine Aktivität, eine Willenskomponente, ja eine *Glaubensentscheidung*, zu der Jesus uns in diesem Wort aufruft: Wir bleiben verlässlich am Wort Jesu, wir sind ihm darin treu. Daraus entspringt Wahrheit in dreifacher Hinsicht:

1. Wahrhaftige Jüngerschaft. Jünger sind mit einem anderen Wort »Schüler«. Schüler erkennt man daran, dass sie sich von ihrem Lehrer etwas beibringen lassen. Und das setzt Vertrauen voraus: Mein Lehrer weiß etwas, das ich nicht weiß. Lernen funktioniert nur, wenn die Lernenden der Lehrkraft einen Wahrheitsvorsprung zuerkennen. Wahrhaftige Jüngerschaft setzt das Vertrauen in die Verlässlichkeit, d. h. in die Wahrheit der Worte Jesu, voraus. Wir bleiben darum bei den Worten Jesu, weil wir Jesus glauben.
2. Die Erkenntnis der Wahrheit. Da geht es jetzt nicht zuerst um das kopfmäßige Verstehen von etwas, was eben »so ist«. Denn auch das »Erkennen« im biblischen Sprachgebrauch (vgl. S. 22) ist ein Beziehungsgeschehen. »Die Verlässlichkeit und Beständigkeit meiner Worte werden euch ganz und gar innewerden, wenn ihr bei ihnen bleibt«, so könnte man umschreiben, was die Worte Jesu in ihrem vom Alten Testament herkommenden Sinn bedeuten. Dieses »Erkennen« ist

die *Glaubenserfahrung*, dass sein Wort trägt – eine Verheißung, die Jesus uns, seinen Jüngerinnen und Jüngern, in diesem Wort gibt.

3. Erlösung aus Bindungen. Wenn die Jünger ganz von der Erkenntnis durchdrungen werden, dass die Worte Jesu verlässlich sind, dann wird dies die Jünger »frei machen«. Zwei Verse später sagt Jesus auch, von was es uns frei macht – von der Knechtschaft der Sünde (vgl. Joh 8,34). Und wir haben ja schon gesehen, dass der Kern der Sünde im Misstrauen gegen Gott liegt und in der Trennung von Gott besteht (Kap. 2.7). Die Freiheit, die Jesus uns verheißt, ist die Freiheit von allem, was uns von Gott trennt – einschließlich aller Denkvoraussetzungen, die uns den Zugang zur Wirklichkeit Gottes versperren. Es ist die Freiheit, die wir spüren, wenn das Wort Jesu uns erreicht: »Dir sind deine Sünden vergeben« (Mk 2,5; vgl. Joh 8,1-11; 21,22-23). Das Wort, das uns frei macht von der Wirksamkeit von Schuld und Versagen, indem Jesus es von uns nimmt: »Er selbst ist die Versöhnung für unsere Sünden, nicht allein aber für die unseren, sondern auch für die der ganzen Welt« (1Joh 2,2). In dieser Freiheit werden wir inne, wer Jesus für uns ist – nicht nur Lehrer, sondern Retter und Erlöser. Dieses Wort-Geschehen ist der Wurzelboden, aus dem unser Denken in der Nachfolge Jesu erwächst.

Wort Jesu und Bibelwort

All dies kulminiert sich in dem dritten Satz Jesu:

> *»Ich bin der Weg und die Wahrheit und das Leben; niemand kommt zum Vater denn durch mich« (Joh 14,6).*

Spätestens hier sind wir mit sämtlichen Wahrheitskonzepten unserer eigenen Vernunft am Ende. Wahrheit ist nicht etwas, sondern jemand: »Ich bin die vollkommene Treue und Verlässlichkeit Gottes«, und deswegen kommt man nur durch ihn zum Vater.

Nun sagen manche: »Siehst du, also ist nicht die Bibel die Wahrheit, sondern Jesus.« Diese Schlussfolgerung kann man aber nicht ziehen. Denn wir kennen diesen Satz Jesu eben nur aus der Bibel. Wäre die Bibel an dieser Stelle nicht verlässlich, wäre auch der Satz Jesu nicht verlässlich, und dann hätten wir keinerlei Maßgabe, um behaupten zu können, dass Jesus die Wahrheit sei. Der Gedanke, dass Jesus die Wahrheit ist, setzt also voraus, dass auch die Bibel, die uns von diesem Satz Jesu in Kenntnis setzt, verlässlich und deshalb wahr ist. Und tatsächlich hat Jesus ja vorher das Wort, das er selbst spricht, und das Wort, in dem uns dieses von ihm gesprochene Wort übermittelt wird, miteinander verschmolzen. Man kann diesen Satz Jesu folglich nicht gegen die Bibel wenden, weil er dann keine Sachgrundlage mehr hätte.

Genauso steht es, wenn manche sagen: »Wir glauben nicht an die Bibel, sondern an Jesus Christus.« Auf diese Idee würden wir aber gar nicht kommen, wenn wir die Worte Jesu aus der Bibel nicht kennen würden: »Glaubt an Gott und glaubt an mich« (Joh 14,1). Wir glauben tatsächlich nicht *an die Bibel*, aber wir glauben *der Bibel* und deshalb glauben wir an Jesus Christus.

Jesus, die Wahrheit, ist ohne die Wahrheit der Bibel nicht zu haben. An Jesus zu glauben setzt voraus, dass wir der Bibel glauben.

Dagegen erheben sich zwei Einwände aus der Theologie der Aufklärung:

Gottes Wort oder Menschenwort?

Der erste Einwand lautet: »Aber wurden diese Worte nicht von Menschen aufgeschrieben? Doch wenn Jesus das nun gar nicht gesagt hat, sondern das nur die Formulierung des Evangelisten Johannes ist?«

In der Tat: Die Worte und die Geschichten Jesu wurden von Menschen gehört, überliefert und aufgeschrieben. Jesus wurde

»Rabbi« (Lehrer, z. B. Joh 20,16) genannt, weil er seine Jünger auswendig lernen ließ.[145] Er sandte sie aus, um seine Worte auszurichten (vgl. Lk 9,1-6par). Er hat mit ihnen geübt, was sie nach seiner Auferstehung tun sollten: die Völker zu lehren »alles zu (be)halten, was ich euch aufgetragen habe« (Mt 28,20). Das Ergebnis dieses Lehrens der Apostel ist das Neue Testament. Genauso gaben die Propheten im Alten Testament das Wort, das sie von Gott empfingen, weiter mit der Botenformel: »So spricht der HERR.« Das ist damals wie heute dieselbe Provokation. Da reden Menschen menschliche Worte, Worte eines bestimmten Volkes in einer bestimmten Zeit im Land Israel, und sagen: »Das sagt Gott.« »Gott redet nicht wie die Menschen. Er hat keinen Mund, sondern er redet durch Menschen«, sagte Luther einmal.[146] Dazu gehört auf der anderen Seite das Ereignis, dass Menschen noch nach Jahrhunderten in diesem Wort Gottes Stimme hören und erstaunt ausrufen: »Das sagt Gott!« Das Bindeglied zwischen beiden ist der Heilige Geist. »Es ist noch nie eine Weissagung aus menschlichem Willen hervorgebracht worden, sondern getrieben von dem Heiligen Geist haben Menschen in Gottes Auftrag geredet« (2 Petr 1,21). Derselbe Heilige Geist wirkt, dass diese von Menschen geredeten Worte als Gottes Wort beim Hörer ankommen (vgl. 1Thess 1,5; 2,13; 1Kor 2,4-5; Joh 16,14). So vollzieht sich erfahrbar die Verheißung Jesu: »Wer euch hört, der hört mich« (Lk 10,16). Der Einwand konstruiert also aus den Denkvoraussetzungen des methodischen Zweifels einen Gegensatz, wo biblisch betrachtet kein Gegensatz besteht, sondern eine Einheit.

Kern und Schale

Der zweite Einwand lautet: »*Bedeutet das nicht, dass man das Wort Gottes von der menschlichen Überlieferung trennen muss?*«

Diese Idee wurde als Erstes von dem Aufklärungstheologen Johann Salomo Semler formuliert. Er brachte dafür die Unterscheidung von »Kern und Schale« ins Spiel.[147] Der Kern der Bibel seien die Aussagegehalte, die die »Hauptsache« bilden; die entbehrliche

Schale seien die (oft zeitbedingten) Nebengedanken. Dieses Bild hat eine erhebliche Wirkungsgeschichte in der evangelischen Theologie entfaltet. Mal war der Kern die »Vernunftreligion«, mal die Ethik. Als entbehrliche »Schale« wurden mal die geschichtlichen Erzählungen als solche, mal der übernatürliche »Mythos« angesehen (David Friedrich Strauß).[148] Die entscheidende Frage ist, was das Kriterium sein soll, um zwischen dem Kern, der wichtig ist, und der Schale, aus der man ihn herauslöst, unterscheiden zu können. Es lässt sich beobachten, dass dieses Kriterium immer von den Denkvoraussetzungen desjenigen abhängt, der es anwendet. Wir Menschen neigen immer dazu, dasjenige als entbehrliche »Schale« betrachten zu wollen, was uns pikt und herausfordert. Wir werden uns im dritten Teil genauer damit beschäftigen, welche Probleme sich damit verbinden.

Die ganze Metapher übersieht: Ohne die Schale verdirbt der Kern, oder er wird zerstört wie im Moment des Essens. Ein lebendiger Kern setzt seine Schale systemisch voraus. Er kann ohne sie nicht sein, denn nur in diesem Miteinander ergeben sie die Frucht – die ist unreduzierbar. Ohne die Schale ist der Kern nicht zu haben. Was das für die kirchliche Verkündigung bedeutet, hat kürzlich der US-amerikanische Historiker Tom Holland, der sich selbst als Agnostiker bezeichnet, auf den Punkt gebracht: »*Preach the weird stuff* – predigt die seltsamen Themen« des Christentums, z. B. dass Jesus Christus gleichermaßen Gott und Mensch war.[149] Denn gerade diese »seltsamen« Inhalte bilden das Alleinstellungsmerkmal des Christentums. Und ebendiese haben die europäische Kultur an den entscheidenden Stellen geprägt. Mir scheint die Kern-Schale-Metapher darum nicht hilfreich zu sein. Hilfreicher ist das Bild mit den konzentrischen Kreisen. Nicht alle Aussagen der Bibel sind gleich zentral. Aber auch Aussagen, die weiter weg vom Zentrum stehen, z. B. die Genealogien im Alten Testament, sind Teil des Ganzen. Luther entdeckte die Unterscheidung von »Gesetz und Evangelium«. Für ihn war Jesus Christus die Mitte der Schrift,[150] was sich mit Joh 14,6 deckt. Aber das entwertet die anderen Teile der Bibel nicht, sondern strukturiert sie. Von Christus aus erschließt sich die Bibel in ihrer Bedeutung. Wenn also Gott durch die biblischen Worte Jesu mit mir redet, kann ich nicht ausschließen, dass er von ihm her auch durch andere Teile der Bibel mit mir reden wird, auch durch Passagen, die mir jetzt noch verschlossen sind. Das genau ist die Erfahrung der Christenheit seit der Alten Kirche, in die wir mit unserem Glauben eingebunden sind. Wir stehen ja nicht als atomisierte Einzelne allein mit unserer Erfahrung, sondern verbunden mit der Gemeinschaft der Glaubenden mit einer Fülle von Hörerfahrungen in allen Teilen der Bibel. Und darum nennt man die Bibel in der weltweiten Christenheit auch die Heilige Schrift.

Die Bibel als *primum principium*?

Damit stellt sich abschließend die Frage, ob man sagen kann, dass die Bibel unsere eigene Denkvoraussetzung ist, unser *primum principium*, das Fundament, von dem aus sich unser christliches Denken erhebt. Und tatsächlich war und ist das die Meinung in wesentlichen Teilen einer theologischen Strömung seit der lutherischen Orthodoxie bis heute, die man heute gern als »konservativ« bezeichnet. Dafür spricht ein Zitat von Martin Luther aus seiner sehr wichtigen Schrift *Assertio omnio articulorum*. Er zitiert Ps 119,130:

> »… der hebräische Text sagt, das Offenliegende oder das Tor ›deiner Worte erleuchtet und gibt den Unmündigen Einsicht‹. Hier schenkt, klar erkennbar, der Geist Erleuchtung und lehrt, dass Erkenntnis gegeben werde allein durch die Worte Gottes, gleichsam durch ein geöffnetes Tor oder von dem ersten Ursprung [lat.: principio primo] (wie sie sagen) ausgehend, bei dem begonnen werden muß, um vorzudringen zu Licht und Einsicht. Andererseits: ›Anfang oder Ursprung deiner Worte ist […] Wahrheit‹ [Ps 119,160]. Du siehst: auch hier wird Wahrheit nur dem Ursprung der Worte Gottes zugesprochen, d. h., wenn du an erster Stelle die Worte Gottes gelernt hast und sie gleichsam als ersten Urgrund [principio primo], als Maßstab für alle Worte gebrauchst.«[151]

Ich bin gerade wegen dieses Luther-Zitates jedoch vorsichtig, zu sagen, dass die Bibel unser *primum principium ist.* Daran ist m. E. etwas sehr Richtiges, aber hier kann sich auch ein Missverständnis einschleichen, das es in der Kirchengeschichte tatsächlich gegeben hat und das m. E. fatale Folgen hatte. Es macht nämlich einen Unterschied, ob ich von einem »Wort« oder von den Buchstaben »W-o-r-t« ausgehe. Im ersten Fall habe ich das Sprechereignis selbst vor Augen und im zweiten Fall seine zeichenhafte Verfasstheit. Der Psalm 119 und Luthers Auslegung haben Ersteres vor Augen. Gott hat zu uns Menschen gesprochen und sich uns durch sein Wort offenbart bis hin zu seinem fleischgewordenen Wort Jesus Christus. Und er offenbart sich immer noch fortwährend durch die Worte der Bibel – *wenn wir sie gebrauchen.* Indem wir sie hörend lesen, werden wir in Christus verwurzelt und gegründet (vgl. Kol 2,6-7). Darum formuliert Luther: »Wenn du die Worte Gottes *gelernt hast* und sie als Maßstab für alle Worte *gebrauchst*«. Nicht eine Entität oder eine Idee bzw. ein Gedanke, sondern eine *Tätigkeit* bildet demnach das *primum principium*, unseren Ausgangspunkt – nämlich das Hören und Lernen von Gottes Worten, *weil Gott durch sie spricht.* Der Schriftgebrauch ist es, durch den wir die Welt neu und anders verstehen, durch den wir auf Jesus Christus als den »Eckstein« seiner Kirche gegründet werden (vgl. Eph 2,20). Unser *Fundament* des Denkens und unser *Denken* liegen nicht auf ein und derselben Ebene: Denken wird hier gerade *nicht* durch Gedanken begründet, sondern durch ein Tun und durch eine Erfahrung.

In der lutherischen Orthodoxie hat man dieses kleine Detail übersehen. Man hat die Bibel in ihrem An-sich-Sein – also im »ontologischen Sinne«, wie man sagt – als *primum principium* verstanden und in ihrem Anspruch zu begründen versucht. Damit war die Bibel jedoch faktisch kein »Prinzip« mehr, denn ein Prinzip muss bzw. kann nicht begründet werden. Daraus wurde das Lehrstück *de scriptura sacra* als »Lehre von der Bibel« mit dem Kernsatz *scriptura sacra est verbum Dei* (lat. »Die Heilige Schrift ist das Wort Gottes«). Und diese Lehre *von* der Bibel lief Gefahr, zum eigentlichen Prinzip zu werden. Das war der Punkt, an dem der theologische Liberalismus, beginnend mit Semler, sein Brecheisen ansetzte (wir kommen später darauf zurück).

> **Das Schriftprinzip bezieht sich auf den Schriftgebrauch, und an diesem Gebrauch erweist sich, ob sie Grundlage unseres Denkens ist oder nicht.**

Im hörenden Lesen der Schrift machen Christen in aller Welt bis zum heutigen Tag die Erfahrung, dass Gott redet. Das ist mein Trost und meine Zuversicht in allen Fragen, allen Zweifeln, allen unmöglichen Herausforderungen unserer Zeit und bei all dem, was wir heute noch nicht beantworten können. Sein Wort gibt dem Samenkorn unseres Glaubens immer wieder neu die Chance, sich in der Beziehung zu ihm zu verwurzeln, zu wachsen und stark zu werden »wie ein Baum, gepflanzt an Wasserbächen« (Jer 17,7-8).

Deshalb brauchen uns Schwierigkeiten und Krisen nicht zu verängstigen. Wir müssen Einwände gegen den Glauben nicht fürchten – und von denen gibt es noch viele. Ich könnte noch zehn oder zwanzig nennen und zu entkräften versuchen und als Ergebnis lägen dann doppelt so viele auf dem Tisch. Das liegt nicht nur an den Axiomen der nicht glaubenden Welt, deren Geschichte und Wirksamkeit am Ende dieses ersten Teils, wie ich hoffe, transparenter, verständlicher und somit unterscheidbarer geworden ist. Aber manchmal kommen die Einwände gegen den Glauben auch von innen. Es ist wichtig, sie als Manifestation eines *Geschehens* wahrzunehmen. Wenn wir es ausblenden, kommen wir in den Sachfragen nicht weiter. Ich möchte darum im zweiten Teil dieses Buches die Ebene gedachter Gedanken für eine Zeit lang verlassen und die Aufmerksamkeit auf dieses Geschehen hinter den Gedanken richten, auf den heißen Wüstenwind, der das Samenkorn vertrocknen lässt. Was läuft da in uns ab und wie kann das, was läuft, in das theologische Denken so hineingeholt werden, dass wir tiefer wurzeln und auf Wasser stoßen?

II. TEIL:

Die Hitze, die Wurzel und die Entscheidung

4 Glaubenskrisen – Glaubenschancen

4.1 Anfechtung – was ist das?

Bethel bei Bielefeld, in den 50er-Jahren. Ein junger Theologiestudent sitzt alleine in seiner Studentenbude, der Kopf in den Händen versunken. Tränen rinnen über sein Gesicht. Gedankenfetzen an die Diskussionen mit einem seiner Professoren an der dortigen Kirchlichen Hochschule, Herbert Girgensohn, hallen in seinem Kopf. Es ging um die Wahrheit der Bibel. Girgensohn hatte ihn dazu angehalten, die Bibel wissenschaftlich und kritisch zu verstehen. Früher hatte er sie als Gottes Wort erfahren und gelesen, und jetzt sieht er nur noch Probleme in der Bibel, die sein Vertrauen zu Gott tief erschüttern. Er weiß nicht mehr, wie er glauben soll. Er fühlt sich gottverlassen, unendlich einsam und allein. Beten kann er nicht mehr. Auf dem Höhepunkt seiner Verzweiflung klopft es plötzlich an die Tür. Ein kleiner Mann mit grauem Rauschebart betritt sein Zimmer, setzt sich vor ihn hin, sieht ihn an und fragt ihn: »Wie geht es Ihnen?«

Dieser Theologiestudent war Sven Findeisen (1930–2023), der langjährige Studienleiter der Arbeitsgemeinschaft für geistliche Orientierung im Theologiestudium (AgO). Derjenige, der ihn an diesem Tag besuchte, war der Betheler Professor für Altes Testament, Hellmuth Frey (1901–1982). Sven Findeisen sagte immer, wenn er diese Geschichte uns Theologiestudenten erzählte,[152] er wisse bis heute nicht, was diesen Mann bewogen hat, genau zu dieser Stunde in den hintersten Winkel des Studentenwohnheims »Jägerstift« zu kriechen, um ihn zu fragen: »Wie geht es Ihnen?« Hellmuth Frey hatte die Geistesgabe der prophetischen Seelsorge. Er ließ sich von Gott zu den Menschen leiten, die jetzt seine Hilfe brauchten. Und so saßen die beiden nun voreinander – und schwiegen. Sven Findeisen konnte nichts sagen, weil seine Verzweiflung keine Worte mehr fand, und Hellmuth Frey wollte nichts sagen, bevor Gott ihm die richtigen Worte gab. Und irgendwann nach langer Zeit sagte er ganz langsam zu Sven Findeisen: »Ist nicht alles und in allem Jesus?« Keine lange Abhandlung, keine komplizierte Dogmatik, nur dieser eine Satz. Für jemand anderen wäre er vielleicht völlig trivial gewesen. Aber für Sven Findeisen war dieser einfache Satz der Rettungsanker in genau dem richtigen Moment. Was auch immer ist – Jesus ist, im Alten und im Neuen Testament, in der Geschichte Israels und seiner Kirche, und derselbe auch in Ewigkeit. Um ihn geht es. Es war, als ob in seinem dunklen Zimmer die Sonne aufgehen würde. An Jesus konnte er sich festhalten. Und jetzt konnte er zusammen mit Hellmuth Frey auch wieder beten. Apologetik, so verstand es Sven Findeisen später, ist »Seelsorge auf dem Feld des Denkens«.[153] Und genau so hat er sie später über viele Jahrzehnte bei seinen Theologiestudenten in den »Theo-Kreisen« an den Universitäten und den mit der AgO verbundenen Studienhäusern betrieben. Auch bei mir. Ich habe von ihm viel gelernt.

Zweifel oder Anfechtung?

Was der junge Theologiestudent Sven Findeisen erlebt hat, kennen viele von uns sehr gut – ich auch. Es soll ja Gemeinden geben, in denen es keine zweifelnden Menschen gibt. In diesen perfekten Gemeinden stellt niemand den Glauben infrage, alle sind immer voll gesalbt, dort ist alles sicher und klar. Nun, ich habe noch nie eine solche Gemeinde gesehen. Aber ich habe Gemeinden gesehen, da trauen sich manche Gemeindeglieder nicht, bestimmte Fragen zu stellen, weil sie Angst haben, dass sie selbst oder die ganze Gemeinde diesen Fragen nicht gewachsen sind. Wenn ich sehe, wieviele Zweifel an Gott in der Bibel geäußert, geklagt, durchbetet und durchdrungen werden (Hiob, Psalmen, Thomas der Zweifler usw.), und wenn ich lese, wie Luther und andere Kirchenväter immer wieder Zeiten des Zweifels durchgemacht haben, dann komme ich eher zu dem Schluss, dass so etwas zum Glaubensweg dazugehört.

Und trotzdem mag ich das Wort »Zweifel« nicht mehr so gern, denn es gibt eine gewisse Art, damit zu kokettieren. Dann wird der »Zweifel« im Sinne von Kap. 2.4 oberflächlich-plakativ als aufgeklärtes Selbstbewusstsein des »methodischen Zweiflers« aufgefasst und von oben herab vorgetragen. Descartes betrachtete sich ja selbst als Ausgangspunkt aller Erkenntnis. Am Glauben zweifeln können Glaubende und Glaubenwollende, Nichtglaubende und Nichtglaubenwollende, für die der Zweifel ein Selbstzweck ist, nämlich als Methode, um Gott auf Abstand zu halten. Solche Zweifler fühlen sich im Zweifeln wohl, vielleicht sogar überlegen. Bei glaubenden Christen ist das anders. Ihre Zweifel erstrecken sich von einzelnen Detailfragen des Glaubens und der Lehre bis hin zum Verlust der Glaubensgewissheit und der Nähe Gottes, und das ist wirklich ein ziemlich schreckliches Gefühl. Und dieses ist ihnen manchmal geradezu peinlich, wenn sie die aufgeklärten Zweifler sehen, die meinen, dass sie »ein Stück weiter« seien – bis ihnen jemand erklärt, dass es sich da um zwei völlig verschiedene Dinge handelt, weil sie von völlig verschiedenen Denkvoraussetzungen ausgehen: Das eine fußt in der Trennung von Gott, das andere in der Gemeinschaft mit ihm.

Präzise beobachtet ist der Zweifel ein Zustand. Er resultiert aus einem Vorgang, zu dem es einen früher sehr beliebten, in der heutigen Theologie jedoch vernachlässigten Begriff gibt: **Anfechtung**.

Mir gefällt dieses Wort besser, weil es den Vorgang und die Emotionalität für glaubende Christen besser beschreibt. In diesem Wort steckt »fechten« drin. Da fängt plötzlich irgendetwas oder jemand an, mit dir zu fechten. Das ist unangenehm, das tut weh, das stört das Gleichgewicht und erfordert eine Reaktion. In der Rechtssprache kann man ein Testament »anfechten«, das heißt es infrage stellen mit dem Ziel, es unwirksam zu machen. »Testament« ist auch ein altes Wort für »Bund«, und deshalb passt der heutige Sprachgebrauch auffallend gut:

> **Anfechtung ist das Erleben einer Situation, in der der Bund bzw. die Verbindung zwischen Gott und mir plötzlich durch irgendetwas infrage steht.**

Das »Etwas« können z. B. Gedanken oder Fragen sein wie die, die uns die Welt als Wissensgemeinschaft stellt und die wir oben schon besprochen haben. Es können belastende oder enttäuschte Gefühle sein, schlimme Ereignisse, Konflikte mit anderen oder mit Gott selbst. Was droht, ist die Unwirksamkeit des Bundes zwischen dir und Gott – weil entweder *du* dich distanzierst, weil du nicht mehr glauben kannst oder weil du befürchtest, dass Gott sich distanziert, weil du ihm nicht genügst. Ja, es ist das »Erleben« dieser Situation; es geht um einen Vorgang des Glaubens. Deshalb hilft der gut gemeinte Hinweis, dass das ja nur ein subjektives Erleben sei, hier nicht weiter, weil »glauben« als Ich-Du-Beziehung zwischen Gott und dem einzelnen Menschen immer etwas Subjektives hat. Was nicht bedeutet, dass die Ursachen von Anfechtung »nur« in der eigenen Subjektivität begründet liegen – meist ist das Gegenteil richtig; die Ursache kommt häufig von außen –, sondern dass der Angefochtene sich jetzt wirklich in dieser Situation befindet und mit ihr umgehen muss. Die Subjektivität der Anfechtung darf also nicht dazu führen, den Angefochtenen deshalb gering zu schätzen, so wenig wie z. B. die Subjektivität einer Depression dazu führen darf, den Depressiven gering zu schätzen. Sich über einen Angefochtenen lustig zu machen, das möchte ich aus gegebenem Anlass[154] ganz klar sagen, verletzt die Würde des Menschen.

Anfechtung oder Krise?

Ein heutiges Wort für Anfechtung ist »Glaubenskrise«. Sie steht damit neben anderen Krisen in unserer Welt: Identitätskrisen, Beziehungskrisen, Lebenskrisen, Midlife-Krisen, Staatskrisen, Wirtschaftskrisen, Umweltkrisen. Sogar in der Tier- und Pflanzenwelt gibt es Krisen. Sie alle haben ihre Ursachen, und es gibt Methoden, ihnen zu begegnen. Nach dem Psychoanalytiker Erik Eriksson (1902–1994) bringt jedes Lebensalter eines Menschen spezifische Krisen hervor, die als Schritte in der persönlichen Entwicklung zu verstehen sind. Es sind also notwendige Krisen, die in Konflikten zwischen gegenläufigen Anforderungen und Bestrebungen begründet sind und deren Bewältigung auf eine neue Stufe der persönlichen Entwicklung führt.[155] Andererseits birgt jede Krise die Möglichkeit eines Scheiterns. Dieses manifestiert sich als Krankheit oder Dysfunktionalität, schlimmstenfalls als Kollaps in der Biologie, Wirtschaft oder auch beim Staat.

Der Begriff der »Glaubenskrise« legt nun nahe, dass sie nach demselben Muster abläuft wie andere Krisen auch und dass sich ergo dieselben Methoden zu ihrer Bewältigung nahelegen – und das glaube ich nicht. Eine Glaubenskrise kann durchaus gekoppelt sein mit psychischen Krisen, Entwicklungskrisen und Beziehungskrisen, vor allem im Verhältnis zur eigenen Gemeinde oder Kirche, aber sie hat einen spezifisch geistlichen Anteil, der *als geistlicher Anteil* betrachtet und gewürdigt werden muss. Deshalb sind »Anfechtung« und »Glaubenskrise« nach meiner Überzeugung nicht deckungsgleich.[156] Es kann sogar hilfreich sein, das eine vom anderen zu unterscheiden, denn dann kann man sie mit geeigneten Mitteln angehen, ohne überzureagieren. Möglicherweise kann das spezifisch geistliche Instrumentarium, einer Anfechtungssituation zu begegnen, sogar als Inspiration für die Bewältigung anderer Krisen dienen.[157]

4.2 Anfechtung in der Bibel

»Anfechtung« ist theologisch betrachtet ein schwieriger Begriff, weil er sich nicht so leicht systematisieren lässt. Das biblische Wort, das Luther an mehreren Stellen so übersetzte, lautet auf Griechisch *peirasmós*. Das Verb dazu lautet *peirázō*, im Alten Testament auf Hebräisch *nasah*. Und dieses Wort übersetzt Luther an anderen Stellen mit »Versuchung«. Das wiederum verstehen wir heute sehr schnell wie die »zarteste Versuchung, seit es Schokolade gibt«, also als Lustgewinn, dem man eigentlich widerstehen sollte. Tatsächlich kann *peirasmós* die Versuchung zur Sünde beinhalten (vgl. Jak 1,13-15; 1Kor 7,5). Aber das ist eigentlich eine Nebenbedeutung. Die Hauptbedeutung ist: auf die Probe stellen.

Jesus geht am Anfang seiner Wirksamkeit in die Wüste, vierzig Tage und vierzig Nächte lang (vgl. Mt 4,1-11par); dort fastet er. Ich habe einmal in meinem Leben 14 Tage Null-Fasten gemacht und kann mir vorstellen, was Matthäus mit dem Satz meint: »... und dann hungerte ihn« (V. 2b). Und jetzt, in dem Moment der Schwäche, stellt ihn der Teufel auf die Probe. Oder, mit Luthers Worten: Er ficht ihn an. Und zwar probiert er, Jesus dazu zu bringen, dass er seine göttliche Macht missbraucht. So will er ihn von seiner Sendung abbringen und von Gott dem Vater entfremden. Auf drei Ebenen vollzieht sich die Anfechtung: auf der Ebene der persönlichen Bedürfnisse, der eigenen Identität und der Macht. Jesus soll jeweils etwas tun, was er *kann* – Steine zu Brot werden lassen, sich demonstrativ von der Zinne des Tempels stürzen oder den Teufel anstatt des Vaters anzubeten, damit der ihm die Macht über alle Reiche der Welt gibt. Mit jeder dieser Handlungen hätte Jesus seine Sendung verwirkt – damit wäre seine Mission zur Rettung der Welt gescheitert, bevor sie begonnen hätte. Und dann gäbe es für uns Menschen keine Rettung mehr – und genau das war für den Teufel der Zweck des Ganzen. Was also angefochten wird, ist nichts Geringeres als das ewige Erbarmen Gottes, in dem er uns mit sich versöhnt und uns zu seinen Kindern und zu Erben des ewigen Lebens macht. Jesus kontert jede der Versuchungen mit einem Wort aus der Bibel: »Der Mensch lebt nicht vom Brot allein, sondern von einem jeglichen Wort, das aus dem Munde Gottes hervorgeht« (V. 4), »Du sollst den Herrn, deinen Gott, nicht versuchen« (V. 7) und »Du sollst den Herrn, deinen Gott, anbeten und ihm allein dienen« (V. 10). Er besteht die Probe an genau dem Punkt, an dem das Volk Israel »immer wieder gescheitert« gescheitert war: Er bleibt in Treue bei der Wahrheit und Zuverlässigkeit von Gottes Wort.

Nicht nur der Teufel versuchte Jesus, sondern auch Jesu Gegner im Volk Israel – vor allem die Pharisäer und Schriftgelehrten, die mit ihm diskutierten. Sie stellten ihm Fangfragen, die den Zweck hatten, dem dabeistehenden Volk zu demonstrieren, dass er unmöglich der Messias sein konnte, um dadurch den Glauben an ihn zu unterbinden. (vgl. Mt 16,1-4; 22,34; Mk 10,2; 12,15; Lk 10,25; vgl. Lk 22,28). Sie scheiterten an den Antworten, die Jesus ihnen gab und in denen er zeigte, dass er ihnen auf sämtliche Schliche gekommen war.

Die größte aller Anfechtungen aber erduldete Jesus am Kreuz, als er Psalm 22,2 zitierte: »Mein Gott, mein Gott, warum hast du mich verlassen?« (Mk 15,34par). Vorher im Garten Gethsemane hatte er die Jünger angewiesen: »Wachet und betet, damit ihr nicht in Anfechtung (*peirasmós*) fallt. Denn der Geist ist willig, das Fleisch aber ist schwach« (Mt 26,41). Martin Luther setzt diese Einzelteile von Psalm 8,6 her zusammen:[158] Die Gottverlassenheit, die in Gethsemane beginnt und in Jesu Ausruf am Kreuz ihren Höhepunkt erreicht, ist die schwerste aller Anfechtungen, die es gibt. Äußerliche Leiden ergehen über alle Menschen. Aber das Erleiden tiefer Gottverlassenheit ist eine ganz andere Hausnummer, schlimmer als der Tod. Luther nennt es das »güldene Leiden«, und genau diese Anfechtung durchlebte Jesus am Kreuz: Er, der ausdrücklich von Gott als sein Sohn bestätigt worden war, der als einziger Mensch das ganze Gesetz Gottes gehalten hat, starb als Verfluchter, als einer, vor dem Gott sein Angesicht verbirgt. Denn in diesem Gesetz heißt es: »Ein (am Holz) Aufgehängter ist verflucht bei Gott« (5Mo 21,23). Der Hebräerbrief stellt heraus, dass Jesus in allem »versucht worden ist wie wir, doch ohne Sünde« (vgl. Hebr 2,18; 4,15). Und trotzdem hing er als Verfluchter am Holz – unverdient und gegen Gottes Verheißung, dass derjenige, der seine Gebote hält, durch sie leben wird (vgl. 3Mo 18,5; vgl. Gal 3,12-14). Alles das, was »Gottverlassenheit« an inwendiger Finsternis bedeuten kann, durchlitt er in diesem Moment. Und dennoch wandte er sich nicht voller Zorn und Enttäuschung von Gott ab, sondern betete den Psalm 22. Er »hat in den Tagen seines körperlichen Lebens Bitten und Flehen vor den gebracht, der ihn aus dem Tod erretten konnte, zusammen mit lautem Geschrei und Tränen; und er ist erhört worden aufgrund seiner Gottesfurcht. Und obwohl er der Sohn war, hat er doch an dem, was er litt, *das aufmerksame Hinhören*[159] [auf Gottes Wort] gelernt. Und als er vollendet war, ist er für alle, die aufmerksam auf ihn hören, der Urheber des ewigen Heils geworden« (Hebr 5,7-10). Als Gott sich verbirgt (das Gegenteil von griechisch *a-lētheia*, Un-Verborgenheit, Wahrheit!) und Gottes Wahrheit, Treue und Verlässlichkeit radikal infrage stehen, bleibt er ganz und gar auf Gott bezogen – im aufmerksamen Hören auf Gottes Worte und gegen allen Augenschein. Was passiert hier? Denken wir noch einmal an das erste Menschenpaar (S. 80 ff.), das mitten im Garten Eden gegen alles Sehen des Guten auf die Versuchung der Schlange gehört und sich statt zu Liebe und Vertrauen zur Distanzierung von Gott und zum Misstrauen entschieden hatte. Dann wird deutlich: Jesus heilt am Kreuz den Schaden, den Adam und Eva angerichtet hatten, indem er in einer spiegelbildlich verkehrten Situation, nämlich im Angesicht des ungerechtfertigten Todes und des ausbleibenden Eingreifens Gottes, dennoch in der Treue und dem Vertrauen zu Gott verbleibt. Sein Handeln ist das genaue Äquivalent zum Handeln von Adam und Eva. Das hat Folgen: Der Tod als endgültige Distanzierung des Menschen von Gott, der aus der Ur-Sünde des ersten Menschenpaares resultierte, wird durch Jesu stellvertretendes Glaubensopfer aus den Angeln gehoben. Seine Auferweckung vom Tod am Ostermorgen ist Gottes alles überstrahlende Bestätigung seines Sohnes: Er ist tatsächlich ein Gerechter! Er hat die Distanzierung der Menschheit von Gott erfolgreich überwunden. Durch ihn ist die Gemeinschaft zwischen Mensch und Gott wiederhergestellt. Er, Jesus, stand und steht mit seiner Treue stellvertretend für uns ein, auch in den Momenten, in denen wir keine Treue mehr halten können. Er hat es getan – für uns. Er ist der Urheber unseres ewigen Heils, nicht wir. Das ist der große Trost in allen Anfechtungen, die wir als glaubende Menschen erleben können.

Die Jünger

Auch die, die Jesus nachfolgten, wurden angefochten. »Euer Widersacher, der Teufel, geht umher wie ein brüllender Löwe und sucht, wen er verschlinge. Dem widersteht fest im Glauben, da ihr wisst, dass ebendieselben Leiden über eure Brüder und Schwestern in der Welt gehen«, ermahnt Petrus die Gemeinde (1Petr 5,8-9; 1Thess 3,5). Diese Anfechtung hatte für die ersten Christen oftmals den Charakter von Verfolgungen, Leid und Schmerzen um ihres Glaubens und ihres Zeugnisses von Jesus willen und fällt also mit der Anfechtung durch andere Menschen zusammen. Auch hier verbirgt sich Gott, auch hier kommt die Frage: »Gott, warum hilfst du nicht?« Sie ist darum Teilhabe am Leiden Christi, bedeutet aber ebenso Teilhabe an der zukünftigen Offenbarung seiner Herrlichkeit.

Manche Anfechtung kam allerdings von innen. Zum Beispiel die Versuchung zur Sünde, die aus den eigenen Bedürfnissen heraus entsteht (vgl. Jak 1,13-15; 1Kor 7,5). Oder wenn Jüngerinnen und Jünger an Jesus selbst Anstoß nahmen. Manchen kamen seine Worte so widerständig vor, dass sie sich von ihm abwendeten und nicht mehr mit ihm gingen (vgl. Joh 6,60-66). Johannes der Täufer war im Gefängnis angesichts der verwirrenden Handlungen Jesu – er hielt Festmähler mit Zöllnern und Sündern statt strenger Askese – so sehr ins Zweifeln gekommen, dass er seine Jünger zu ihm sandte und ihn fragte, ob er denn überhaupt der Messias sei (vgl. Mt 11,1-6). Jesus sagte nicht einfach »Ja«, denn das hätte Johannes nicht beruhigt. Sondern er wies die Jünger von Johannes an, ihrem Meister die Taten Jesu zu berichten, die sie sahen und bezeugt bekamen: Lahme gehen, Blinde sehen, Tote werden auferweckt. Sie werden im Propheten Jesaja als Zeichen für den kommenden Messias genannt (vgl. Jes 35,5.6; 61,1). Er verweist Johannes also wieder hinein in die Worte Gottes, denen er vertrauen kann.

Die ultimative Anfechtung aber erlebten die zwölf Jünger, als Jesus gefangen genommen wurde und am Kreuz starb (vgl. Mk 14,38-50), also zeitgleich mit Jesus. Sie hatten einen solchen Vorgang für völlig unmöglich gehalten. Sie sahen in Jesus den Messias, der das leibliche Israel wiederherstellen und in dieser Wiederherstellung öffentlich von Gott bestätigt werden sollte (vgl. Lk 19,11; 24,21; Apg 1,6). Der Ankündigung Jesu von seinem Leiden, Sterben und Auferstehen begegneten sie völlig verständnislos (vgl. Mk 8,31-33par; 9,30-32par). Der Augenblick seiner Gefangennahme war für sie ein Schock, der zu augenblicklicher Flucht führte. Petrus erlebte dabei noch einmal eine besondere Anfechtung, als er an seiner eigenen Angst scheiterte und Jesus verriet, obwohl er großspurig angekündigt hatte, Jesus bis ins Gefängnis und zum Tod treu zu bleiben, und obwohl Jesus ihm die Verleugnung konkret vorausgesagt hatte (vgl. Lk 22,31-34). Die Anfechtung, die die Jünger erlebten, nannte Jesus »sich an mir ärgern« (griechisch *skandalízō, vgl.* Mt 26,31par),[160] d. h. eine so massive Störung der eigenen Vorstellungen über ihn, dass es zu einer ruckartigen Distanzierung kommt. Tatsächlich hatte die Kreuzigung Jesu das Vertrauen der Jünger in alles, was Jesus ihnen gesagt und beigebracht hatte, zutiefst zerstört. Das Reich Gottes sollte nahe herbeigekommen sein? Wenn du glaubst, wirst du die Herrlichkeit Gottes sehen? Alle Dinge sind möglich dem, der glaubt? Alldem stand das Bibelwort gegenüber: »Ein (am Holz) Aufgehängter ist verflucht bei Gott« (5Mo 21,23). Das war die Realität: Jesus stirbt den Tod der von Gott Verfluchten. »Wir haben geglaubt und erkannt, du bist der Heilige Gottes«, hatte Petrus im Namen der Jünger gesagt (Joh 6,69), und dieser Glaube lag in tausend Scherben. Angesichts der Tatsachen stellte sich die Frage nach der Treue und Verlässlichkeit gegenüber den Worten Jesu nicht mehr.

Die Jünger haben keinen Zweifel daran gelassen, dass sie aus diesem Zusammenbruch aus eigener Kraft nie und nimmer herausgekommen wären, sondern dass ihre Rettung von Gott kam. Und wie sie kam, das ist in den Auferstehungsgeschichten der Evangelien trotz ihrer Unterschiede ganz ähnlich, wie wir schon gesehen haben. Zuerst war es das Wort, ein neues Wort Gottes, in dem die Auferstehung verkündigt wird – von den Engeln, den Frauen oder im Fall der Emmausjünger (vgl. Lk 24,17 ff.) von Jesus selbst. Die, die es hörten, vertrauten sich diesem Wort an – und dann erfuhren sie, dass Jesus sich ihnen offenbarte. Dass sie an die alle Vorstellungen sprengende Botschaft der Auferstehung glauben konnten, erlebten sie selbst als Wunder: Nach Eph 1,18-20 wurde an ihnen darin dieselbe Kraft wirksam, mit der Gott der Vater Jesus auferweckt hatte. Der Glaube an die Auferstehung Jesu war selbst die *Wirkung ebendieser Auferstehungskraft* und darum Anteilhabe an der Auferstehung. Er war ein Gottesgeschenk, der Anfang der Neuschöpfung durch Gottes Heiligen Geist. Und das stellte die Art und Weise, wie die Jünger Jesus verstanden, auf eine ganz neue Basis. Jetzt erst waren sie in der Lage, das, was Jesus gesagt und getan hatte, richtig einzuordnen. Jetzt erst war Gottes rettende Liebe und Barmherzigkeit zu ihnen durchgedrungen: durch den Tod zum Leben; durch die Dunkelheit zum Licht, das nie mehr verlischt; von der Anfechtung zur Gewissheit des Glaubens. Das ist Gottes Verheißung, die in der Anfechtung verborgen ist. »Selig ist, wer Anfechtung erduldet; denn nachdem er bewährt ist, wird er die Krone des Lebens empfangen, die Gott verheißen hat denen, die ihn lieb haben« (Jak 1,12).

Wer Jesus nachfolgt, erlebt Anfechtung

Also: Wenn wir Anfechtung erleben, sind wir damit in allerbester Gesellschaft. Es ist kein Zeichen von Schwäche, nichts, was uns peinlich sein müsste. Wir sind darin keine Sonderfälle oder besonders schwache Exemplare von Christen, sondern ganz einfach Nachfolger Jesu. Sie *erweist* uns sogar als Nachfolger Jesu, denn nur glaubende Menschen können sie erleben.

Wir erleben Anfechtung, wenn es in uns finster ist, Gott unsagbar weit weg zu sein scheint und unser Herz nichts hört als Schweigen. *Alle* großen Mystiker haben solche Zeiten erlebt. Wir erleben Anfechtung, wenn Gott unsere Pläne durchkreuzt, die er uns selbst gegeben hatte, wenn unsere Träume an unüberwindlichen Realitäten zerschellen und unser Vertrauen auf Gottes Führung und Fürsorge nichts als kindische Naivität zu sein scheint. Wir erleben Anfechtung, wenn der Glaube unserer Mitchristen uns einschnürt wie ein zu enges Korsett, wenn der Glaubenslehre der Boden wegbricht wie bei einem auf Sand gebauten Haus, wenn sie uns plötzlich schal schmeckt wie abgestandenes Wasser oder uns ganz einfach überhaupt nicht mehr erreicht. Wir erleben Anfechtung, wenn auf unsere Gebete hin nichts passiert, obwohl die Not so schreiend ist, dass Jesus doch eingreifen *muss*, wenn er der »König der Könige«

ist, der auf dem Thron sitzt und regiert, wie es in so vielen Lobpreisliedern heißt. Oder wenn wir sehen, wie unsere Kirchen den Bach runtergehen und der Herr der Kirche diesen Verfall nicht aufzuhalten scheint. Wir sind nicht allein damit! Alles das haben Christen erlebt in den letzten zweitausend Jahren, wir erleben es heute, und wir gehen Zeiten entgegen, in denen die Stärke und die Art und Weise solcher inneren und äußeren Angriffe zunehmen wird, wie wir uns das in den Wohlstandsjahren, aus denen wir kommen, noch nicht vorstellen konnten. Es gibt lauter so schöne Orakel wie »Der Fromme der Zukunft wird Mystiker sein« (Karl Rahner),[161] »Die Christenheit der Zukunft wird evangelikal sein«[162] – ich wage zu sagen: »Die Christen dieses Jahrhunderts werden gelernt haben, mit Anfechtung umzugehen, oder sie werden nicht mehr sein.«

4.3 Kleine Typologie der Anfechtung

Anfechtung ist dazu da, um sie zu überwinden. Es liegt eine Chance und eine Verheißung darin: den dreieinigen Gott tiefer zu erkennen und zu vertiefter Glaubensgewissheit zu gelangen. Aber wie jede Krise birgt auch die Anfechtung die Gefahr des Scheiterns. Sie produktiv zu durchschreiten erfordert, dass wir uns auf den Weg machen – wie die Frauen, die sich am Ostermorgen zum Grab aufmachten. Und dafür ist es hilfreich, die verschiedenen Ursachen und Ebenen, die darin eine Rolle spielen, zu unterscheiden. Darum macht es Sinn, die verschiedenen Arten dieses Phänomens zu unterscheiden und zu systematisieren, um sie genauer erfassen, darüber sprechen, sie besser verstehen und zielführender mit ihr umgehen zu können. Um eine solche Typologie zu erfassen, stelle ich sie in einem 3-D-Würfeldiagramm mit drei Unterscheidungsebenen dar. Auf der ersten Ebene (von links nach rechts) unterscheiden wir, wo die Anfechtung herkommt. Die zweite Ebene (von oben nach unten) erlaubt uns, zu differenzieren, auf welcher Personenebene sie stattfindet. Und die dritte Ebene (von vorne nach hinten) zeigt, welche Beziehung sie vor allem in Mitleidenschaft zieht.

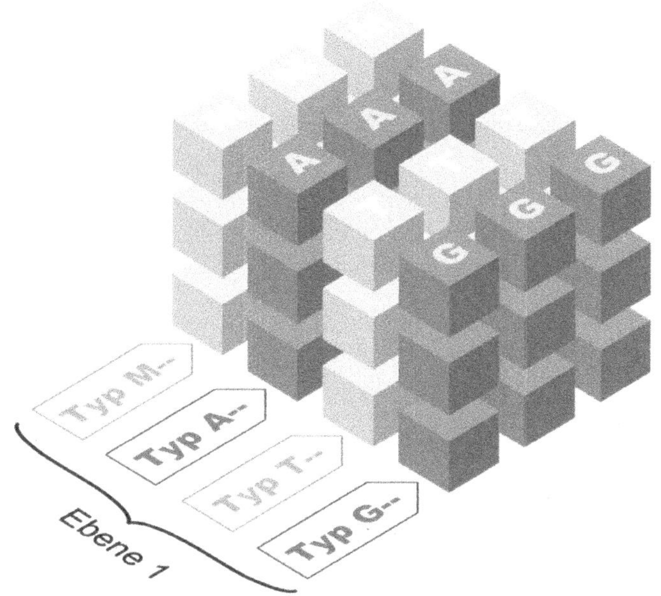

Abbildung 3: Würfeldiagramm

Ebene 1: Der Ursprung der Anfechtung

Vier Möglichkeiten für die Ursache einer Anfechtung können wir der Bibel entnehmen. Sie können sich zwar überlappen, können aber nicht aufeinander aufgerechnet werden:

Anfechtung durch unser eigenes Menschsein (Typ »M--«)

Die naheliegendste Anfechtung ergibt sich aus unserer Eigenart als gefallene und gebrochene Menschen. Sie zeigt sich zum einen als Versuchung zur Sünde (vgl. Jak 1,13-15). Diese entsteht aus den Bedürfnissen unserer menschlichen Natur. An sich ist alles, was Gott geschaffen hat, gut – aber wir gebrauchen es nicht immer auf gute Weise. Vielmehr haben wir als Folge der Entfremdung von Gott durch den Sündenfall (vgl. 1Mo 3) die Neigung in uns, das Gute zu missbrauchen. Gottes Gebote legen diese Neigung offen. Im Mittelalter hat man den ganzen Begriff »Anfechtung« vorwiegend im Sinn von »Versuchung zur Sünde« verstanden und wichtige Bibelstellen wie z. B. im Vaterunser in seiner Bedeutung verengt. Erst Luther hat die biblische Breite dieses Wortes wiedergefunden. Es gibt aber noch eine andere Art von Anfechtung durch unser eigenes Menschsein. Sie entsteht im Inneren unserer Seele, aus unseren Veranlagungen und den Prägungen, die wir in unserer Lebensgeschichte empfangen haben, aus erlittenen Traumata und aus Fortwirkungen von Leid- und Unheilgeschichten, die wir in unseren Familiensystemen in uns aufgenommen haben, oder auch aus unseren Selbstbildern. Manchmal fällt das Erste mit dem Zweiten zusammen. Ein Beispiel: Thorsten Hebels zentrale Anfechtung, die er in seinem Buch »Freischwimmer« beschrieben hat[163], war das Gefühl, bei Gott nie gut genug zu sein, sondern immer erwarten zu müssen, dass Gott seinen Daumen senkt und ihn verwirft. Von seiner Kindheit her, die er beschreibt, wird dem Leser völlig verständlich, warum er auf diesen Gedanken kam: Er spiegelt eine tiefsitzende Selbstunsicherheit wieder, deren Ursache in prägenden Erlebnissen aus seiner Kindheitsgeschichte lag.

Anfechtung, die in dieser Weise aus dem Inneren unserer Seele kommt, überlappt sich mit dem Bereich der psychischen Krisen; zwischen beiden kann es eine Wechselwirkung geben.

Anfechtung durch andere (Typ »A--«)

Eine weitere Ursache von Anfechtung sind in der Bibel andere Menschen. Im Neuen Testament sind zunächst einmal solche gemeint, die den Glauben an Jesus Christus als Sohn Gottes und Retter der Welt ablehnen. Jesus bezeichnet sie im Johannesevangelium als die »Welt« im Unterschied zu denen, die an ihn glauben. Wir sind nicht »von der Welt«, aber leben »in der Welt«, und wir werden von ihr mit ihrer kritischen Sichtweise auf Gott konfrontiert (vgl. Joh 17,6-19). So werden wir manchmal hinterfragt und bewusst herausgefordert wie von dem Atheisten Richard Dawkins, der den Glauben als kollektive Wahnvorstellung erklärt, der die Gläubigen erlegen seien[164].

Oft aber bekommen wir es quasi nebenbei mit den Axiomen und Dogmen unserer Gesellschaft zu tun, indem wir an ihren Diskursen teilhaben. Noch mehr: Jesus sendet uns in genau diese Welt hinein, um das Evangelium allen Völkern zu verkündigen. Das schließt ausdrücklich ein, dass wir bereit sein sollen, anderen über unseren Glauben Auskunft zu geben (vgl. 1Petr 3,15). Der Missionsauftrag erfordert also zwingend die Tuchfühlung mit der »Welt« und ihrer Denkweise, wie Paulus in seiner Missionspredigt auf dem Areopag eindrücklich vorführt (vgl. Apg 17), damit wir das Evangelium in einer Sprache ausdrücken können, die unsere Mitmenschen verstehen. Nun geht unsere Welt, wie wir in Kap. 2.6 und 3.3 gesehen haben, gerade durch eine Zeit epochaler Veränderungen hindurch, in der bisherige Konsense aufgekündigt, bisherige als selbstverständlich geltende Wahrheiten über Bord geworfen, bisherige Axiome zerstört und durch andere ersetzt werden. Epochenwenden sind in der weltweiten Christenheit und schon in der Geschichte Israels immer eine Zeit schwerer Anfechtungen gewesen mit neuen Fragen, auf die Antworten des Glaubens gefunden werden müssen. Davon kann sich im Moment wohl niemand ausnehmen, völlig unabhängig von unserer theologischen Richtung oder Präferenz: Wer gerade nicht angefochten wird, lebt, glaube ich, im Wolkenkuckucksheim! Anfechtung kann jedoch auch von anderen Christen ausgehen, die selbst Glieder der Kirche oder Mitglieder der eigenen Gemeinde sind. Es gibt sehr verschiedene christliche Traditionen. Doch nach meiner Überzeugung kommt das zu einem guten Teil daher, dass an verschiedenen Orten mit spezifischen Herausforderungen unterschiedliche Antworten auf Anfechtungssituationen gefunden wurden. Darum hat es eine innere Logik, dass es desto mehr Konfessionen und Gemeindetraditionen gibt, je stärker sich die Gesellschaft differenziert. Nun kann es durchaus sein, dass die Antwort der einen Gemeinde auf eine bestimmte Anfechtung oder Herausforderung bei anderen eine neue Anfechtungssituation auslöst. Man findet Spuren solcher Vorgänge schon in der Bibel.[165] Ein Problem haben wir dann, wenn dabei weltliche Dogmen und Axiome in die christliche Lehre und Verkündigung übernommen werden und diese fälschen. Das kann zu schweren Irritationen und zu Anfechtung bis hin zum Gefühl völliger Unglaubwürdigkeit von Christen führen.[166] Es gibt also einen qualitativen Unterschied, ob die Anfechtung durch andere von Menschen der Kirche oder Menschen der Welt ausgeht. Ich werde diesen Unterschied, wo er wichtig ist, in meinen weiteren Ausführungen mit dem Kürzel AK und AW kenntlich machen.

Anfechtung durch den Teufel, den »Versucher« (Typ »T--«)

Wie oben gesehen, wird der Teufel als Verursacher von Anfechtung im Alten und Neuen Testament benannt. Ich möchte an dieser Stelle aber nicht so gerne in die Dämonologie einsteigen. Denn die Debatte, ob »es« Dämonen »gibt« oder nicht (die von liberalen und evangelikalen Christen sehr verschieden beantwortet wird), führt uns hier nicht weiter. Andererseits: Zeigt nicht Putins Angriff auf die Ukraine ähnlich wie im Zweiten Weltkrieg, wie das Böse sich auf eine Weise verdichten und manifestieren kann, die vorher unvorstellbar schien? Blutdurst, Grausamkeit und Zerstörungswut erscheinen da wie eine Macht, die von Menschen Besitz ergreift – auch solchen, die vorher kaum einer Fliege etwas zuleide tun konnten. Unsere Gegenwart führt uns vor Augen, dass es ein fluides Böses gibt, das Menschen auf die Probe stellt, wem sie folgen – Gottes Wort oder dem Sog der Masse, dem Sog von Blutdurst, von Rachsucht, Machtgier und Gnadenlosigkeit. Es ist das Dunkle, das sich als vollständige Abwesenheit von Gnade, Barmherzigkeit, Licht und Leben zeigt. Dieses Dunkel ist ein »Etwas«, das uns von Gott entfremden will. Und wie wir an den gewaltsanktionierenden Kriegspredigten in den beiden Weltkriegen und heute von dem Patriarchen der russisch-orthodoxen Kirche Kyrill I. sehen können, macht es auch vor der Kirche nicht halt.[167] Dieses Böse sahen die ersten Christen u. a. in ihrer leiblichen Verfolgung am Werk (vgl. 1Petr 5). Martin Luther beschrieb die Anfechtung durch den Teufel oft als das innere Verklagen wegen der Sünde, das ihn dazu brachte, sich »in Christus zu wickeln und zu hüllen«.[168] Glauben ist etwas für Mutige!

Anfechtung durch Gott, der uns auf die Probe stellt (Typ »G--«)

Dieser letzte Punkt ist am schwersten zu verstehen, ist aber in der Bibel der wichtigste: Manchmal stellt Gott uns auf die Probe. Letztlich steht alle Anfechtung unter der Zulassung Gottes. Darum bringt Jesus seinen Jüngern bei, im Vaterunser zu beten: »Und führe uns nicht in Versuchung, sondern erlöse uns von dem Bösen« (Mt 6,13). Warum lässt Gott solche Anfechtungssituationen, solche Prüfungszeiten in unserem Leben zu? Martin Luther, dessen gesamte Theologie sich aus Anfechtung heraus entwickelt hatte, gab darauf eine eigenartige Antwort: Ohne Anfechtungen, sagte er, würden wir überhaupt nicht realisieren, dass Gottes Wort uns existenziell angeht. Wenn Gott sich unter dem Gegenteil verbirgt, dann will er sich von uns dort auf eine neue Weise finden lassen, damit wir ihn besser kennenlernen. In der Vorrede zur »Wittenberger Ausgabe« schrieb er in schönstem Lutherdeutsch: Die Anfechtung (lateinisch *tentatio*)

> »... ist der Prüfstein, die lehret dich nicht allein wissen und verstehen, sondern auch erfahren, wie recht, wie wahrhaftig, wie süß, wie lieblich, wie mächtig, wie tröstlich Gottes Wort sei, Weisheit über alle Weisheit. Darum siehst du, wie David in dem genannten Psalm (Ps 119) so oft klagt über falsche Geister und Rotten, die er leiden muss, darum dass er (...) mit Gottes Wort umgeht (wie gesagt) [auf] allerlei Weise. Denn sobald Gottes Wort aufgeht durch dich, so wird dich der Teufel heimsuchen, dich zum rechten Doktor [lat. »Lehrer«] machen, und durch seine Anfechtungen lehren, Gottes Wort zu suchen und zu lieben. Denn ich selbst (dass ich Mäusedreck auch mich unter den Pfeffer menge) habe sehr viel meinen Papisten zu danken, dass sie mich durch des Teufels Toben so zuschlagen, zudrängt und zuängstet, das ist, einen ziemlich guten Theologen aus mir gemacht haben, dahin ich sonst nicht kommen wäre.«[169]

Prüfungszeiten können darum zu Wachstumszeiten werden, so, wie ein Grashalm Wachstumsknoten bildet, die ihm Stabilität verleihen.

Ebene 2: Drei verschiedene Personalitätsebenen von Anfechtung

Hier greife ich auf eine uralte Anthropologie zurück, die z. B. in Adolf Schlatters Denken eine große Rolle gespielt hat.[170] Die Bibel beschreibt den Menschen als Einheit von Geist, Seele und Leib. In der Scholastik des Mittelalters sprach man von »Lehrstand, Nährstand und Wehrstand«. Heute unterscheiden wir gerne zwischen Kopf, Herz und Bauch. Schlatter sagt, dass Denken, Fühlen und Wollen miteinander unser Sein als Person ausmachten. Sie sind interdependent, d. h., sie beeinflussen sich gegenseitig. Aber jeder Mensch hat seinen persönlichen Schwerpunkt: Es gibt Kopf-, Herz- und Bauchtypen.[171] Darum kann sich auf jeder dieser drei Ebenen Anfechtung abspielen:

Anfechtung im Denken (Typ »-D-«)

Im Denken findet Anfechtung statt, wenn die *Inhalte* des christlichen Glaubens fraglich oder erschüttert werden – so wie es den Jüngern am Karfreitag passiert war. Alles, was sie von Jesus wussten und dachten, schien plötzlich falsch zu sein. Diese Anfechtung kann durch die Infragestellung von Glaubensinhalten seitens anderer Menschen zustande kommen, so wie es Alisha Childers beschrieben hat.[172] Aber auch wenn Bibelstellen, Glaubensaussagen oder christliche Traditionen missverstanden werden, kann das zu Anfechtungen führen. Weitere Quellen sind Selbstzweifel oder äußere Ereignisse, die wir nicht mit dem zusammenbringen, was wir bisher von Gott wussten oder wie wir ihn kannten. Manchmal entsteht die Anfechtung im Denken aber auch, wie im Fall der Jünger, durch Gott selbst, der uns durch ein Ereignis oder ein bestimmtes Bibelwort plötzlich ganz unbegreiflich in den Weg tritt.

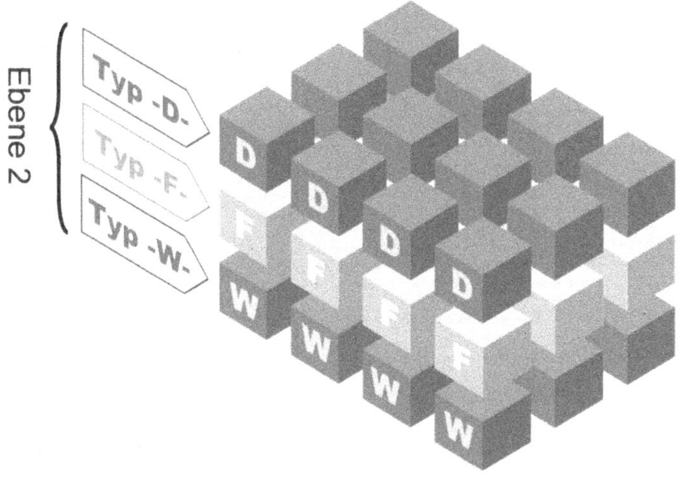

Abbildung 4: Würfeldiagramm Ebene 2

Martin Luther nannte ihn den »verborgenen Gott«, lateinisch den *Deus absconditus.* »Der sich verstellende Gott tritt aus dem, was der Glaube weiß, unbeziehbar heraus. Offenbar steht Gott wider Gott. Und das ist die Tiefe der Angefochtenheit, dass Gott wider Gott steht und doch nur Einer sein kann.«[173] Die Gedanken geraten dabei ins Kreisen: Ist etwa alles ganz anders? Was soll ich denn nun glauben?

Anfechtung im Fühlen (Typ »-F-«)

Anfechtung im Fühlen findet erst einmal dadurch statt, dass man *nichts* fühlt – keinerlei Nähe zu Gott, eine tiefe Leere und das Gefühl, gegen eine Wand zu beten. Der Lobpreis bleibt hohl, die Stille Zeit eine Pflichtübung und Gott scheint unendlich weit weg oder gar nicht existent. Mutter Teresa hat diese Anfechtung durch ihr Leben als Nonne begleitet.[174] Etwas anders liegen die Dinge, wenn man sich schlecht, z. B. bei bestimmten Themen, Bibelstellen oder Situationen, eingeengt oder belastet fühlt. Natürlich sind wir mit unserem Gefühl eigentlich bei allem, was wir denken und tun, immer mitbeteiligt. Es ist ja eine Resonanz, eine Art Stellungnahme zu allem, worin wir uns befinden, egal ob Schönes oder Schweres. Aber manchmal ist das Gefühl selbst der Ort von Anfechtung, etwa wenn es um Ängste geht, um Kränkung, um Beengtsein, Neid oder Zorn. Ein Beispiel: Wer seinen eigenen Vater als gewalttätigen Menschen, als Trunkenbold oder toxische Persönlichkeit erlebt hat, hat ganz sicher Schwierigkeiten, Gott als »Vater« zu verstehen oder anzureden. Da macht das Gefühl einfach nicht mit. Das kann dazu führen, Glaubensinhalte zu meiden oder umzudeuten, die mit Gott dem Vater zu tun haben. Aber wenn ein Mensch diese Erfahrungen aufarbeitet, dann können sich Verknüpfungen lösen, sodass der Mensch durch den Heiligen Geist Gott als liebenden Vater erkennen kann und so eine andere, eine ganz neue Glaubenserfahrung machen kann.

Anfechtung im Wollen (Typ »-W-«)

Wenn Gott nicht will, wie ich will, oder ich nicht will, wie Gott will, dann ist Anfechtung nicht weit. Petrus wollte nicht, dass diese Sache mit dem Kreuz stattfindet, die Jesus ihnen angekündigt hatte – er wollte »nicht, was göttlich ist, sondern was menschlich ist« (vgl. Mk 8,31-33par). Jesus betete im Garten Gethsemane in seiner tiefen Anfechtung: »Mein Vater, wenn es möglich ist, so lass diesen Kelch an mir vorübergehen! Doch nicht wie ich will, sondern wie du willst« (Mt 26,39; MENG). Wenn wir es genauer betrachten, kann die Anfechtung am *Motiv* entstehen – dass ich zu etwas, was ich nach Gottes Willen tun soll, keine Motivation verspüre – oder an der *Entscheidung*, wenn ich etwas Bestimmtes tun will, aber Gottes Wille und Gebot dagegenstehen. Das ist klassisch bei der Versuchung zur Sünde. Nun kommt dies im christlichen Leben ständig vor und ist deswegen nicht gleich Anfechtung. Zur Anfechtung wird es erst, wenn die Diskrepanz zwischen unserem Wollen und Gottes Willen so groß wird, dass unsere Beziehung zu Gott dabei auf dem Spiel steht. Wir werden später die Versuchung Abrahams genauer ansehen. Dieser bekommt von Gott den Auftrag, seinen Sohn, den Sohn der Verheißung, auf den er Jahrzehnte treu gewartet hatte, auf dem Berg Morija zu opfern, und unsere natürliche Reaktion darauf wäre: »Wie kann Gott etwas derart Schreckliches verlangen? Was ist das für ein Gott, der so etwas von mir will?« – Das wäre Anfechtung aus dem Wollen. Sie entsteht nicht nur aus unserem eigenen Menschsein, sondern in unserer Zeit besonders stark im Zusammenhang mit den ethischen Diskursen, an denen wir als Menschen dieser Welt beteiligt sind. Wenn unsere Gesellschaft ihre Werte von gutem und schlechtem Wollen und Handeln verändert und wir das teilweise sogar nachvollziehen können, dann kann es sein, dass Gottes Wille uns plötzlich nicht mehr gut, sondern unmoralisch und gemein erscheint und Gott selbst als Spielverderber oder als unbarmherzige Spaßbremse, dem wir nicht nahe sein wollen. Luther hätte an dieser Stelle den *Deus absconditus*, den verborgenen, unbegreiflichen Gott, angeführt. Die Anfechtung aus dem Wollen ist bei vielen Debatten in der Christenheit, die jetzt in der Postmoderne gerade stattfinden, ein oft verborgener, aber sehr erheblicher Faktor. Denn Zweifel an der biblischen Überlieferung mit dem Weihrauchduft von Wissenschaftlichkeit können auch mal eine ziemlich praktische Sache sein, wenn wir gerne etwas erleben oder genießen wollen, von dem wir aus der Bibel genau wissen, dass Gott es nicht gutheißt (z. B. rund um das Gebot »Du sollst nicht ehebrechen«).

Es gibt also Übergänge, ja sogar Fluchtbewegungen zwischen diesen drei Persönlichkeitsebenen. Denn Denken, Fühlen und Wollen sind interdependent. Es passiert ganz automatisch, dass eine Anfechtung von einer Ebene auf die anderen Ebenen übergreift. Wenn ich von Gott nichts fühle, kann daraus leicht der Gedanke folgen, dass Gott gar nicht existiert und alles nur ein Märchen ist. Wenn ich Gottes Willen als unangenehm oder unmoralisch empfinde, kann das dazu führen, dass ich auf Gott eine Wut habe usw. Damit sind wir bei der dritten Ebene:

Ebene 3: Drei verschiedene Beziehungsebenen von Anfechtungen

Anfechtung ist eine Beziehungssache und beeinträchtigt unsere Bezugsfelder, in die wir als Menschen verwoben sind – aber nicht immer dieselben. Wir leben in Beziehung zu uns selbst, zu unserer Welt und zu Gott, und es ist wichtig, wahrzunehmen, wo genau der Bund zwischen Gott und uns auf dem Spiel steht. Das ist unabhängig von dem *Ausgangspunkt* der Anfechtung (Ebene 1) und verändert deren Charakter erheblich. Die Anfechtung kann also drei verschiedene Zielpunkte haben:

Die Anfechtung zielt auf die Beziehung des Menschen zu Gott (Typ »--M«)

In diesem Fall steht der Bund zwischen Gott und uns von unserer Seite her infrage, etwa wenn wir denken: »Will ich zu so einem Gott gehören? Will ich an diesen Gott glauben? Was bringt es mir, an diesen Gott der Bibel zu glauben? Lebe ich ohne ihn nicht besser?« Das war die Frage, um die es dem Volk Israel ging, als es in der Wüste mehrfach geprüft wurde, ob es nach Gottes Willen leben würde (5Mo 8,2). Die Israeliten mussten sich in ihrer Wüstenzeit darüber klar werden, ob sie das Volk dieses Gottes sein wollten, und zwar gerade an den Stellen, an denen es nicht gut für sie lief, weil ihre Bedürfnisse – in diesem Fall sogar Elementarbedürfnisse nach Wasser und Brot – nicht gestillt wurden (2Mo 17,1-7 u.ö.). Wenn heute von regelrechten »Entkehrungen« berichtet wird, in denen Menschen aus dem Glauben ruckartig aussteigen,[175] hat die Anfechtung dieses Bezugsfeld getroffen.

Die Anfechtung zielt auf unsere Beziehung zur Kirche bzw. Gemeinde (Typ »--K«)

In diesem Fall steht unsere Beziehung zur Gemeinschaft der Glaubenden infrage, in der wir unsere Verbindung mit Gott leben. Das

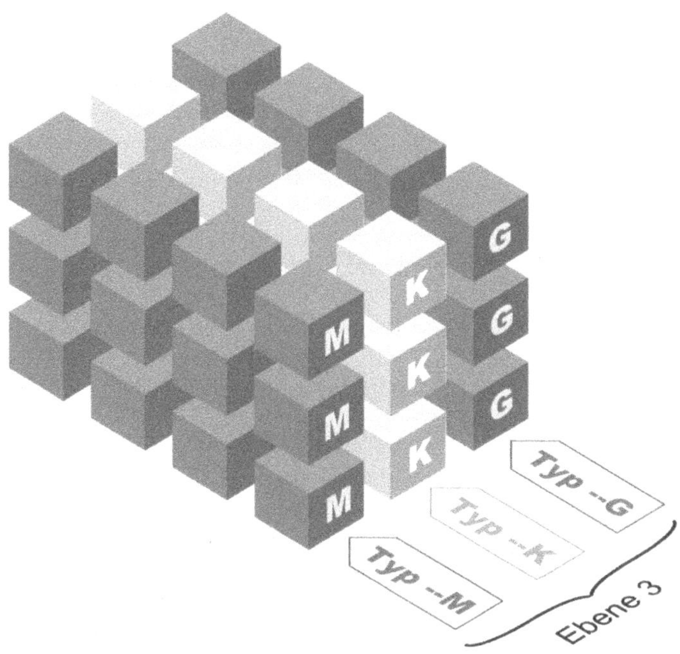

Abbildung 5: Würfeldiagramm Ebene 3

geschieht nämlich nicht im luftleeren Raum. Wenn eine konkrete Gemeinschaft der Glaubenden fehlt und der Glaubende mit seiner Gottesbeziehung vereinsamt, ist das selbst eine Anfechtung. Das Sprichwort, dass eine Kohle alleine ausgeht, aber viele Kohlen ein brennendes Feuer ergeben, hat schon etwas für sich. Entsprechend zielt Anfechtung auf das Bezugsfeld von Kirche und Gemeinde, wenn folgende Fragen uns beschäftigen: »Gehöre ich überhaupt in diese Gemeinde? Will ich da dabei sein? Sind das noch richtige Christen? Wofür brauche ich eine Kirche?«, aber auch: »Bin ich nicht viel zu unfromm? Ich kann nicht so ›heilig‹ sein wie die anderen. Warum sind die solche Superchristen und ich nicht? Was würden die sagen, wenn sie wüssten, wer ich wirklich bin? Tut mir die Enge dieser Gemeinde gut?« Auch für diese Anfechtung haben wir in der Bibel Beispiele, z. B. wenn Paulus die Korinther vor Spaltungen warnt (vgl. 1Kor 1,10–17). Oder wenn der Hebräerbrief die Gemeinde mahnt, die »Versammlungen nicht zu verlassen, wie einige zu tun pflegen« (vgl. Hebr 10,25), wofür einige ja anscheinend Anlass sahen. Andererseits zieht Paulus klare Trennlinien zu denen, die »ein anderes Evangelium predigen« (vgl. Gal 1,5), und warnt vor falschen Lehrern (vgl. Kol 2). Das Verlassen und das Bleiben können je nach Situation sowohl richtig als auch falsch sein – genau darauf zielt die Anfechtung. Wichtig: Die Beziehung zu Gott ist hier nur indirekt betroffen. Es geht zunächst einmal um die Gemeinschaft, in der sie gelebt wird.

Die Anfechtung zielt auf Gottes Beziehung zu uns (Typ »--G«)

In diesem Fall erleben wir es so, dass der Bund Gottes von seiner Seite her infrage steht, dass er uns fallen lassen würde, wenn wir nicht gut genug für ihn sind. Wohlgemerkt: Das ist die Sorge des Angefochtenen; ob es auch wirklich so ist, ist eine ganz andere Frage. Torsten Hebel beschreibt seine tiefen Zweifel, die ihn in seiner Jugend begleiteten, mit den Worten: Genüge ich Gott? Reicht das, was ich bin und in seinem Reich tue, um gerettet zu sein? Diese Anfechtung ging, wie wir vorher gesehen haben, von seinem eigenen Menschsein aus (Typ »M--«), betraf vor allem das Fühlen (Typ »-F-«) und zielte darauf, wie er dachte, dass Gott ihn ansieht (Typ »--G«) – nämlich als nicht genügend.[176] Wenn wir das jetzt zusammensetzen, ergibt sich der Anfechtungstyp »M-F-G« oder ausgeschrieben: »durch das Menschsein – im Fühlen – zielt auf Gott«. Luther, der ja eine ganz ähnliche Anfechtung beschreibt, sah sich darin vom Teufel angefochten (das wäre also »T-F-G«).[177] Hierher gehört auch, dass der Bund von Gottes Seite her infrage stünde, wenn es diesen Gott gar nicht gäbe oder wenn er am Menschen gar kein Interesse hätte. Anfechtung durch Ideen des Atheismus oder Deismus laufen also in aller Regel auf den Typ »--G« hinaus (z. B. »AW-D-G«).

Typenbezeichnungen

Damit können wir 36 verschiedene Typen von Anfechtung unterscheiden und benennen:

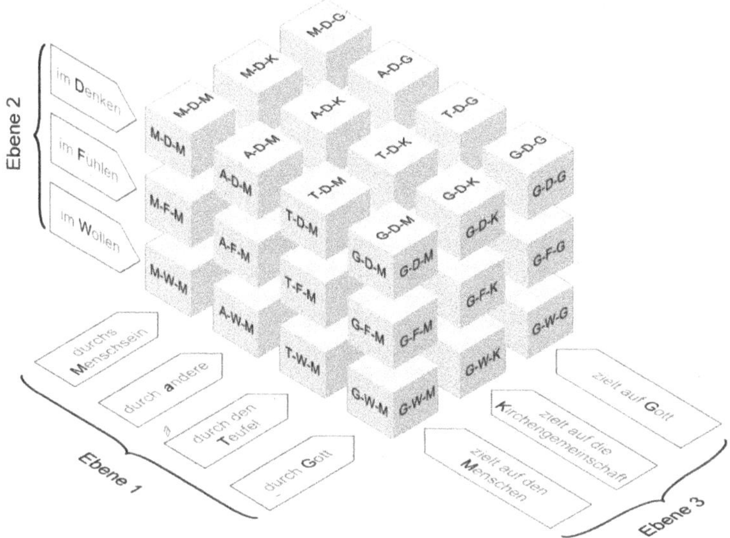

Abbildung 6: Typologie der Anfechtung

Beispielsätze

»Ich habe permanent das Gefühl, dass ich für Gott nicht gut genug bin, egal was ich mache. Das macht mir Angst« (M-F-G: durchs Menschsein – im Fühlen – zielt auf Gott, Torsten Hebel).

»Ich habe gerade eine Fernsehsendung gesehen, in der ein Professor bewiesen hat, dass Israel Jericho gar nicht eingenommen hat. Wie kann ich denn glauben, wenn das alles gar nicht stimmt?« (A-D-M: durch andere – im Denken – zielt auf den Menschen).

»Ich finde den Gedanken einfach schrecklich, dass Jesus für mich sterben musste. Was für ein furchtbarer Gott wäre das, der ein

Opfer braucht, um mir zu vergeben?« (G-F-M: durch Gott – im Fühlen – zielt auf den Menschen).

»Ich versuche schon so lange, mit meiner Sünde fertigzuwerden, aber ich schaffe es einfach nicht und habe nur noch das Gefühl, dass Gott zornig auf mich ist« (M-F-G: durchs Menschsein – im Fühlen – zielt auf Gott).

»Wie kann Gott diese Krankheit in meinem Leben zulassen?« (G-D-M: durch Gott – im Denken – zielt auf den Menschen).

»Womit habe ich Gott erzürnt, dass er diese Krankheit in meinem Leben zulässt?« (M-D-G: durch den Menschen – im Denken – zielt auf Gott).

»Ich bin sauer auf Gott, dass er so gemein ist und von mir verlangt, auf den Seitensprung mit diesem Mann zu verzichten« (M-W-M: durchs Menschsein – im Wollen – zielt auf den Menschen).

»Wie kann Gott diesen Krieg zulassen? Ich kann Gott nicht mehr verstehen!« (G-D-M: durch Gott – im Denken – zielt auf den Menschen).

»Wie soll ich einen Gott lieben, der damit droht, mich in die Hölle zu stoßen? Ich kann ihn nicht lieben und deshalb wird er mir niemals gnädig sein« (Martin Luther, G-F-G: durch Gott – im Denken – zielt auf Gott).

»Ich sehe die anderen im Lobpreis immer davonschweben, aber ich fühle überhaupt nichts, ich bin nur genervt von diesem Getue. Ich weiß gar nicht, ob es diesen Gott überhaupt gibt oder ob das nicht alles nur Massensuggestion ist« (A-F-G: durch andere – im Fühlen – zielt auf Gott).

»Der Pfarrer hat behauptet, das Grab Jesu sei nicht leer gewesen, sondern die Jünger hätten nur Visionen gehabt. Sind die in der Kirche überhaupt noch richtige Christen?« (AK-D-K: durch andere in der Kirche – im Denken – zielt auf die Kirchengemeinschaft).

»Wenn der Heilige Geist uns in alle Wahrheit leitet, warum hat er so viele charismatische Christen falsche Prophetien über die Wiederwahl Donald Trumps herausposaunen lassen? Warum bewahrt er uns nicht vor Irrtümern?« (AK-D-G: durch andere in der Kirche – im Denken – zielt auf Gott; dies war in den letzten Jahren eine meiner eigenen Anfechtungen).

»Ich habe Angst vor dem Zungenreden (oder Zungengebet, Glossolalie), weil das vielleicht ›von unten‹ ist und mich von Gott wegreißt« (T-F-M: durch den Teufel – im Fühlen – zielt auf den Menschen; das stand m. E. hinter der »Berliner Erklärung« von 1909[178]).

»Warum schickt uns Gott den Klimawandel, Corona und Putin auf einmal? Zeigt das nicht, dass wir alle unter Gottes Zorn stehen?« (G-D-G: durch Gott – im Denken – zielt auf Gott).

»Warum erhört Gott unsere Gebete nicht? Wie kann ich ihm noch vertrauen, wenn so viel Schlimmes passiert und er nicht eingreift?« (G-F-M: durch Gott – im Fühlen – zielt auf den Menschen).

»In unserer Gemeinde wollen alle ›geheiligt leben‹. Aber menschlich sind viele einfach totale Kotzbrocken, die über andere Menschen herziehen und besser sein wollen als sie« (AK-D-K: durch andere in der Kirche – im Denken – zielt auf die Kirchengemeinschaft).

»Ich habe Gott immer vertraut, dass er einen guten Plan für mein Leben hat. Aber jetzt im Moment finde ich mich in einer Situation wieder, in der das alles zerstört ist. Habe ich mir nur Illusionen darüber gemacht, dass es Gott gibt und er sich um mich kümmert?« (G-F-G: durch Gott – im Fühlen – zielt auf Gott).

»Wie kann man von Gottes Liebe zu den Menschen reden und gleichzeitig Minderheiten haten? Das macht mich richtig wütend auf diese Heuchler!« (AK-F-K: durch andere in der Kirche – im Fühlen – zielt auf die Kirchengemeinschaft; in den USA derzeit einer der Gründe, warum junge Christen Gemeinden verlassen[179]).

»Ich bin so enttäuscht, dass Gott mir diese Arbeitsstelle nicht gegeben hat und ich auf meiner alten Stelle bleiben muss, wo ich nicht bleiben will« (G-W-M: durch Gott – im Wollen – zielt auf den Menschen).

»Ich bin enttäuscht von meiner Gemeinde. Sobald wir als Familie nicht mehr in ihr Schema passen, werden wir automatisch zu Randständigen« (AK-F-K: durch andere in der Kirche – im Fühlen – zielt auf die Kirchengemeinschaft; diese Anfechtung hat Gofi Müller in seinem Buch »Flucht aus Evangelikalien« beschrieben[180]).

Fragen zum Zuhören

Wenn ein Mensch uns über seine Anfechtung berichtet, befinden wir uns in einem seelsorglichen Gespräch. Einen anderen hineinschauen zu lassen in die Abgründe der eigenen Seele braucht Mut. Es ist ein sensibler, verletzlicher Bereich. Vielleicht bemerken wir bei der Gelegenheit, dass die Dinge auch für uns nicht so klar sind, wie wir es gerne hätten. Es ist ein natürlicher Impuls, auf dieses Teilen von Verunsicherndem spontan mit einer langen Rede zu reagieren, wie das Problem nach unserer eigenen Ansicht zu lösen wäre. Das hilft dem anderen Menschen an diesem Punkt mit Sicherheit nicht weiter. Wenn wir uns über Anfechtung austauschen, sind Fragen am Anfang wesentlich hilfreicher als schnelle Antworten. Fragen helfen uns, uns dem anderen Menschen mit unserer Aufmerksamkeit erst einmal zuzuwenden, die Anfechtung mit ihm anzusehen. Die Typologie, die ich hier vorgestellt habe, gibt uns ganz von selbst mögliche Fragen für ein vertrauensvolles Gespräch an die Hand, zum Beispiel:

Fragen zum Ursprung
(eigenes Menschsein/andere/Teufel/Gott):

In welchem Zusammenhang ist deine Anfechtung aufgetreten?

Hast du so etwas unabhängig vom Glauben schon einmal erlebt?

Ist es nach deiner Wahrnehmung Gott, der die Anfechtung auslöst? Sind es andere Menschen? (...)

Fragen zur Personalitätsebene
(Denken/Fühlen/Wollen):

Was geschieht da in deinen Gedanken?

Was ist das für ein Gefühl? Kannst du es genauer beschreiben?

Was willst du bzw. was willst du nicht?

Fragen zum Bezugsfeld
(Mensch selbst/Kirche o. Gemeinde/Gott):

Wie wirkt sich die Anfechtung auf dein Verhältnis zu Gott aus?

Wie wirkt sich die Anfechtung auf deinen Kontakt mit der Gemeinde/mit den betreffenden Christen aus?

Wie, glaubst du, sieht dich Gott?

Solche und ähnliche Fragen sind besonders dann hilfreich, wenn die Anfechtung einer genaueren Klärung bedarf. Ein Beispiel: Jemand sagt: »Ich höre in der Predigt immer nur vom ›zornigen Gott‹. Das belastet mich so, dass ich nicht mehr in den Gottesdienst komme.« Der Satz bedarf auf allen drei Ebenen einer Präzisierung. Denn manche Menschen hören aufgrund biografischer Erfahrungen immer auf dem »strafenden« Ohr und ziehen entsprechende Bibelstellen an wie ein Magnet; dann würde die Anfechtung durch das Menschsein (M--) erfolgen. Oder der Pastor predigt tatsächlich lieber Drohbotschaft als Frohbotschaft, dann wäre es Anfechtung durch andere (A--). Die Gegenfrage wäre, ob es darüber in der Gemeinde auch Klagen von anderen gibt. Mit so einer Beobachtung ist man nämlich selten allein. Oder geht es tatsächlich um das Sachthema der Gerechtigkeit Gottes, die dem Sünder vergilt? Dann wäre es Anfechtung durch Gott (G--).

Auf der Personalitätsebene könnte es um die verstandesmäßige Frage nach dem eigenen »Gottesbild« gehen; dann wäre es Anfechtung im Denken (-D-). Es könnte aber auch ein erschüttertes Urvertrauen des Menschen dahinterstehen, das durch die Predigt ausgelöst wird; dann wäre es im Fühlen (-F-). Oder geht es darum, dass ich bestimmte Weisungen der Bibel einfach nicht akzeptieren will und ich mich durch die Predigt immer wieder ertappt und hinterfragt fühle? Dann wäre es im Wollen (-W-).

Auf der Ebene des Bezugsfeldes könnte das Problem der Person sein, dass diese Gemeinde mit diesem Pastor einfach nicht zu ihr passt. So etwas kommt vor; dann würde die Anfechtung auf die Kirchengemeinschaft zielen (--K). Oder möchte die Person unter diesen Umständen lieber gar nicht an Gott glauben? Dann wäre die Beziehung des Menschen zu Gott betroffen (--M). Oder hat die Person tatsächlich die an Luther erinnernde Angst, von Gott verstoßen zu werden? Dann stünde die Beziehung Gottes zum Menschen infrage (wie der betroffene Mensch sie sich denkt) (--G).

Was uns das bringt

Diese Unterscheidungen sind wichtig, weil die spezifischen Typen von Anfechtung eine spezifische Herangehensweise erfordern. Es macht keinen Sinn, über die Geltung von Bekenntnissen zu diskutieren (bei Anfechtung im Denken), wenn die eigentliche Ursache der Anfechtung ein schlechtes Gefühl ist, das aus einem Trauma resultiert (Anfechtung im Fühlen). Es bringt nichts, über Dogmatik zu sprechen (sinnvoll bei Anfechtung durch Gott im Denken), wo Aufarbeitung nötig wäre (Anfechtung durchs Menschsein im Fühlen), oder etwas aufzuarbeiten, wenn die Anfechtung in einer

Verunsicherung über Glaubensinhalte angesichts ihrer Infragestellung in Büchern oder Medien besteht (Anfechtung durch andere im Denken). Es hilft nicht, einen Zweifelnden zum Lobpreis zu schicken (guter Tipp z. B. bei Anfechtung durchs Menschsein im Fühlen, wenn die Person befürchtet, dass Gott sie fallen lässt, d. h. M-F-G), wenn dieser Zweifelnde sich gerade mit dem Gedanken quält, dass Glaubenserfahrungen in Wirklichkeit nur Psychospiele sind (Anfechtung durch andere im Denken, zielt auf die Beziehung des Menschen zu Gott, A-D-M). Es macht keinen Sinn, mit jemandem über den Sinn der Zehn Gebote zu diskutieren (Anfechtung im Denken), wenn sein Problem darin besteht, dass er eines davon einfach nicht halten *will*, weil ihn das überfordert oder ein Bedürfnis zu stark ist (Anfechtung im Wollen). Es ändert nichts, wenn man mit jemandem über die Bibelstellen zum Zungengebet diskutiert (manche sahen früher darin Anfechtung durch den Teufel), der anlagebedingt ein starkes Kontrollbedürfnis hat (Anfechtung durchs Menschsein) oder dessen eigentliches Problem eine schlechte Erfahrung mit charismatischen Christen ist (Anfechtung durch andere).

Genauso wenig macht es für einen von Anfechtung Betroffenen Sinn, ein schlechtes Gefühl aus einem Trauma durch eine Veränderung von traditionellen Glaubensaussagen zu kompensieren und von anderen zu verlangen, dass sie dem zustimmen. Es hilft nichts, die Ursache bei sich selbst zu suchen, wenn man durch die Infragestellung des Glaubens durch andere Menschen verunsichert wird. Man hat nichts davon, einer bestimmten Frömmigkeitsrichtung zu folgen, die einen in Zweifel hinein- statt aus ihnen herausführt. Es macht keinen Sinn, Gottes Gebote nach den eigenen Bedürfnissen immer so zu verändern, dass sie uns selbst nicht betreffen – zumindest da, wo es uns wehtäte.

Und warum macht das alles keinen Sinn? Weil es die Ebenen verschiebt, wahlweise den Menschen oder Gott nicht ernst nimmt, Scheindebatten hervorruft, die nur im Kreis laufen, aber nichts klären, und weil es das Ziel verfehlt, Anfechtung so zu überwinden, dass unser Glaube in unserer Beziehung zu Gott, unseren Mitchristen und uns selbst eine Vertiefung erfährt. »Tiefer glauben«, nicht »bequemer«, »aufgeklärter« oder »richtiger« glauben – das ist zumindest die Richtung, die uns die biblischen Texte oder Martin Luther zeigen. Wenn wir von der Anfechtung profitieren wollen – und das ist möglich aufgrund der Verheißung – und wenn wir das nicht nur persönlich, sondern für unsere Christenheit wollen, dann erscheint es viel zielführender, wenn wir in den Debatten, die wir führen, die Auswirkungen von Anfechtung erspüren. Lasst uns einander zuhören, wo die Anfechtung genau herkommt, damit wir über das sprechen können, was uns wirklich hilft – mit Jesus, mit uns selbst und mit der Gemeinschaft des einen Leibes Christi, an dem wir Glieder sind (vgl. 1Kor 12). Dann können wir dort aufarbeiten, wo Aufarbeitung nötig ist. Motivieren, wo Motivation möglich ist. Begründen, wo gute Gründe erforderlich sind. Und dann kann es sein, dass Glaubensinhalte plötzlich einen ganz anderen Sinn ergeben und sich mit ganz anderen Erfahrungen verknüpfen. Zum Beispiel haben schon viele Christen, die als Kind unter schwierigen Vätern gelitten haben, die Erfahrung gemacht, dass sie durch Aufarbeitung ihrer Traumata einen ganz neuen Zugang zum Vaterherzen Gottes gefunden haben.

5 Der Anfechtung begegnen

5.1 Ressourcen und Methoden

Anfechtung ist dazu da, um sie zu überwinden. Sie ist ein kritischer Punkt auf dem Weg. Alle Krisen in unserer Welt bergen immer zwei Möglichkeiten: Wir können sie bewältigen und gestärkt daraus hervorgehen. Oder wir können daran scheitern. Dann gehen wir geschwächt, schlimmstenfalls sogar zerstört aus dieser Erfahrung hervor. Das ist bei Anfechtung genauso: Unser Glaube kann während des Hindurchschreitens gestärkt und vertieft werden oder er kann geschwächt oder zerstört werden. Wie also können wir die Anfechtung auf *funktionale* Weise angehen, dass uns »alle Dinge zum Besten dienen« (Röm 8,28)? Und jetzt kommt eine Frage, die in der systemischen Beratung gerne gestellt wird: Was müssten wir auf *dysfunktionale Weise* tun, um in der Anfechtung zu scheitern? Zunächst betrachten wir sechs Beispiele aus der Bibel, dann einen Rat Luthers und zum Schluss eine Methode, die ich von den sogenannten Apologeten, den Verteidigern des Glaubens, gelernt habe.

Abraham

Als Abraham endlich seinen verheißenen Nachkommen auf dem Arm hielt, war für ihn die Welt in Ordnung gekommen. Jetzt hatte er erfahren, was er geglaubt hatte, dass Gott seinen Worten treu ist und zu seiner Verheißung steht, selbst wenn alles dagegen zu sprechen scheint. Aber dann nach einigen Jahren stellt Gott ihn »auf die Probe« (vgl. 1Mo 22,1-19), er führt ihn in Anfechtung. Abraham bekommt von Gott einen völlig verstörenden Auftrag: Er soll seinen Sohn im Land Morija opfern. Wir, die Leser, bekommen am Anfang des Textes gleich den Hinweis: Gott will die Opferung nicht wirklich; er tut nur so als ob. Abraham aber weiß das nicht. Und die Anfechtung, die wir angesichts dieser Geschichte erleben, dürfte nicht so weit entfernt sein von der des »Glaubensvaters«, wenn wir uns einmal in ihn hineinversetzen: »Wie kann Gott nur so etwas Schreckliches von mir verlangen? Ist Gott plötzlich zum Monster geworden, zu einem Unhold, der nach Belieben seine Verheißung bricht und den Bund, den er mit mir geschlossen hat, aufkündigt? Habe ich mich in seiner Güte und Verlässlichkeit so sehr in ihm geirrt?« Der Bund der Verheißung zwischen ihm und Gott steht für ihn in diesem Moment infrage: Entweder, weil Gott ihn aufkündigt, indem er ihm den verheißenen Sohn wieder wegnimmt (und dann wären Gottes Worte nicht verlässliche »Wahrheit« und ergo Gott nicht Gott), oder weil er selbst ihn aufkündigt, indem er zu Gott auf Distanz geht und ihm sagt: »Nein, das mache ich nicht.« In beiden Fällen hätte er keinen Gott mehr und der Glaube, der sein Leben geprägt hat, würde zerplatzen wie eine Seifenblase.

Für uns heute liegt die Distanzierung geradezu zwingend nahe – schon aufgrund unserer heutigen Sensibilisierung für das Thema »Gewalt gegen Kinder« (ich glaube allerdings, dass das auch schon in der Zeit der Verschriftlichung dieses Textes der eigentlich zwingende Impuls war, vor dessen Hintergrund sich der ganze Erzählstrang entwickelt). Der Vollzug einer solchen Distanzierung während der Textauslegung manifestiert sich in den vielfältigen Versuchen, diesen Text nicht als authentische Offenbarung Gottes anzuerkennen, indem er entweder als zeitbedingte Gottesvorstellung zurückgewiesen, einem kanaanäisch-religiösen Einfluss zugerechnet oder auf andere Weise als Produkt irrender Menschenfantasie angesehen wird. All dies sind bereits Methoden des Umgangs mit dieser Anfechtung: »Mit diesem Gott, der sich in diesem Text zeigt, will ich nichts zu tun haben« (Anfechtung durch Gott, im Fühlen, zielt auf die Beziehung des Menschen zu Gott; also G-F-M). Und das ist nur zu verständlich, denn genau um dieser Konfrontation willen steht dieser Text in der Bibel!

Die ganze Erzählstruktur lässt ein »Nein« Abrahams als nachvollziehbarste aller Möglichkeiten erscheinen. Aber er wählt eine andere Methode. Man könnte sie »Alles oder nichts!« oder »Jetzt erst recht!« nennen: Er setzt alles – sein Vertrauen, seinen Sohn, sein ganzes Leben – trotz dieser verstörenden Anrede Gottes auf die *Geltung von Gottes Verheißung*. Aber er tut dies anders als vorher: Er, der vorher schon erfolgreich mit dem allmächtigen Gott über die Verschonung von Sodom für zehn Gerechte verhandelt hatte – was dann aber an der erforderlichen Anzahl gescheitert war –, fordert seinerseits diesen Gott heraus, indem er ihn präzise beim Wort nimmt. Das zeigt sich in der rätselhaften Antwort auf die Frage Isaaks: »Gott wird sich ein Opfer ersehen.« Das ist keine ausweichende Antwort, sondern wie sein ganzes Verhalten eine Provokation. »Ich bin dir treu, Gott. Ich halte den Bund, den du mit mir geschlossen hast. Und du? Du auch?« Was er aufführt, ist kein blinder Gehorsam, sondern ein schweigender Ringkampf – genau wie sein Enkel Jakob ihn später körperlich geführt hat (vgl. 1Mo 32,23-33). Abraham behaftet Gott bei seiner Verheißung, bei der jetzt nichts weniger als das Gottsein Gottes auf dem Spiel steht. Und eben weil Gott Gott ist und Abraham fest an seine Verlässlichkeit glaubt, so wie er sich ihm offenbart hat, *kann* diese Geschichte nicht so enden! Die Frage ist nicht, *ob* Gott eingreift, sondern *wann*. Im Hebräerbrief heißt es später: Abraham hatte in dem Moment schon die Möglichkeit der Auferweckung von den Toten vor Augen (vgl. Hebr 11,17-19). Aber diese Pointe behält Gott sich für den Ostermorgen vor. Er greift früher ein, stoppt Abraham rechtzeitig, lässt ihn stattdessen den Widder finden (»Gott wird sich ein Opfer ersehen«), und er erklärt ihm durch den Engel, was sich hier gerade zugetragen hat: »Nun weiß ich, dass du Gott verehrst und hast deinen einzigen Sohn nicht verschont wegen mir.« Nun kann Abraham wieder den segnenden Gott sehen, die Anfechtung ist überwunden.

Was war seine Methode? (1) Er hat die Anfechtung angenommen, (2) er hat sich dem »verborgenen Gott«, dem *Deus absconditus*, gestellt, (3) er hat mit ihm förmlich gerungen, indem er (4) gegen allen Augenschein an Gottes Verheißung festhielt, als scheinbar Gott gegen Gott stand. Seine Methode ist also eine *Intensivie-*

rung, ein Behaften, ein »Jetzt erst recht«. Wenn man so will, war das eine »paradoxe Aktion«, die das genaue Gegenteil von dem tut, was sich eigentlich zwingend nahelegt, nämlich die Distanzierung. Das ist der Trotz des Glaubens in der Anfechtung, den wir später bei Hiob wiederfinden (»Ich weiß, dass mein Erlöser lebt, und als der Letzte wird er sich über den Staub erheben«, Hi 19,25) oder im Psalm 73 (»Dennoch bleibe ich stets an dir; denn du hältst mich bei meiner rechten Hand«). Und wir finden es in Vollendung in der Kreuzigung und Auferstehung Jesu, in der der dreieinige Gott gleichzeitig mit Abraham und mit Isaak den Platz getauscht hat: »So sehr hat Gott die Welt geliebt, dass er seinen einzig geborenen Sohn gab« (Joh 3,16). Tatsächlich ist dieser schwierige alttestamentliche Text eine der meistzitierten Stellen im Neuen Testament.

Jona

Das Gegenteil, nämlich den Versuch einer Distanzierung, finden wir beim Propheten Jona (vgl. Jona 1–4). Auch diesmal geht ein Wort von Gott voraus, aber statt Gottes Auftrag auszuführen, in die assyrische Hauptstadt Ninive zu gehen und dieser Stadt wegen ihrer Bosheit das Gericht Gottes auszurichten, rennt Jona erst einmal weg. Die Distanzierung erfolgt physisch; er wählt nämlich den Ort als neue Bleibe, der am weitesten in der entgegengesetzten Richtung liegt. Dort, in Tarsis am Rande der damals bekannten Welt, glaubt er vor Gott sicher zu sein. Aber er hat großes Glück, dass Gott ihn nicht entkommen lässt, sondern durch einen Seesturm seine Flucht vereitelt. Auch er begegnet in diesem Sturm dem »verborgenen Gott« (*Deus absconditus*), der ihn wegen seines Ungehorsams im Meer zu ertränken droht. Aber er bekennt sich vor den Seeleuten zu diesem Gott, statt ihn zu verleugnen, und gibt sich hinein in die Hand dieses zürnenden Gottes. Und er erlebt, dass Gott ihn nicht verwirft, sondern ihn rettet. Im zweiten Versuch, Jona nach Ninive zu senden, gibt Gott ihm die Möglichkeit, mit ihm über seine Anfechtung zu sprechen, sich auszusprechen und aufzuarbeiten, was ihn eigentlich zu seiner Flucht bewogen hat. Jona fürchtet, mit seiner Predigt den Anstoß zum Untergang seines eigenen Volkes zu geben, das er doch liebt. Er will nicht, dass die Menschen in Ninive ihm im Gegensatz zu seinem eigenen Volk glauben und sich von ihrer Schuld abkehren und als Folge davon nun unter Gottes Segen stehen. Jona sieht hier anscheinend eine Bedrohung für sein Volk. Tatsächlich wurde das Nordreich Israel Jahrzehnte später von den Assyrern erobert und zerstört. Jonas Befürchtung war also nicht aus der Luft gegriffen. Dennoch war es Gottes Wille, dieser Stadt eine Chance zu geben.

Was war Jonas Methode (oder besser Gottes Methode für Jona)? Im Gegensatz zu seiner früheren Distanzierung bespricht er das, was ihn anficht, mit Gott, er spricht sich aus. Sich auszusprechen und aufzuarbeiten, worin die Anfechtung genau besteht, wie sie zustande kommt und mit welchen anderen persönlichen Themen außerhalb der akuten Anfechtungssituation sie noch zusammenhängt, gehört mit zu den wichtigsten Methoden zu ihrer Überwindung. Hier kann ein guter Seelsorger zu Gottes Ohr werden.

Die Könige Israels

Die Protagonisten einer Distanzierung sind in der Bibel oftmals die Könige Israels, die auf die in vielfacher Hinsicht idealen Könige David und Salomo folgten. An König Jerobeam lässt sich das besonders gut zeigen. Jerobeam wird in 1Kön 11,26-40 als Israelit aus dem Stamm Ephraim vorgestellt. Er stammt also nicht von David ab, der von Gott die Verheißung bekommen hatte, dass das Königtum seines Hauses ewig feststehen soll (2Sam 7,16). Davids Sohn Salomo hatte sich jedoch von seinen vielen Frauen zum Polytheismus verführen lassen. Und nun bekommt der Nicht-Davidide Jerobeam durch den Propheten Ahija die Berufung zum König über zehn der zwölf Stämme Israels (die anderen beiden, Juda und Benjamin, blieben unter dem Königtum der David-Dynastie).

Die Berufung Jerobeams ähnelt der, die König David erhalten hatte: Gott sagt ihm und seinen Nachkommen für eine gewisse Zeit Beständigkeit in der Thronfolge zu, wenn er Gottes Gebote hält wie

David. Nach einiger Zeit trennen sich tatsächlich zehn Stämme von Davids frisch gekröntem Enkel Rehabeam, und zwar im Streit. Jerobeam wird zum König über diese zehn Stämme. Gottes Zusage ist eingetroffen, sein Wort ist verlässlich. Nur: Der Tempel Gottes, das steingewordene »Zelt der Begegnung«, ist in Jerusalem. Und das liegt in Rehabeams Staatsgebiet. Und es war ausdrücklich *dieser* Ort, den Gott sich erwählt hatte, um darin angebetet zu werden – auch von Jerobeam selbst. Der König bekommt eine dunkle Befürchtung (vgl. 1Kön 12,26-27): Wenn meine Untertanen im Nordreich ständig zum Gottesdienst nach Jerusalem gehen, dann könnten sie Rehabeam eines Tages mehr Sympathien entgegenbringen als mir und ihn wieder als König anerkennen, und dann werden sie mich beseitigen. Er steht also vor derselben Frage wie Abraham: Ist Gottes Wort wahr, das er mir durch Ahija gesagt hat? Kann ich mich darauf verlassen, dass Gott seinem Wort treu ist? (Das wäre Typ M-D-G.) Jerobeam geht nicht den Weg Abrahams, das ist ihm zu gefährlich. Der Einsatz seines Lebens ist ihm zu hoch – er weicht aus. Und so wählt er eine Lösung, die in der Bibel später als »die Sünde Jerobeams« bezeichnet wird. Sie hat drei Komponenten. Die erste: Er geht zum Tempel Gottes in Jerusalem *räumlich auf Distanz.* »Da gehen wir nicht hin«, sagt er seinem Volk, »das ist viel zu mühselig«.

Dabei will er den Glauben an Gott keineswegs aufgeben. Nur diesen Teil, der sich auf die Vorgabe des Zentralheiligtums bezieht, den möchte er aus der Offenbarung Gottes am liebsten herausschneiden. Das ist der zweite Vorgang, in dem sich die Distanzierung ausdrückt: die *Subtraktion.*

Nun braucht Jerobeam ein *ähnliches* Heiligtum in seiner Nähe, welches risikolos denselben Zweck erfüllt, auch wenn Gott ihm das niemals aufgetragen oder geboten hatte. Dabei kopiert er den Jerusalemer Tempel nicht einfach, denn dabei gibt es ein Problem. In jedem ordentlichen Tempel von Gottheiten der umliegenden Völker stand ein anständiges Götzenbild. In Jerusalem nicht. Dort, wo man ein Götzenbild erwarten würde, nämlich im Allerheiligsten, stand lediglich die Lade Gottes und darin Gottes Wort, die Tafeln der Zehn Gebote. Diese Lade war eigentlich so etwas wie ein Sockel ohne Statue, von Anfang an also eine Absage an die Vergegenständlichung und damit Verfügbarkeit Gottes. Sie drückt aus: Unseren Gott kann man nicht darstellen und in ein Bild einfangen. Er ist hier gegenwärtig, aber immateriell, unverfügbar, machtvoll. Was zählt, ist sein verlässliches Wort. Genau diese Macht und Unverfügbarkeit Gottes ist es aber, auf die Jerobeam sich lieber nicht verlassen will. Er möchte einen Gott, der seiner Religiosität dient, und nicht einen, dem er sich mit seinem Leben ausliefern muss! Seine Lösung ist die *Substitution.* Das ist die dritte Komponente: Er tauscht das Symbol der Gegenwärtigkeit, Unverfügbarkeit und Wahrheit Gottes durch ein gebräuchliches Göttersymbol seiner Zeit aus. Er lässt zwei goldene Kälber in Bethel und Dan als Bildnis für den Gott aufstellen, der Israel aus Ägypten geführt hatte (vgl. 2Kön 12,28), obwohl Aaron genau dasselbe am Berg Horeb auch schon versucht hatte und Mose das Volk daraufhin entsündigen musste (vgl. 2Mo 32,4-8). Die beiden Kälber waren gegenständlich und für das Volk im Rahmen seiner Zeit unmittelbar verständlich. Sie erfüllten Jerobeams Zweck einer geordneten Gottesverehrung, ohne ein Risiko für seine Königsmacht darzustellen. Wohlgemerkt, Jerobeam hatte nicht vor, wie Salomo andere Götter zu verehren – er wollte nur den Gott, der ihn zum König gemacht hat, mittels Subtraktion und Substitution in seine Nähe rücken, ihn ein wenig begreifbarer, zeitgemäßer, risikoärmer und damit natürlich auch bequemer machen. Gemeint ist Gott – aber das ist nicht Gott, so wie er sich offenbart hat. So drückt sich Distanzierung aus, und mit ihr begann eine Geschichte des Scheiterns, die mit dem schlussendlichen Abfall des Volkes Israel von Gott und seiner Eroberung durch die Assyrer endete. Jerobeams Methode der Subtraktion und Substitution können wir mit wenigen Ausnahmen durch die ganze Königszeit verfolgen, auch bei den Königen im Südreich Juda. Und hier endete es fast genauso, nämlich mit der Eroberung durch den neubabylonischen König Nebukadnezar im Jahr 587 v. Chr. und der Deportation der gesamten Oberschicht nach Babel ins Exil.

Jerobeams Dreischritt von Distanzierung, Subtraktion und Substitution ist ein Prototyp. Man kann ihn bis heute beobachten, wo Menschen dysfunktional auf Anfechtung reagieren. Im Vergleich zur Intensivierung scheint er der leichtere Weg zu sein. Aber – mit dem Bild vom Sämann aus der Einleitung gesprochen – unter der Oberfläche dieses vermeintlich leichten Weges wird der Boden zu Fels. Es gibt eine Stelle, an der sich irgendwann unweigerlich zeigt, ob wir mit diesem Dreischritt unterwegs sind, und zwar das persönliche Gebet, der vertraute Umgang des Herzens mit Gott. Wenn das Gebetsleben dürr wird und austrocknet und die Energie immer mehr in Aktivismus fließt, wenn die unstillbare Sehnsucht nach der Gegenwart Gottes der Langeweile weicht und zum Beiwerk wird, wenn das Herz aus dem Kontakt mit Gott flieht und die Rituale der gelebten Beziehung zu Gott zum äußerlichen Korsett oder zum Selbstzweck persönlicher Wellness werden, dann sollten wir das als Alarmsignal wahrnehmen, dass etwas Wichtiges nicht in Ordnung ist.[181]

Das Volk Israel hat selbst dafür gesorgt, dass das Scheitern Jerobeams und die Distanzierungen der übrigen Könige Israels als abschreckende Beispiele, wie man es nicht machen sollte, nie in Vergessenheit geraten. Das ist eine Folge des oben erwähnten babylonischen Exils, das 70 Jahre dauerte. Es war die schärfste Anfechtung seit Abraham: »Hat Gott uns wegen unserer andauernden Sünde verworfen? Gilt seine Verheißung an Abraham und David noch oder hat er sie zurückgenommen und denkt nicht mehr an uns? Sind wir noch sein Volk?« (Anfechtung aus dem Menschsein, im Denken, zielt auf Gottes Beziehung zum Menschen; M-D-G). Gleichzeitig hatten die Propheten Jesaja und Jeremia als Wort von Gott eine Rückkehr aus dem Exil verheißen – ein Vorgang, den es noch nie bei einer Deportation gegeben hatte. Und so stand das Volk Israel – und zwar diesmal nicht nur in der Repräsentanz durch Könige, sondern als Gemeinschaft von Glaubenden – wieder an derselben Stelle wie Abraham und Jerobeam: Glauben wir diesen Worten, die die Propheten uns von Gott ausgerichtet haben? Verlassen wir uns auf Gottes Verheißung? Sind wir Gottes Worten treu?

Den Niederschlag dieses Ringens findet man quer durch die Schriften des Alten Testamentes. Sie zeigen Spuren einer intensiven Sammlung, Sichtung, Vertiefung und Erweiterung des Verständnisses von Gottes Offenbarung. Das Volk Israel ist in dieser Anfechtung den Weg der Intensivierung gegangen, so wie ihn Abraham, Jakob und Hiob gegangen waren. Hier in dieser Zeit der erneuten Hinwendung zum Gott ihrer Väter ereignete sich Offenbarung, ohne die wir das Alte Testament nicht in dieser Form hätten. Im Lichte dieser Offenbarung sahen die Könige nicht gut aus – schlechter, als die Wissenschaft ihre Leistungen im Bereich des Politischen heute bewertet. Israel kam zurück zur Bundestreue, zum verlässlichen Hören auf die Worte Gottes, zur Wahrheit des Glaubens – und wurde im Jahr 515 bestätigt. Der mittlerweile amtierende persische König Kyros ließ die Deportierten nach rund 70 Jahren Exil in ihre alte Heimat zurückkehren. Nie zuvor ist dies einer anderen Nation widerfahren, und auch danach ist nie wieder eine Nation nach einer vollständigen Deportation in seine alte Heimat zurückgekehrt – außer dem Volk Israel selbst. Und das war 1948. Gott hat das nicht nur einmal, er hat es *zweimal* gemacht, und das zweite Mal war mitten in unserer Gegenwart. Abrahams Nachkommen schauen, was sie geglaubt hatten: Gottes Wort ist Wahrheit, denn Gott ist zuverlässig und treu und hält, was er verspricht.

Elia

Eine Distanzierung ist übrigens nicht zu verwechseln mit einer Auszeit. Für diese ist der Prophet Elia der Prototyp. Elia fällt nach einem riesigen Erfolg in ein tiefes Loch. Er hatte dem Volk Israel gegenüber 500 Baalspriestern demonstriert, wer wirklich Israels Gott ist. Und kurze Zeit später gerät er über der Morddrohung der Königsgattin Isebel in völlige Panik und rennt weg. Gott hatte ihn jahrelang vor Gefahren und dem sicheren Hungertod beschützt. Aber jetzt ist alles Gottvertrauen wie weggeblasen. Und das nagt entsetzlich an ihm – die maßlose Enttäuschung über sich selbst. »So nimm nun, Herr, meine Seele, denn ich bin nicht besser als meine Väter« (1Kön 19,4). Die Anfechtung, in der er sich jetzt befindet, ist M-F-M: Sie kommt aus der eigenen Seele (Angst), manifestiert sich im Fühlen (Enttäuschung) und er möchte sich am liebsten vom Leben abwenden, das Gott ihm gab. Das sind die klassischen Anzeichen eines Burn-outs. Für ihn liegt die Lösung in einer 40-tägigen Auszeit in der Wüste (1Kön 19,5-18). Wüste heißt hier: heraus aus dem Alltag und eine radikale Reizverminderung. Nichts reden, erst einmal schlafen. Gott unterstützt Elias Wüstenzeit. Er schickt einen Engel, um ihn zu versorgen. Und kraft dieser Engelsspeisung beginnt Elia zu wandern. Er braucht jetzt nichts zu glauben, nichts zu hoffen, nichts zu denken, nichts zu reden, nur einen Fuß vor den anderen zu setzen, selbstvergessen und in völligem inneren Leerwerden. Er hat ein Ziel: die Höhle der Gottesbegegnung. Mose hat hier die Herrlichkeit des Herrn sehen dürfen. Es ist der Weg zurück zu den Ursprüngen Israels, wo der Bund Gottes mit dem Volk seinen Anfang nahm. Ich weiß nicht, was Elia sich erhofft hatte – vielleicht gar nichts. Und dennoch hat sein Weg ein Ziel: Gott selbst. Diese Zielrichtung qualifiziert die Auszeit als Auszeit und nicht als Distanzierung. Es kann Zeiten geben, wo wir aus allem herausmüssen, am meisten heraus aus unserer eigenen Grübelei, um Gott neu zu begegnen, um ihn vielleicht von einer ganz anderen Seite kennenzulernen. So ging es Elia. Er erwartet einen Gott, der in Power und Kraft kommt. Und er erlebt eine Gottesbegegnung – aber Gott war nicht im Sturm, im Feuer und im Erdbeben, wo er ihn erwartet hätte, sondern im unscheinbaren stillen, sanften Sausen. Manchmal ist Gott ganz leise. Und wir hören ihn nicht, weil es in und um uns viel zu laut ist. Von diesem Lauten verschafft uns eine Auszeit Pause, damit unsere Seele den zärtlichen Gott wiederfinden kann.

Hiob

Keine Aufzählung biblischer Beispiele für Anfechtung kommt an Hiob vorbei. Auf die Details seiner Geschichte kann ich hier nicht im Einzelnen eingehen, sondern nur einen wichtigen Punkt herausgreifen. Hiob sitzt von einem Tag auf den anderen in tiefstem Leid. Alles ist ihm genommen, sogar die Gesundheit seines Körpers (vgl. Hi 1–2). Seine Freunde schweigen erst einmal mit ihm und spenden ihm so Trost. Und dann bricht es aus Hiob heraus – er klagt. Ungehobelt, ungeschont im Inhalt. Die poetische Wortwahl gehört allerdings zum Kunstvollsten, das die hebräische Sprache hervorgebracht hat. Er klagt sein Leid lauthals seinen Freunden (vgl. Hi 3; Hi 6–7). Er klagt es Gott. Er klagt Gott an, der ihm vorkommt wie ein Kriegsmann, der gegen ihn ausgezogen ist, um ihn zu vernichten (vgl. Hi 9,17; 10,17; 16,12-14). Da steigen die Freunde aus; sie versuchen, Gott zu rechtfertigen. Sie suchen wohlfeile Antworten, die fromm klingen, aber – wie sich später herausstellt – nicht fromm sind. Hiob lässt sich nicht beirren: Er will Gott vor sein eigenes Gericht ziehen (vgl. Hi 9,32-33; 13,17-22). Er ruft Gott, den Höchsten, als Richter an in der Sache Hiob gegen Gott, und als Anwalt bittet er keinen Geringeren als Gott selbst, ihn zu vertreten (vgl. Hi 16,19; 17,3; 19,25). Das ist so rückhaltlos unverschämt, wie es nur jemand machen kann, der nichts, aber auch gar nichts mehr zu verlieren hat. Und zugleich liegt in diesem ganzen Zornausbruch ein tiefer Vertrauensbeweis an Gott unter Einsatz des letzten kümmerlichen Restes seines Lebens, der ihm noch geblieben ist. Und Gott? Gott sagt ihm hinterher: »Du hast es richtig gemacht!« (Hi 42,8).

Ich erinnere mich an eine Zeit in meinem Leben, in der es mir überhaupt nicht gut ging – miserabel wäre noch ein Understatement. Auf einer Irland-Reise fuhr ich mit einem Freund per Schiff zu einer vorgelagerten Insel. Eigentlich war es mehr ein Boot, auf das zwei oder drei Dutzend Passagiere passten. Und kurz nachdem wir losgefahren waren, kam der Sturm. Die Wellen wurden immer größer, mir wurde angst, und der Kapitän auf der Brücke sah auch nicht mehr so glücklich aus. Ich war nicht im Fahrgastraum, sondern stand allein oben auf dem Deck, damit mir nicht schlecht wurde, und hielt mich fest. Und wie das Boot im Sturm immer mehr schaukelte und die Gischt über das Deck peitschte, da brach es plötzlich aus mir heraus, und ich schrie meinem Gott den ganzen Kummer, der mich plagte, in diesen Sturm hinein entgegen. Alles.

Unflätig, ungehobelt, fernab von allen Versuchen, den großen Gott nicht zu erzürnen. »Wenn du mich willst, dann kannst du mich jetzt holen«, schrie ich ihn an – und mir war klar, dass das jetzt durchaus passieren konnte. Aber Gott holte mich nicht, sondern wir erreichten die Insel – und als wir in den Hafen einfuhren, riss ganz plötzlich die Wolkendecke auf und die tieforangefarbene Abendsonne fiel genau auf mein Gesicht, wärmend und kraftvoll und zärtlich zugleich. *Das* war Gottes Antwort auf meinen Zornausbruch, mein ganz eigener Hiob-Moment. Denn Hiob kam auch nicht durch eine intellektuelle Antwort auf seine Fragen aus seinem Grübelzwang heraus, sondern durch eine »Theophanie«, eine Gottesbegegnung. Diese Begegnung riss bei ihm das Ruder herum, und so war es bei mir auch, an diesem Abend auf der irischen Insel. Ich fühlte mich unendlich erleichtert und die Nebel begannen sich zu lichten. Und ich wusste in dem Moment, dass es wahr ist, was ein Seelsorger einmal zu mir gesagt hatte: »Gott hat ein breites Kreuz.« Gott hält uns aus, wenn wir uns *ihm zumuten*, wenn wir gerade unzumutbar sind. Wichtig ist, dass wir uns tatsächlich *ihm* zumuten und nicht im Reden und Denken *über* Gott verbleiben wie Hiobs Freunde, die von Gott nur in der »Er«-Form reden. Mit Gott zu streiten ist ein viel größerer Vertrauensschritt, als alles mit frommen Floskeln zuzudecken.

Die Emmausjünger

Eine weitere Methode, mit Anfechtung umzugehen, zeigt uns die Geschichte der Emmausjünger (vgl. Lk 24,13-35). Die Osterbotschaft war schon erklungen, die Frauen hatten sie den Jüngern verkündigt, aber die Jünger waren dem Auferstandenen noch nicht begegnet. Es war die Zwischenzeit, die Zeit des Ringens und der Entscheidung. Da gingen zwei Jünger den Weg nach Emmaus. Unterwegs trafen sie einen Mann, der sich zu ihnen gesellte. Ihm erzählten sie die ganze Geschichte von Jesus bis zur Kreuzigung und auch von der Botschaft der Auferstehung, von der sie noch nicht wussten, ob sie ihr glauben sollen oder nicht. Dass es Jesus selbst war, der da mit ihnen ging, ahnten sie nicht. Jesus ließ sie erst einmal erzählen, über ihre Anfechtung reden, in der sie seit diesem furchtbaren Karfreitag steckten. Auch hier fing die Wende wie bei Jona mit dem Aussprechen der Anfechtung an.

Dann aber begann Jesus, seinen Jüngern die Schrift auszulegen. Gemeint war das Alte Testament, und Jesus zeigte ihnen, »was in der ganzen Schrift von ihm gesagt war« (Lk 24,27). So hatten sie die Schriften des Alten Testamentes noch nie gelesen! Jesus führte sie aufs Neue hinein in die Worte der Verheißung, die Gott geredet und in Jesus erfüllt hatte. Für die Jünger bedeutete das eine Umorganisation ihres Wissens von der Offenbarung Gottes. Sie mussten lernen, das Alte Testament auf Jesus zu beziehen und von Jesus her neu zu verstehen. Das Kreuz Jesu, das ja gerade Gegenstand ihrer Anfechtung war, wurde dabei der Bezugspunkt des ganzen Alten Testamentes: »So sehr hat Gott die Welt geliebt, dass er seinen einziggeborenen Sohn gab, damit ein jeder, der an ihn glaubt, nicht verloren geht, sondern das ewige Leben hat« (Joh 3,16). In dieser Bibelstunde verstanden sie nicht nur das Alte Testament neu, sondern auch ihren Lehrer, der dort mit ihnen ging. In der *Vertiefung* in die biblischen Schriften *erweiterte sich ihr Verständnis*. Und dann, beim Brechen des Brotes, erkannten sie ihn. Er war auf dem ganzen Weg bei ihnen gewesen.

Manchmal brauchen wir solche Spaziergänge, in denen uns der auferstandene Herr den Sinn der Schrift neu erschließt. Ich habe solche Spaziergänge mit Glaubensgeschwistern schon erlebt. Natürlich waren das Mitglaubende, aber Jesus sagt nicht umsonst: »Wo zwei oder drei in meinem Namen versammelt sind, da bin ich mitten unter ihnen« (Mt 18,20; EU). Er setzt Menschen in seiner Gemeinde ein, die er durch seinen Heiligen Geist mit der Gabe ausstattet, von Weisheit und Erkenntnis zu reden und zu lehren (vgl. 1Kor 12,5-11.27-28). Und das hat er durch die gesamte Kirchengeschichte hindurch getan. Er hat durch die Schriftauslegung der Glaubensväter und -mütter der Kirche zu uns gesprochen, und uns in ihre Schriftauslegung mit hineinnehmen zu lassen kann ungeheuer heilsam und inspirierend sein. Wir vergessen manchmal, dass wir nicht die Ersten sind, die mit der Bibel leben. Es waren schon viele vor uns da. Und sie wurden von demselben Heiligen Geist geleitet und sind demselben Jesus begegnet. Manche Enge und Engführung in unserer Theologie kommt dadurch zustande, dass wir uns und unsere Gemeinde als geistliche Einzelkämpfer in einer abgefallenen Welt wahrnehmen. Aber die »Wolke der Zeugen« ist um uns und ihre Bücher sind heilsam. Ich weiß nicht, wo ich heute ohne Luther stünde oder ohne den schwedischen Erweckungsprediger Carl Olof Rosenius (1816–1868), dessen Schriften mich in meinen Zwanzigern begleitet haben. Natürlich gilt auch hier: »Wir Lehrer irren alle mannigfaltig« (vgl. Jak 3,1-2). Lehre muss an der Schrift einschließlich ihres Gebrauchs der Schrift als ihrem Ausgangspunkt (Kap. 3.4) geprüft werden. Nur was aus der Schrift herauskommt, kann in sie hineinführen. Wir wissen heute, welche Lehrer bewährt sind, welche mit ihrem Schriftverständnis die Tradition der Kirche geprägt oder diese neu erschlossen haben. Gerade die Kirchenväter und -mütter können uns sehr interessante Begleiter auf solchen Emmaus-Spaziergängen sein. Dem stehen theologische Entwürfe gegenüber, deren Urheber der Meinung sind, die Ersten zu sein, die die Bibel *richtig* verstanden haben, weil *alle* vor ihnen sie nach ihrer Meinung falsch verstanden haben. Solchen Entwürfen, die die Brücken zur christlichen Tradition abbrechen, dürfen wir eine gesunde Skepsis entgegenbringen. Jesus spaziert schon zweitausend Jahre mit seiner Kirche immer wieder nach Emmaus. Nur wir wissen davon oft sehr wenig. Viele Angefochtene, die ihre Kenntnisse traditioneller Theologie vertiefen, erleben dies als immens hilfreich. Sie stellen fest, dass vieles, was sie für traditionelle Theologie hielten, ganz einfach Missverständnisse waren, und mit den Missverständnissen verschwand auch die Anfechtung. Der Emmaus-Spaziergang lehrt uns: Studieren statt distanzieren!

Luthers Methode, Theologie zu studieren

Martin Luther ist dafür ein Paradebeispiel. Was er über Anfechtung sagte, habe ich oben (S. 139) schon zitiert. Aber zu dieser Passage gehören eigentlich noch zwei andere Teile, in denen Luther zwei entscheidende Ressourcen anspricht, um die Anfechtung (lat. *tentatio*) zu überwinden: Gebet (*oratio*) und Schriftmeditation (lat. *meditatio*).[182] Zum Gebet schreibt er:

> »Erstlich sollst du wissen, das die heilige Schrift ein solches Buch ist, das aller andern Bücher Weisheit zur Narrheit macht, weil keines vom ewigen Leben lehrt als dies allein. Darum sollst du an deinem Sinn und Verstand stracks verzagen. Denn damit wirst du es nicht erlangen, sondern mit solcher Vermessenheit dich selbst und andere mit dir stürzen vom Himmel (wie es Lucifer geschah) in den Abgrund der Hölle. Sondern kniee nieder in deinem Kämmerlein und bitte mit rechter Demut und Ernst zu Gott, das er dir durch seinen lieben Sohn wolle seinen heiligen Geist geben, der dich erleuchte, leite und Verstand gebe.
>
> Wie du siehst, dass David im oben genannten Psalm immer bittet: ›Lehre mich, Herr, unterweise mich, führe mich, zeige mir‹ und solcher Worte viel mehr. Obwohl er doch den Text des Mose und anderer Bücher mehr wohl kannte, auch täglich hörte und las, will er noch den rechten Meister der Schrift selbst dazu haben, auf dass er ja nicht mit der Vernunft drein falle und sein eigener Meister werde. Denn daraus werden Rottengeister, die sich lassen dünken, die Schrift sei ihnen unterworfen und leicht mit ihrer Vernunft zu erreichen, als wäre es Marcolfus oder Aesops Fabeln, wozu sie keines heiligen Geistes noch Betens bedürfen.«

Ich lerne daraus: Vor dem Bibellesen kommt das Gebet. Denn mit meiner eigenen Vernunft werde ich aus der Bibel nur das herauslesen, was ich in sie hineingelesen habe. Nur der Heilige Geist kann mich aus mir heraus und an Gottes Herz führen. Nur er allein kann mir zeigen, was Gott mir hier und jetzt in diesem Moment sagen möchte.

Und was ist, wenn ich gerade nicht mehr beten kann?

Ich erinnere mich an eine Predigt von Jay, alias Jakob Friedrichs, der vielen heute durch seinen Podcast »Hossa Talk« bekannt ist. In einer Worship Night in Heidelberg legte er uns das Gleichnis Jesu vom verlorenen Schaf aus (vgl. Luk 15,4-7), das sich verlaufen hat. Schafe finden nicht nach Hause zurück. Sie sind darauf angewiesen, dass der Hirte loszieht und sie sucht. Und genau das tut der Hirte, also Jesus, auch. Er geht los und sucht so lange, bis er das verlorene Schaf findet. Das Schaf kann nichts dazu tun – außer »Mäh« sagen. Und dann erzählte uns Jay, dass er mehrfach schon in Situationen war, in denen er so fertig, enttäuscht und kaputt war, dass er nicht mehr beten konnte. Zumindest nicht das, was wir uns unter »Beten« vorstellen. Nur ein Satz ging noch: »Such mich gefälligst! Such mich gefälligst!«

An diese Predigt habe ich mich erinnert, als ich mich dann wenige Jahre später ein weiteres Mal in genau dieser Situation wiederfand. Ich hatte postmoderne Debatten immer nur von außen betrachtet, aber dann war ich im Internet in eine hineingeraten und hatte selbst erlebt, wovon ich bisher nur gehört hatte: Der Verlust der bloßen Denkmöglichkeit von Wahrheit zog mir den Boden unter den Füßen weg. Ich fühlte mich stürzend – rückwärts, seitwärts, vorwärts – und wusste nicht mehr, wo oben und unten ist.[183] Beten war wie ein Selbstgespräch. Und dann musste ich auf einem Spaziergang plötzlich an Jay denken, blieb stehen und sagte laut zu Jesus: »Mäh! Bitte such mich!« Im Rückblick war dieses Gebet der Anfang eines Weges, der mich aus der Wüste der Anfechtung hinaus und zurück zum Stecken und Stab meines guten Hirten führte – und dass er mich getragen hat, habe ich in dieser Zeit oftmals erlebt. Dieses Buch ist in großen Teilen die Frucht dieses Weges.

Luther fährt fort:

»Zum anderen sollst du meditieren, das ist: nicht allein im Herzen, sondern auch äußerlich die mündliche Rede und geschriebenen Worte im Buch immer treiben und reiben, lesen und wiederlesen, mit fleißigem Aufmerken und Nachdenken, was der heilige Geist damit meint. Und hüte dich, daß du nicht überdrüssig werdest oder denkst, du habest es ein Mal oder zwei genug gelesen, gehört und gesagt und verstehst es alles bis auf den Grund. Denn daraus wird nimmermehr ein sonderlicher Theologe. Und sind wie das unzeitige Obst, das abfällt, ehe es halb reif wird.

Darum siehst du in demselben Psalm, wie David immerdar rühmt, er wolle reden, dichten, sagen, singen, hören, lesen Tag und Nacht und immerdar, doch nichts denn allein von Gottes Wort und Geboten. Denn Gott will dir seinen Geist nicht geben ohne das äußerliche Wort. Danach richte dich. Denn er hat es nicht vergeblich befohlen, äußerlich zu schreiben, predigen, lesen, hören, singen, sagen etc.«[184]

Das Wort »meditieren« hat für manche einen schalen Klang, weil es kein exklusiv christlicher, sondern ein religionsübergreifender Begriff für eine Praxis ist, die in der Zeit der »Vernunftreligion« völlig außer Mode kam und erst als asiatischer Reimport wieder ins evangelisch geprägte Christentum zurückkehrte. In den katholischen Klöstern war die Praxis der Wort-Gottes-Meditation, wie sie Luther in seiner Zeit als Augustinermönch kennengelernt hatte, nie fort. Was dahinter steckt: Man kann die Bibel analytisch lesen, mit dem Kopf, dem Denken, dem Verstand, aber beziehungslos, ohne Liebe. Wenn man sie meditiert, nimmt man sich ein Bibelwort, das nicht zu lang sein darf, und liest es laut – das ist wichtig – immer wieder vor. Und wenn man es dann auswendig kann, dann murmelt man es weiter vor sich hin – »treiben und reiben«, sagte Luther. Irgendwann hört der starre, kontrollierende Grübelmodus im Gehirn auf, das Bibelwort bewegt sich selbst, das Rezitieren des Bibelwortes wird zum Beten des Bibelwortes, und die Gedanken beginnen um das Bibelwort herum zu fließen. Das ist ein ganz wichtiger Moment, in dem sich alte Verknüpfungen lösen und neue bilden, und wir dürfen getrost den Heiligen Geist dabei am Werk sehen, der uns persönlich aufschließt, was er damit meint. In der bereits erwähnten Gebetshausbewegung von Johannes Hartl ist daraus eine Anbetungsform geworden, die man »Lobpreis mit der Bibel« nennt. Hartl berichtet von einer Gemeinschaft in Neuseeland, die täglich vier Stunden einen Psalmvers betet – und erst nach drei Wochen zu einem neuen Vers wechselt.[185] Auf diese Weise wird aus Kopfwissen Erkenntnis des Herzens. Diese Art des Bibellesens ist gerade dann eine Hilfe, wenn Anfechtung den verstandesmäßigen Zugang zur Bibel gerade verbaut.

Der Konter

Fußball, Champions League. Mein Lieblingsverein steht schwer unter Druck. Schon mehrere Minuten lang hat die gegnerische Mannschaft ein Powerplay an der Strafraumgrenze abgezogen. Die Viererkette wackelt. Es ist nur eine Frage der Zeit, wann das Tor fällt. Und dann wäre die Mannschaft aus dem Rennen. Da nimmt der Abwehrchef all seine Kräfte zusammen, stellt den gegnerischen Außenstürmer an die Strafraumkante und trennt ihn vom Ball. Ein kurzer Blick, ein genialer Pass in den Laufweg des Mittelstürmers, der macht einen Haken und trifft zum 2:1. Ein Kontertor aus arger Bedrängnis.

Ich habe den theologischen Konter als Methode, um Anfechtung zu überwinden, bei Sven Findeisen kennengelernt, dessen Geschichte ich schon erzählt habe. Letztlich haben ihn aber schon die meisten christlichen Apologeten verwendet. Der theologische Konter dreht den Spieß der »Kritik« und des Hinterfragens durch Philosophie und Wissenschaft herum, indem er die Denkvoraussetzungen dieser Kritik offenlegt, auf Plausibilität prüft und vom Glauben her hinterfragt. Wie das geht, habe ich im Prinzip in Kap. 3 vorgeführt, und ich werde das im nächsten Kapitel an einem wissenschaftlich-theologischen Schlüsselthema vertiefen.

Der Konter funktioniert nur im Verbund mit den anderen Methoden, die wir oben schon gesehen haben und die ich gleich zusammenfassen werde. Denn er setzt voraus, dass wir den Glauben und das aus ihm erwachsende Glaubenswissen nicht länger als der Profanwissenschaft unterlegen betrachten – so ist das von dort transportierte Selbstbild –, sondern als gleichwertiges Gegenüber, das allen Grund zu kritischen Rückfragen hat. Und dieses *Standing* haben wir nur, wenn wir selbst in der Beziehung zu unserem Gott stehen.

Zusammenfassung: Acht Methoden, der Anfechtung zu begegnen

Was kann ich tun, um die Anfechtung zu überwinden?	**Was kann ich tun, um in der Anfechtung zu scheitern?**
1. Die Anfechtung annehmen. Sie ist jetzt da und fordert mich heraus. Und auch wenn es unangenehm ist, stelle ich mich ihr.	1. Die Anfechtung verweigern, ihr ausweichen, sie vermeiden durch Subtraktion der jeweiligen Glaubensinhalte.
2. Die Anfechtung vor Gott und ggf. auch bei anderen Mitchristen aussprechen – das gelingt umso besser, je genauer wir sie wahrnehmen und verorten können.	2. Die Anfechtung verschweigen, weil es peinlich oder uncool sein könnte – oder aus Angst, sie nicht zu bewältigen. Stattdessen das Problem auf andere Ebenen (z. B. die Lehre) verlagern, auf denen man »recht haben« kann.
3. Die Beziehung zu Gott intensivieren, auch wenn sich das erst einmal nicht nahelegt: mit der Anfechtung zu Gott hingehen. Im Bild des Schwimmbades gesprochen (vgl. oben S. 22): Jetzt gehe ich erst recht ins Wasser und setze mich Gott mit meiner Anfechtung aus. Das ist ein Vertrauenssprung!	3. Sich von Gott distanzieren, sich vor ihm in Sicherheit bringen, Brücken abbrechen, auch zu Mitchristen. Im Bild des Schwimmbades gesprochen: Ich gehe aus dem Wasser und verlasse das Schwimmbad.
4. Ehrlich beten (Luther: *Oratio*) – die Klage und den Streit mit Gott nicht scheuen, sondern die Auseinandersetzung mit ihm führen. Tipp: Finde einen Ort, an dem du ungestört laut beten kannst.	4. Mit anderen über Gott reden, aber das direkte Gespräch mit ihm vermeiden.

5. Ggf. eine Auszeit nehmen, um von all dem Lauten leer werden und Gott neu begegnen zu können (z. B. Schweige-Retraiten etc. – hier gibt es inzwischen eine Fülle von Möglichkeiten).	5. Sich ablenken durch die Verstärkung weltlicher Reize.
6. Gerade jetzt genau auf Gottes Worte hören, sich in sie hineinvertiefen, ihn beim Wort nehmen (Luther: *Meditatio*). Lass dir vom Heiligen Geist die Worte zeigen, über die du meditieren kannst (z. B. aus den fett gedruckten Stellen in der Lutherbibel). Vorsicht: In der Anfechtung neigen wir dazu, ganz bestimmte Stellen »anzuziehen« wie ein Magnet. Vielleicht helfen gerade jetzt Stellen, die mit der Anfechtung selbst nicht direkt etwas zu tun haben.	6. Die Bibel so lesen wie andere antike Literatur. Nach Methoden suchen, um die biblischen Worte relativieren oder uminterpretieren zu können.
7. Den Horizont erweitern durch Vertiefung in gute, bewährte Theologie, die die Geheimnisse der christlichen Tradition neu erschließt. Studieren statt substituieren!	7. Glaubensinhalte und Dogmen, die Schwierigkeiten machen, subtrahieren und substituieren durch weltanschauliche Ersatzteile aus dem gegenwärtigen Denken der Gesellschaft (Surrogate), um zeitgemäß weiterzuglauben.
8. Das, was dich anficht, auf dessen Denkvoraussetzungen hin analysieren und offenlegen (Konter).	8. Die Bibel als Ausgangspunkt der Erkenntnis substituieren durch Axiome des säkularen Weltverständnisses.

Wir sehen: Die Aktionen in der linken Spalte sind paradox. Es ist genau das Gegenteil dessen, was der innere Reflex vorgibt. In dieser paradoxen Handlungsweise als Reaktion auf Anfechtung liegt ihr Spezifikum im Gegenüber zu vielen anderen Krisen. Die Aktionen der rechten Spalte wirken dagegen einfach und folgen dem Weg des geringsten inneren Widerstandes.

Aber machen wir ein Experiment: Tauschen wir »Gott« einmal mit »Partner« aus.[186] Wenn wir die einzelnen Methoden jetzt in den

Kontext einer Paarbeziehung übertragen, ist, denke ich, umgehend klar, was das Resultat sein würde. Die linke Spalte deckt sich weitläufig mit gängigen paartherapeutischen Konzepten und ihr Resultat wäre, wenn es gut läuft, die Versöhnung und eine vertiefte Paarbeziehung. Das Resultat der rechten Spalte aber wäre mit hundertprozentiger Sicherheit die Scheidung. Wenn man seine Paarbeziehung gerne zerstören möchte, muss man es genau so machen. Das lässt sich zurückübertragen. Die Verheißung der biblisch empfohlenen Methoden kommt von Gott und beinhaltet eine Glaubenserfahrung, in der die Beziehung zum lebendigen Gott vertieft und der Glaube verwurzelt wird – geistliches Wachstum mit Zunahme an Erkenntnis und Vertrauen. Das ist bewährt – unzählige Menschen wie Luther haben es so erlebt. Die Verheißung der anderen Methoden kommt nicht von Gott, sondern von der »Welt« und beinhaltet einen »aufgeklärten« Glauben, der von außen auf die Sache mit Gott schaut, aber der *nicht mehr* erfahrene Beziehung zum lebendigen Gott ist. Er mag vor der Welt sogar als stark, weil »reflektiert«, erscheinen. Geistlich betrachtet (vgl. 1Kor 1–2) steht dieser Weg mindestens für eine Schwächung der inneren Kräfte des Glaubens.

Immer wieder hört man von kirchlicher Seite: Evangelikale Theologie möchten wir nicht so gerne, aber von ihrer Begeisterung und Glaubenskraft möchten wir uns gern eine Scheibe abschneiden. Die Früchte möchte man ernten, aber nicht die Arbeit des Säens und Gießens tun. Begeisterter, lebendiger Glaube hat an dieser Stelle seinen Preis – in der Entscheidung, was wir *wirklich wollen.* Wollen wir mit dem »echten« Gott zusammen sein – um seinetwillen, *weil* er Gott ist? Sind wir bereit, dafür den einfachen Weg des geringsten Widerstandes zu verlassen und uns persönlich von Gott herausfordern zu lassen? Begeisternder und begeisterter Glaube braucht Menschen, die den Mut haben, sich auf den Gott der Bibel ganz und gar einzulassen.

5.2 Was kann Apologetik in der Anfechtungssituation leisten?

Ich habe vor Kurzem drei neuere Bücher gelesen, deren Thema die Überwindung von Anfechtung ist: »Ankern« von Alisha Childers, »When everything is on fire« von Brian Zahnd und »Im Zweifel für Gott« von Malte Detje. Ihnen ist vieles gemeinsam. Sie betreiben Apologetik, d. h., sie kümmern sich um die Begründung und Verteidigung des biblischen Glaubens gegen seine Infragestellung. Alle drei sehen in der überlieferten Form des christlichen Glaubens etwas Bewahrenswertes und möchten Christen, die ins Zweifeln geraten sind, den Glauben daran neu ermöglichen. Aber sie beschreiten charakteristisch unterschiedliche Wege. Einem Vergleich zwischen ihren Herangehensweisen können wir einiges von dem entnehmen, was Apologetik für die Überwindung von Anfechtung leisten kann.

Gemeinsamkeiten

Alle drei Bücher beschreiben als Ausgangspunkt die tiefe Nacht des Zweifels – Childers und Zahnd autobiografisch, Letzterer auch anhand biblischer Beispiele, Detje exemplarisch anhand von Seelsorgegesprächen. Der Anlass für Apologetik ist für sie der Mensch in Anfechtung, der seinen Glauben zu verlieren droht oder sogar dabei ist, sich zu »entkehren«. Brian Zahnd geht auf einen ehemaligen Pastorenkollegen ein, der zum Atheisten wurde, vor versammelter Gemeinde am Sonntag nach Ostern sein Amt niederlegte und in ein Leben ohne Ostern hinausging. Alle drei möchten ihren Lesern auf ihre Weise einen Weg zurück zum lebendigen Jesus Christus bahnen. Und alle drei erweitern dafür, wie Zahnd es so schön beschreibt, ihr »theologisches Haus«. Dabei überwinden sie ganz ähnliche Engführungen des Glaubens. Sie benennen sie als »Fundamentalismus« (Zahnd), »Hyperfundamentalismus« (Childers) oder »Gesetzlichkeit« (Detje) und machen sie als Nährboden für Anfechtungen und Glaubenszweifel aus.

Alisha Childers

Alisha Childers' Glaube war von einer ganz selbstverständlichen US-evangelikalen Bibelfrömmigkeit geprägt, in deren Hintergrund die »Chicagoer Erklärung zur Irrtumslosigkeit der Schrift«[187] steht. Als ihr Gemeindepastor einen Theologiekurs anbot, dessen ausdrückliche Zielsetzung in der »Dekonstruktion« des Glaubens bestand, erlebte sie genau diese. Alles, woran sie bisher geglaubt hatte, stand infrage: die Zuverlässigkeit und Inspiration der Bibel, der Sühnetod Jesu, die Gültigkeit der Glaubensbekenntnisse, der »doppelte Ausgang der Weltgeschichte« – also ob es eine Hölle und tatsächlich einen Himmel gibt. Der Gedanke, der christliche Glaube könnte nicht wahr sein, zog ihr »den Boden unter den Füßen weg«, wie sie sehr eindrücklich beschreibt.[188] Denn ihrem Glauben fehlte plötzlich die Sachgrundlage (Anfechtung durch andere in der Kirche, im Denken, zielt auf die Beziehung des Menschen zu Gott; AK-D-M). Ihr Weg, diese Anfechtung zu überwinden, bestand darin, die Behauptungen historisch-kritischer und progressiver[189] Theologen kritisch zu überprüfen und überzeugende Gründe und Begründungen für ihren Glauben zu finden (die obigen Methoden 6, 7 und 8, S. 173 f.). Dabei entdeckte sie unter anderem die Kirchenväter, die sich bereits vor Jahrhunderten mit ganz ähnlichen Fragen befasst hatten. Je mehr Antworten sie zutage förderte, die die Glaubwürdigkeit der Bibel und des Evangeliums untermauerten, an das die Christenheit jahrhundertelang geglaubt hatte, desto mehr konnte sie sich auf diesen Glauben selbst wieder einlassen. Auch ein Wechsel der Gemeinde half ihr dabei, da die Anfechtung von dieser ausgegangen war und permanent genährt wurde. In einer mehrere Jahre dauernden »Rekonstruktion« fand Alisha Childers zur Gewissheit des Glaubens in einer traditionellen, aber deutlich vertieften Lesart zurück.

Brian Zahnd

Brian Zahnd ist deswegen besonders interessant, weil er selbst eine »progressive Phase« durchschritten, diese aber nach eigenen Angaben inzwischen hinter sich gelassen hat. Er kann sehr klar dessen Probleme benennen: »Es ist wichtig zu verstehen, dass progressiver Fundamentalismus genauso falsch und destruktiv ist wie konservativer Fundamentalismus.«[190] Er geht mit großem Verständnis auf Menschen ein, die eine Phase der »Dekonstruktion« ihres Glaubens erleben. Er möchte ihnen und den Generationen nach ihm ermöglichen, weiterhin an Christus zu glauben. Sein Weg führt von einer Betrachtung der postmodernen philosophischen Gemengelage (kontrastiert mit Romanen von Dostojewski) über biblische Beispiele von Menschen in Glaubenskrisen zu einer Differenzierung, auf welcher Ebene die Anfechtung stattfindet. Er unterscheidet dabei Jesus Christus selbst, die Kirche (Gemeinde) und das Christentum als Religion. Seine Beobachtung ist, dass Dekonstruktionserfahrungen meist von den letzten beiden ausgehen – häufig verbunden mit einer fundamentalistischen Form des Christentums. In der Begegnung mit dem auferstandenen Sohn Gottes selbst – also der Erfahrung seiner Gegenwart – besteht für ihn darum der Ausgangspunkt, um wieder zur Glaubensgewissheit zu gelangen (er benennt das als »Mystik«, siehe oben S. 63 ff.). Er zieht dabei die reichen Gebetstraditionen der Christenheit heran, von hochliturgisch bis zum Zungengebet, empfiehlt das Bibellesen in der »zweiten Naivität« und eine behutsame Restauration des »Hauses des Glaubens« an den Stellen, an denen es brüchig geworden ist (das sind die obigen Methoden 3, 4 und 6 von S. 173 f.: Intensivierung, *Oratio* und *Meditatio* sowie die Vertiefung der Theologie). Die Wahrheit Jesu ist für ihn ganz klar *offenbarte* Wahrheit (also nicht menschengemacht) – das ist exakt derselbe Punkt, um den es Alisha Childers im Kern ging. Sie erschließt sich für ihn in der Glaubenserfahrung, deren Teil die Bibel ist.

Zwischenbemerkung

Ich schätze an Zahnd seine seelsorgliche Ader, sein Gespür für die Kraft der Bilder und Symbole und seine überkonfessionelle Weite. Im Bibelverständnis klingt seine »progressive« Phase am stärksten nach. Da sind einige Aspekte sicherlich diskussionswürdig. Aber mit dem Bibellesen in »zweiter Naivität«, die er mehrfach ausführt, hat er einen Punkt erreicht, an dem er die kritische Lesart der Bibel ausdrücklich hinter sich lässt, sodass Gottes Wort wieder vernehmbar wird. Bei ihm gründet das Christsein in der Erfahrung des lebendigen Gottes. »Weil wir alle Gottes Kinder sind und nach Gottes Ebenbild geschaffen sind, sind wir alle fähig, Gott zu erfahren. (...) Vögel können fliegen, Fische können schwimmen und Menschen können Gott erfahren.«[191] Einerseits stimme ich da freudig zu; ich habe es selbst so erlebt! Aber Zahnd beobachtet m. E. den Umstand nicht, dass es Kopf-, Herz- und Bauch-Typen gibt. Die Triebfeder der Kopf-Typen ist das Denken, die Logik, die Inhalte. Die Herz-Typen haben ihren Mittelpunkt im Empfinden, im Sein. Die Bauch-Typen spüren und definieren sich über das, was sie tun, wofür sie sich entscheiden, was sie leben. Ich bin überzeugt, dass wir in unserem Wesensschwerpunkt auch die Persönlichkeitsebene finden, von der aus wir in Krisensituationen zurück zur Gewissheit des Glaubens gelangen. Die einen begegnen dem lebendigen Gott in einem theologischen Gedanken, der sie trifft und bewegt, durch den sich Gott in all seiner Größe und Wahrheit ihrem Bewusstsein implementiert als der, der ist und der war und der immer sein wird. Die anderen erleben dies in der spirituellen Erfahrung des Gebetes, des Lobpreises, in dem sie ihr Herz an Gottes Herzen spüren. Bei den Dritten ist es die Entscheidung des Glaubens bzw. das tätige Handeln in der Nachfolge Jesu. Die tiefe Offenbarung der Wirklichkeit Gottes, wo uns Jesus in unserem Innersten berührt, die geschieht m. E. am ehesten dort, wo wir in unserem Wesenskern sind. Die anderen beiden Personalitätsebenen kommen jeweils hinterher.

Ich sehe in dieser Unterschiedlichkeit von Menschen den Grund, warum Alisha Childers und Brian Zahnd unterschiedliche Wege gehen und auch *brauchen*, um zur Gewissheit des Glaubens zurückzufinden – und warum einer mit dem anderen vermutlich nicht viel anfangen könnte. Childers ist m. E. ein Kopf-Typ: Sie braucht zuerst einmal verlässliche Gründe, dann kann sie sich auf die Erfahrung wieder einlassen und mitarbeiten. Zahnd ist ein Herz-Typ: Das Erleben hat axiomatische Kraft und braucht keine Bestätigung; das Denken schließt aus der Erfahrung heraus auf die Zuverlässigkeit der christlichen Lehre und gibt dem Willen das Motiv zur Weitergabe des Glaubens. Bleibt der Bauch-Typ. Und damit bin ich beim dritten Buch.

Malte Detje

Malte Detje charakterisiert anhand typischer Seelsorgebeispiele verschiedene Anfechtungssituationen, in denen jemand Gottes Gegenwart ganz einfach nicht mehr spürt, in denen der Lobpreis leer wird und das Evangelium an der Realität des Lebens scheitert. Damit steht es jedoch nicht an sich infrage. Es sind also alles Situationen, in denen Childers' und Zahnds Weg nicht mehr funktioniert, weil dessen Ressourcen selbst Gegenstand der Anfechtung sind. Detje greift ebenfalls auf reichhaltige kirchliche Tradition zurück, in diesem Fall auf Martin Luther. Und zwar insbesondere auf einen zentralen Aspekt der Lehre und Seelsorge Luthers: das Schauen von sich weg auf Christus. Luther legte größten Wert darauf, dass die Gnade außer uns (*extra nos*), nämlich in Christus, geschehen ist. Oftmals riet er seinen Hörern, sich in Zeiten der Anfechtung nicht in Gedankengrübeleien zu verlieren, von den eigenen Gefühlen abhängig zu machen oder sich vom Teufel die eigene Sündhaftigkeit aufzählen zu lassen, sondern sich stattdessen in einem Glaubensakt ganz bewusst und ausschließlich an die Worte Christi »zu hängen«, sich in sie zu »wickeln und zu hüllen« oder gar »hineinzukriechen wie ein Has' in seine Steinritze«.[192] Diesem Weg Luthers folgt Detje in der immer wieder zu treffenden Entscheidung, von sich und dem eigenen wankelmütigen Ich weg und auf Christus zu schauen, der sich in seinen Gnadenmitteln (Wort und Sakrament) erreichbar macht.[193] So kommt er zu einer Glaubensgewissheit, die befreit – weil sie nicht in dem von unerfüllbaren Erwartungen überlasteten Ich, sondern *extra nos* in Christus gründet. Es ist nicht das Fühlen der mystischen Gegenwart Christi oder das Sichbergen in der Lehre, die stimmig ist, sondern der immer wieder neue Schritt, sich gerade *nicht* von seinen frommen Gefühlen oder seinem eigenen Überzeugtsein abhängig zu machen, sondern von Jesus allein. Das exerziert er durch an Gebet und Lobpreis, an der Dialektik von Gesetz und Evangelium, an der Kirche als Gemeinschaft der Sünder, an der Berufung, Gott zu dienen auch mit den unscheinbaren Werken des Alltags. Die Frage nach der Verlässlichkeit der Bibel und der Geltung der christlichen (in dem Fall lutherisch geprägten) Lehre wird im Zuge dieser Entscheidung beantwortet und er beschreibt mehrfach, wie das Gefühl bzw. das Erleben diesem Perspektivwechsel ganz von selbst nachfolgt, wenn es von dem Fokus der Erwartungen entlastet wird. Auf diese Weise überwindet er auch manche individualistischen Engführungen, die sich in der Traditionslinie des Pietismus und der Erweckungsbewegung gebildet haben. Seine Methoden sind also die Vertiefung der Theologie und die Intensivierung – allerdings nicht auf der Ebene des Denkens (Childers) oder Fühlens (Zahnd), sondern des Wollens.

Apologetik und Seelsorge

Im Vergleich dieser drei Bücher zeigt sich, dass Apologetik sehr viel mit Seelsorge zu tun hat. Inwieweit sie den Glauben vor der kritischen Welt begründen kann, darüber wurde in der Theologie immer wieder gestritten.[194] Indem sie jedoch den Glauben für die angefochtene Gemeinde verteidigt und begründet, ist sie letztlich eine seelsorgliche Disziplin auf dem Feld des Denkens, d. h. der theologischen Aussagen und Inhalte. Wenn Bestandteile der traditionellen christlichen Lehre über Bord geworfen werden, besteht die Ursache m. E. oftmals in Anfechtung. Je genauer diese identifiziert und benannt werden kann, desto besser kann seelsorgliche Apologetik greifen und Menschen das Festhalten am Glauben ermöglichen, ohne Folgeprobleme (und damit neue Anfechtung) auszulösen. Dafür muss sie verschiedene Wege beschreiten. Nur wenn Herz-, Kopf- und Bauch-Typen mit ihren speziellen Eigenarten berücksichtigt werden, können verschiedene Menschen mit Glaubenszweifeln auf ihre Weise angesprochen und mitgenommen werden. Deshalb ist Apologetik Teamwork und als solches eine bleibende und heute brennend notwendige Aufgabe der weltweiten Kirche.

5.3 Und was ist mit Dekonstruktion und Rekonstruktion?

In denjenigen Gemeinden und virtuellen *communities*, die sich einem »progressiven Christentum« (engl. *progressive christianity*) zugehörig fühlen, spielt die »Dekonstruktion des Glaubens« eine entscheidende Rolle. Hiermit wird ein Prozess bezeichnet, in dem z. B. »evangelikale Deutungsmuster ent-selbstverständlicht werden«.[195] Der Glaube gerät in eine Krise, weil er zu eng zu sein scheint, weil er zur eigenen Lebensrealität oder dem sozialen oder intellektuellen Umfeld nicht mehr passt oder kritische Anfragen nicht mehr glaubwürdig beantworten kann. Traditionelle evangelikale Glaubensüberzeugungen und die Autoritäten, die sie vermittelten (einschließlich der Bibel), werden infrage gestellt und neu durchdacht. Hierbei kommt es zu einer Aufhebung von Abgrenzungen von der Welt oder von anderen christlichen Strömungen, zu einer »Rekonstruktion« des Glaubens unter veränderten Gesichtspunkten, einem »Umzug« in ein neues Glaubenshaus oder auch zur »Dekonversion«, der Abkehr vom christlichen Glauben überhaupt, womit aus der »Dekonstruktion« eine »Destruktion« geworden wäre.[196] Wie verhält sich dieser Prozess zur Anfechtung und den Methoden zu ihrer Überwindung, wie ich sie hier vorgestellt habe?

Zunächst: Diese beiden Wege sind keine Gegensätze und sie sind dennoch nicht dasselbe. Es gibt breite Überlappungen; für manche Mitchristen dürften sie im Ergebnis nahezu deckungsgleich sein. Andere hingegen leben die »Dekonstruktion« ihres Glaubens so, dass man klare Unterschiede erkennen kann. Hier gibt es ein weitverbreitetes Missverständnis. Der Unterschied besteht nämlich nicht darin, dass der eine Weg den Glauben entwickelt und verändert und der andere nicht, wie z. B. Martin Benz zu unterstellen scheint.[197] Tatsächlich führen beide Methoden zu einer Bewegung, zu einer Entwicklung des Glaubens. Die Anfechtung anzunehmen (vgl. S. 173 unsere Methode Nr. 1) bedeutet eben nicht, sich etwas vorzuspielen und so weiterzumachen, als sei sie nicht da. Die »Rückkehr zur ersten Liebe« gelingt nur durch die Anfechtung hindurch, nicht, indem man sie vermeidet. Damit würde man seinen Glauben quasi in eine Vitrine stellen, damit ihm nichts passiert – und dass er dann immer weniger mit einem selbst zu tun hat, kann niemanden verwundern. Nein: Anfechtung bringt in Bewegung; sie lässt dich »erfahren, wie recht, wie wahrhaftig, wie süß, wie lieblich, wie mächtig, wie tröstlich Gottes Wort sei«, wie Luther sagte.[198] Die Frage ist folglich nicht, *ob* sich der Glaube entwickelt, sondern *in welche Richtung.*

Das Haus des Glaubens

Ich habe oben das Bild eines Fachwerkhauses verwendet, um die Struktur des Wissens zu beschreiben (S. 88 f.). Man kann es genauso für das Glaubens-Wissen verwenden. Brian Zahnd unterscheidet in ebendieser Weise zwischen Jesus Christus und »unserem theologischen Haus«[199] – nur dass er damit unser jeweils *ganz persönliches* theologisches Haus meint und in diesem atomisierten Individualismus folge ich ihm nicht. Denn wir haben dieses Haus genauso wenig selbst gebaut wie das Haus unseres Wissens. Es wurde uns gegeben durch die Worte der Bibel und durch diejenigen, die uns den Glauben z. B. in unserer Gemeinde vermittelt haben – denen es wiederum durch ihre Glaubenseltern vermittelt worden ist.[200] Darum ist es zugleich das Haus der wahren Kirche aller Zeiten und Orte, das »erbaut ist auf dem Grund der Apostel und Propheten, da Jesus Christus der Eckstein ist«.[201] Es war vor uns da und wird nach uns da sein, und wir haben darin eine durchaus persönlich gestaltete und verortete Wohnung genommen – in dieser Bedeutung des Wortes ist es »unser« Glaubenshaus. Nur ist dieses Haus viel zu groß, als dass wir als einzelne Christen alle Zimmer darin bewohnen oder auch nur besichtigen könnten; dafür reicht unsere Lebenszeit nicht. Wir bewohnen darin nur einen Teil, der uns im Hier und Jetzt zugänglich ist. Aber manchmal wird dieser Teil für uns auch zu klein und ich behaupte, dass dies im Leben von uns Christen immer wieder der Fall ist. Es gibt tausend Weisen, den Glauben misszuverstehen und Glaubensaussagen zu verengen. Manche sehen in Jesus vor allem den Gesetzeslehrer, der uns zeigt, wie wir leben sollen, und übersehen die Freiheit, zu der uns Christus befreit hat (vgl. Gal 5,1). Manche sehen in ihm den Retter der Welt, aber die Bergpredigt liegt im Schatten. Luther wiederum hatte Jesus in seiner Jugend als Weltenrichter kennengelernt, aber Jesus als Erlöser war ihm nicht gepredigt worden. Zur Zeit der altlutherischen Orthodoxie wiederum wussten alle Kirchgänger davon, dass wir allein durch den Glauben vor Gott gerecht werden, aber kein Mensch kümmerte sich darum, wie wir christlich leben können (und genau so war das Leben dieser Christen auch beschaffen). Der Pietismus und später die Heiligungsbewegung setzten hier ein ausdrückliches Gegengewicht, das dem Protestantismus gegenüber der katholischen Kirche wieder mehr Glaubwürdigkeit verlieh. Sie bezogen damit ein Zimmer, das zwischenzeitlich in Vergessenheit geraten war. Einigen von ihnen gefiel es hier so gut, dass sie nur noch in diesem Raum der praktischen Heiligung lebten und den anderen ganz vergaßen – allerdings fanden ihre Kinder es in diesem Zimmer dann irgendwann viel zu eng (»Ist Tanzen wirklich Sünde?«) – und jetzt? Manche wie der schwedische Erweckungsprediger Carl Olof Rosenius fanden das Zimmer der reformatorischen Rechtfertigungslehre wieder. Andere nicht: Sie verließen das Haus des Glaubens, das erbaut ist auf dem Grund der Apostel und Propheten, so wie der Pastor, von dem Brian Zahnd erzählte, der seine Gemeinde verließ und in ein Leben ohne Ostern hinausging.

Wenn uns unser Glaube zu eng vorkommt, stehen wir vor einer Entscheidung: Erweitern wir unseren Wohnbereich in dem Glaubenshaus der weltweiten Kirche Jesu Christi oder wohnen wir uns aus diesem Haus heraus?

Kennzeichen dysfunktionaler Entwicklung

Für Letzteres gibt es drei Kennzeichen, die wir oben schon kennengelernt haben: Distanzierung, Subtraktion und Substitution. Wo dieser Dreischritt Jerobeams zur Anwendung kommt, sind Christen gerade dabei, dieses Haus zu verlassen. Hier liegt m. E. der tatsächliche Unterschied zwischen einer zielführenden Überwindung von Anfechtung und dysfunktionalen Ausprägungen von Dekonstruktion – die es im Übrigen nicht nur auf der »progressiven«, sondern genauso auf der »konservativen« Seite gibt, wie Mark Galli gezeigt hat.[202] Dann erwartet man in der Bibel keine Anrede von Gott mehr, sondern nur noch antike Literatur oder ein Programm für christliche Kultur. Dann löst man Glaubensfragen dadurch, dass man Glaubensaussagen abschafft oder als praktisch irrelevant behandelt. Dann stopft man die entstandenen Löcher durch Versatzstücke zeitgenössischer Weltanschauung und Politik der jeweiligen persönlichen Neigung. Dann dient ein neues Verständnis des Glaubens dazu, den Umstand vor sich selbst und vor anderen entweder zu kaschieren oder zu legitimieren, dass man Gottes Weisung ganz einfach nicht folgen *will*. Und unser Problem ist, dass solche Vorgänge bereits zahlreichen Spielarten der klassischen liberalen Theologie zugrunde liegen und ihre Ergebnisse für christlich *gehalten werden*, es aber im Grunde genommen nicht mehr sind – an genau diesem Phänomen gehen gerade unsere Landeskirchen zugrunde. Im dritten Teil dieses Buches werde ich diesen Dreischritt darum immer wieder in die Entwicklung theologischer Aussagen hineinverfolgen. Denn wo er vollzogen wird, hat er Auswirkungen auf diejenigen, die mit uns und nach uns in diesem Glaubenshaus wohnen – oder eben nicht mehr wohnen werden. Er löst vielleicht ein Unwohlsein von Einzelnen, aber er schwächt den Leib Christi, wobei man dasselbe genauso von den Engführungen des Glaubens sagen kann.

> **Ob die Entwicklung unseres Glaubens zielführend oder dysfunktional ist, entscheidet sich nicht an den Begriffen, mit denen man sie bezeichnet, sondern an den Methoden, die darin zum Tragen kommen.**

Gott immer tiefer kennenlernen

Einer der ersten Sätze, die Martin Luther drucken ließ, lautete: »In allem Leiden und Anfechtung soll der Mensch zuallererst zu Gott laufen«[203] – nicht weg von ihm und seinem Wort, sondern in einer paradoxen Bewegung hin zu ihm und seinem Wort. Das ist die Quintessenz der acht Methoden, der Anfechtung zu begegnen. Die Verheißung, die uns die biblischen Vorbilder vermitteln, ist: Wir werden unseren Gott auf diesem Wege viel tiefer kennenlernen. Bemühen wir noch einmal das Bild der Paarbeziehung: Wenn wir einen Menschen das erste Mal sehen, dann ist uns dieser Mensch zuerst fremd. Je mehr Zeit wir aber miteinander verbringen und je mehr Alltägliches und Außergewöhnliches wir miteinander erleben, auch indem wir uns streiten und dann wieder versöhnen, desto vertrauter wird uns dieser Mensch. Wir kennen sicher noch nicht alles von ihm, aber wir erkennen die wesentlichen Grundzüge immer wieder. Nun nehmen wir an, wir haben einen gemeinsamen Freund und tauschen uns mit ihm über diesen Menschen aus. Wir werden manches Verschiedene von ihm wissen. Aber wir werden trotzdem wissen, dass wir uns über dieselbe Person austauschen, solange die Grundzüge übereinstimmen. Wenn sich hier aber ein kontradiktorischer Widerspruch ergibt, dann wird fraglich werden, ob wir tatsächlich von ein und demselben Menschen reden. Wir finden das heraus, indem wir unser Basiswissen zu diesem Menschen miteinander abgleichen.

Eine solche Funktion hat das *Bekenntnis*. Mit dem Glaubensbekenntnis machen die Gläubigen im Gottesdienst klar, von welchem Gott wir hier reden – dem Schöpfer der Welt, der sich in Israel durch die Propheten und vollends in Jesus Christus offenbart hat. Unser bekanntestes Glaubensbekenntnis, das sog. »römische Taufsymbol«, umfasst allerdings nur die westlichen Kirchen. Allen christlichen Kirchen gemeinsam ist das »Nicänische Glaubensbekenntnis«, das noch mal um einiges gehaltvoller ist.[204] Mit dem Bild des Fachwerkhauses gesprochen bildet es die Eckbalken des Fachwerks. Es markiert, bis wohin das Haus des Glaubens geht, also den Raum, in dem man *diesem* Gott begegnen kann. Innerhalb dieser Eckbalken erhebt sich das weitverzweigte Bauwerk der Erkenntnis Gottes. Diese hört mit dem Bekenntnis ja nicht auf, genauso wenig wie ein Paar nach der Hochzeit aufhört, sich immer weiter kennenzulernen. In diesem Bau gibt es Bereiche und Stockwerke, die schon wohnlich ausgebaut sind – andere jedoch liegen überhaupt erst im Rohbau vor und müssen zum Wohnen erst noch erschlossen werden. Dass die Offenbarung Gottes in Jesus Christus bis zu seiner Wiederkunft abgeschlossen ist, bedeutet ja nicht, dass das Glaubenshaus der Kirche damit schon vollendet wäre, sondern dass der Grund gelegt ist, auf dem sich dieses Haus erheben kann (vgl. 1Kor 3,9-17). Und wir werden später sehen, dass die Erschließung der mit den Eckbalken angelegten Bereiche und Stockwerke mitunter Jahrtausende gebraucht hat. Das Mit- und Weiterbauen ist bis heute nicht abgeschlossen, weil es gar nicht abgeschlossen sein *kann*, bis Jesus Christus wiederkommt. Das geschah immer wieder dadurch, dass Menschen ihre Anfechtung mit Gott durchgerungen haben und sich ihnen dabei im Zuge der Wiederaneignung seiner Selbstoffenbarung eine neue Türe öffnete – so geschehen in der Reformation. Ein anderes Beispiel ist die Erlanger Erfahrungstheologie, deren Raum sich ein Stockwerk höher im Zuge der Wiederaneignung der damals weithin vergessenen Theologie Luthers mit den Mitteln der Romantik eröffnete. Sie wurde in ihrer Zeit trotzdem als »konservativ« wahrgenommen, weil sie sich von der »alten Wahrheit« nicht distanzierte, sondern sie »auf neue Weise« erschloss und lehrte (v. Hofmann).

Wie funktioniert »verstehen«?

All dies hat mit dem Prozess des Verstehens und Aneignens von Wissen zu tun, wie ich von Adolf Schlatter gelernt habe: Wir empfangen mittels der Sinne eine Wahrnehmung oder einen Gedanken in unserem Bewusstsein. Wir vergleichen ihn mit dem Gedankengut, das wir schon in uns tragen. Und erst wenn wir »einen zweiten Gedanken haben, mit dem sich der erste vereinen lässt«, ist uns das Verstehen möglich. Sonst bleibt uns das Wahrgenommene ein unverstandenes Geheimnis. Jedes Verstehen bedarf also eines »Apperzeptionsmittels«, sozusagen einer Andockstation aus dem, was wir bereits wissen und gelernt haben.[205] Jeder Mensch, jede Generation kann nur dann glauben, wenn sie diesen Prozess der Aneignung des Glaubens aufs Neue durchläuft. Weil unsere Apperzeptionsmittel jedoch von unserem Standort in der Geschichte abhängig sind, wie wir an Schlatters Einspruch an Descartes und Kant schon gesehen haben, und nicht nur gemeinschaftliches Wissen, sondern auch die ihm zugrunde liegenden Axiome enthalten, stellt uns das in jeder Generation vor neue Herausforderungen. Es geht schließlich um Gott, der all unser Verstehen übersteigt (vgl. Phil 4,7) und wesentliche Axiome für unser Verstehen im Zuge seiner Offenbarung selbst mitbringt. Indem wir als Menschen unserer Generation das Wissen des Glaubens verstehen und uns aneignen, kommen zwei Bewegungen zum Tragen. Eine progressive, gestaltende, in der wir den Glauben mit den uns zur Verfügung stehenden Verstehensmitteln verbinden (das sind dann die »Aha-Effekte«). Und eine konservative, bewahrende, in der wir uns vergewissern, dass das Verstandene immer noch dasselbe ist.

Auch eine lebendige konservative Theologie ist also auf ihre Weise progressiv und muss es zwangsläufig sein, weil das Bewährte angesichts des sich verändernden Menschheitswissens immer wieder neu verstanden und angeeignet werden muss – sonst wird es nämlich vergessen. Und »progressive« Theologie kann faktisch konservativ sein, sofern sie sicherstellt, dass sie auf diesen selben Gott bezogen bleibt und die Räume des Glaubens, die sie erschließt, sich *innerhalb* des von den Eckbalken gerahmten Fachwerks befinden, das sich auf dem Grund der Apostel und Propheten erhebt.

Ein Problem entsteht, wenn wir versuchen, das Haus des Glaubens mittels Distanzierung, Subtraktion und Substitution auf den Axiomen unserer Welt weiterzubauen. So ein Bauwerk »weltlichen« Glaubens kann, wie Jerobeam gezeigt hat, direkt neben dem Haus des Glaubens der Kirche stehen und scheinbar nahtlos ineinander übergehen – aber es ist nicht dasselbe Haus. Apologetik leistet in diesem Zusammenhang zwei Dinge. Sie *erinnert* an die Grenzen des Fachwerks und des Grundes, auf dem es gebaut ist. Und sie *ermöglicht,* sich in diesem Fachwerk zu beheimaten, indem sie dessen Potenzial für die Gegenwart aufs Neue verständlich macht und so erschließt. Meine Rede also: Ausbau statt Umzug!

Ausblick

Anfechtung ist ein Geschehen, in dem wir mit der Frage konfrontiert werden: »Was kann ich glauben?« – und zwar in drei verschiedenen Bedeutungen:

1. »Was kann ich denn *noch* glauben?« Dahinter stehen Verunsicherung und der drohende Verlust von etwas Wertvollem. Das Problem ist: »Ich *möchte* gerne glauben, wie es in der Bibel steht, aber so wie die Dinge scheinbar liegen, kann ich es nicht (mehr).« Das Denken steht dem Glauben entgegen, und die Sehnsucht ist, glauben zu können, ohne den Verstand dabei ausschalten zu müssen.
2. »Was *kann* ich glauben?« Dahinter steht das Unwohlsein mit einem bestimmten Verständnis des Glaubens. Das Problem ist: »Ich möchte so nicht glauben, weil es mir damit nicht gut geht.« Das Fühlen steht dem Glauben entgegen, und die Sehnsucht ist, den Glauben als hilfreich und froh machend zu erleben.

3. »Was *will* ich glauben?« Hier bestimmt das Wollen das Motiv. Das Problem ist: »Was will ich glauben und was will ich nicht (mehr) glauben, weil es mich stört?« Das Wollen steht dem Glauben entgegen, und die Sehnsucht ist, dass der Glaube mit den Äußerungen des eigenen Willens übereinstimmt.

Wir sind nun in der Lage, dieses Geschehen in der Verschiedenheit seiner Spielarten hinter den Sachfragen und Kontroversen des Glaubens zu erspüren und zu analysieren. Zusammen mit der Analyse der Denkvoraussetzungen, den biblisch-theologischen sowie den theologie- und philosophiegeschichtlichen Kenntnissen aus dem ersten Teil des Buches haben wir mehrere kraftvolle Werkzeuge in der Hand. Mit ihnen wenden wir uns nun im dritten Teil dieses Buches einer Reihe von Fragestellungen zu, über die in der Christenheit unserer Gegenwart kontrovers diskutiert wird. Die Frage ist: Gibt es auch für die Postmoderne gute Gründe für den Glauben in seiner traditionellen Bedeutung? Wie können uns diese Werkzeuge in einer allgemeinen und weltumspannenden Krisensituation helfen, guten Wurzelboden statt trockenen Fels zu erschließen?

Dabei bietet die Typologie der Anfechtung deutlich mehr Möglichkeiten, als ich im Rahmen eines theologischen Sachbuches zur Anwendung bringen kann. Da für mich in diesem Buch aber die Glaubensinhalte im Fokus stehen, werden die Anfechtungen des -D-Typs (im Denken) im Vordergrund stehen – jedoch in einer ganzheitlichen Betrachtungsweise, die das Fühlen und das Wollen als Teil eines Ganzen immer mit im Blick behält.

III. TEIL

In IHM verwurzelt und gegründet

6 Begründet glauben und vertrauen

6.1 Was »ist« »historisch«?

Fast überall, wo es heute um Anfechtung im Denken geht, spielt der Begriff des »Historischen« irgendeine Rolle. Wir haben es hier mit einem Schlüsselbegriff der Theologie seit dem 18. und 19. Jahrhundert zu tun. Und der hat eine höchst problematische Wirkungsgeschichte. Keine Passionszeit vergeht, ohne dass der Spiegel seine übliche Enthüllungsstory bringt, wie das mit Jesus »wirklich« war und welche Aussagen in der Bibel oder im Glauben der Kirche »unhistorisch« seien. In vielen Debatten, die Christen heute miteinander führen, geht es darum, was mit dieser oder jener Bibelstelle »historisch« gemeint war und wieweit man dadurch ein »Sollen« für die heutige Gemeinde ableiten kann. Und es vergeht kein Konfirmandenkurs, ohne dass ich zu einer Stellungnahme herausgefordert werde, ob die Geschichten von Jesus denn wirklich passiert sind und inwieweit man das sicher wissen kann. Ich würde sogar so weit gehen zu sagen: Das »Historische« ist eine Hauptquelle von Anfechtung für die Christenheit, und die historisch-kritische Theologie der Gegenwart ist in weiten Teilen eine Reaktion darauf, seit David Friedrich Strauß 1836 die Darstellungen Jesu im Neuen Testament insgesamt als »Mythos« mit maximal vereinzelten historischen Erinnerungen deklarierte.[206] Sven Findeisen sagte mir während meines Theologiestudiums einmal: »Das ›Historische‹ ist die Ober-Sau, von der all die kleinen Ferkel herkommen.« Ich konnte das nachvollziehen, denn mit diesem Begriff hatte ich schon seit meiner Schulzeit zu tun.

Meine Begegnung mit der »historisch-kritischen Methode«

Seit meiner Taufe (siehe Kap. 2.1) hatte mein Interesse am Religionsunterricht in der Schule sprunghaft zugenommen. Ich hatte ja nun Erfahrungen mit dem, wovon da die Rede war. Allerdings war ich längst nicht mehr einfach so mit allem einverstanden, was im Unterricht gelehrt wurde. Mit meinem Religionslehrer lieferte ich mir viele aufregende Debatten. Er war auch jemand, mit dem man das konnte – mit unglaublich viel Wissen, einem hohen wissenschaftlichen Anspruch und zugleich emotional voll »drin« in seinem Fach. Wir haben uns herzlich geliebt und vielleicht genau darum auch von Herzen miteinander gestritten, eins tat dem anderen keinen Abbruch. Und ich habe viel von ihm profitiert. Brian Zahnd beschreibt Fälle von Pastoren, die noch im Studium in einem *Safe Space* von hermetisch abgeriegelter Theologie leben und völlig aus den Pantinen kippen, wenn sie das erste Mal vom Gilgamesch-Epos hören und ihn mit dem ersten Schöpfungsbericht vergleichen. Das war bei uns Lernstoff in der 12. Klasse, genau wie die Zwei-Quellen-Theorie, nach der Matthäus und Lukas das Markusevangelium sowie eine nicht mehr erhaltene Sammlung von Jesusworten als Vorlage verwendet haben. Und die Frage, die ich dort vorgelegt bekam, war sehr ähnlich wie in den häuslichen Debatten: Ist das, was da in der Bibel steht, nur das Werk menschlicher Ideen oder Offenbarung Gottes?

Zugespitzt hat sich diese Frage, als wir die Stillung des Seesturmes Mk 4,35-41 besprachen. Ich glaubte der Bibel, dass Jesus Wunder tun konnte, wo ich doch seine Gegenwart täglich als Wunder Gottes erlebte. Für meinen Religionslehrer dagegen war das Wunder »unhistorisch«. Die Naturgesetze schlossen das nach seinem Verständnis aus. Wie aber war dann dieser Text zu verstehen? Er erläuterte uns: »Markus wollte seiner Gemeinde etwas erklären, und dafür hat er die Geschichte von der Stillung des Seesturms verwendet, um ihr im Angesicht einer Verfolgungssituation zu sagen, dass sie sich nicht fürchten soll.« Ich konterte direkt: »Also ›verwendet‹ heißt so was wie ›frei erfunden‹?« Er wand sich sichtlich und mochte diese Konsequenz nicht so stehen lassen, weil Markus davon ja fest überzeugt gewesen sei, aber er konnte auch nicht entkräften, dass seine Ersatzerklärung für das seiner Ansicht nach »unhistorische« Wunder genau darauf hinauslief. Für mich tat sich an der Stelle ein Abgrund auf: Wenn dieses Ereignis nicht stattgefunden hat, dann ist es eine Erfindung, also »nur eine Geschichte« wie der Weihnachtsmann von Coca-Cola. Ist die Bibel aber nur menschliches Gerede, dann ist sie nicht vertrauenswürdiger als anderes menschliches Gerede, das ich damals schon als sehr wenig vertrauenswürdig erlebt hatte. Dann aber hat mein Glaube keinen zureichenden Grund (Anfechtung durch andere, im Denken, zielt auf den Menschen; A-D-M). Wenn es jedoch geschehen ist, dann hat mein Vertrauen, dass ich mich nicht fürchten muss – und damit auch die Aussage von Markus –, einen zureichenden Grund, der in der Anschauung von Gottes Macht besteht, der Untergehende aus Not errettet hat und gemäß seinem Wort auch in Zukunft erretten kann und wird. Das ist ein großer Unterschied. »Hoffnung« ohne Grund einer Hoffnung, »Vertrauen« ohne etwas, dem ich vertrauen kann, »Liebe« ohne Liebeserweis, das alles sind Worthülsen zum Wohlfühlen wie die Trinkflasche, die einem das beruhigende Gefühl gibt, den Durst löschen zu *können*, wenn man *müsste*, außer man braucht sie *wirklich* – und dann stellt man fest, dass sie leer ist. Glaube ohne zureichenden Grund allein auf Basis menschlicher Ideen oder Gedanken wäre für mich weder plausibel noch in irgendeiner Weise überzeugend.

Und wenn man sich die Kirchenaustrittsstatistik ansieht, bin ich damit nicht allein. Die Kirche kann ihre Glaubensinhalte nicht mehr vermitteln, weil sie sich im Lauf von zwei Jahrhunderten daran gewöhnt hat, deren Grundlage als »unhistorisch« zu betrachten, und es darum gerade für junge Menschen »nur Gerede« zu sein scheint, hinter dem keine Tatsachen stecken.

Nun haben große Theologen wie Rudolf Bultmann kein Problem darin gesehen, die Historizität weiter Teile der Bibel lediglich im Glauben der Menschen zu sehen, die sie überliefert und niedergeschrieben haben, und trotzdem in Aufnahme der Existenzphilosophie den Sprung zum Glauben zu wagen, obwohl es keinen Grund dazu gibt. Aber wie wir oben gesehen haben, war er darin ein Kind seiner Zeit und an seinem Ort. Es gibt andere Menschen, denen das so nicht möglich ist. Die Behauptung, dass große Teile der Bibel von der Arche Noah bis zur Auferstehung »unhistorisch« seien, kann Christen in schwere Anfechtungssituationen führen und ihrem Glauben – und ihrer Kirchenmitgliedschaft! – den zureichenden Grund entziehen. Dabei ist die einer biblischen Aussage zugeschriebene Eigenschaft, »historisch« oder »unhistorisch« zu sein, von anderer Art als andere Eigenschaften, über die man nicht diskutieren kann, wie dass der Himmel blau oder Wasser nass oder die Erde rund ist. Die Theologie hat sich angewöhnt, diesen Begriff und seinen transportierten Inhalt unhinterfragt zu übernehmen, als handele es sich um eine objektive Gegebenheit. Dabei gibt es, wie ich zeigen möchte, sehr gute Gründe für kritische Rückfragen. Nach meiner Erfahrung haben diese Rückfragen ein viel größeres Potenzial, diese Anfechtung im Denken zu überwinden, als eine rein reaktive Theologie, die sich mit einem »Trotzdem!« zufriedengibt oder das Spiel mitspielt, indem sie möglichst viele Teile der Bibel als »historisch« zu retten versucht. Deshalb werden wir diesen Begriff nun einer historisch-kritischen Betrachtung unterziehen. Die Methode, die wir anwenden, ist der *Konter*. Wir haben in den Kapiteln 2 und 3 die inhaltlichen Voraussetzungen dafür erarbeitet und werden diese nun anwenden und erweitern, um einen modernen Glauben zu dekonstruieren.

Wo »ist« »historisch«?

Komische Frage, ich weiß. Aber schau dich mal um. Siehst du irgendwo das »Historische«? Vermutlich nicht. Das »Historische« ist keine Entität, also kein Ding, das »es gibt«. Es ist, wie gesehen, auch keine Eigenschaft von Objekten, die ihnen aufgrund ihrer selbst zukommen würde, so wie ein Baum grün oder der Himmel blau ist. Der Mont Blanc, der seit Menschengedenken immer an derselben Stelle steht, oder der sprichwörtliche Sack Reis, der in

China umfällt, ohne dass es jemand bemerkt, die sind nicht »historisch«. Der Sack Reis, der umfällt, dabei von der Empore stürzt und einem Botschafter auf den Kopf fällt, was zahlreiche Verwicklungen nach sich zieht, die in Geschichtsbüchern stehen, und der darum aufgehoben und im Museum ausgestellt wird, der ist historisch (dieses Beispiel war erfunden). Es geht beim Historischen immer um die Verhältnisse zwischen Menschen, auch wenn Gegenstände dabei eine Rolle spielen; es setzt die Wahrnehmung und die Erinnerung von Menschen voraus. Und doch werden nicht *alle* Verhältnisse zwischen Menschen »historisch«. Dass Oma Agathe von nebenan ihren Enkelkindern jeden Donnerstag das Mittagessen kocht, ist nicht historisch, denn es wird wohl nie in einem Geschichtsbuch stehen. Aber die Krönung von Karl dem Großen, der Westfälische Friede oder John F. Kennedys Berlin-Rede sind historisch. Warum? Weil nur das »historisch« wird, was *sprachlich multiplikatorisch weitergegeben* und so Teil des allgemeinen Wissens wird. Das trifft sogar für die Archäologie zu. Vor einigen Jahren wurde z. B. in Norddeutschland ein 5000 Jahre alter Brunnen gefunden.[207] Der wurde nur dadurch zu einem »historischer Brunnen«, dass heutige Menschen ihn ausgruben, in vorher bekanntes Wissen über die Geschichte und die Verhältnisse dieser Zeit einordneten und der Öffentlichkeit darüber berichteten. Jeder dieser Vorgänge setzt Sprache voraus. Ohne Sprache wären das einfach Steine, die im Hier und Jetzt an einem bestimmten Ort liegen. Daraus folgt:

> **Das eigentlich »Historische« existiert mittels Sprache in der Vorstellungswelt des Menschen, d. h. in seinem Kopf. Und *nur* da.**

Wann »ist« »historisch«?

Wieder so eine seltsame Frage – doch schon immer, oder? Zumindest, seit es Menschen gibt, die die Geschichte weitergeben (in der Fachsprache »tradieren«). Tatsächlich unterscheidet die »prähistorische« von der »historischen« Zeit, dass die Menschen für Sprache eine Aufbewahrungsform – nämlich die Schrift – erfunden haben, sodass auch spätere Menschen an ihrer Weitergabe teilhaben können; das sind die sog. »Quellen«. Aber die Geschichten, die sie erzählten, waren trotzdem nicht in unserem Sinn »historisch«. Denn:

»*Die Geschichte*« oder »*die Historie*« (das Wort ist ein Kollektivsingular) existiert nicht vor dem 18. Jahrhundert, und erst im 19. Jahrhundert hat sich der Begriff durchgesetzt!

Vorher zitierte man aus »den Historien« (im Plural) und sammelte die *res gestae* (lat. für Sachverhalte, Erfolge; das ist auch Plural), die man in einen Zusammenhang brachte, ähnlich wie man die alten schwedischen Fünf-Øre-Stücke auf eine Schnur ziehen konnte. Und von diesen »Zusammenhangs-Schnüren« gab es mehrere. Es gab die Geschichten der antiken vier Weltreiche.[208] Es gab die Geschichten des Reiches Gottes und des weltlichen Thrones, die zwar aufeinander beziehbar waren, aber als eigenständige Größen betrachtet wurden. Und man fragte sich lange Zeit mit sehr unterschiedlichen Antworten, was es überhaupt bringt, diese Geschichten zu sammeln und zu zitieren: Das waren doch einfach zufällige Ereignisse, die nichts darüber aussagten, was eigentlich *wahr* ist! Wahr sind nach der antiken Philosophie die zeitlosen Ideen und in der Aufklärung die Vernunftwahrheiten. Und wie viele Handlungen von Königen und Fürsten waren ganz einfach unvernünftig. Sie hätten auch ganz anders handeln können.

Für diese Eigenschaft der »Historien« (Plural!) gibt es übrigens einen Fachbegriff, den man verstehen sollte, weil er immer wieder auftaucht: Kontingenz. Kontingent sind Ereignisse, die nicht deswegen da sind, weil sie da sein *müssen* aufgrund der Naturgesetze oder der Vernunft, sondern sie sind deswegen da, weil ein Mensch in seiner Freiheit halt so gehandelt hat, wobei er auch ganz anders hätte handeln können. Dass sich alle sechs Stunden Ebbe und Flut

abwechseln, dass ein Stein hinunterfällt und nicht hinauf, das ist nicht kontingent, sondern »notwendig«. Aber dass ich hier sitze und dieses Buch schreibe, das ist kontingent, denn ich könnte auch etwas ganz anderes tun.
Geschichtliche Ereignisse sind grundsätzlich *immer* kontingent. Und nun sagten viele Philosophen bis in die Spätaufklärung hinein (u. a. auch Kant): Kontingente Ereignisse zu zitieren ist eigentlich nutzlos; das bringt nur dann etwas, wenn wir daraus fürs Hier und Heute etwas lernen. Auf den Zusammenhang der Dinge kommt es also an, auf die »Moral von der Geschicht«. Und diese herauszustellen sei die Aufgabe der Vernunft, die vorzugeben habe, was der ordnende, zu zeigende Gedanke sein sollte.

»Die Historie« betrat die Weltbühne erst, als der französische Aufklärer und Erzkritiker von Christentum und Kirche, der Philosoph Voltaire (1694–1778), seine *Philosophie de l'histoire* herausbrachte (frz.: »Philosophie der Geschichte«, erstmalig im Kollektivsingular). Für ihn waren die alten Unterscheidungen Klerus und Fußvolk, ja von Gott und Welt hinfällig. Und darum war auch *die Geschichte* für ihn eine *einzige*, in der alles mit allem zusammenhängt. Jedes Ereignis der Geschichte ist nach Voltaire als Wirkung einer Ursache aufzufassen, die sich ebenfalls in der Geschichte befinden muss. Die Methode dafür baute auf René Descartes' »methodischem Zweifel« auf sowie auf dem getrennten, »objektiven« Gegenüber von forschender Vernunft (*ratio*) und den beforschten Sachverhalten (*res gestae*). Das nennt sich »Kritik«: Was sich der zweifelnden *ratio* nicht als vernünftig erweist, wird als »Fabel« und nicht als Tatsache aufgefasst. Der Erweis vernünftiger Ursache-Wirkungs-Zusammenhänge war typisch für seine eigene Geschichtsschreibung. Jean-Jacques Rousseau (1712–1778) verfeinerte seine Methode. Bei ihm finden wir »eine durch und durch säkularisierte Betrachtung, die von der Religion völlig absieht und einer Beziehung auf das Göttliche ihrem Wesen nach nicht bedarf«.[209]

»*Die Geschichte*« hat also eine Geschichte. Sie gehört präzise gesprochen zur Philosophiegeschichte der Aufklärung. Wenn wir von »der Geschichte«, »der Historie« oder von »historisch« reden und dabei die Zeit vor dem 18. Jahrhundert meinen, extrapolieren wir eine Vorstellung zurück in eine Vergangenheit, in der sie noch nicht existierte.

Das wird spätestens in dem Moment problematisch, wo wir frühere Ereignisse der Vergangenheit so interpretieren, als ob die Menschen diese Vorstellung auch damals schon gehabt hätten. Ich glaube, es hat sehr gute Gründe, warum z. B. die Menschen der Bibel sie eben *nicht* hatten.

Wie hat sich die Vorstellung des »Historischen« in Europa entwickelt?

Voltaire und Rousseau philosophierten in Frankreich, und die Radikalität ihres Ansatzes fand bei uns in der deutschen Philosophie anfangs wenig Gegenliebe. Ihre Protagonisten Herder, Hamann, Lessing und Hegel waren dem christlichen Glauben gegenüber viel positiver eingestellt. Voltaires Kollektivsingular wurde zwar rasch aufgenommen, aber man debattierte viel lieber darüber, welchen Sinn diese *eine* Menschheitsgeschichte hat – was etwa in Lessings Stichwort von der »Erziehung des Menschengeschlechts« greifbar wurde. Im ersten Drittel des 19. Jahrhundert, das man das »historische Jahrhundert« nannte, brach die deutschsprachige Philosophie dann aber auseinander, und zwar nach Hegel (der Anlass war das Jesusbuch seines bereits erwähnten Schülers David Friedrich Strauß). Die Folge war, dass neben den Geschichtsphilosophen die Geschichtswissenschaftler als die eigentlichen Historiker zum Vorschein kamen. Sie wollten analog zu den Naturwissenschaftlern »objektive« Forschung an Quellen betreiben. Leopold v. Ranke (1795–1886) war der Bedeutendste von ihnen. Er und die mit ihm verbundenen »realistischen Historiker« waren die Protagonisten der bürgerlichen Bildung. Mit immensem Fleiß trugen sie in zahlreichen Publikationen mehr und mehr historische Details von der Antike bis zur Aufklärung zusammen. Und obwohl Ranke seine Beheimatung im Luthertum nie verleugnete – sie prägte seine Schlussfolgerung, dass jede Epoche »gleich unmittelbar ist zu Gott« –, war seine Methode, das »objektive, kritische Quellenstudium«, geschult an Descartes' Rationalismus, an Voltaire und Rousseau. Der Historiker habe mit größtmöglicher Objektivität »zu zeigen, wie es eigentlich (d. h. wirklich) gewesen« ist.[210] Er dürfe sich weder von Romantik noch von philosophischen Spekulationen, weder von »positivistischer Wissenschaft« noch von kirchlichen Dogmen leiten lassen. Und diese Methode wirkte schulbildend: Sie wurde über lange Zeit zum Inbegriff wissenschaftlich-historischer Forschung. Mit ihr hat Ranke über das 19. Jahrhundert hinaus und teilweise bis in unsere Zeit das triviale Verständnis geprägt, was »historisch« bedeutet:

> **»Historisch« ist »das, was wirklich gewesen ist«, und »unhistorisch« ist das, was in Wirklichkeit nicht gewesen ist.**

Das »Unhistorische« kann Irrtum sein, Fantasie (Fiktion) oder sogar Betrug. Übrigens wird stets vorausgesetzt, dass es sich dabei jeweils um den aktuellen Stand der Forschung handelt, der jederzeit durch neue Forschungsergebnisse verändert werden kann.

Wie wird »historisches Wissen« erzeugt?

Rankes Verständnis hat auch die Theologie geprägt: Es liegt der »historisch-kritischen Methode« der Bibelforschung und Bibelauslegung (Exegese) zugrunde. Eines ihrer Hauptanwendungsfelder sind die Evangelien und die Frage nach dem »historischen Jesus« – also dem Jesus, der nach Ansicht der historisch-kritisch arbeitenden Theologen »wirklich« gewesen und der von dem Jesus, den die Evangelien darstellen, zu unterscheiden sei. Ernst Troeltsch (1865–1923) hat in seinem Aufsatz »Über historische und dogmatische

Methode der Theologie« deren Grundzüge anhand ihrer Axiome dargestellt. Ich zitiere die betreffende Textpassage im Zusammenhang, denn das muss man genießen:

> »Hier handelt es sich um drei wesentliche Stücke: Um die prinzipielle Gewöhnung an historische Kritik, um die Bedeutung der Analogie und um die zwischen allen historischen Vorgängen stattfindende Korrelation. Das erste besagt, dass es auf historischem Gebiet nur Wahrscheinlichkeitsurteile gibt von sehr verschiedenen Graden der Wahrscheinlichkeit – vom höchsten bis zum Geringsten. Und dass jeder Überlieferung gegenüber daher erst der Grad der Wahrscheinlichkeit abgemessen werden müsse, der ihr zukommt. Damit ist die ganze Stellung zu dem ungeheuren Erinnerungs- und Traditionsstoff unserer Gesittung prinzipiell verändert, auch da, wo die Gegenstände selbst noch nicht verändert worden sind. Aber auch diese werden durch Kritik tausendfach zersetzt, berichtigt, verändert, und das immer mit dem Ergebnis einer nur wahrscheinlichen Richtigkeit. [...]
>
> Das Mittel, wodurch Kritik überhaupt erst möglich wird, ist die Anwendung der Analogie. Die Analogie des vor unseren Augen Geschehendem und in uns sich Begebenden ist der Schlüssel zur Kritik. Täuschungen, Verschiebungen, Mythenbildungen, Betrug, Parteisucht, die wir vor unseren Augen sehen, sind die Mittel, derartiges auch in den Überlieferungen zu erkennen. Die Übereinstimmung mit normalen, gewöhnlichen und doch mehrfach bezeugten Vorgehensweisen und Zuständen, wie wir sie kennen, ist das Kennzeichen der Wahrscheinlichkeit für die Vorgänge, die die Kritik als wirklich geschehen anerkennen oder übrig lassen kann. Die Beobachtung von Analogien zwischen gleichartigen Vorgängen der Vergangenheit gibt die Möglichkeit, ihnen Wahrscheinlichkeit zuzuschreiben und das Unbekannte des einen aus dem Bekannten des anderen zu deuten. Diese Allmacht der Analogie schließt aber die prinzipielle Gleichartigkeit alles historischen Geschehens ein, die freilich keine Gleichheit ist, sondern den Unterschieden allen

Raum lässt, im Übrigen aber jedes Mal einen Kern gemeinsamer Gleichartigkeit voraussetzt, von dem die Unterschiede begriffen und nachgefühlt werden können. Die Bedeutung dieser Analogie für die Erforschung der Geschichte des Christentums ist daher mit der historischen Kritik von selbst gegeben. [...] Das schließt aber die Einbeziehung der christlich-jüdischen Geschichte in die Analogie aller übrigen Geschichte in sich [...].

Ist aber diese Bedeutung der Analogie nur möglich aufgrund der Gemeinsamkeit und Gleichartigkeit des menschlichen Geistes und seiner geschichtlichen Betätigungen überhaupt, so ist damit der dritte historische Grundbegriff gegeben, die Wechselwirkung aller Erscheinungen des geistig-geschichtlichen Lebens, wo keine Veränderung an einem Punkte eintreten kann ohne vorangegangene und folgende Änderung an einem anderen, sodass alles Geschehen in einem beständigen korrelativen Zusammenhange steht und notwendig einen Fluss bilden muss, in dem alles und jedes zusammenhängt und jeder Vorgang in Relation zu anderen steht. Damit sind aber die Prinzipien [!!] der historischen Erklärungen und Auffassung gegeben.«[211]

»Historisches Wissen« über die Bibel wird erzeugt durch die Anwendung von »Kritik, Analogie und Korrelation« auf die biblischen Texte.

Dieses Verständnis des »Historischen« zieht sich im Grundsatz bis heute durch, und zwar unter weitgehender bis vollständiger Ignoranz zweier sehr grundsätzlicher Probleme, die schon seit über hundert Jahren bekannt sind.

Erstens: Kritik, Analogie und Korrelation sollen nach Troeltschs Vorstellung mehr oder minder objektive Kriterien sein, um historische Elemente der Überlieferung von unhistorischen unterscheiden zu können. Tatsächlich sind sie aber davon abhängig, was der Mensch, der sie anwendet, denkt – sie sind also *kontingent* (vgl. S. 115). Oder anders ausgedrückt: »Maßstab ist das, was dem Gestalter des Bildes als plausibel und kohärent *erscheint*.«[212]

Das zweite Problem hatte schon Troeltsch selbst gesehen. Er setzte gemeinsam mit Max Weber und anderen zu einer grundlegen Kritik am »Historismus« an.[213] Es fehlte nämlich eine ordnende Idee, ein Maßstab zur Bewertung der inzwischen unüberschaubar gewordenen Fülle historischer Details. Welchen Sinn haben denn die ermittelten Vorgänge? Troeltsch und Weber beantworteten diese Frage geschichtsphilosophisch so, dass der Mensch den Sinn von Geschichte selbst *erschaffen muss,*[214] weil er den historischen Tatsachen an sich nicht zu entnehmen ist. Das änderte für sie nichts an der Methode, wie man zu diesen Tatsachen kommt, bevor man ihnen Sinn hinzufügt. Aber das Resultat lässt sich an den zahlreichen Darstellungen des »historischen Jesus« aufweisen. Das beginnt schon bei Herrmann Samuel Reimarus (1697–1768, vgl. Fußnote 35), der in Jesus einen »tragischen Helden« sah, nämlich einen politischen Messias, der an der Ignoranz der Gesellschaft gescheitert sei. Die Auferstehung, die für ihn als Aufklärungstheologen unplausibel war, machte für ihn Sinn als Erfindung der Jünger, die nach Jesu gewaltsamem Tod nicht in ihr altes Leben zurückkehren wollten und darum den Leichnam gestohlen hatten (»objektive Betrugstheorie«).[215] Im 19. Jahrhundert entstanden unzählige solcher »historischen Jesusse«, die alle völlig unterschiedlich waren – bis Albert Schweitzer (1875–1965) in seiner »Geschichte der Leben-Jesu-Forschung« (1. Aufl. 1906) zeigte, dass sie alle merkwürdigerweise immer dem Idealtypus ihrer Forscher entsprachen.[216] Diese und andere Aporien haben immer wieder zu Anpassungen der Methode geführt. Dadurch sind verschieden große Grauzonenbereiche entstanden, was denn warum als »historisch« gelten kann und was nicht. Das hatte auf die Sinngebung natürlich großen Einfluss. Tatsächlich dürfte die beabsichtigte Sinngebung für die Modifikationen oftmals ursächlich gewesen sein. Aber das grundsätzliche, von Ranke und Troeltsch bestimmte Verständnis des »Historischen« ist in weiten Teilen der (vor allem deutschsprachigen) Theologie bis heute unverändert geblieben[217] – und zwar im Unterschied zur Geschichtswissenschaft, in der die Dinge heute sehr viel differenzierter betrachtet werden. Dabei transportiert der

Begriff sehr interessante Axiome, auf denen er aufbaut, die stets mit ihm gemeinsam unerkannt auf den Tisch kommen und von denen er m. E. *nicht ablösbar ist*:

Axiome des »Historischen«

Ich unterscheide (wie oben S. 95 f.) axiomatische Prämissen und von ihnen abgeleitete »hypothetische Prämissen«, die als Arbeitshypothesen vorausgesetzt werden, nummeriert als »H1–H8« (H steht für historisch):

Axiomatische Prämissen:

H1: Der Glaube, dass objektive historische Tatsachen existieren, die »wirklich so gewesen« sind

H2: Der Glaube an die Vernunft, die – autonom, ganz auf sich gestellt und allem anderen überlegen – im wissenschaftlichen Näherungsverfahren solche historischen Tatsachen grundsätzlich erkennen kann

H3: Der Glaube an eine sich in die Zeit erstreckende Weltgeschichte, deren unterschiedliche Phänomene darin gleichrangig sind, dass sie vollständig und unterschiedslos zu dieser einen Weltgeschichte gehören und entsprechend verglichen werden können (Analogieprinzip)

H4: Der Glaube, dass es keinen Gott gibt, der in den Lauf der Weltgeschichte eingreift; d. h., die biblische Geschichtsdarstellung wäre auf jeden Fall falsch

H5: Der Glaube an unsere eigene Zivilisation als Produkt dieser Weltgeschichte, eine Zivilisation des Fortschritts durch vernünftiges Wissen, die anderen und früheren Zivilisationen überlegen ist und selbstverständlich die höchste Entwicklungsstufe der Menschheit darstellt

Davon abgeleitete hypothetische Prämissen:

H6: Der Glaube an einen geschlossenen Ursache-Wirkungs-Zusammenhang sämtlicher Phänomene dieser Weltgeschichte, in der alles und jedes als Wirkung einer innerhalb ihrer selbst befindlichen Ursache dargelegt werden kann (Korrelation; »historisch-genetisches Denken«)

H7: Der Glaube an die eigene Überlegenheit, die sich in Form der »Kritik« ausdrückt: Durch methodischen Zweifel wird »Wahrheit« (lat. *veritas*) unter Aufnahme des römischen Verständnisses quasi gerichtlich festgestellt, wobei die »Vernunft« die Richterin ist

H8: Der Glaube, dass nur das Historische wirklich oder, mit einem anderen Wort, real ist. Als Gleichung ausgedrückt:

historisch = wirklich
unhistorisch = nicht wirklich, nicht real

Keine dieser Prämissen wurde jemals bewiesen oder ist logisch beweisbar. Es sind sämtlich Glaubenssätze und Vorannahmen.

Die letzte Ableitung (H8) ist wirkungsgeschichtlich die wichtigste und zugleich problematischste. Denn dieses Verständnis des »Historischen« ist in den *common sense* der Allgemeinbildung eingegangen. Das Konzept von »Vernunftwahrheiten«, die unabhängig von Tatsachen existierten, hat sich hier nicht durchgesetzt. Vor Gericht sagt man dann »die Wahrheit, die Wahrheit und nichts als die Wahrheit«, wenn man sagt, wie es wirklich gewesen ist, also nicht lügt oder etwas erfindet. Irrtum, Lüge und Fiktion zu erkennen ist Sache der Wahrheitsfindung des Richters. Im Allgemeinverständnis der Menschen bis heute finden wir die Gleichung »historisch = wirklich« also durch folgende Gleichung aus dem juristischen Bereich ergänzt:

Darstellung von Wirklichem = wahr
Darstellung von nicht Wirklichem = nicht wahr

Daraus ergibt sich für den *common sense* die folgende Kombination:

> *historisch = wirklich/real = wahr*
> *unhistorisch = nicht wirklich/nicht real = nicht wahr*

Und dies in dem Sinne, dass es nicht nur für einen selbst, sondern vorbehaltlich der Aneignung auch für alle anderen Menschen wahr oder nicht wahr ist.[218]

An dieser Stelle wird es vermutlich einigen Theologinnen und Theologen unter meinen Lesern vor Entsetzen schaudern. Aber m. E. müssen wir so ehrlich sein und dem Sachverhalt ins Auge sehen, dass Menschen nach – manche würden sagen *trotz* – mehrhundertjähriger Bildungsgeschichte den Begriff »historisch« genau in diesem Sinne verstehen. Denn wir werden das Glaubwürdigkeitsproblem, das wir uns als Kirche im Verlauf dieser Zeitspanne in der Öffentlichkeit eingehandelt haben, nur dann zielführend angehen können, wenn wir uns der Wirkungsgeschichte dieses Begriffes stellen. Der viel beklagte Traditionsabbruch, die Kirchenaustrittswelle, der Relevanzverlust in der Gesellschaft – das hat alles auch etwas mit dieser Gleichung zu tun, die die Verkündigung der Kirche als wohlklingendes, aber letztlich *beliebiges* Gerede erscheinen lässt. Ich will nicht ungerecht sein: Natürlich hat man die historisch-kritische Methode in der Theologie weiterentwickelt, modifiziert und um viele Werkzeuge verfeinert, die vor allem der Hingabe an die Textbeobachtung dienen. Die Prämissen blieben trotz mancher Modifikationen jedoch weitgehend dieselben.[219]

Was leistet die Vorstellung des »Historischen«?

Ernst Troeltsch hat in seiner Charakterisierung der »historischen Methode« keinen Zweifel daran gelassen, dass sie im Gegenüber zur »dogmatischen Methode« eine komplette Umorganisation des theologischen Wissens mit sich bringt. »Es durchzieht alles wie einen Sauerteig.«[220] Sie setzt ja nicht nur die prinzipielle Gleichrangigkeit aller historischen Phänomene voraus, also dass sie ausschließlich auf der Ebene der Menschheitsgeschichte wahrzunehmen sind (das ist die obige Prämisse H3), sondern fordert auch, dass alles (und wirklich alles) nach innerweltlich-kausalen – um nicht zu sagen »säkularen« – Ursache-Wirkungs-Zusammenhängen zu erforschen und einzuordnen ist (Prämisse H6). Die »historische Methode« bietet also bereits die Grundstruktur des Fachwerks, das dazu da ist, das Einzelwissen zu ordnen und zu strukturieren. In der Wissenschaftstheorie gibt es dafür den Begriff »Paradigma«. Alles Bekannte aus der Geschichte wird in dieses Fachwerk eingefügt – Unhistorisches als bloße Vorstellung, Meinung oder Idee, vielleicht auch als Irrtum oder Betrug, und Historisches in Korrelation zu seiner Entstehung und Folgewirkung. Das bedeutet:

Das »Historische« ist eine Konstruktionsform des Wissens.

Damit wir uns nicht missverstehen: Ich glaube nicht, dass diese Konstruktionsform an sich grundsätzlich falsch ist. Es ist völlig legitim, sich in der Forschung auf diejenigen Phänomene im Alten und Neuen Testament zu fokussieren, die der bloßen Vernunft zugänglich sind und in einem geschlossenen Ursache-Wirkungs-Zusammenhang mit der Menschheitsgeschichte stehen. Es spricht nichts dagegen, sich für eine Darstellung auf die Interaktionen auf der menschlichen und zwischenmenschlichen Ebene zu beschränken. Es gibt diesen Bereich auch in der Bibel: In einigen Passagen z. B. der alttestamentlichen Geschichtsbücher erzählt sie Dinge, die so ablaufen. Aber es muss klar sein, was man auf diese Weise in die Konstruktion des Wissens einholen kann und was nicht. Durch die Axiome H4 (es gibt keinen Gott, der in den Lauf der Weltgeschichte eingreift) und H6 (geschlossener Ursache-Wirkungs-Zusammenhang sämtlicher Phänomene der Weltgeschichte) kann ein ziemlich wichtiger Teil der biblischen Überlieferung im Definitionsbereich dieser Prämissen nicht dargestellt werden, nämlich der, wo Gott wirkt. Das ist aber genau das, wovon die Bibel hauptsächlich erzählt und was Menschen im Glauben an ihn bis heute erleben. Das »Historische« kann per definitionem diesen Bereich nicht erfassen, weil der Definitionsbereich *beim Glauben der Menschen endet*, aber auf das, *was* geglaubt wird, nicht zugreifen kann. Das bedeutet:

> Das »Historische« wirkt als *Frame* (engl. »Rahmen«).

Um genau dieses handelt es sich also, wenn Theologen »historisch« oder »unhistorisch« sagen – um einen *Frame*, nicht um eine feststehende Eigenschaft, als die er so gern verstanden wird. Wenn man diesen *Frame* über die biblische Überlieferung legt (und genau das ist es, was historisch-kritische Theologen vornehmlich tun), dann gibt es viele berichtete Ereignisse, die innerhalb des *Frames* liegen und als »historisch« darstellbar sind. Und es gibt eine nicht zu unterschätzende Zahl von berichteten Ereignissen, die nicht in diesem *Frame* liegen und ergo als »unhistorisch« bezeichnet werden.

Das liegt aber nicht an der biblischen Überlieferung, sondern am *Frame*!

Statt »unhistorisch« müsste man eigentlich sagen: Es sind Ereignisse, die sich zum jetzigen Zeitpunkt im Frame des »Historischen« nicht darstellen lassen. Und zwar sind das sämtliche Wunder[221] einschließlich des so oft erwähnten Redens Gottes. Hinzu kommt eine gewisse Zahl von Ereignissen, die nach derzeitigem Stand nicht bestätigt werden können, z. B. aus archäologischen Gründen oder weil der Quellenbefund das nach den Maßstäben des »Historischen« nicht hergibt.

Das bedeutet aber nicht notwendigerweise, dass sie sich nicht ereignet haben!

Die Gleichung »Nur was historisch ist, ist wirklich und wahr« ist ein *Glaubenssatz* ohne jede Beweiskraft. Er spiegelt im Sinne zirkulärer Schlussverfahren die eigenen Prämissen mehr nicht. Das bedeutet:

> Es können auch Dinge wirklich und wahr sein, die außerhalb des *Frames* des »Historischen« liegen.

Der *Frame* des »Historischen« hat eine Vielzahl von Problemen nach sich gezogen. Drei davon stelle ich im Folgenden dar.

Sinngebung und Neutralität

Wenn man das »Unhistorische« aus den Quellen ausscheidet, dann bleiben deutlich weniger »historische« Ereignisse übrig; es gibt dadurch erhebliche Lücken. Daraus muss nun »Historiografie« (Geschichtsschreibung) werden. Für diese kann man sich nur noch auf die verbliebenen Teile stützen, die der *Frame* übrig gelassen hat. Sie müssen jetzt nach dem Grundgedanken einer historischen Entwicklung zusammengesetzt und mit einem Sinn versehen werden, denn die Sinngebung, das wissen wir von Troeltsch, obliegt den Historiografen. Natürlich wird sich jeder Theologe und jede Theologin bemühen, so gegenstandsbezogen wie möglich darzustellen, wie es nach derzeitigem Forschungsstand »wirklich gewesen ist«. Die Sinngebung soll sich der Theorie nach an der Überlieferung bewähren und sie im Ganzen – also auch die Teile, die nicht als historisch gelten – zufriedenstellend erklären. In der Praxis aber sieht die Sinngebung (die *Story line*, der *Plot*) zwangsläufig völlig verschieden aus, wie die unterschiedlichen »historischen Jesusse« eindrücklich zeigen. Denn sie hängt hauptsächlich von der Person des Verfassers ab. Das hat der amerikanische Historiker Hayden White (1928–2018) anhand von sechs Historikern des 19. Jahrhunderts demonstriert. Er kommt anhand ihrer Werke zu dem Schluss: »Es scheint (…) in jeder Darstellung der Wirklichkeit eine ideologische Komponente zu stecken.«[222] Sie bestimmt nicht nur die Interpretation der Fakten, sondern auch ihre Auswahl[223] und auch schon die Methode der Tatsachenfeststellung.[224] Kein Ausflug in die »historische Antike« stellt dar, wie es wirklich war, weil (selbst wenn die Fakten stimmen) jede Darstellung von der Intention des Darstellenden geprägt ist. »Historisches« Wissen ist nie neutrales Wissen – es ist immer weltanschaulich geprägt. Dadurch gerät das Historische in den Fragenkreis der Postmoderne.

Man kann dieses Problem an einem Beispiel der Gegenwart ablesen. Eine bislang wenig beachtete Nebenwirkung des »historisch-genetischen Denkens« ist, dass es mit dem Wunder des Wirkens Gottes auch den Gegenstand der damit verbundenen Glaubenserfahrung von Christen für »unhistorisch« halten muss. Das ganze Feld der Mystik von Gottesbegegnung und Gottesgemeinschaft liegt *eo ipso* außerhalb des *Frames* des »Historischen«. Es kann nur durch eine Uminterpretation in ihn hineinverlagert werden, indem man die Glaubenserfahrung als Hervorbringung des glaubenden Menschen versteht. Nur als menschlicher Zustand aus menschlicher Ursache kann sie »historisch« sein! Aber das ist eben *nicht* das, was Christen real *mit Gott* erleben, denn diese Erfahrung geht für sie vom wirklichen Gott aus und sie selbst erfahren sich dabei als Empfangende. Historisch-genetisches Denken formt also notgedrungen eine sinnverändernd andere Vorstellung von dem, was sich ereignet hat, als die Menschen, in deren Leben sich dies ereignet hat. Wenn man tiefgläubigen Menschen wie dem Liederdichter Gerhard Tersteegen, dem Methodisten John Wesley oder dem Missionar John Stott erklären würde, dass sie ihre Glaubenserfahrung selbst hervorgebracht hätten, würden sie diese bemächtigend-übergriffige Interpretation empört zurückweisen. Für die »historische« (Um-)Interpretation mystischer Erfahrungen gilt also im Vergleich zu oben das Umgekehrte:

> **Es können Dinge als »historisch« gelten, die nicht real sind, weil sie sich nicht so ereignet haben, wie es die Sinngebung des Historikers aufgrund seiner Axiome versteht.**

Wir werden später einen weiteren prominenten Fall dieser Art kennenlernen. Die Prämisse H8 ist also dergestalt zu verbessern, dass sie als fallbeschreibende 2 x 2-Matrix aufgefasst wird:

Abbildung 7:
2x2-Matrix

Wirkungsgeschichte und Neutralität

Der Philosoph Hans-Georg Gadamer (1900–2002) entdeckte, dass die Vorstellung eines Gegenübers von historischem Text und Historiker zu kurz greift. Sie lässt nämlich den Umstand unberücksichtigt, dass diejenigen, die historische Erscheinungen interpretieren, selbst Produkte von deren Geschichte sind. Dieses Argument haben wir oben schon bei Adolf Schlatter gesehen. Darum sind diejenigen, die historische Ereignisse tradieren oder darstellen, selbst von diesen Ereignissen geprägt. Sie können ihnen also gar nicht neutral gegenüberstehen. In der Art und Weise ihrer Interpretation zeigt sich also bereits die Wirkungsgeschichte der historischen Erscheinung, die sie gerade interpretieren.[225] Deswegen vollzieht sich das Verstehen historischer Quellen durch spätere Generationen nach Gadamers Hermeneutik (= Lehre vom Verstehen) so, dass sich verschiedene Sinngebungen überlappen. Historisch-kritische Forschung an den biblischen Texten versteht sich dann so, dass sie an der Wirkungsgeschichte der berichteten Ereignisse durch die biblische Überlieferung teilhat und ebendadurch selbst ein Teil dieser Wirkungsgeschichte ist. Das betrifft die obigen Axiome H1 und H2 (es existieren objektive historische Tatsachen, die die Vernunft erkennen kann), von denen sich Teile der historisch-kritischen Forschung heute verabschiedet haben. Stattdessen versucht man, z. B. in der historischen Jesusforschung, herauszufinden, ob sich die (glaubende) Interpretation Jesu durch die Jünger oder die Urchristenheit (z. B. als »Sohn Gottes«) als Wirkungsgeschichte des historischen Jesus verstehen lässt, also in seinen Worten und seinem Verhalten einen Ansatz hat.[226] Dadurch entsteht ein Bild vom »historischen Jesus«, das bereits deutlich näher an dem Jesus liegt, den die biblischen Texte überliefern und für Christen mit traditioneller Glaubensauffassung anschlussfähig erscheint. Das darf aber nicht darüber hinwegtäuschen, dass ein solches »Herausschälen« historischer Bestandteile immer noch auf Kriterien angewiesen ist, um »Historisches« und »Unhistorisches« voneinander zu unterscheiden. Kritik, Analogie und Korrelation sind zwar modifiziert und angepasst, vor allem was die »Kritik« angeht, aber nach wie vor die axiomatische Basis. Außerdem verbleibt auch dieses modifizierte Verständnis von Wirkungsgeschichte auf der rein menschlichen Ebene innerweltlicher Korrelation (Axiome H3, H6: Gleichrangigkeit und geschlossener Ursache-Wirkungs-Zusammenhang sämtlicher Phänomene).[227] Der *Frame* verwischt seine Konturen, bleibt aber immer noch *Frame*.

Historische Apologetik

Das »historisch-genetische Denken« wurde seit seiner Entstehung in kirchlichen und gemeindlichen Kreisen schon immer kritisch betrachtet und hinterfragt. Denn – wie zum Eingang beschrieben – es löst bei Menschen, die die Bibel als Gottes lebendiges Wort wahrnehmen und lesen, Anfechtung aus: »Wie kann ich den Worten Jesu vertrauen, wenn Jesus sie gar nicht wirklich gesprochen hat? Wie kann ich mich auf die Macht Jesu verlassen, wenn die Erweise dieser Macht gar nicht wirklich passiert sind? Wie kann ich mich ihm als dem Sohn Gottes anvertrauen, wenn er nur ein Mensch war?« Und so liegt es nahe, die bezweifelten Ereignisse zu verteidigen oder zu »retten«, indem man nachweist, dass sie eben doch historisch sind. Diese Form »historischer Apologetik« hat vor allem im englischsprachigen Raum eine Fülle von Literatur hervorgebracht. Sie kann zwei Argumentationsrichtungen einschlagen. Die eine führt durch Indizienbeweise Gründe auf, die dafürsprechen, dass ein bestimmtes Ereignis eben doch historisch ist, die Argumente gegen die Historizität also nicht plausibel sind. Die andere Argumentationsrichtung versucht, die Prämissen – und damit den *Frame* – so zu dehnen, dass als »unhistorisch« markierte Erzählungen wieder hineinpassen. Im Fall der Auferstehung Jesu ist die Beweislage hierfür so stark, dass eine Dehnung der Axiome H3 und H4 (Analogieprinzip, kein Eingreifen Gottes in den Lauf der Welt) eigentlich auf der Hand liegt.[228]

Diese Beweise haben andere bereits so überzeugend dargelegt, dass ich hier auf die deutlich umfangreicheren Arbeiten z. B. von N. T. Wright, aber auch Heinzpeter Hempelmann u. a. verweisen möchte.[229] Ich möchte ihnen einen negativen Beweis an die Seite stellen. Es ist einer Wissenschaft, die die Welt unter Ausschluss der Wirklichkeit Gottes beschreibt, in dreihundert Jahren nämlich nicht gelungen, *ein* (Zahlwort!) kohärentes Modell zu entwickeln, das den Befund der biblischen und außerbiblischen Quellen widerspruchsfrei erklären kann und sich durchgesetzt hätte. Sie hat eine große Auswahl von Erklärungen hervorgebracht, die nicht nur einander widersprechen, sondern sich gegenseitig ausschließen. Mal wurde der Leichnam Jesu angeblich gestohlen; mal war Jesus gar nicht tot, sondern wurde mit Kräutertee wieder lebendig gemacht. Das wäre angesichts der lebensbedrohlichen Verletzungen genauso ein Wunder. Für manche waren die Frauen zu dumm, das richtige Grab zu finden – und die vom Synhedrion, dem jüdischen Rat, müssen es genau so vergessen haben –, oder die Jünger hätten sich in einen Wunsch derartig hereingesteigert, dass sie es hinterher selbst glaubten – angesichts der Tatsache, dass sie dafür fast alle selbst das Martyrium erlitten, ebenfalls ein analogieloser Vorgang. Wo wirklich wissenschaftliches Wissen generiert wurde, hat sich stets ein grundsätzlicher Konsens für ein bestimmtes Modell gebildet, bis es von einem anderen Modell abgelöst wurde, für das sich dann ebenfalls ein grundsätzlicher Konsens gebildet hatte. Im Fall der Auferstehung Jesu hat das nicht funktioniert. Der einzige Konsens in dem Durcheinander ist, dass es auf keinen Fall so gewesen sein kann, wie die biblischen Quellen sagen. Und das ist kein Ergebnis, sondern identisch mit den Vorannahmen. Mit dem dreihundertjährigen Scheitern ihrer Forschung beweist eine methodisch-atheistische Wissenschaft selbst ihre Nichtzuständigkeit. Denn da sie nur innerhalb des Definitionsrahmens ihrer Prämissen arbeiten kann, diese aber offensichtlich selbst das Problem für eine erfolgreiche Modellbildung darstellen, kann sie nur konzedieren, dass sie aufgrund ihrer Prämissen hierzu nichts sagen kann.[230]

Es ist dennoch sehr unwahrscheinlich, dass man sich im Wissenschaftsbetrieb auf eine Dehnung der Prinzipien ernsthaft einlassen würde. Mir erscheinen die Versuche, eine solche Dehnung durch Indizien zu erzwingen, ambivalent. Einerseits ist es immer schön, wenn wissenschaftliche Ergebnisse die Angaben der Bibel auch innerhalb des Weltbildes des »Historischen« bestätigen bzw. mit ihnen konform gehen. Wir haben über Jahrhunderte erlernt, auf diese Weise zu denken, und so können solche Versuche tatsächlich hilfreich sein, um Anfechtung zu begegnen. Ich habe jedoch drei Einwände:

(a) Ich habe in Kap. 2.6 über unsere »fragmentierte Gesellschaft« gesprochen, und dieser Lösungsweg überzeugt nur im Rahmen eines Fragments, in welchem man ein ganz bestimmtes Wahrheitsverständnis miteinander teilt.

(b) Versucht man hier nicht, über die Vorstellung des »Historischen« einen wissenschaftlichen Beweis oder zumindest Beleg für den Glauben zu erhalten, der die Zweifel beseitigt?[231] Wieweit kann aber der Glaube abhängig sein von einer Wissenschaft, die Gott methodisch ausklammert? Das löst innerhalb solcher Beweisführungen oft starke Systemzwänge aus.

(c) Das Hauptproblem sehe ich darin, dass dieser Lösungsweg über »historische Gegenbeweise« ungewollt die Gleichung »Nur was historisch ist, ist wirklich und wahr« bestätigt. Das ist ein Vorgang, der in der Wissenschaft häufig vorkommt: Eine neue These wird geäußert – in diesem Fall: »Bestimmte biblische Geschichten sind unhistorisch.« Sie bringt ihre unausgesprochenen Prämissen mit, auf denen sie aufbaut. Die These löst Widerspruch in Form einer Antithese aus (hier: »Nein, sie sind historisch«), die aber, weil sie eine *Anti*these ist, die der These zugrunde liegenden Prämissen unbemerkt übernimmt. Damit sind die Prämissen (hier: »Nur was historisch ist, ist wirklich und wahr«) bestätigt und werden durch den Streit zwischen These und Antithese beständig zementiert, obwohl sie das eigentliche Problem sind.[232]

Ich halte einen anderen Weg für näherliegend, zumal dieser in der Wissenschaft selbst schon beschritten wird – und auch in der Theologie wächst hier mancherorts die Einsicht. Und zwar rede ich davon, das Historische als *Definitionsbereich* wahrzunehmen (siehe oben S. 103 f.), der durch seine methodischen Prämissen begrenzt ist. Dafür müssen wir unsere Denkgewohnheiten erweitern und das »Historische« in einen größeren Rahmen einordnen. Möglich wird dieser Weg durch die Veränderungen der Postmoderne, die auch am Begriff des »Historischen« nicht vorübergehen (und das oben dargelegte Verständnis als *Frame* erst ermöglicht haben).

Posthistorisch

Selbstverständlich wirkt sich die Dekonstruktion der Moderne auch auf die Axiome des »Historischen« aus (vgl. hierzu oben S. 99 ff.).

Zu H1: »Fakten«, die »wirklich gewesen« sind (= »absolute Tatsachen«), existieren nicht, nur Interpretationen (Nietzsche); darum gibt es auch keine »historischen Fakten«, sondern nur historische Interpretationen (White).[233]

Zu H2: Niemand kann darstellen, wie es »wirklich gewesen ist«, weil die »Wirklichkeit an sich« unserem Zugriff grundsätzlich entzogen ist (Kant). Sprache (genannt »Vernunft«) kann nur Sprache hervorbringen, die interpretiert und in der sich der »Wille zur Macht« als Bemächtigung der Geschichte ausdrückt (Nietzsche).

Zu H3: Begriffe wie »die Geschichte«, »Kritik«, »Analogie« »Korrelation« formulieren keine Wahrheiten, sondern Wirklichkeitskonstruktionen, bei denen überprüft werden muss, inwieweit sie wirklich zum Gegenstand »passen« (radikaler Konstruktivismus).[234]

Zu H5 und H7: Das Selbstbild der eigenen wissenschaftlichen Überlegenheit (»Kritik«) ist eine Selbsterzählung, die zu den »Narrativen« unserer westlichen Zivilisation gehört und deren Zweck darin besteht, sie zu stabilisieren und zu legitimieren (Lyotard).

Zu H6: Die Quantenmechanik und die Chaostheorie zeigen, dass es Singularitäten geben kann, die sich nicht im geschlossenen Ursache-Wirkungs-System darstellen lassen.[235]

Zu H8: Daraus folgt, dass die Gleichung »(nur) historisch = wirklich, real, wahr« in jeder Hinsicht unsinnig ist.

»Historische Erkenntnisse«, die sagen wollen, »wie es wirklich war«, stehen in der Postmoderne also unter demselben Vorbehalt wie alle anderen Wahrheiten auch. Peter Trawny hat vor Kurzem dargelegt, warum »historische« Tatsachen eben keine *Tatsachen* sind.[236] Wir können mit dem Begriff des »Historischen« nicht mehr so unbefangen hantieren, als stünde nicht jede Historiografie, jede Rekonstruktion auf Basis der obigen Prämissen unter Ideologieverdacht bis hin zur apriorischen Unglaubwürdigkeit. Unter Historikern werden alle diese Fragen inzwischen sehr sensibel diskutiert.[237] Und wir haben es inzwischen mit Erscheinungen zu tun, die ernsthafte Fragen aufwerfen, was dieses Label eigentlich noch bedeuten soll, sofern es so etwas wie »Bedeutung« überhaupt gibt:

Der Postkolonialismus bringt im Verbund mit dem Antirassismus inzwischen eine Historiografie hervor, die historische Persönlichkeiten und Ereignisse nicht mehr aus ihrer Zeit heraus verstehen will, sondern aus unserer. Die moralischen Maßstäbe und Haltungen, die gegenwärtig in den *scientific communities* gelten, werden zur axiomatischen Basis für methodischen Zugriff und Sinngebung.[238] Die Geschichtsdarstellungen, die daraus werden, führen gegenwärtig zu einem Geschichtsrevisionismus, der bisherige historische Vorbilder nicht nur kritisch bewertet, sondern förmlich exkommuniziert. Das führt zu kulturellen Säuberungsaktionen, die an die Bilderstürmer erinnern: Denkmäler werden gefällt, Straßen umbenannt, Erinnerung getilgt.[239] Hier wird damit ernst gemacht, dass Historiografie Sprache und Sprache Interpretation und Interpretation Bemächtigung ist. Diese Geschichtsschreibung könnte man mit Fug und Recht als »posthistorisch« bezeichnen.[240] Denn es handelt sich formal um etwas sehr anderes als das, was wir bisher unter »historischer Forschung« verstanden haben: Historisch ist nicht, wie es »wirklich gewesen ist«, sondern die Interpretation, die wirklich gelten soll. Es ist vermutlich nur eine Frage der Zeit, bis jemand auf die Idee kommen wird, einen »posthistorischen Jesus« zu dekonstruieren und tausend Gründe zu finden, warum Jesus (weiß – Mann – etc.) als Rassist zu betrachten sei, der völlig zu Recht hingerichtet wurde und dessen Verehrung darum *per se* als intolerant zu gelten habe. Ein solcher »posthistorischer Jesus« wäre genau wie die »historischen Jesusse« nichts anderes als eine Projektion der eigenen Denkvoraussetzungen, mit dem Unterschied, dass diese bisher nicht gerne eingestanden, in Zukunft jedoch offen als einzig legitime »Haltung« deklariert werden dürften. Wissenschaftler, die dagegen Einwände erheben, wären dann »umstritten«. Eine Dystopie? Mag sein. Aber undenkbar ist eine solche Entwicklung nicht.

Ein anderer Weg zur »Posthistorie« führt über die ausufernde Datenmenge. Die Geschichte stirbt an ihrem Wissen. Die Menge der Einzelfakten sogar in Teilgebieten ist jetzt schon für einzelne Forscher nicht mehr zu überblicken. Heutige historische Bildung lebt von Zusammenfassungen von Zusammenfassungen von Zusammenfassungen. Nichts liegt näher, als die Aufgabe der Historiografie in Zukunft künstlichen Intelligenzen (KI) zu überlassen.

Die öffentlich zugängliche Software ChatGPT ist jetzt schon in der Lage, aus einer theoretisch unbegrenzten Summe von Einzelinformationen, mit denen man sie füttert, wissenschaftliche Texte zu generieren. Die Leistungsmessung anhand von Hausaufgaben oder Seminararbeiten steht darum ernsthaft infrage.[241] Die Sinndeutung aber, die ja, wie wir aus der Historismus-Debatte wissen, Teil einer jeden Geschichtsschreibung ist, diffundiert in die Undurchsichtigkeit der Algorithmen, die für Menschen, abgesehen von Software-Experten, nicht mehr nachvollziehbar sein werden und die maximal »Sinn«-Simulationen hervorbringen können, die mit Sinn verwechselbar sind.[242] Wir werden der computergenerierten Geschichtsschreibung darum *glauben*, so wie wir heute Google glauben oder Wikipedia, Facebook, YouTube oder Telegram. War die Aufklärung noch »der Ausgang des Menschen aus seiner selbstverschuldeten Unmündigkeit« (Kant),[243] so kehrt die postmoderne Menschheit, resignierend vor ihrem eigenen Wissen, in dieselbe zurück.

All das zeigt: So wie andere Dualismen befindet sich der Begriff des »Historischen« – zumindest der, mit dem die Theologie oft arbeitet – im Prozess seiner Auflösung oder zumindest einer tief gehenden Revision.[244] Das mag erschreckend sein. Aber es bietet für die Theologie auch die Chance, sich von dem seit Jahrhunderten zu eng geschnürten axiomatischen Korsett zu befreien, indem er als *Definitionsbereich innerhalb eines offenen Systems* aufgefasst wird. Ich möchte in aller Vorläufigkeit skizzieren, worum es dabei geht.

Auf dem Weg zu einem nach oben offenen Geschichtsbegriff

Die deutsche Sprache bietet als eine der wenigen Sprachen einen zweiten Begriff an, wo das Englische (*history)*, das Französische (*l'histoire*) oder das Spanische (*historia*) nur einen kennt: die Geschichte.[245] Martin Kähler (1835–1912) hat ihn in seinem Vortrag »Der sogenannte historische Jesus und der geschichtliche, biblische Christus« von dem durch v. Ranke geprägten Begriff des »Historischen« abgegrenzt. Und zwar sagte er: Die *Wirkungsgeschichte*

Jesu, nämlich der Glaube der Jünger an den Auferstandenen, ist selbst ein integraler Bestandteil der Geschichte, der sich nicht ablösen lässt. Ein rein »historisches« Bild von Jesus unter Absehung von dieser Wirkungsgeschichte muss darum unvollständig sein.[246] Diese Unterscheidung nehme ich auf, weil sich mit diesem Begriff viel besser arbeiten lässt als mit dem wissenschaftlichen Fremdwort.

Ein kurzer Exkurs zu Martin Kähler, damit an dieser Stelle keine Missverständnisse entstehen.[247] Kähler wird in den neutestamentlichen Forschungsüberblicken gerne in einem Atemzug mit Rudolf Bultmann erwähnt, der sich auf ihn berief bzw. ihn als Kronzeugen für seine »existentiale Interpretation« der Bibel vereinnahmte.[248] Dabei werden jedoch bedeutende Unterschiede zwischen ihren Ansätzen ignoriert.[249] Kähler hat eine Reihe der oben vorgetragenen Erkenntnisse zum Begriff des »Historischen« vorweggenommen und dabei auch Einsichten formuliert, die erst hundert Jahre später zurück in die Debatte gebracht wurden: (a) Kähler erkennt die Absurdität einer historischen Jesusforschung, die die Biografie eines Menschen zum Ziel hat, weil die Evangelien über vieles, was Biografen interessiert, nichts sagen und es darum die »Einbildungskraft des Theologen« ist, die sie hervorbringt (a. a. O., S. 20–30)[250]. Der Theologe arbeitet darin unerkannt als Dogmatiker. (b) Er lehnt den »methodischen Atheismus« als Axiom für die Herangehensweise an die Bibel ab (a. a. O., S. 19). (c) Sein Ausgangspunkt ist die biblisch-reformatorische Lehre von der Rechtfertigung des Sünders »im Sinn des ›zueignenden Vollzugs der Versöhnung mit Gott an den einzelnen Sünder‹«. Kähler redet hier aber nicht von einer gedachten, sondern von der erlebten Rechtfertigung im Sinne einer mystischen *Glaubenserfahrung:*[251] Es geht dabei um die persönliche Begegnung mit dem rechtfertigenden Christus, den »Verkehr mit ihm«, »den unser Glaubensauge und unser Gebetswort zur Rechten Gottes antrifft (!)«.[252] Hier steht Kähler an der Seite der Erlanger Erfahrungstheologie, dessen Protagonisten v. Hofmann er im Vorwort zu seiner zweiten Auflage erwähnt. (d) Folgerichtig stellt er das Analogieprinzip sowie die Korrelation für die Überlieferung Jesu grundsätzlich infrage: Diese ist für ihn eine »besondere Sachlage« (a.a.O., S. 19; 24f. u.ö.), denn hier ereignet sich Offenbarung (a.a.O., S. 35). (e) In genau diesem Sinne versteht er nun aber die »Wirkungsgeschichte«. Kähler wird entscheidend missverstanden, wenn man seinen Begriff der »Wirkung« *im historisch-kritischen Sinne* von Analogie und Korrelation auffasst, obwohl er die Wirkung Jesu genau davon absetzt (a.a.O., S. 38f.): Die »Wirkungsgeschichte« ist *mystisch* aufzufassen im Sinne der *wirklichen* Begegnung mit dem auferstandenen Christus. Kählers Begriff der Wirkungsgeschichte geht genau darin über den gleichlautenden Begriff der jüngeren historischen Jesusforschung hinaus, der die rein menschliche Ebene nicht verlässt. (f) Sein Begriff der »Übergeschichte«, in der »sich das Allgemeingültige mit dem Geschichtlichen zu einem Wirksam-Gegenwärtigen zusammenschließt«, transzendiert den Begriff des »Historischen« in einer ähnlichen Weise, wie ich es nun darstellen möchte.

In welcher Weise überschreitet nun der so verstandene Begriff der Geschichte den Definitionsbereich des »Historischen«? Ich erinnere an den Satz von Klaus Berger (vgl. oben S. 98): »Die Wissenschaft betrachtet die Welt unter Ausschluss der Wirklichkeit Gottes. Die Mystik betrachtet die Welt unter Einschluss der Wirklichkeit Gottes.« Diese Wirklichkeit Gottes ist es, von der die biblischen Texte erzählen. Die Christenheit in der »Alten Kirche« lebte und dachte von ihr her. In der mittelalterlichen Mystik hat man Gottes Wirklichkeit erlebt. Luther und die Reformatoren fanden sie im Wort von Christus, dem Gnadenmittel.[253] In neuzeitlichen Glaubensbewegungen wie dem Pietismus, der Erweckungsbewegung und bis in die heutige Zeit spielt sie in Form der Christusbegegnung die tragende Rolle. Sie anzuerkennen oder nicht anzuerkennen (Axiom H4) ist eine persönliche Glaubensentscheidung. Wenn wir sie anerkennen, können wir uns an diesen Strom erfahrungsbasierten Wissens anschließen, und so entsteht Geschichte als nach oben »offenes System« (Hempelmann).[254] Wie Meister Eckhart die »Wirklichkeit« als *Gesamtheit dessen* verstand, *was wirkt*[255], können wir die Geschichte verstehen als Gesamtheit dessen, was *geschieht*. Denn Wirken und Geschehen gehören zusammen. Wirklichkeit und Geschichte sind kausal aufeinander bezogen. Das schließt Ereignisse, die durch Gottes Wirken geschehen, mit ein, genauso wie die, die durch Menschen oder durch das Eigenwirken der Natur geschehen – ja sie überlappen einander. Der *Frame* des »Historischen« verliert dadurch nicht seine Berechtigung, aber er ist exklusiv *einer* Wirklichkeit zugeordnet – der des Menschen. Innerhalb dieses Definitionsbereiches können wir als historisch Forschende unsere Arbeit tun, solange wir uns dessen Grenzen bewusst sind. Ein nach oben offenes Verstehen von Geschichte wird das Wirken Gottes jedoch als grundsätzliche Möglichkeit auf mehreren Ebenen miteinbeziehen:

1. Als Ausgangspunkt der Erkenntnis erscheint der methodische Zweifel als denkbar ungeeignet. Gottes Wahrheit, Treue und Verlässlichkeit erschließen sich nach den biblischen Quellen und der Erfahrung der Christenheit im Wechselverhältnis von Wort und Glaube (griech. *pístis*). Wir Menschen können die Wirksamkeit Gottes erkennen, weil und sofern wir durch den Glauben an seiner Wirksamkeit Anteil haben. Das schließt das Selbstverständnis aus, dass wir als Forschende einen »allwissenden Standpunkt« einnehmen könnten. Entdecken und verstehen können wir vielmehr nur als Eingebundene, »von innen«, nicht vom Rand des Schwimmbeckens, sondern als Schwimmende im Wasser der Wirklichkeit Gottes. Das macht uns demütig vor unserem Gegenstand[256] und lässt uns als Forschende unserer Angewiesenheit auf den *wirk-lichen* Gott bewusst werden. Kann es eigentlich auch einen »methodischen Theismus« geben? Das wäre dann hier der Punkt, an dem sich Glaube, Wissen und Wissenschaft miteinander verbinden.
2. Was geschichtliche Ereignisse miteinander verbindet, ist das Eintreten von Veränderung. Das bloße Sein ist geschichtslos. Geschehende Ereignisse verändern etwas. Deshalb ist auch eine Naturgeschichte sinnvoll und möglich. Das bedeutet aber

auch, dass wir immer nur einen Teilbereich von Geschichte erfassen. Geschichte, die wir Menschen darstellen können, setzt voraus, dass wir sie wahrnehmen. Es geschieht aber viel mehr, als Menschen wahrnehmen. Wenn wir Geschichte als offenes System denken, wissen wir um die Partikularität unseres Erkennens und Verstehens. Eine Totaldeutung der Wirklichkeit kann *unsere* Geschichtsschreibung grundsätzlich niemals werden. Auch das macht uns demütig.

3. Wenn wir Gott als mögliche Ursache wahrgenommener Geschichte einbeziehen, zeigt uns dies die Relativität der von uns konstruierten Ursache-Wirkungs-Zusammenhänge. Zum einen bedeutet das: Es kann Neues geschehen, das nicht Folge menschlichen Handelns oder des Eigenwirkens der Natur ist. Mit der »Vorsehung Gottes« ist durchaus zu rechnen. Der Gott der Bibel offenbart sich im Wahrnehmungsfeld des Menschen durch wahrgenommene Veränderung. Dabei sind Natur, Mensch und Gott als Ursache von Veränderung oftmals ineinander verschränkt. Man kann nicht immer genau sagen: Das waren Menschen, das war Gott und das vielleicht gar der Teufel.[257] Oder als Verneinung: Das war nicht Gott, das waren nicht Menschen. Die Sinndeutung würde sich mit solchen Zuschreibungen zurückhalten. Der Zwang, ein eindeutiges Ursache-Wirkungs-Schema aufzubauen, entfiele damit. Es macht dort Sinn, wo es sich nahelegt. Auch der Zwang zur Analogiebildung bricht auf. Nicht alles, was im Vergleich mit profanen Quellen wie »Legendenbildung« aussieht, muss zwangsläufig auch Legendenbildung sein. Wir werden unser Nichtwissen an mehr Stellen ertragen müssen als bei der scheinbaren Eindeutigkeit im geschlossenen System des »Historischen«.
4. Wunder sind damit als denkmöglich in die nach oben offene Geschichte eingeschlossen.[258] Zum einen, weil die Wissenschaft sie ohnehin nicht ausschließen kann (vgl. oben Fußnote 109). Zum anderen, weil die Offenheit und die notwendig damit gegebene Unabgeschlossenheit unseres Welterkennens

uns sensibel machen für das Staunenswerte, Überraschende, Unerwartete und Schöne. Ein Wunder ist nicht notwendigerweise etwas Magisches, sondern ein Ereignis, über das wir uns wundern, weil es unseren Erwartungshorizont durchbricht. Dazu gehört die Unvorhersagbarkeit chaotischer Systeme, bei denen man nicht sagen kann, wann und warum etwas zu einem bestimmten Zeitpunkt passiert. Nicht alle Wunder der Bibel durchbrechen Naturgesetze. Eine stattliche Zahl von Wundern gerade im Alten Testament besteht in der Koinzidenz (= Zusammenwirken) von außergewöhnlichen Naturvorgängen und einer kontingenten Situation, in der dieser Vorgang genau zu diesem Zeitpunkt an genau diesem Ort überhaupt nicht zu erwarten war und sich als Ergebnis von Gottes Wirken entpuppt.[259] Wunder im Menschen, also im schwer überblickbaren psychophysischen Bereich, sind aus dem Zusammenspiel von Natur und Geist heraus zu verstehen, von dem wir Menschen (wenn überhaupt) nur die materielle Seite beobachten können. »Wie Bewusstsein wird, sehen wir nie«, sagte Adolf Schlatter.[260] Bei Jesus ist das Besondere die exorbitante Häufung von Wunder-Situationen als Manifestationen des kommenden Reiches Gottes, das den teleologischen (= zielgerichteten) Horizont der Geschichte darstellt. Dies befreit uns nicht von einer methodischen Unterscheidung von bezeugter und fiktionaler Geschichte. Aber die Eigenschaft eines Ereignisses, ein Wunder zu sein, reicht als alleiniges Kriterium dafür nicht mehr aus.

5. Dasselbe gilt für die Unterscheidung, mit welcher Intention (= Aussageabsicht) wir es in einem biblischen Text zu tun haben: Bezeugt er eine wirkliche geschichtliche Begebenheit oder entfaltet er eine Fiktion? Wobei auch eine Fiktion als solche eine geschichtliche Begebenheit wäre, nur auf der Ebene menschlicher Gedanken. Enthält er irrtümliche Angaben über Wirkliches oder macht er vorsätzlich falsche Angaben (Lüge, Betrug)? Diese Unterscheidungen gewinnen erheblich an Komplexität, wenn das jeweilige persönliche

Gegenwartswissen nicht mehr das Maß aller Dinge ist.[261] Z. B. macht es bei der Einordnung von Texten als Fiktion einen Unterschied, ob er selbst Signale enthält, dass er als Fiktion verstanden werden will wie z. B. die Gleichnisse Jesu, die geistlich Wahres anhand von Beispielgeschichten aus dem Alltagsleben der Menschen veranschaulichen. Wo solche Textsignale nicht vorhanden sind und dennoch einem berichtenden Text Fiktionalität unterstellt werden soll, muss vermieden werden, dass wir diese lediglich von der Fiktionalität unserer eigenen Selbstdeutung abheben und so die eine Fiktion durch die andere ersetzen. Wir werden später sehen, dass genau dies in der »historischen Jesusforschung« permanent der Fall ist. Der Begriff der »Legendenbildung« steht hier vor erheblichen Definitionsschwierigkeiten, denn er setzt ein negatives Urteil zum Ereignischarakter des Berichteten zwingend voraus, und dafür genügt das Analogieprinzip als Kriterium nicht mehr. Parallel dazu unterliegt die Annahme eines Irrtums in biblischen Schriften dem Vorbehalt, dass er auf dem Vergleich zweier Vorstellungen beruht und die Zeitbedingtheit der gegenwärtigen Vorstellung des Forschers eingerechnet werden muss. So wird aus dem schon so oft als Beispiel bemühten Hasen, der in 3Mo 11,6 als »Wiederkäuer« klassifiziert wird, nur dadurch ein »Irrtum«, dass die heutige zoologische Begriffsdefinition diejenigen Tiere, die nicht ihren Mageninhalt, sondern ihre Ausscheidung ein zweites Mal kauen, aus der Klasse ausgeschlossen hat. Für diese Änderung der Begriffsdefinition kann aber der biblische Text nichts. Eine Klassifikation als Irrtum setzt also deutlich mehr selbstkritische Erwägungen voraus, als lediglich die Differenz zu gegenwärtigen Wissenskonstruktionen zu konstatieren. Sie ist bei wissenschaftlicher Arbeitsweise keineswegs *a priori* ausgeschlossen, aber sehr viel sorgfältiger zu begründen.

6. Wenn alles, was sich ereignet, als Teil eines geschlossenen Ursache-Wirkungs-Zusammenhangs dargestellt werden muss, ist »Zeit« die entscheidende Größe. Auf die Zeiteinteilung

kommt alles an; wenn hier ein Fehler passiert, wird das ganze System falsch. Wir haben dadurch einen wahren Zeit-Fetischismus entwickelt. Und es ist wichtig zu betonen, dass diese unbedingte Bedeutung der Zeit am Korrelations-Axiom (H6) hängt und mit den technischen Fertigkeiten des Menschen, die Zeit zu messen, überhaupt erst zu so einer großen Bedeutung gelangt ist. Fällt die Korrelation als Axiom weg, wird »Zeit« eine biegsame Größe. Das heißt nicht, dass sie keine Rolle spielt – manche Teile der Bibel wie die Königsbücher arbeiten tatsächlich an der Zeit entlang –, aber sie spielt nicht immer und überall in der Bibel die *entscheidende Rolle*. Denn im Griechischen gibt es für »Zeit« zwei Wörter: *chrónos* und *kairós*. *Chrónos* ist die Zeit auf der Zeitskala; daher kommt der »Chronometer« (Uhr) oder die »Chronologie« (an der Zeitskala orientierte Geschichtsdarstellung). *Kairós* ist die besondere Zeit, die bestimmte Zeit. »Als die Zeit erfüllt war, sandte Gott seinen Sohn« (Gal 4,4). Wir stoßen oftmals auf das Problem, dass Gott eine andere Auffassung von »Zeit« hat als wir (vgl. 1Mo 18,10-14; Ps 90,4; 2Petr 3,8). Es ist wichtig, zu verstehen, dass in der Bibel die Sinnorientierung (*kairós*) oftmals neben oder sogar über der Zeitorientierung (*chrónos*) steht. Wenn wir versuchen, aus der Offenbarung des Johannes einen »Endzeitfahrplan« zu entnehmen, dann tun wir etwas, was der Bibel fremd ist. Der rote Faden der Offenbarung ist nicht die Zeit (*chrónos*), sondern die Liturgie im Lobpreis Gottes; diese ordnet die Perlen der Ereignisse. Da ist »Zeit« eine biegsame Größe. Genauso erschließt sich der Sinn der von Gott gewirkten Geschichte mitunter besser, wenn die Einzelereignisse nicht an der Zeit als rotem Faden aufgezogen werden, sondern am Sinn. So hat z. B. der Evangelist Markus die einzelnen Ereignisse der Wirksamkeit Jesu so geordnet, dass ein einjähriger, zusammenhängender Weg von Galiläa zum Kreuz nach Jerusalem erkennbar ist. Nach dem Johannesevangelium zog Jesus drei Jahre lang kreuz und quer durch Israel. Wenn alles an der Korrelation hängt, dann ist die Abfolge des Weges Jesu bei Markus »unhistorisch«. Wenn man aber Jesu Worte über seine Sendung zugrunde legt (»Der Menschensohn ist nicht gekommen, dass er sich dienen lasse, sondern dass er diene und sein Leben gebe als Lösegeld für viele«, Mk 10,45), dann wird klar, dass Markus mit seinem Aufbau die Wirklichkeit darstellt: Jesu Weg war von Anbeginn an auf das Kreuz ausgerichtet. Wenn wir Geschichte als »offenes System« verstehen, gibt uns das Freiheit von der Sklaverei der Chronologie, und das ermöglicht uns, Ereignisse der biblischen Geschichte als »wirkliche« Geschehnisse wahrzunehmen, auch wenn sie im Rahmen des »Historischen« nicht dargestellt werden können. Das entlastet uns z. B. davon, die Urgeschichte (vgl. 1Mo 1–11) oder die Ereignisse bei der Landnahme (die Bücher Josua und Richter) dem Raster der Chronologie unterwerfen zu müssen, um ihren Ereignischarakter zu begründen. Es mag sein, dass die Archäologie für eine Zerstörung der Mauer von Jericho (vgl. Jos 6) in der fraglichen Zeit (noch!) keine Anhaltspunkte hat.[262] Wenn dies (und natürlich Axiom 4) aber die einzigen Argumente gegen die »Historizität« dieser Geschichte sind, ist das für mich kein Anlass, ihren Ereignischarakter in der (nach oben offenen) Geschichte zu bezweifeln. Das ist, als wenn jemand Besuch erwartet, den er am Bahnhof um 19:30 Uhr an Gleis 3 abholen möchte, und, als kein Zug kommt, darauf schließt, dass der Besuch wohl ausfällt. Dabei trifft der Zug mit dem Besuch um 19:46 Uhr auf Gleis 5 ein. Dieses Denken in der nach oben offenen Geschichte erfordert von uns jedoch, dass wir unsere erlernten Denkgewohnheiten erweitern. Wir alle sind seit Schulzeiten daran gewöhnt, im Rahmen des chronologisch determinierten »Historischen« zu denken und ihn für die ganze Wirklichkeit zu halten. Ihn zu übersteigen bedeutet nicht nur Freiheit, sondern auch ein Wagnis.

7. Die Wirksamkeit Gottes in der Geschichte mitzudenken erschöpft sich nicht in den Ereignissen selbst, sondern umfasst auch deren Wahrnehmung und Weitergabe durch die Zeu-

gen der Bibel. Jesus redet vom Heiligen Geist als Beistand, der die Jünger an alles erinnert, was er ihnen gesagt hat (vgl. Joh 14,17.26; 16,13). Wenn wir die Wirksamkeit des Heiligen Geistes in die Geschichte als »offenes System« einholen, dann entfällt das Motiv historisch-kritischer Theologie, das »historische Ereignis« quasi vor seiner Überlieferung schützen zu müssen. Das Volk Israel, die Apostel oder die Urgemeinde stehen dort pauschal unter Fälschungsverdacht (und zwar seit Reimarus, vgl. oben S. 204). Das Argument dafür lautet: Alle diese Leute glauben ja, also haben sie das Interesse, die Fakten so zu verdrehen, dass es zu ihrem Glauben passt, und nun müssen wir die »historischen Fakten« aus der Überlieferung wieder herausschälen.[263] Die wirkungsgeschichtliche Interpretation bringt hier bereits eine Verbesserung.[264] Aber von einem nach oben offenen Geschichtsverständnis aus können wir noch einen Schritt weitergehen und die Wirksamkeit des Heiligen Geistes in unsere Überlegungen einbeziehen. Dann ist es nicht mehr nötig, die Geschichte vor ihren Zeugen zu beschützen. Vielmehr ist die Überlieferungsgeschichte als integraler Bestandteil der Offenbarungsgeschichte verstehbar und damit sind wir wieder ganz nahe bei Martin Kähler: Gott offenbart sich nicht nur (!) in einem Ereignis, sondern auch (!) im Prozess des Verstehens, der Weitergabe, der Tradierung in mündlicher und schließlich schriftlicher Gestalt, und bis zur Kanonbildung.[265]

8. Damit schließt sich der Kreis zum verstehenden Nach-Denken der von Gott gewirkten Ereignisse heute. Das hebräische Wort für »gedenken« lautet *sachar* und ist kein abgetrenntes Denken, sondern ein »Erinnern« als verbindende Wirklichkeit, ein feierndes Gedenken, wie es sich beispielhaft im Sabbatgebot findet (vgl. 5Mo 5,15). Indem wir an die von Gott gewirkte Geschichte gedenken, wird sie Teil unserer Geschichte.[266] Das ist spezifisch jüdisches Denken. So heißt es in der Mischna Pessachim 10,5:

»Generation um Generation, in jeder, ist eine Person verpflichtet, sich selbst so anzusehen, als wäre sie [!] aus Ägypten ausgezogen; denn es ist gesagt: ›Dessentwegen, was der Ewige für mich getan hat, als ich aus Ägypten auszog (Ex 13,8)‹. Daher sind wir verpflichtet zu danken, zu preisen, zu verherrlichen, zu erhöhen, zu ehren, zu segnen, zu erheben und zu rühmen den, der unseren Vorfahren und uns [!] alle diese Wunder getan hat, der uns herausführt aus Sklaverei zur Freiheit, aus Kummer zur Freude, aus Trauer zum Fest, aus Finsternis zu hellem Licht, aus Unterjochung zur Befreiung.«[267] Marc Chagall lässt auf seinem berühmten Gobelin vom Auszug aus Ägypten das Volk Israel vom Leibe Abrahams ausgehen: Auch Abraham zog aus, in seinem Samen. Und unter den Ausziehenden findet sich eindeutig König David: Auch er ist bereits mitausgezogen, durch *sachar*, das Gedenken. Dieses überwindet die Zeit und macht die erzählte Geschichte mit uns gleichzeitig, gibt uns Trost in Anfechtung (vgl. Ps 77) und Vertrauen für die Zukunft. So führt es den geschichtlichen Zugang und die *meditatio* (Luther) zusammen: Sie stehen nicht mehr auf zwei unterschiedlichen Blättern wie bei Semler, sondern haben fließende Übergänge.

Bleibt die Frage: Wie sagen wir es denn dann? Ich bin dazu übergegangen, den Begriff des »Historischen« dort zu vermeiden, wo er nichts klärt. Ich rede von Ereignissen wie dem Seewandel, den Heilungen Jesu, der Verklärung oder der Auferstehung lieber von »realen« oder »wirklichen Ereignissen in der Geschichte«, die »geschehen« sind, die also keine Fiktionen, d. h. lediglich ausgedacht sind. So kann auch die damit korrespondierende Glaubenserfahrung der Christen aller Zeiten und Orte angesprochen werden, die die Gegenwart des dreieinigen Gottes selbst erleben und mitunter auch von Wundern berichten können.

Warum historische Arbeit nach wie vor sinnvoll ist

Eingebettet in die nach oben offene Geschichte hat denn auch der Definitionsbereich historischer Arbeit seine Berechtigung, seinen Sinn und seine Notwendigkeit. Für Adolf Schlatter bedeutet dies, sich der reinen Beobachtung der biblischen Texte mit voller Aufmerksamkeit hinzugeben. Dafür hat uns die historische Forschung eine ganze Anzahl wertvoller *Tools* bereitgestellt, die ich in den biblischen Betrachtungen bis hierher munter herangezogen habe und die für mich aus der Arbeit an der Bibel nicht wegzudenken sind: Bibelausgaben in den Ursprachen (Textkritik), Wörterbücher und Konkordanzen (Sprachgeschichte), Lexika (Philosophie-, Theologie- und Profangeschichte) und vieles andere mehr, hinter dem eine Fülle von Einzeluntersuchungen steht. Hinzu kommen Editionen antiker Schriften, Forschungsbeiträge zur Umwelt, zur Archäologie, zu Form und Gattung biblischer Texte etc. Alle diese *Tools* werden auf eine neue Weise wertvoll, wenn man sie in den Grenzen ihrer Aussagefähigkeit zu nutzen weiß. Wie viel es allerdings bringt, dabei die Ebene des Jetzt-Textes zu »hintergehen« und »Text-Archäologie« zu betreiben, sei dahingestellt: »Die vorliegenden Evangelien haben ein außerordentlich markantes, manchmal spannungsvolles und daher auch spannendes Oberflächenprofil. Das wird in der Regel von denen nicht wahrgenommen, sondern zerstört, die den Text in Schichten auflösen.«[268]

Die Alternative zu historisch-kritischer Exegese im Troeltsch'schen Sinn ist also nicht, den biblischen Text einfach mit der eigenen Brille zu lesen, seine eigenen Vorstellungen hineinzulegen und nur das in ihm wiederzuerkennen, was wir ohnehin schon wissen – selbst wenn es an der traditionellen christlichen Lehre geschultes Wissen ist. Wir sind zur hingebungsvollen, sorgsamen Textbeobachtung aufgerufen als Schüler unseres Meisters, um zu »hören, wie Jünger hören«. Was uns zum Hören auf die Stimme unseres Gottes dient, sollen wir nutzen. Was uns dieses Hören verbaut, dürfen wir zur Seite legen.

Zusammenfassung

In diesem Kapitel haben wir die historisch-kritische Dekonstruktion zahlreicher traditioneller Glaubensauffassungen durch den *Frame* des »Historischen« historisch-kritisch dekonstruiert. Es erscheint nicht unvernünftiger, der Bibel zu glauben, was sie uns bezeugt und offenbart (siehe Kap. 3.4), als ihr nicht zu glauben und unser momentanes geschichtlich bedingtes modern-postmodernes Wirklichkeitsverständnis für das Maß aller Dinge zu halten. Natürlich sind damit noch lange nicht alle Fragen beantwortet. Eine Denkmöglichkeit zu haben bedeutet noch lange nicht, sie auch in Wirklichkeit zu nutzen. Denn mit der Anfechtung im Denken korrelieren noch andere Anfechtungstypen mit ihren ganz spezifischen Gründen und Geschichten, die dem entgegenstehen und sich theologisch auswirken. An eine wichtige Gruppe tasten wir uns im nächsten Kapitel heran.

6.2 An welchen Gott wollen wir glauben?

»Identität« ist heute in aller Munde. In kaum einem anderen Wort kulminiert in ähnlicher Dichte die Stimmung der Postmoderne. Denn was frühere Generationen noch selbstverständlich als Erbe ihrer Eltern und deren sozialen Standes mitnahmen, ist heute Gegenstand eines anstrengenden Selbstfindungsprozesses. Wer bin ich – »ich« als geschlechtliches Ich (Gender, Geschlechterrolle)? »Ich« als sexuelles Ich (Begehren)? »Ich« als familiäres Ich zwischen Herkunftsfamilie und Verantwortungsfamilie? »Ich« als ethnisches Ich, dessen Hautfarbe mich hineinstellt in eine Geschichte von Macht und Unterdrückung, von Täter und Opfer, an der ich Anteil habe, ob ich will oder nicht? »Ich« als gebildetes Ich, dessen Herkunftsfamilie durch ihr Einkommen über meinen Bildungsstand entschied? »Ich« als produktives Ich mit meinen angeborenen und erlernten Gaben und Kompetenzen, die mich zum *Business* befähigen? »Ich« als ökonomisches Ich, dessen Einkommensverhältnisse über soziale Klasse, über Macht und Ohnmacht entscheiden?

»Ich« als Verbraucher mit meinen individuellen Vorlieben und Neigungen, über die Facebook besser Bescheid weiß als ich selbst? »Ich« als soziales Ich, das durch all diese Eigenschaften mit anderen »Ichs« verbunden und unverbunden ist? »Ich« als politisches Ich, das sich für die mit mir verbundenen Ichs einsetzt?

All diese Fragen, die Gegenstand der »Identitätspolitik« sind, müssen Heranwachsende heute für sich beantworten. Nichts mehr davon ist selbstverständlich. Wir stellen Rollenstereotype infrage, wenn sie uns ein bestimmtes Verhalten aufzwingen, das mit unserer Identität im Widerspruch steht. Wir erwarten für unsere Selbstfindung Respekt, ja Akzeptanz. Transpersonen empfinden es z. B. als schwere Verletzung ihrer Identität, wenn sie mit ihrem Ursprungsgeschlecht angeredet werden. *Blackfacing* und andere Formen ethnischer Entwendung gelten als Verletzung der kulturellen Identität der betreffenden Gruppe. Das zeigt, dass Identität auch durch Abgrenzung gebildet wird: »Ich«-sagen schließt ein, das »Nicht-Ich« ausschließen zu können. »Identität« ist seiner Funktion nach eine Ersatzkategorie: Mit ihrer Hilfe bestimmen Menschen, denen der Horizont einer allgemeinen Wahrheit abhandengekommen ist, ihren eigenen Horizont, der ihrem Leben Orientierung gibt. Das gibt der Sache ihre z. T. erhebliche Brisanz, und inwieweit dadurch ein Gemeinwohl möglich ist, darüber gehen die Meinungen auseinander (Thierse).[269] Jedoch: Die Frage ist in der Welt. Und wenn wir sie nicht identitätspolitisch beantworten wollen, müssen wir sie eben anders beantworten – oder spätestens unsere Kinder und Enkelkinder. Die kommen da nicht drum herum.

Ich & mein Gottesbild

Ich möchte das Identitätsthema im Hinterkopf behalten, wenn ich jetzt mit den Worten von S. 189 f. frage:

An welchen Gott können und wollen wir glauben?
Für Christen, die gerade Anfechtung oder den Prozess einer Dekonstruktion erleben oder sich mit anderen Christen in Rich-

tungsdebatten oder Glaubenskonflikten befinden, ist diese Frage fast immer die Quintessenz. Und gerade weil sie so grundlegend ist, enthält sie eine Gefährdung. Ich staune immer wieder über die völlige Unbefangenheit, mit der hier und da über »Gottesbilder« geredet wird, als gäbe es in der Bibel kein Gebot, das da lautet: »Du sollst dir kein Bildnis machen von dem Herrn, deinem Gott.« Meine Rückfrage lautet also: Gibt es etwas wie eine Identität Gottes?

Thorsten Dietz sagt: »Wir können über Gott nicht anders als in Bildern und Metaphern reden.«[270] An dem Satz ist sicher etwas Richtiges: Gott als Schöpfer der Welt übersteigt notwendigerweise immer unsere Vorstellungen. »Ein System, das ein anderes System beschreibt, muss immer etwas klüger sein«, sagte mir einmal mein Chemielehrer. Und wir können *per definitionem* nicht klüger sein als unser Schöpfer. Wir haben keine anderen Möglichkeiten, über Gott zu sprechen, als mithilfe der Vorstellungen, die wir kennen. Aber der Satz wird falsch, wenn er so aufgefasst wird, als könnten wir über Gott deshalb mit *beliebigen* Bildern und Metaphern reden. Wenn die Bilder und Metaphern nur *unsere* Bilder und Metaphern sind, die uns halt so einfallen, und wenn manche uns nun einmal gefallen und manche nicht, dann entsteht aus einer Summe von Sprachbildern ein Gottesbild. Mein individuelles, persönliches Gottesbild.

Wenn wir sagen: »Ich glaube an Gott« – welchen Gott meinen wir damit? Gott oder unser eigenes Gottesbild?

Im Religionsunterricht lernen wir seit Jahrzehnten, uns nicht mit Gott, sondern mit Gottesvorstellungen auseinanderzusetzen.[271] Manche davon sprechen uns an und geben uns ein gutes Gefühl; andere machen uns Schwierigkeiten und die wollen wir nicht. Dann sagen wir leichthin: »Das ist nicht mein Gottesbild.«

Unser eigenes Gottesbild zum Wohlfühlen – ich glaube, so etwas meinte Ludwig Feuerbach, als er sagte: »Der Mensch erschafft sich Gott zu seinem Bilde.«[272] Mein Gottesbild provoziert mich nicht und fordert mich nicht heraus. Es stört mich nicht in meinen Lebensabläufen, sondern es gibt mir ein gutes Gefühl. Mein Wellness-Gott für Mußestunden.

Aber hilft mir mein Gottesbild, wenn ich in Not bin? Wenn ich krank bin? Wenn ich alt bin und nicht mehr sprechen kann? Hilft mir mein Gottesbild, wenn ich sterbe? Hilft es mir durch den Tod? *Mein* Gottesbild *kann* mir gar nicht durch den Tod helfen, weil es *meines* ist, es ist in mir, es hängt an mir und es stirbt mit mir. Mein Gottesbild kann mir kein ewiges Leben geben, nachdem ich gestorben bin, weil es mit mir gestorben ist. Bin ich tot, ist Gott tot. So ein Mas-Gott-chen braucht niemand *wirklich;* es ist maximal ein *Nice-to-have*, aber kein *Must-have*. Deshalb heißt »Götzenbild« auf Hebräisch *'ălil*, zu Deutsch »ein Nichts«. Denn genau dafür sind sie gut, sagt der Prophet Jeremia: »Sie sind nichts, ein Spottgebilde; sie müssen zugrunde gehen, wenn sie heimgesucht werden« (Jer 10,15). Und er lässt keinen Zweifel dran, dass der Gott, für den er spricht, echt ist. Nur ein Gott, der real ist, kann uns real durch den Tod tragen und uns real ewiges Leben geben. Diesen realen Gott müssen wir kennen und kein noch so nices »Gottesbild«.

Gottes-Sprache

Aber: Inwieweit kann unsere Sprache etwas Wahres (nämlich etwas Zuverlässiges; wir denken wieder an hebr. *'ămät*) in Bezug auf Gott zum Ausdruck bringen und nicht einfach nur »unsere Bilder« von Gott? Wer die biblische Bild- und Metaphernsprache relativiert und sagt, es seien »nur Bilder und Metaphern«, übersieht etwas Entscheidendes: Gott hat sich eben nicht in der Vernunft, sondern *ereignishaft* in dieser Welt offenbart. Und *in diesen Ereignissen* finden sich auch die Bildspender. *Er* hat sich die herausgesucht, nicht wir! Drei Beispiele von sehr, sehr vielen:

1. Kurz vor dem Durchzug durch das Schilfmeer sagte Mose dem Volk Israel, das in roher Todesangst war vor den anrückenden Ägyptern: »Der HERR wird für euch kämpfen« (2Mo 14,14). »Kämpfen« ist eine Metapher. Denn natürlich kämpfte Gott nicht wie wir Menschen gegen die Ägypter mit Schwert und Rüstung. Aber er ließ den Durchzug durch das

Schilfmeer geschehen und das Wasser hinterher zurückkommen. Mirjam singt (2Mo 15,21): »Lasst uns dem Herrn singen, denn er hat eine herrliche Tat getan, Ross und Reiter hat er ins Meer gestürzt.« Dass Gott für sein Volk kämpft, ist seither eine wiederkehrende Metapher, die auf mannigfaltiger Erfahrung beruht.[273]

2. Als das Volk Israel sich nach dem Auszug aus Ägypten am Gottesberg Horeb versammelt hatte, ließ die Herrlichkeit Gottes sich nieder und war anzusehen »wie ein verzehrendes Feuer auf dem Gipfel des Berges« (2Mo 24,17) – Erfahrungsquelle der Metapher »Der Herr, dein Gott, ist ein verzehrendes Feuer« (5Mo 4,24 u. ä.).
3. David singt »zur Zeit, als ihn der Herr errettet hatte aus der Hand aller seiner Feinde und aus der Hand Sauls, und sprach: Der Herr ist mein Fels und meine Burg und mein Erretter« (2Sam 22,1-2). Man darf dabei an seine Erfahrung von Standfestigkeit denken, die ihn selbst überraschte, und an die Burg auf dem Zion, deren Anlage damals unüberwindlich war und die ihn nun schützte, seitdem er Jerusalem durch die Gihonquelle erobert hatte (vgl. 2Sam 5,8).

In den Metaphern der biblischen Texte verdichtet sich jeweils eine konkrete Offenbarungserfahrung, die Menschen mit Gott erlebt haben. Durch sie haben sie etwas von Gottes Identität erkannt, nämlich wie Gott ist und wer Gott ist: der freundliche und ewig gütige Gott (vgl. Ps 106,1-2), der das Leben schafft und segnet (vgl. 1Mo 1,1–2,4a). Der heilige Gott (vgl. 2Mo 15,11), der höher ist als alles Irdische (vgl. Ps 104). Der gerechte Gott, der alle Welt gerecht richtet und sich darauf ansprechen lässt (vgl. 1Mo 18,25), der sein Volk zu einem gerechten Leben anhält (vgl. 5Mo 4,8; Jes 56,1), der dem Unterdrückten (vgl. Ps 35,22-28) und am Ende auch seinem Volk Recht schafft (vgl. Jes 45,19-25). Der treue und verlässliche – also wahre – Gott (vgl. 5Mo 32,4), der seinen Bund mit den Menschen hält und ihnen immer wieder die Rückkehr in diesen Bund ermöglicht (vgl. Ps 85; Ps 103). Und noch viel, viel mehr.

Dieses »(Er-)Kennen« drückt sich dann aus in einer Bildsprache, in der das Erfahrene gleichsam ikonisch eingefangen wird. In diesen Sprachbildern artikuliert sich Gottes Identität. Er ist »der Gott unserer Väter, der mir erschienen ist«, soll Mose zum Volk Israel sagen (2Mo 3,15), er ist »der HERR, dein Gott, der ich dich aus Ägyptenland, aus der Knechtschaft, geführt habe« (2Mo 20,2). Er ist kein anderer, sondern genau der, dieser selbe Gott, der anhand seiner Identität identifizierbar ist. »Es ist kein Gott außer mir, ein gerechter Gott und Heiland, und es ist keiner außer mir« (Jes 45, 21). »Lauft nicht anderen Göttern nach zu eurem eignen Schaden« (vgl. Jer 7,6). Gott und Nicht-Gott, Gott und Götze, das entscheidet sich am »Ich bin, der ich bin« (JHWH, 2Mo 3,14). Die Frage, an welchen Gott wir glauben können oder wollen, berührt Gottes Identität, genauso wie es unsere Identität berührt und verletzt, wenn andere Menschen uns so sehen wollen, wie wir *nicht* sind.

Wir erwarten zu Recht, dass andere Menschen unsere Identität respektieren. Es gibt ein Wort, das den Respekt des Menschen vor Gottes Identität ausdrückt: Gottesfurcht.[274] »Der Anfang der Weisheit ist die Furcht des HERRN, und den Heiligen erkennen, das ist Verstand« (vgl. Spr 9,10). War in Ps 119,160 die Wahrheit des Wortes Gottes der Ausgangspunkt des Erkennens (vgl. oben S. S. 117 f.), so ist hier die Gottesfurcht der Ausgangspunkt von Weisheit. Das Bewusstsein der Heiligkeit Gottes, das Rudolf Otto als *tremendum et fascinosum*, das Erschaudernde und zugleich Faszinierende, beschrieben hat, führt zu einem in Liebe ergriffenen, tiefen Respekt vor der Identität Gottes. Der Mensch kann den echten, realen Gott nicht machen und über Gott nicht verfügen. Das prägt auch die Bilder und Metaphern, mit denen die Bibel über Gott redet. Sie verfügen nicht über Gott, sondern sie drücken etwas von Gottes Realität aus, die außer und über unserem Menschsein liegt und die sich ihnen anhand von konkreten Erfahrungen kundgetan hat. Es ist nie die ganze Realität, sondern immer nur ein Teil davon. Aber weil der heilige Gott sich zugleich als der barmherzige und verlässliche Gott gezeigt hat, kann dieser Teil auch verlässlich ausgesagt und verkündigt werden. Dadurch wird diese Verkündigung selbst wiederum zum verlässlichen Wort Gottes. Auf diese Weise stiftet Gott seine Selbstenthüllung der Geschichte ein als dauerhaftes, sich wiederholendes Ereignis, damit wir ihn, den *echten* Gott, kennenlernen und Hoffnung schöpfen für uns und unsere Welt.[275]

Die Wissenschaft und ihr Jesusbild

Gott hat all unsere Sprachbilder außerdem dadurch übertroffen, dass er uns von sich selbst ein Bild gemacht hat: das »Bildnis des unsichtbaren Gottes« (vgl. Kol 1,15), Jesus Christus. Und da wiederholt sich die Frage:

An welchen Jesus können oder wollen wir glauben?
Das ist die Martin-Kähler-Frage. Glauben wir an einen »historischen Jesus« oder an den geschichtlichen, biblischen Christus? Der Unterschied könnte größer nicht sein, schon weil die »historischen Jesusse«, wie schon gesehen, immer den Idealtyp ihres Erfinders darstellen.[276] Das sind Jesusbilder, die mit ihnen sterben. Sie stimmen nur in einem einzigen Punkt miteinander überein, und das ist bis heute so, wann immer vom »historischen Jesus« geredet wird: *Jesus war Mensch. Punkt.*[277] (Und man hört bei vielen Forschern durch: »Uff, ein Glück.«)

Der methodische Atheismus (Axiom H4, vgl. oben S. 205), der dem *Frame* des »Historischen« zugrunde liegt, erlaubt gar keine andere Herangehensweise: Der »historische Jesus« *muss* Mensch gewesen sein, und alles andere *kann* nur »Wirkungsgeschichte« ebendieses Menschen Jesus sein: seine Auferstehung, seine Interpretation als »Sohn Gottes«, als *Lógos* (Wort), der »ins Fleisch« gekommen ist (vgl. 1Joh 4,2), seine Himmelfahrt als Rückkehr zur Rechten Gottes.[278] Wenn Jesus historisch betrachtet Mensch war, kann man fantasievoll »historisch« spekulieren: Wie hat sich der Mensch Jesus verstanden? War er mit Maria Magdalena zusammen? Hatte er ein »Messiasbewusstsein« (ein menschliches natürlich)? Wie hat er geglaubt? Wie hat er gedacht über Israel, die Römer, die Thora usw.? Hat er sein Ende vorausgesehen? Hat er geglaubt, Gott würde ihn noch retten?[279] Alle diese Fragen bringen den historisch-kritisch arbeitenden Forscher in eine distanzierte Position *über* Jesus als seinem Forschungsgegenstand. Das kann für manche ganz praktisch sein: Dieser Jesus redet uns nicht im Hier und Heute persönlich an durch die Worte der biblischen Überlieferung. Bei Licht betrachtet handelt es sich dabei um nichts anderes als moderne Legendenbildung, wie Klaus Wengst eindrucksvoll herausgestellt hat. Viele Menschen finden diese modernen Legenden nur glaubwürdiger als das, was wir für antike Legendenbildung halten, weil sie in Einklang mit unserem modernen historischen Bewusstsein stehen.[280] Dass die Ergebnisse solcher Spekulationen dennoch im Lauf der Jahrhunderte völlig unterschiedlich ausgefallen sind, nötigt zu einer Schlussfolgerung: Die »historischen Jesusse« kann es nicht wirklich gegeben haben. Denn sie widersprechen einander an so vielen Stellen, dass nur einer von ihnen theoretisch real gewesen sein könnte. Aber welcher? Wenn wir das die Jesusforscher fragen, wird jeder von ihnen laut rufen: »Meiner!« In Bezug auf diese Überzeugung und die zugrunde liegenden Axiome sind die Jesusbilder gleichartig, und das macht es sehr wahrscheinlich, dass nicht eines, sondern *keines* von ihnen real ist. Ein Jesusbild, das die wesenhafte Göttlichkeit aus dem Christuszeugnis des Neuen Testamentes subtrahiert hat, wäre damit *historisch, aber nicht real* (vgl. S. 211 f.).

Nun verneinen die wenigsten Theologen, dass in einer gewissen Weise dennoch von Jesus als »Sohn Gottes« gesprochen werden kann. Sie verstehen es als eine Art Ehrentitel, der seine königliche Würde als Messias unterstreicht. In seiner Taufe (vgl. Mk 1,10-11par) sei der Mensch Jesus von Gott als sein »Sohn« quasi adoptiert worden.

Dabei wird den dort zitierten Stellen 2Sam 7,14; Ps 2,7 und Ps 89,27.28 die Vorstellung untergeschoben, als seien die gesalbten Könige Israels von Gott quasi in den Sohnesstand erhoben worden. Diese Erklärung hat aber ein Problem: Von keinem der historischen Könige Israels wird überliefert, dass er sich in diesem Sinne tatsächlich als adoptierter »Sohn Gottes« verstanden hätte. Wenn diese Stellen eine bekannte messianische, königliche Würde adressieren würden, würde das ein solches historisch belegbares Selbstverständnis der Könige Israels aber voraussetzen. 2Sam 7,14 ist vielmehr ein prophetisches Wort, dessen Erfüllung an keiner Stelle im Alten Testament behauptet wird; die beiden Psalmworte beziehen sich darauf.

Die Schwierigkeiten des modernen »Adoptianismus« zeigen sich bereits in der wirkungsgeschichtlichen Exegese. Inwiefern und wodurch war die Jesuserfahrung für die Jünger eigentlich eine *Gotteserfahrung*? Wie kamen sie darauf, dass sie das, was sie mit Jesus erlebten, mit Gott erlebten? Dies ist eine ganz knifflige Sache. In Teilen der historisch-kritischen Forschung wird die Art und Weise, wie die Handlungen Jesu überliefert werden, als »implizite Christologie« beschrieben.[281] Zum Beispiel hat Jesus im Unterschied zu den Propheten niemals die Botenformel gebraucht: »So spricht der Herr«. Stattdessen lehrte er: »Ich aber sage euch« (vgl. Mt 5-7), und das wurde als Vollmacht wahrgenommen. Er hat im Unterschied zu Elia am Bach Krit nicht gebetet, sondern ganz einfach zu dem verstorbenen Mädchen gesagt: »*talitha kum*« (»Mädchen, steh auf,« vgl. Mk 5,41). Er vergab die Sünden, und als die Pharisäer protestierten und sagten: »Wer kann Sünden vergeben außer Gott allein?«, sagte Jesus im Prinzip: »Ja, genau« (vgl. Mk 2,1-12). Wie er von Gott als »meinem Vater« sprach, tat ein Übriges (z. B. Lk 10,22). Die Jesuserfahrung, wie sie beschrieben wird, *war* die Gotteserfahrung; das fiel in seiner Person *unmittelbar* und nicht nur deiktisch (= hinweisend) zusammen. Das ist in der Bibel einzigartig. Bei Mose, Elia und den anderen Propheten trat beides nämlich auseinander. Sie *vermittelten* eine Gotteserfahrung, aber eine, die von ihrer eigenen Person *unterschieden* war. Wäre Jesus einfach Mensch gewesen wie sie, hätte das bei ihm genauso sein müssen, aber das war eben der entscheidende Unterschied. Diesen haben die Nachfolger Jesu erst im Lauf der Zeit verstanden und dann auch auf den Begriff bringen können: »Du bist Christus, der Sohn des lebendigen Gottes« (Petrus: Mt 16,16).[282]

Es scheint also ein Systemzwang dahinterzustehen, wenn man die Bezeichnung Jesu als »Sohn Gottes« ausschließlich als messianischen Titel verstehen will und dafür seine Worte und Handlungen ignoriert, in denen er uns Menschen gezeigt hat, wer er ist. Dabei spielt nicht nur der *Frame* des »Historischen« eine Rolle: Schon in der Alten Kirche behauptete die Häresie der »adoptianischen Christologie« nämlich, dass Christus nicht wahrer Gott und wahrer Mensch, sondern nur ein von Gott adoptierter Mensch gewesen sei.[283] Diese Lehre wurde damals rasch als irreführend verworfen. Und auch für den modernen Wiedergänger lässt sich der Systemzwang von einem nach oben offenen Geschichtsverständnis her auflösen. Es bietet uns die denkerischen Mittel, um annehmen zu können, dass die Worte »Sohn Gottes« eine Wirklichkeit und nicht nur ein Interpretament ausdrücken. Wir erhalten folglich Zugang zum »geschichtlichen, biblischen Christus«, wenn wir Petrus und den anderen Jüngern darin folgen, das Geheimnis der Person Jesu zutreffend erfasst zu haben:

»Sohn Gottes« ist mehr als ein Ehrentitel – es ist Jesu Identität.

Das wird auch durch die Tatsache nicht geschmälert, dass »Sohn« sprachmorphologisch betrachtet eine Metapher ist. Das Missverständnis des Islam besteht darin, dass er diese Metapher wortwörtlich versteht: »Wie kann Gott einen Sohn haben?« Jesus ist nicht in derselben Weise Sohn Gottes, wie wir Menschen Söhne und Töchter unserer Eltern sind, nämlich im Sinne von Fortpflanzung. Das hat übrigens auch nie ein christlicher Theologe behauptet. Allen war immer klar, dass wir bei der Gottessohnschaft Jesu Christi bzw. bei der ganzen Dreieinigkeit Gottes über etwas sprechen, was unsere menschlich-begrenzte Verstehensmöglichkeit bei Weitem übersteigt und nur durch *Icons* zum Ausdruck gebracht werden kann (Hartl).[284] Gerade auf diese Weise aber bringt die Bezeichnung »Sohn Gottes« Jesu wahre Identität auf einen Begriff, der uns erlaubt, zu verstehen, wer und was der geschichtliche, biblische Jesus Christus in Wirklichkeit ist.

Welchen Christus wollen wir als Mitte der Schrift?

Die Frage, an welchen Jesus wir glauben können oder wollen, führt uns auch auf andere Weise zurück zum Bibelverständnis. Ich komme noch einmal zurück auf Semlers Unterteilung des Bibelwortes in »Kern« und »Schale« und die lange ungeklärte Frage nach den Kriterien hierfür (vgl. oben S. 115). In der Gegenwart hat hier eine bemerkenswerte Entwicklung stattgefunden, die zu einem Luther zugeschriebenen Zitat zurückführte: »Kanonisch ist, was Christum treibet.«[285] In zahlreichen kirchlichen Verlautbarungen bis hin zu der – in vielerlei Hinsicht bedeutsamen[286] – EKD-Schrift »Die Bedeutung der Bibel für kirchenleitende Entscheidungen«[287] wird inzwischen betont, dass Christus die Mitte der Heiligen Schrift ist. Und zwar nicht nur als »hermeneutischer Schlüssel«, um sie zu verstehen, sondern auch im Sinne eines Kriteriums, um Kern und Schale, Wichtiges und Unwichtiges, zu unterscheiden. Das Problem hat sich durch diese Einsicht aber nicht gelöst, sondern nur verschoben. Denn welcher Christus darf's denn sein als Mitte der Schrift? Unser beliebiger »historischer Jesus« – also abzüglich all dessen, was wir lieber für »unhistorisch« halten möchten? Oder der biblische Christus, der lebendige Sohn Gottes? Dies bleibt unklar, und deswegen ist dieses inflationär beliebte Kriterium nicht brauchbarer als frühere Kriterien, die heute als zeitbedingte Konstruktionen gelten.

Luther hat seinen Satz »Kanonisch ist, was Christum treibet« nicht dazu gedacht, um innerhalb einzelner biblischer Schriften kanonische von nicht-kanonischen Anteilen zu unterscheiden.[288] Er setzt die *Ganzheit der Heiligen Schrift* voraus. Denn ohne sie kann *der echte* Jesus Christus in seiner Identität gar nicht als ihre Mitte gewonnen werden. An diesem Punkt sind Christologie und Hermeneutik (= Lehre vom Verstehen) untrennbar miteinander verkoppelt.

Genau an dieser Verkoppelung setzt eine Lösung an, die für mich die Quintessenz aus allen bisherigen Betrachtungen zum Bibelverständnis ist. Einerseits hören wir in der Bibel das Wort des lebendigen Gottes, und andererseits sehen wir ihre Menschlichkeit und können nicht so tun, als wäre sie vom Himmel gefallen wie der Koran – zumindest behauptet das der Islam. Es ist wie bei Christus, dem Wort, das Fleisch wurde. Die Kirche hat mehrere Hundert Jahre gebraucht, um Joh 1,14 und Phil 2,5-11 gedanklich auf die Kette zu bekommen: Wir haben in Jesus nicht halb und halb, sondern ganz-und-ganz vor uns. Nicht als göttlicher Kern in menschlicher Hülle, sondern beides als Einheit, »unvermischt und ungetrennt«.[289] Das genau heißt »In-karnation«, »Fleisch-werdung«, und diese hält sich durch von der Geburt bis zum Kreuz – und sogar in der leiblichen Auferstehung.[290]

Was passiert denn nun eigentlich, wenn dieser leiblich gewordene WORT (vgl. oben S. 83) in die menschliche Sprache eingeht? Dann haben wir ihn »in, mit und unter« den Worten der Sprache. Diese Formel kommt aus der Lehre vom Abendmahl. Denn dort setzt sich das fort: Wir haben durch das Wort der Einsetzung Leib und Blut Christi *in, mit und unter* den leiblichen Gaben von Brot und Wein (so sagt es die lutherische Theologie). Und es setzt sich genauso fort, wenn wir versuchen, Jesu Satz »Wer euch hört, der hört mich« (Lk 10,16) gedanklich auf die Kette zu bekommen. Wir haben in den Worten der Apostel, wie sie in der Gestalt der biblischen Schriften gefasst sind, nicht halb-und-halb, sondern ganz-und-ganz vor uns: Gottes Wort *in, mit und unter* ihren menschlichen Worten, »unvermischt und ungetrennt«.[291]

Die göttliche Inspiration der Schrift ist mit der Inkarnation Christi zusammenzudenken.

Wir beobachten also zu Recht die menschliche Eigenart, wenn wir die Bibel lesen – die Sprache ihrer Autoren, die verwendeten Begriffe in ihrer geschichtlichen Gewordenheit, die Denkweise ihrer Zeit. Und wir hören *in, mit und unter* alldem das Wort Gottes und begegnen dem lebendigen WORT, nämlich Christus, der größer ist als die Menschen, durch die er sich mitteilt.

»Ein breites Spektrum von evangelischen, katholischen wie freikirchlichen Theologen bezeichnet […] die Bibel heute als *Gottes-*

wort im Menschenwort« (Dietz).[292] Wir erkennen nun umgehend das Problem dieser Formel. Sie klärt nämlich gar nichts, weil sie an der entscheidenden Stelle uneindeutig bleibt. Sie hält fest: Die Bibel ist nicht »nur Menschenwort« – darin würde ich allerdings die Trennlinie zwischen überhaupt christlicher und atheistischer Theologie erblicken wollen. Aber was bedeutet »im«? Der Kern in der Schale? Zwei Worte, die man voneinander trennen kann – hier Menschenwort, da Gotteswort? Nach welchen Kriterien? Oder bedeutet das »im« so viel wie »in, mit und unter«, als Ganzheit, unvermischt und ungetrennt? Hellmuth Frey konnte bei schwierigen Textstellen sagen: »Hast du hier nicht auch das Gefühl, als hätte Gott sein Wort verlassen?« (vgl. Mt 27,46).[293] Und dennoch hatte er auch bei diesen so menschlich-zerschlagenen Textstellen immer die Achtung, Ehrfurcht und Behutsamkeit dem Wort Gottes gegenüber – aus Respekt vor Gottes Identität, zu der die Sendung seines WORTES untrennbar gehört.

Anstoß an Jesus – oder an denen, die an ihn glauben

Nun gibt es bei der ganzen Sache ein Problem: Wir können m. E. nicht einfach *wählen*, an welchen Jesus wir glauben. Das »Können« oder »Wollen« ergibt sich vielmehr mit innerer Notwendigkeit aus Ursachen, die oft jenseits des bewussten, logischen Denkens liegen. »Selig ist, wer sich nicht an mir ärgert«, sagte Jesus schon Johannes dem Täufer (vgl. Mt 11,6). Und die Behauptung, dass Jesus wesenhaft Gottes Sohn ist, kann für Menschen ein Anstoß und ein Ärgernis werden. Nicht nur deshalb, weil sie im Widerspruch zu unserem neuzeitlichen Bewusstsein steht oder weil uns bei dem Anspruch mulmig wird, den er damit an uns stellt, sondern auch *wegen der Menschen, die das glauben*. Hier kam die Anfechtung in der Theologiegeschichte oftmals her. Wir kommen aus einer Geschichte, in der die Kirche der konstantinischen Wende der Welt vorgab, was sie zu glauben hat.[294] Auch in den Kirchen der Reformation wurde dieser Anspruch immer wieder erhoben – und genau hier konnte sich das Ärgernis entzünden.

Illustrieren lässt sich das an dem ersten deutschsprachigen Theologen, der die Gottessohnschaft Jesu ausdrücklich abgestritten hat, nämlich dem bereits erwähnten Herrmann Samuel Reimarus (vgl. Fußnote 35; S. 204). Er tat dies in seiner radikalen und mit gehöriger Bitterkeit heimlich geschriebenen »Apologie oder Schutzschrift für die vernünftigen Verehrer Gottes«. Und dieser selbe Reimarus, ein erfolgreicher, durch und durch bürgerlicher, in Hamburg mit höchstem Ansehen bedachter Gelehrter,[295] war in seinen jungen Jahren ein orthodoxer Lutheraner gewesen.[296] Trotz seiner von der Aufklärung geprägten Lehrer und seiner Beschäftigung mit der Methode historischer Kritik behielt er diese orthodox-lutherische Seite über längere Zeit bei, wobei er sich mal so und mal so äußern konnte – das Spannungsverhältnis zwischen diesen Äußerungen ist nicht zu übersehen und in seiner Bedeutung noch nicht ausreichend erforscht.[297] Die Teilhabe an einem Hamburger Kreis radikaler Aufklärer und die Beschäftigung mit dem englischen Deismus und mit Machiavelli können jedoch nicht anders als in Anfechtung resultiert haben (nach unserer Typologie aus Kap. 4.3. wäre es Anfechtung durch andere aus der Welt, im Denken, zielt auf die Kirchengemeinschaft; AW-D-K). Der Umschlagpunkt zu einer radikal bibel- und jesuskritischen Haltung ist aber im Zusammenhang mit dem Streit um die Wertheimer Bibel zu sehen.[298] Dies war eine Neuübersetzung der fünf Bücher Mose mit Kommentaren, die Anstößigkeiten gegenüber der traditionellen Glaubenslehre boten. Dabei wollte ihr Verfasser, der Lutheraner Johann Lorenz Schmidt (1702–1749), das lutherische Bekenntnis eigentlich nicht verletzen. Ein Theologe des Halleschen Pietismus, Joachim Lange (1670–1744), war über diesen Angriff auf die traditionelle Glaubenslehre jedoch derart erbost, dass er Schmidt massiv attackierte und mit einer Reihe von Gutachten am zuständigen Wiener Hof verklagte. Schmidt wurde tatsächlich ein Jahr lang inhaftiert und die Wertheimer Bibel wurde auf Langes Drängen hin verboten. Reimarus war an diesem Streit mit zwei Rezensionen zur Wertheimer Bibel beteiligt – einer ablehnenden, die aus orthodox-lutherischer Perspektive geschrieben war, und einer positiven, verteidigenden ein halbes Jahr später. Genau zwischen diesen Rezensionen lag die Verhaftung Schmidts. Es war offensichtlich dieses massive, überzogene Einsteigen des namhaften Vertreters des Pietismus, das Reimarus' innere Spannung zum Kippen brachte. Denn zur ersten Anfechtung gesellte sich dadurch eine zweite, nämlich die innere Empörung auf die mit weltlicher Macht zur Schau gestellte Zumutung: »*Credendum*! Du musst das glauben!« Aus AW-D-K wurde also AK-W-K – die Anfechtung ging nun von gläubigen Menschen aus und stellte willensmäßig die Gemeinschaft mit der Kirche infrage – und als Konsequenz G-W-M: Jetzt will er auch zu diesem Gott, zu diesem Jesus, an den zu glauben sie mit staatlichem Druck einfordern, nicht mehr gehören. Seine »Apologie oder Schutzschrift« ist eine knallharte Distanzierung von diesem »Credendum!«, in der er die These aufstellt, dass es sich bei der Gottessohnschaft um eine Apotheose (= Vergöttlichung) des gewöhnlichen Menschen Jesus durch die Jünger handele. Er verschiebt seinen Widerstand dabei zurück auf die Ebene der Inhalte; in ihnen artikuliert sich die aufgekündigte Gemeinschaft.

Für mich liegt in dieser Geschichte vor allem eine tiefe Tragik. Denn ich frage mich, ob es nicht oftmals so ist, dass gerade die wahrhaft Gläubigen, indem sie ihren Glauben überziehen, Unglauben auslösen, weil sie in ebendiesem Überziehen zur Unfreiheit neigen und dabei unglaubwürdig werden. Hier stellt mich die Theologiegeschichte vor eine offene Frage: Wie können wir es besser machen, ohne an der Intensität und Entschiedenheit unseres Glaubens Abstriche machen zu müssen?

Eine Besonderheit von Reimarus ist, dass er diese Aufkündigung nur innerlich, aber nicht äußerlich vollzog, wie wir es heute machen würden. Er entschied sich dafür, seine Apologie bis zum Ende seines Lebens geheim zu halten, da er den Verlust seines ganzen Ansehens fürchten musste. Er hatte dies bei Schmidt ja selbst gesehen, den er im Übrigen danach als Hauslehrer bei sich beschäftigte. Heute kann dasselbe andersherum passieren. Wissenschaftler, die ihrem persönlichen Glauben zu viel Platz in ihrem Denken einräumen und die Axiome des »Historischen« kritisieren, riskieren ihre Ausgrenzung aus den Zirkeln der wissenschaftlichen Theologie und tendieren darum dazu, ihn verschämt zu verbergen.

Reimarus' Geschichte dürfte kein Einzelfall sein, insbesondere was die Abfolge von Anfechtungstypen angeht (A-D-K ? A-W-K zu G-W-M). Bei Adolf v. Harnack (1851–1930), dem Sohn des tiefgläubigen Erlanger Lutheraners Theodosius Harnack, scheint sie sich ähnlich abgespielt zu haben, wobei in der Mitte keine Negativ-Erfahrung, sondern der Lockruf einer neuen, seiner Intellektualität besser entsprechenden Gemeinschaft von Gleichgesinnten stand. Allerdings spielte die Ablösung von seinem Elternhaus mit dessen Erwartungen ebenfalls eine bedeutende Rolle.[299] Am Anfang steht meist der innere Konflikt zwischen dem persönlichen Glauben und dem neuzeitlichen wissenschaftlichen Bewusstsein mit seiner inhärenten Axiomatik. Durch ein Gemeinschaftsereignis greift die Anfechtung über auf die Willensebene und führt dann zu einer Distanzierung vom »geschichtlichen, biblischen Christus« und von denjenigen, die an ihn glauben. Die Vorstellung eines »historischen Jesus«, der in Wirklichkeit nur Mensch war (wenn auch ein besonderer), stellt also – m. E. kann man das theologiegeschichtlich tatsächlich so sagen – die Kompensation einer Anfechtung auf der Ebene des Wollens dar, vollzogen jedoch in der Sprachform der von Lehre und Theologie. Sie vollzieht eine Distanzierung von Jesus durch die Subtraktion seiner göttlichen Identität und *substituiert* die Leerstelle, die dabei zurückbleibt, mit den spekulativen Elementen des »historischen Jesus«. So hat das schon Reimarus gemacht.[300] Wenn wir noch einmal ins obige Kap. 5 hineinsehen, dann wird deutlich, dass diese Kompensation von Anfechtung dysfunktional ist – und das Dramatische ist, dass sich genau diese Dysfunktionalität in Gestalt der anerkannten theologischen Überzeugungen, die sie hervorgebracht hat, bis zum heutigen Tag quer durch die theologische Wissenschaft zieht. Sie entfaltet dort eine dysfunktionale Wirksamkeit, indem sie die Verbindung zum echten, lebendigen Jesus Christus und so zu Gottes Identität in verschiedenen Graden schwächt bis hin zu ihrer völligen Zerstörung (z. B. Entkehrungen im Zuge des Theologiestudiums). Und genau dies ist nach meiner

Überzeugung ein wesentlicher Bestandteil der Ursachenkette für den Sterbeprozess, den wir als evangelische Kirche in Deutschland gerade durchlaufen.

Der verlorene und der wiedergefundene Jesus

Ich möchte also zwei Vorgänge voneinander unterscheiden. Der erste ist die Anfechtung, in die wir als Christen kommen können und für die ich tiefes Verständnis habe. Der andere ist die Reaktion, für die wir uns *entscheiden*. Hier ist immer die Willens-Ebene im Spiel. Unsere Entscheidung mag sich für unser eigenes Empfinden mit innerer Notwendigkeit ergeben, aber ich bin der festen Überzeugung, dass wir dafür in einer solchen Situation dennoch mehr als nur eine einzige Option haben. Welche Möglichkeiten, welche Motive kann es geben, an dieser Stelle einen anderen Weg zu gehen?

Manchmal lässt sich ein solches Motiv auf der Ebene des Denkens nicht finden. Was sich bei Reimarus, bei Harnack und anderen als theologische Aussage ausdrückt, kommt aus einer anderen Stelle des menschlichen Bewusstseins, und ich glaube, so ist das bei vielen unserer heutigen Debatten auch. Ich würde darum ganz woanders hinsehen, nämlich auf unsere gottesdienstliche und spirituelle Praxis. Hier singen wir in der Liturgie: »Herr, erbarme dich; Christus, erbarme dich; Herr, erbarme dich« (griech. *Kýrie eleîson, Chríste eleîson, Kýrie eleîson*), und setzen ganz selbstverständlich die Präsenz des Auferstandenen mit der Präsenz Gottes gleich. Im Lobpreis singen wir »Jesus, zu dir kann ich so kommen, wie ich bin« und andere Lieder, in denen wir zu Jesus beten. Warum eigentlich? Gegenstand der Historiker sind die Toten;[301] der »historische Jesus« ist ein toter Jesus. Warum beten wir dann zu ihm und genießen das *Kyrie* aus Bachs h-Moll-Messe? Da steckt eine tiefe Sehnsucht dahinter – die Sehnsucht der Maria Magdalena, die am dritten Tag, nachdem Jesus gestorben war, mit wohlriechenden Ölen zum Grab ging. Auch sie hatte den lebendigen Jesus verloren. Aber sie entschied sich an diesem Morgen, seine Grabstätte noch einmal aufzusuchen.

Brian Zahnd hat dem Phänomen des »verlorenen Jesus« mehrere Kapitel seines oben besprochenen Buches gewidmet,[302] und zwar aus Maria Magdalenas Perspektive. Es rührt zu Herzen, wie Zahnd ihren Weg an diesem Ostermorgen beschreibt. Sie geht zum Grab, getrieben von der Liebe zu Jesus, auch wenn sie nichts anderes vorhat, als ihn einzubalsamieren. Sie erwartet nichts, aber sie geht hin zu ihm. So können auch wir immer wieder hingehen an den Ort, an den wir ihn angetroffen haben und antreffen können, nämlich in den Worten der Bibel – nicht mit dem sezierenden Skalpell, sondern mit wohlriechenden Ölen und Tüchern, die Zärtlichkeit, Hinwendung und auch Trauerarbeit symbolisieren. Doch Maria Magdalena erfährt an diesem Ostermorgen die beste Botschaft der Welt, als sie Jesus, dem Auferstandenen, aufs Neue begegnet (vgl. Joh 20). An dem Ort, an dem der tote Jesus liegen sollte, findet sie ihn als Lebendigen wieder und lernt ihn auf eine ganz neue Weise kennen. So sind manche Christen wie mit Tüchern und Ölen zum für sie toten Wort gekommen – und sind ganz unverhofft dem lebendigen Wort des lebendigen Herrn auf eine ganz neue Weise begegnet.

Erste, zweite oder überhaupt keine Naivität?

Dem französischen Religionsphilosophen Paul Ricœur (1913–2005) wird das Stichwort der »zweiten Naivität« beim Lesen der Bibel zugeschrieben. Tatsächlich hat er dieses Stichwort von dem katholischen Philosophen Peter Wust (1884–1940) übernommen, wie Joachim Negel gezeigt hat.[303] Seitdem wird dieser Begriff in der Theologie immer wieder herangezogen, um die Erfahrung einer *nach*kritischen Neuerschließung der biblischen Schriften zu beschreiben,[304] u. a. auch von Johannes Hartl und Brian Zahnd.[305] Was ist nun eine »zweite Naivität« im Gegenüber zu einer »ersten« oder auch eingebildet »nicht naiven« Herangehensweise an die Bibel?

Die erste Naivität könnte man als eine Art kindlicher Unbefangenheit bezeichnen. Bei Peter Wust ist sie das kindliche Urvertrauen in die Welt, die gut ist, so wie sie ist; sie ist positiv konnotiert.

Bei Paul Ricœur zeigt sie sich in einem »wortwörtlichen« Verständnis der biblischen Texte und wird assoziiert mit dem »Kinderglauben«, dass die Dinge wirklich so sind, wie die Bibel beschreibt. Diese »erste Naivität« wird von Ricœur, wie bereits bei Bultmann, *negativ* qualifiziert.[306] Man kann in der akademischen Theologie an dieser Stelle fast durchgängig einen polemisch geprägten Sprachgebrauch erkennen, der eine Abwertung der »ersten Naivität« wiedergibt. Sie habe etwas Kindisches, Unvernünftiges, Unerwachsenes. Dieses Unwerturteil erfolgt aus der Warte der eigenen überlegenen Nicht-Naivität – das ist jedenfalls das vermittelte Selbstbild. Dass die »erste Naivität« überhaupt »naiv« ist, ergibt sich erst aus der Überzeugung der eigenen Aufgeklärtheit, und auf welchen Axiomen die steht, haben wir oben zu Genüge demonstriert. Sie ist selbst eine Form von Naivität, die sich nicht als solche wahrhaben will.[307] Demgegenüber wird die »erste Naivität« als unmittelbarer Zugang zu den biblischen Texten von Johannes Hartl, Brian Zahnd und auch der EKD-Denkschrift zur Bibel ausdrücklich positiv gewürdigt.[308] Sie hat demnach ihre Berechtigung, aber sie funktioniert eben für Menschen nicht mehr ohne Weiteres, die durch das Feuer einer wissenschaftlich-historisch-kritischen Herangehensweise an die Bibel hindurchgegangen sind. Der textarchäologische, nach allen Regeln der Kunst sezierende Umgang mit den biblischen Texten hinterlässt einen toten Text. Christian Möller konstatiert, von manchem Prediger sei nach dieser Prozedur »nichts Geringeres als die Auferweckung einer Leiche zu leisten«.[309] Aus einem toten Text kann man kein lebendiges Wort von Gott mehr vernehmen. Und die Frage ist: Wie kann dieses lebendige Wort von Menschen wieder vernommen werden, die die »erste Naivität« verloren haben?

Darum genau geht es bei der »zweiten Naivität« – bei Peter Wust das »Trotzdem« eines der nachkindlichen Ernüchterung abgerungenen, erwachsenen Vertrauens in das Leben mit seinen unlösbaren Rätseln.[310] Bei Paul Ricœur ist es das aus der Kraft der Liturgie erwachsende neue Lesen der biblischen Texte, »als ob sie wahr seien«, womit ihre »eigentümliche, wenn auch verborgene Tiefenstruktur an den Tag kommt«.[311] Bei Brian Zahnd bedeutet es, das analytische

Lesen der Bibel hinter sich und die göttlich inspirierten biblischen Erzähler ihre Geschichte neu erzählen zu lassen,[312] und bei Johannes Hartl, sich auf die *Icons* der biblischen Metaphernsprache neu einzulassen in einer »Hermeneutik des Vertrauens«, dass diese Bilder tragen, auch wenn man weiß, dass es sich um Bilder handelt.[313] Überall spielt der nicht theoretische, sondern existenzielle Vorgang des neuen Sicheinlassens auf die biblischen Texte *als sie selbst* und damit auf das Reden Gottes[314] die entscheidende Rolle, und ebendarin besteht die zweite »Naivität«, die sich ihrer selbst bewusst ist. Das kann verschiedene Ausprägungen haben. Bei manchen wird die »zweite Naivität« ausdrücklich gegenüber der »ersten« abgehoben und klargestellt, dass die entsprechenden biblischen Texte keinesfalls historisch zu verstehen seien.[315] Andere haben gegenüber der ersten Naivität sehr viel weniger Berührungsängste und lassen die Möglichkeit eines »wortwörtliches« Verständnisses offen. Die »zweite Naivität« ist die einer Maria Magdalena, die sich völlig überraschend von Jesus angesprochen weiß und antwortet: »Mein Herr und mein Gott!« Ich halte sie für eine hilfreiche Brücke, gebaut von unserer Sehnsucht und getragen vom Glauben und der Liturgie der Kirche. Denn welchen Weg wir nehmen, damit Gottes Wort uns erreichen kann, ist m. E. weniger wichtig, als *dass es uns faktisch erreicht*, dass wir es hören und es in uns den Glauben wirken kann. Der auf Gottes Reden hörende *Gebrauch* der Schrift ist unser »erster Ausgangspunkt«, nicht die richtige Theorie über die Schrift (vgl. Kap. 3.4). Nicht was wir über die Schrift denken, ist wichtig, sondern ob wir sie so lesen, dass wir Gottes Stimme in ihr hören. Ein lehrmäßiges Verständnis der Bibel als »Gotteswort in, mit und unter dem Menschenwort« ist für ihren Gebrauch als Grundlage unseres Denkens nicht zwangsläufig erforderlich, sondern ein dementsprechender Gebrauch der Bibel ist für die Stärkung unseres Glaubens erforderlich. Es handelt sich bei dem, was ich oben vorgestellt habe, also ausdrücklich nicht um eine *Voraussetzung*, um die Bibel zu verstehen, sondern um ein *Nach*-Denken, das dazu dient, eine Urerfahrung der Christenheit, die im gottesdienstlichen Schriftgebrauch ihren Ursprung hat, gedanklich zu erfassen. Es ist, mit einer philosophischen Unterscheidung gesprochen, kein Urteil *a priori*, sondern ein Urteil *a posteriori*. Das Schriftprinzip ist der Schriftgebrauch höchstselbst als Wort des lebendigen Gottes (vgl. 1Thess 2,13). Denn darin ist der Zweck dieser Lehre erfüllt.

Ob unser Zugang zur Bibel geglückt ist oder nicht, zeigt sich für mich an unserem Umgang mit ihren schwierigen Stellen. Das sind die, wo wir selbst von Gottes Wort geprüft, hinterfragt und in unserer Lebensführung gefordert werden. »Erste« oder »zweite Naivität« oder was auch immer – das ist für mich dann glaubwürdig, wenn sie an diesen Stellen nicht plötzlich aufgegeben, sondern durchgehalten wird, wenn wir zulassen, dass Gottes Güte uns auch zu »Buße« und Umkehr leiten kann (vgl. Röm 2,4). Ich möchte gerne dazu einladen, die Methoden der Distanzierung, Subtraktion und Substitution auch dort abzulegen, wo die Begegnung mit Gott gefährlich und spannend wird. Damit sind wir bei der dritten Persönlichkeitsebene von Anfechtung: den -F-Typen (im Fühlen, vgl. oben S. 141 f.).

6.3 Ein unmoralischer Gott und die heilige Gesellschaft

Wenn wir mit den Worten der Bibel leben, dann wird sich Gott uns irgendwann unausweichlich von einer Seite zeigen, die so gar nicht licht- und liebevoll, sondern unbegreiflich dunkel zu sein scheint. Oft steht sie in Konflikt mit den Werten der uns umgebenden Gesellschaft. Manchmal zeigt sich Gott geradezu schockierend unmoralisch! Etwa wenn er durch die Sintflut die Menschheit und einen großen Teil der Tierwelt vernichtet und nur Noah und die Tiere, die in der Arche sind, für einen neuen Anfang rettet (vgl. 1Mo 7–8). Oder wenn er in der Nacht des Passah vor dem Auszug durch Ägypten geht und alle Erstgeborenen unter Mensch und Tier tötet (vgl. 2Mo 11–12). Oder wenn er das murrende Volk Israel straft, indem er giftige Schlangen kommen lässt, an deren Biss viele sterben (vgl. 4Mo 21,4-9). Das sind keine Individual-, sondern Kollektivstrafen! Wie kann das sein? Was ist das für ein Gott? Oder als König David die Bundeslade nach Jerusalem holte und der Wagenführer Usa sie festhielt, als die Rinder ausglitten und Gott ihn dafür umgehend »schlug […], sodass er dort starb« (2Sam 6,7). Ist das ein Grund? Wie sollte das für uns keine Anfechtung sein, wenn es sogar für David eine war (2Sam 6,8-9)? Manche Gebote im Alten Testament, aber auch manche Weisungen im Neuen Testament empfinden wir heute als hart, ja diskriminierend. Solche Fremdheitsmomente beschränken sich nämlich nicht auf das Alte Testament. Jesus hat so viel von der Hölle geredet wie sonst niemand in der Bibel.[316] Er sagte, dass es ein Gericht Gottes geben würde, das mit einer ewigen Verdammnis enden könnte. Das ist für unser heutiges Selbstverständnis unerträglich. Keinem Geringeren als dem Menschensohn (also Jesus selbst) ist das Gericht übergeben (vgl. Mt 25,31-46; Offb 20,11-15). Und all dies kreist um ein höchst irritierendes Phänomen: den »Zorn Gottes«.[317] Wo dieser sich in der Geschichte manifestiert, sind die Auswirkungen für den Menschen samt und sonders katastrophal. Sie haben fast immer mit der massenhaften Realität von Tod und Leid, in jedem Fall aber mit dem Verlust von Lebensraum und Segen zu tun. Innerweltlich scheint Gott dabei nicht individuell zu differenzieren. Erst beim Weltgericht am Ende der Zeiten, wo es um das ewige Leben geht, steht jeder Einzelne für sich vor Gott. Martin Luther hat den Zorn Gottes vor Augen, wenn er vom *Deus absconditus* redet, vom verborgenen Gott, und von der höchsten, größten Anfechtung, wenn wir den liebenden Gott in seinem Wort nicht mehr erkennen können, weil er sich unter dem Gegenteil verbirgt (seine Anfechtung wäre nach unserer obigen Typologie G-F-G: durch Gott, im Fühlen, zielt auf Gottes Beziehung zum Menschen).

Der Zorn Gottes als Ursache von Anfechtung

Dass Gott zürnen kann, bringt uns nicht nur emotional durcheinander; er ist da so gar nicht der liebende Vater zum Ankuscheln. Auch in unserem Denken kracht und knackt es im Getriebe, denn

Gott scheint da mit sich selbst in unauflöslichem Widerspruch zu sein. Carl-Heinz Ratschow beschreibt das so: »Der sich verstellende Gott tritt aus dem, was der Glaube weiß, unbeziehbar heraus. Offenbar steht Gott wider Gott. Und das ist die Tiefe der Angefochtenheit, dass Gott wider Gott steht und doch nur Einer sein kann.«[318]

Für uns heute ist das ein ganz grundsätzliches Problem. Denn in diesem Zorn liegt eine sich gegen den Menschen erhebende Macht, der er nicht entrinnen kann. Wenn Gott nach seinem Zorn handelt, ist der Mensch ihm rettungslos ausgeliefert. Und das ist natürlich etwas, was Menschen heute in der Postmoderne überhaupt nicht mehr akzeptieren können – und zwar aus moralischen Gründen. Der zürnende Gott ist als vernichtender Gott ein absolut unmoralischer Gott, dem man schon aus Prinzip entgegentreten muss (das wäre dann im Unterschied zu Luther der Anfechtungstyp G-F-M; sie zielt auf die Beziehung des Menschen zu Gott). Dieser Gott wird also *als Gott prinzipiell infrage gestellt*. Das ist übrigens nicht erst bei uns so. Schon für die antike griechische Welt war ein zorniger Gott undenkbar. Denn der philosophische Gott hat keine Affekte, er ist reine apathische (d. h. emotionslose) Gutheit. Die häretische Bewegung der Gnosis in der Alten Kirche ist geprägt von dem Versuch, den »Zorn« aus dem Gottesverständnis abzuspalten; sie macht nämlich aus dem Gott des Alten Testamentes den »Demiurg«, der zwar die Welt geschaffen hat, aber eigentlich eine Gotteskarikatur ist und völlig verschieden vom Gott Jesu Christi.[319] Verführerisch, nicht? Einfach zwei daraus machen? Mitunter habe ich den Eindruck, dass dieses Beispiel noch heute Schule macht, wo viel vom Teufel die Rede ist und alles Schlechte, was passiert, auf den Teufel zurückgeführt wird. Dagegen steht jedoch Am 3,6: »Geschieht etwa ein Unglück in der Stadt, und der HERR hat es nicht getan?« Der Dualismus, der neben Gott einen nahezu gleich starken Teufel stellt, weicht der Anfechtung aus – aber kann dann auch nicht mehr an die Allmacht Gottes glauben.

Die totale Infragestellung Gottes aufgrund seines Zorns war eine vernichtende Kritik am Christentum in der vom aufklärerischen Rationalismus geprägten Gesellschaft. Sie liegt m. E. den atheistischen Konzepten eines Rousseau oder Russell zugrunde. Um sie zu kompensieren, hat sich in der Theologie eine einfache Lösung etabliert. Sie sagt: »Das waren Menschen, die das geschrieben haben; das sind nur menschliche Vorstellungen. Sie sind exakt die entbehrliche, zeitbedingte ›Schale‹, aus der der ›Kern‹ herauszuschälen ist. Denn in Wirklichkeit ist Gott ganz anders.« Das klingt supereinfach und einleuchtend[320] – warum also nicht? Es gibt drei Einwände dagegen. (1) Der »Zorn Gottes« in der Bibel ist bei Licht betrachtet die Kehrseite der genauso leidenschaftlichen Liebe Gottes,[321] des genauso sehnsuchtsvollen Erbarmens Gottes. Es ist willkürlich, zu sagen: Das eine ist von Menschen, denn es gefällt uns nicht; das andere ist Offenbarung, denn es gefällt uns. Wir nehmen die Schere und basteln uns ein Gottesbild, das in die Rolle passt, die ein anständiger Gott nach unserer Meinung in der Welt gefälligst zu spielen hat. Das ist ein Übergriff in Gottes Identität, denn sein Zorn ist genauso Gegenstand von Offenbarung (vgl. Röm 1,18) wie seine Liebe und wie die anderen Eigenschaften Gottes. (2) Das Gottesbild, das dabei herauskommt, ist das einer Liebe, die letztlich alles gelten lässt. Es ist die resignierende Liebe einer Mutter, die zu schwach ist, etwas zu unternehmen, auch wenn ihr die Kinder auf der Nase herumtanzen. So ein Gottesbild spiegelt die Lebensrealität in der antiautoritären Wohlstandsgesellschaft wieder. Aber es wird in einer Zeit der kollabierenden Wohlstandssysteme, in einer Realität von rasch aufeinanderfolgenden Katastrophen, Kriegen, Entbehrungen und des für manche Menschen fraglich gewordenen Überlebens jegliche Plausibilität verlieren. Und diese Realität ist es, die unser Jahrhundert bestimmen wird. Ein anderer als der *echte* Gott kann uns in ihr nicht helfen. (3) Wenn wir die Passagen über den Zorn Gottes den Menschen zuweisen und auf diese Weise biblische Sachkritik betreiben, nehmen wir die Anfechtung, die darin liegt, nicht an. Wir suchen unser Heil darin, sie zu umgehen, und zwar durch Subtraktion. Sachkritik ist eine Subtraktionsmethode, nichts anderes: »Menschenwort, kein Gotteswort«. Dabei sind es nach meiner Erfahrung gerade *diese* Passagen, in denen die tiefsten Wachstumsschritte stecken.

Versuchen wir also stattdessen mal einen Moment, diesen Stellen nicht auszuweichen wie Jerobeam (vgl. oben S. 159 ff.), sondern sie in ihrer Fremdheit und Schroffheit auszuhalten.[322] Wir distanzieren uns nicht, sondern intensivieren unseren Kontakt mit Gott, indem wir bei seinem Wort bleiben, uns vor ihm und anderen aussprechen, auch über das, was wir nicht verstehen können, und so Luthers Schritte *oratio* (Gebet) und *meditatio* (Schriftmeditation) in unserer *tentatio* (Anfechtung) anwenden. Jedes Mal, wenn ich an diesem Punkt stehe, entdecke ich aufs Neue, dass Gottes »dunkle Seiten« unauflöslich mit einer sehr hellen Seite in Zusammenhang stehen: mit Gottes Gerechtigkeit. »Seine Werke sind vollkommen, denn alle seine Wege sind recht. Treu ist Gott und kein Böses an ihm, gerecht und wahrhaftig ist er« (5Mo 32,5). In Ps 85 finden sich diese beiden Seiten in ihrer Verbundenheit. Gott ist verlässlich gütig. Seine Absicht ist, die Menschen zum *Schalom* zu führen, zu einem umfassenden heilvollen Frieden erblühenden Lebens. Und ebendarin ist Gott zugleich verlässlich gerecht, indem er die Zerstörung dieses *Schalom* durch den Menschen nicht duldet. Das Gebot nimmt den Menschen in seiner Verantwortlichkeit in die Pflicht, und die Verletzung dieser Verantwortlichkeit durch »Missetat« und »Sünde« (vgl. Ps 85,3) bringt den Menschen in die dunkle Seite des Zornes hinein. Warum?

Eine Gerechtigkeit, deren Verletzung folgenlos bleibt, ist keine. Michael Zürn schreibt angesichts des russischen Überfalls auf die Ukraine:

> »Es gilt nämlich grundsätzlich, dass eine Ordnung und generell jede Norm nicht durch eine Regelverletzung, sondern erst durch das Fehlen einer angemessenen Reaktion auf die Regelverletzung ins Wanken gerät. Die Norm, dass man nicht töten soll, wird durch einen Mord nicht in Frage gestellt. Erst die achselzuckende Akzeptanz von Tötungsdelikten tötet die Norm.«[323]

Ein Gebot also, das die Gerechtigkeit konkretisiert, ist erst dadurch ein Gebot und keine unverbindliche Empfehlung, wenn seine Übertretung etwas auslöst (vgl. 5Mo 28). Und ebendies ist Gottes Zorn. Sein Grund kann in der Bibel fast immer anhand der Gebote Gottes benannt und nachvollzogen werden. Zum Beispiel wurde das babylonische Exil vom Volk Israel als Erfahrung des berechtigten Zornes Gottes verstanden, weil Israel dauerhaft das erste Gebot gebrochen und sich so als nicht bundestreu erwiesen hat (vgl. 2Chr 36,11-21). Die Propheten richteten in mahnenden Worten die Notwendigkeit von Umkehr und Rückkehr in Gottes Bund aus, um den Zorn Gottes zu wenden. Und sie taten das nicht wegen nichts, sondern angesichts von Ungerechtigkeit im Handeln der Menschen, die zum Himmel schrie (z. B. Am 1,1–3,2), weil sie mit ihrem ungerechten Handeln anderen Menschen den *Schalom* Gottes nahmen. In dieser Tradition stand auch Johannes der Täufer mit seiner feurigen Bußpredigt (vgl. Mt 3,1-12). Und im letzten Buch der Bibel beim endgültigen Gericht werden die Menschen anhand ihrer Handlungen beurteilt (vgl. Offb 20,11-15).[324] Alles das *bestätigt* bei genauem Hinsehen also Gottes Gerechtigkeit als ein Garant von Gottes verbindlicher, dauerhafter und verlässlicher Güte. Würde Gott Ungerechtigkeit ignorieren, dann wäre er auch nicht gerecht, dann wäre seine Gerechtigkeit nur *Schein*, damit aber auch seine Güte nicht verlässlich. Das bedeutet: Gottes Zorn kann aus der Identität Gottes, die er uns Menschen offenbart hat, nicht subtrahiert werden, ohne dass Gottes Güte und Wahrhaftigkeit fraglich werden, ja der ganze Gott unglaubwürdig wird. Kein Geringerer als Immanuel Kant hat das gesehen, wenn er in seiner »Kritik der praktischen Vernunft« einen Gott, der das Gute belohnt und das Böse bestraft, als notwendiges Postulat (=Annahme) einer Pflichtenethik anerkannte.[325]

Diese Überlegungen mindern das Dunkle nicht! Aber sie setzen es ins Verhältnis zum Hellen, zu Gottes lebensschaffender und verlässlicher Güte.

Heilige Gesellschaft

An dieser Stelle tut sich dennoch ein tiefer Gegensatz zu unserer Gesellschaft auf. Zu unterstellen, dass Gottes Zorn berechtigt sein könnte, ist ihr absolut fremd, verpönt, ja verboten. Sie hat dafür kein Sensorium. In Zeiten des weggewischten Horizontes ist Gott aus der Gesellschaft exkulturiert. Sie gibt sich ihre Werte im Diskurs selbst. Das läuft natürlich nicht ganz so aufgeklärt-harmonisch ab, wie es die Schulbücher sagen, etwa nach Jürgen Habermas' Ideal des »herrschaftsfreien Diskurses«.[326] Tatsächlich haben wir in der jüngeren Vergangenheit viel eher erlebt, dass die »neuen Eliten« aushandeln, was die richtige Haltung ist, und diese anderen vorgeben.[327] In der säkularen Welt ohne Gott und ohne Horizont übernimmt die auf sich selbst geworfene Gesellschaft die Rolle der Kirche. Sie sakralisiert sich selbst als die eine heilige, allumfassende Gesellschaft,[328] die das Gute definiert und vorgibt und die Ketzer bestraft. Sie sieht sich dabei als Garant des Guten. Darin liegt das Geheimnis der politischen Diskurse der letzten zehn Jahre. Man kann beobachten, wie sie dabei bis zur Unerträglichkeit dogmatisch, päpstlich-unfehlbar und inquisitorisch wird. Lauter Sozialformen des Mittelalters feiern bei der Gelegenheit fröhliche Urständ. Das fängt an bei dem neuen Klassismus aus Adel (Politiker-*Community*), Klerus (*scientific community*, »neue Eliten«) und Fußvolk (Wählerinnen und Wähler), geht über die »Ritter des Guten« (politische Aktivisten) und die Inquisition (Twitter, Medien) bis hin zu bekannten Bestrafungsmechanismen wie dem Pranger (*Shitstorm*) und der Exkommunikation (*cancel culture*). Im Urteil dieser heiligen Gesellschaft ist der Gott der Bibel einfach nur unmoralisch. Ein Gott, der richtet? Wir sind die, die richten! Ein Gott, der Gebote gibt? Wir gebieten, welche Haltung opportun ist und welche nicht! Ein Gott, der Menschen in ihrem Handeln begrenzt? Wenn hier jemand etwas delegitimiert, dann wir! Allein die Rede von der Liebe ist noch passabel, vorausgesetzt, sie schließt das Sexuelle ein. Und das Interessante daran ist, dass die in diesen Diskursen gegeneinanderstehenden Subgesellschaften trotz ihrer völlig gegenläufigen politischen Ausrichtung sich hierin ähneln wie ein Ei dem anderen. Das beobachte ich ganz besonders in der tief gespaltenen US-amerikanischen Gesellschaft.

All dies sind inzwischen auch Fragen der Gemeinde. Und für die Gemeinde sind das Anfechtungen. Anfechtung, in der Entscheidung zu stehen zwischen der Abschottung von der Gesellschaft und der Treue zu Gott oder umgekehrt zwischen der Nähe zur Gesellschaft und einer damit unumgänglichen Distanzierung von Gott. Anfechtung, weil Gottes Offenbarung sich an diesen dunklen Stellen nicht besonders gut anfühlt – für geistliche Wellness völlig ungeeignet. Anfechtung, weil diese Teile der Bibel uns mit unseren schlimmsten Ängsten und Befürchtungen konfrontieren, mit Alleinsein und Verworfensein, mit Ausgestoßensein und Verlieren, mit Kontrollverlust. Wie gesagt: Nichts liegt näher, als auszuweichen und zu sagen: Das waren Menschen, die das geschrieben haben. Oder mit Johann Salomo Semler:[329] Hier hat Gott sich akkommodiert, d. h., er hat sich den Menschen mit ihren zeitbedingten Vorstellungen angepasst, was jetzt durch die Vernunft überholt ist. Eine solche Lösung bestätigt die Gesellschaft in ihrem Selbstbild. Sie erschafft einen Gott, der uns nicht gefährlich werden kann. Und sie nimmt uns die Chance, uns selbst ins Auge zu sehen, uns als Gesellschaft mit unseren Schattenseiten zu konfrontieren, uns als Menschen unseren eigenen verborgenen Anteilen zu stellen und an Gott zu wachsen.

Die unheilige Gesellschaft und Gottes Gerechtigkeit

Das Idealbild unserer Gesellschaft, das sie für ihre Verurteilung Gottes zugrunde legt, ist nämlich ein *Narrativ* (Lyotard).[330] Es ist die große Selbsterzählung des eigenen Fortschritts, dessen Krönung stets *wir heute* sind. Diese Erzählung ignoriert konsequent den Preis unseres »fortschrittlichen« Handelns. Wir wollten nicht mehr auf Gott angewiesen sein, um in das Himmelreich zu gelangen, sondern wollten unsere Welt auf eigene Faust durch Fortschritt zum Paradies machen. Und wir haben sie damit an den Rand des Abgrunds gebracht. Den Preis für unseren Fortschritt zahlten die

Völker der Kolonien, die Armen der Zwei-Drittel-Welt – und die nach uns kommenden Generationen werden diesen Preis bezahlen in Form der Ressourcen an bewohnbarem Lebensraum, die wir ihnen genommen haben. Diesen selben Preis zahlen die aussterbenden Tierarten schon lange. Wir haben über mehr als ein Jahrhundert gestohlen, nämlich den nachfolgenden Generationen die Zukunft. Wir wollen das zwar ändern – und ich sehe durchaus gewisse Chancen, dass wir das auch schaffen werden –, aber uns vor dem Schöpfer dieser Welt verantworten für den Schaden, den wir angerichtet haben, wollen wir nicht. Und diese Selbsterzählung setzt sich unter leicht veränderten Vorzeichen auch heute fort, wo der axiomatische Glaube an die eigene überlegene Moralität das politische Handeln und die Sanktionierung von Abweichlern begründet.[331] Die Generationen vor uns waren stets überzeugt, im Sinne des Fortschritts das Richtige zu tun. Warum sollten wir glauben, dass unsere heutigen gesellschaftsperformativen Handlungen im Namen des Fortschritts das einzig Richtige sind, wenn die Generationen vor uns schon genau demselben Irrtum aufgesessen sind? Welche Folgen für das Gott-Welt-Mensch-liche Ökosystem werden unsere heutigen Handlungen haben, mit denen wir in das Denken, die Natur und die Gesellschaft eingreifen? Wir wollen das so wenig wissen wie die Generationen vor uns. *Wir wollen nicht verantwortlich sein für die Folgen unseres Handelns.* Wenn wir sie nicht mit der Fortschrittserzählung ganz ausblenden können, machen wir andere dafür verantwortlich, und zwar diejenigen außerhalb der Blase unserer je eigenen *Tribes*, auf die sich unsere Gerechtigkeit begrenzt. Unsere Moralität, an der wir Gott messen, ist ein sorgsam gehüteter, verteidigter und strafbewehrter *Fake*.

In den dunklen Stellen über den Zorn Gottes stoßen wir auf die unangenehme Tatsache, dass Gott unser scheinheiliges Selbstbild nicht akzeptiert. Er stellt uns vor sich, den Gerechten, in unserer Verantwortlichkeit. Ihn können wir mit unseren Narrativen nicht beeindrucken: »Es ist kein Ansehen der Person vor Gott« (Röm 2,11). Die politische Richtung, der wir uns zugehörig fühlen, spielt dabei überhaupt keine Rolle; der Zweck erwirkt keine mildernden Umstände. Wenn in der Bibel vom Zorn Gottes die Rede ist, geht das nicht zuerst die anderen an, sondern immer zuerst uns selbst ganz persönlich, uns innerhalb unserer eigenen *Tribes*. *Wir* sind verantwortlich! Nicht *die*, sondern du und ich.

Wir hören das nicht gerne. Da kommen extreme Gefühle auf: beleidigte, zurückgesetzte, narzisstische Wut. Der Trotz eines Kindes, das schreit: »Aber ich will!« Da steigen Ängste und Befürchtungen vor Strafe, Unterlegenheit und Kontrollverlust in uns auf. Und es ist wichtig – wirklich wichtig! –, die ganze Palette unserer Gefühle angesichts des so unmoralisch zornigen Gottes zuzulassen, denn was da aufsteigt, das sind *wir*! Es ist die Seite an uns, die hinter den gestylten Avataren unseres Auftretens versteckt ist, die wir so oft mit uns selbst verwechseln. Es sind die Anteile in uns, die wir mühevoll verdrängen, die C. G. Jung (1875–1961), der Begründer der Analytischen Psychologie, unsere »Schatten« genannt hat[332] – unsere verborgenen Seiten, die wir nicht akzeptieren, vor denen uns schaudert. In der Erfahrung des *Deus absconditus* (des verborgenen Gottes) steigt unser *homo absconditus* (der verborgene Mensch) aus dem Abgrund der Seele auf. Nicht nur Gott wird uns fremd. Auch wir selbst werden uns fremd, indem wir mit den fremden Seiten in uns konfrontiert sind. Und *das auszuhalten* – genau darin liegt unsere Chance und unser Wachstumsschritt.

Gottes dunkle Seite in unsere Gotteserkenntnis zu integrieren gibt uns die Chance, unsere eigenen dunklen Seiten in uns selbst zu integrieren.

An diesem Punkt wissen wir erst, wer wir sind. Da merken wir, dass wir *diesen* Gott um seiner selbst willen nicht lieben können, sondern wenn, dann nur um unseretwillen. Da spüren wir das Aufbegehren des »alten Adam« und der »alten Eva« gegen Gott, das Nicht-Akzeptieren seines Gottseins,[333] das die Berechtigung seines Zornes erneut bestätigt – nur können wir rein gar nichts dagegen tun. Und an diesem Punkt angstvoll-wutentbrannter Hilflosigkeit beginnt unsere innere Heilung:

Denn Gott hält uns aus.

Nicht nur wir halten Gott aus, sondern Gott hält uns aus und wendet sich diesem unserem *homo absconditus* zu in hingebungsvoller Liebe. Das genau ist die Geschichte des Kreuzes.

6.4 Christus, der uns rettet

Diese Geschichte beginnt damit, dass Gott uns in Christus aufsucht. Wo er auftaucht, da berührt er die verborgenen Anteile der Menschen. Sie zeigen sich. Und er hält sie aus. Die Besessenen, die zu schreien beginnen, wenn sie ihn sehen (vgl. Mk 1,21-28; 5,1-20). Die Frau am Jakobsbrunnen (vgl. Joh 4,1-42) mit ihrer ganzen verkorksten Beziehungsgeschichte. Den Zöllner Levi, den er mitten in seiner geldversessenen Kollaboration mit dem römischen Feind beruft und würdigt, mit ihm Tischgemeinschaft zu haben (vgl. Lk 5,27-32). Aber auch den Neid und das Machtgehabe der eigentlich besonders Gottesfürchtigen, der Pharisäer (vgl. Mt 12). Die Macht der selbstbezogenen Überlebensängste, die in den Jüngern aufstiegen, als sie von Jesus bei seiner Gefangennahme fliehen. Und das eigentliche abgrundtief Böse im Menschen in ihrem dämonischen Schreien: »Kreuzige ihn, kreuzige ihn!« (vgl. Mk 15,13-14). Das alles hält er aus – und auch unseren empörten, wütenden, angstbesessenen »verborgenen Menschen«.

Gott hätte sich abwenden können, aber stattdessen wendet er sich uns zu. Er hätte uns allein lassen und endgültige Distanz von der Menschheit nehmen können, aber er bleibt. Obwohl er das Böse hätte durch unsere Vernichtung aus der Welt schaffen können, hält er es aus und trägt es, denn er will, dass wir *versöhnt* werden.

»Gott war in Christus und versöhnte die Welt mit sich selbst und rechnete ihnen ihre Sünden nicht zu und hat unter uns aufgerichtet das Wort von der Versöhnung. Denn er hat den, der von keiner Sünde wusste, für uns zur Sünde gemacht, damit wir in ihm die Gerechtigkeit würden, die vor Gott gilt« (2Kor 5,19.21; LUT 1984).

So verkündigt Paulus die Geschichte des Kreuzes: Der gerechte, heilige Gott versöhnt uns mit sich (so herum, nicht »sich mit uns«), indem er etwas übernimmt, was eigentlich unser Part wäre. Weil das Sohn-Gottes-Sein die Identität Jesu Christi ist, ist er von unserer adam- und evamäßigen Ur-Empörung frei. Er »weiß von keiner Sünde«. Aber anstatt dass er uns meidet oder uns eine Strafpredigt hält (wie Johannes der Täufer) oder uns zu frommer Leistung anstachelt (wie die Pharisäer), *tauscht* er mit uns. Das ist unendlich liebevoll, unendlich solidarisch, ohne jede Berührungsängste: unsere Sünde gegen seine Sohnheit. Was uns von Gott trennt, gegen das, was ihn mit Gott vereint. Er hält unseren *homo absconditus* aus – all die Wut und Angst und Auflehnung –, weil er ihn auf sich nimmt und »wir« wird. Genau dieses schreckliche »Wir«, das wird er. Und so – als ich, als du, als wir – tritt er *face-to-face* vor das Angesicht des gerechten Gottes und hält ihn aus für uns. Das Zerwürfnis zwischen uns und Gott verwandelt er im Tausch in eine Sache zwischen Gott und Gott. Ort des Geschehens: der Hügel Golgatha, 33 n. Chr. beim Passahfest, wo unzählige Opferlämmer gegessen wurden, die an die Auslösung der Erstgeburt der Israeliten vor dem richtenden Gott erinnern (vgl. 2Mo 11,4-5; 12,1-28). »Die Strafe liegt auf ihm, auf dass wir Frieden hätten, und durch seine Wunden sind wir geheilt« (Jes 53,5b). Das Hochgebet der Osternacht bringt es auf den Punkt: »O glückliche Schuld, welch großen Erlöser hast du gefunden!«

Mit dem Ostermorgen endet die Verborgenheit Gottes und es wird offenbar, welch fundamentale Veränderung stattgefunden hat. Jesus sagt: »Ich fahre auf zu meinem Vater und eurem Vater, zu meinem Gott und eurem Gott« (Joh 20,17). Wir sind kraft der Selbsthingabe Jesu in die von Wahrheit (*'ämät*) und Treue (*pístis*), von verlässlicher Güte und leidenschaftlicher Liebe geprägte Beziehung zwischen dem Vater und dem Sohn mithineingenommen. Der gerechte Gott – jetzt ist er unser Vater. Das war sein Ziel. Er sieht uns jetzt an »in Christus«; er kleidet uns in ihn wie in ein kostbares Gewand: innen ich, außen Jesus. »Ihr seid alle durch den Glauben Gottes Kinder in Christus Jesus. Denn ihr alle, die ihr auf Christus getauft seid, habt Christus angezogen« (Gal 3,26-27). »Darum: Ist jemand in Christus, so ist er eine neue Kreatur; das Alte ist vergangen, siehe, Neues ist geworden« (2Kor 5,17).

Das ist Liebe, wahrhaftige Liebe und nicht nur Schönwetter-Liebe, die den anderen zum eigenen Genuss nur von seiner Sonnenseite sehen will. Sie drückt nicht beide Augen zu, sondern erweist sich in der mit sich selbst völlig konsequenten Selbsthingabe Gottes – und genau das macht sie glaub-würdig. Es ist kein Zufall, dass sich das Wort erst im Neuen Testament findet: »Gott ist die Liebe, und wer in der Liebe bleibt, der bleibt in Gott und Gott in ihm« (1Joh 4,16). Was Gottes Liebe bedeutet, können wir nirgendwo besser als am Kreuz erkennen. Es ist im Neuen Testament die Grundlage unserer Rettung und Versöhnung, unserer Identität als Kinder Gottes. Und stets ist die Formel dabei: »Er – für uns«.

Umstrittenes Kreuz

Genau hierüber wird heute in der Glaubenslehre gestritten. Für die Reformation war es der »höchste und größte Artikel«. Es galt als Schlüssel zur ganzen Bibel, dass Christus »ein Opfer nicht allein für die Erbsünde, sondern auch für alle anderen Sünden war und Gottes Zorn versöhnte« und »dass wir Vergebung der Sünde bekommen und vor Gott gerecht werden aus Gnade um Christi willen durch den Glauben, nämlich wenn wir glauben, dass Christus für uns gelitten hat und dass uns um seinetwillen die Sünde vergeben, Gerechtigkeit und ewiges Leben geschenkt wird«.[334] Heute stoßen sich manche evangelische Christen an allem, was da bekannt wurde. Christus als Opfer für die Sünde? Christus für uns gelitten? Stellvertretend? Was für eine abstoßend martialische Vorstellung! (Anfechtungstyp AK-F-M: durch Menschen in der Kirche; vielleicht aber doch durch Gott selbst? – im Fühlen – zielt auf die Beziehung des Menschen zu diesem Gott.) Der Theologe Klaus-Peter Jörns forderte 2004 »notwendige Abschiede« der Kirche von allen Formen einer Sühne- und Opferterminologie.[335] Also kein »Lamm Gottes, der du trägst die Sünd' der Welt« mehr beim Abendmahl. Kein »Ein Lämmlein geht ...« an Karfreitag. Alles weg! Geht gar nicht mehr! Seitdem tobt der Streit. Und es ist verständlich, dass er tobt, denn das Kreuz war und ist nie etwas anderes gewesen als eine absolute Provokation. Christus am Kreuz war die ultimative Anfechtung der Jünger, es war »den Juden ein Ärgernis und den Griechen eine Torheit« (vgl. 1Kor 1,23). Um drei Begriffe geht es: das Opfer. Die Sühne. Die Stellvertretung.

Einer der Bösewichte ist nach der modernen Theologie der frühmittelalterliche Mönch Anselm von Canterbury (ca. 1033–1109). Er hat mit seiner »Satisfaktionslehre« (von lat. *satisfactio* = Genugtuung) den Grund für all das gelegt – zumindest wird das gern behauptet. Die Frage ist erstens, ob das so stimmt, die zweite, ob Anselm immer richtig verstanden wird, die dritte, was er geleistet hat, die vierte, ob er verzichtbar ist, und die fünfte, was die Alternative sein könnte.

Der lange Weg zum Heilswerk Christi

Zunächst müssen wir wissen, dass die gesamte Theologie der Alten Kirche vom Heilswerk Christi noch keine zusammenhängende Vorstellung hatte. Die Kirchenväter lehren durchaus, dass Jesus für uns am Kreuz starb und uns Menschen so vom Tod losgekauft hat.[336] Aber das Kreuz erscheint gleichsam als Voraussetzung der Auferstehung. Der Fokus lag auf der österlichen Überwindung des Todesschicksals im Rahmen des Verhältnisses von Gott und Welt, das Christus auf diese Weise repariert. Erst der Kirchenvater Augustin (5. Jahrhundert) entdeckte das paulinische Verhältnis von Gott und Mensch (nämlich der einzelnen Seele), von Sünde und Gnade als Zentralthema der Theologie.[337] Aber auch er hat die genaue Wirksamkeit des Kreuzes noch nicht beschreiben können. Es ist aufschlussreich zu fragen, ob die denn den rettenden Glauben hatten, wenn sie von der Stellvertretung Christi noch keine genaue Vorstellung hatten. Alisha Childers sagt: Die Erkenntnis des stellvertretenden Sühnetodes ist heilsnotwendig.[338] Die ersten tausend Jahre der Christenheit zeigen, dass das nicht so einfach ist. Es war einfach noch niemand da gewesen, der ihnen die Zusammenhänge in den biblischen Schriften erklärt hätte, sodass sie es hätten verstehen können.

Nach dem Zusammenbruch des Römischen Reiches veränderte die Völkerwanderung das Gesicht Mitteleuropas. Die einrückenden, meist germanischen Stämme fanden eine Hochkultur vor, an der sie gerne teilhaben wollten, und in ihr das Christentum, dem sie sich nach und nach zuwendeten. Drei Jahrhunderte lang musste die Kirche diesen barbarischen Volksgruppen erst mal die *Basics* des christlichen Glaubens verständlich machen.

Erst der germanische Mönch Anselm von Canterbury, der sich völlig an Augustin als seinem Lehrer orientierte, setzte sich wieder mit der Frage auseinander, wie genau das Kreuz Christi das Heil (lat. *sōtēría*) des Menschen wirkt. Die Kirche erinnerte in der Eucharistie ja beständig daran: »Dies ist mein Leib, der für euch gegeben wird … mein Blut, das für euch vergossen wird zur Vergebung der Sünden; solches tut zu meinem Gedächtnis.« Anselm, der Gott im Glauben denkend erkennen können wollte – daran hing für ihn die Einheit Gottes als Schöpfer und Erlöser –, musste klären: Kann aus dem ewigen Wesen Gottes mit nachvollziehbarer Logik erwiesen werden, dass Gott Mensch werden und für die Rettung der Welt am Kreuz sterben musste?

Die Anselm'sche Satisfaktionslehre verstehen

Die Antwort, die Anselm fand und in seinem Dialog *Cur Deus homo?* (lat. »Warum wurde Gott Mensch?«) niederschrieb, war vor allem eine geniale Transferleistung. Und zwar transferierte er die biblische, jüdisch-christliche Botschaft von der griechisch-römischen Vorstellungswelt in eine ursprünglich germanische, die römisches Denken erlernt und teilweise adaptiert, aber nicht vollständig durchdrungen hatte.[339] Deshalb ist es m. E. ein Irrtum, wenn man darin griechisches oder römisches Rechtsdenken wiederfinden möchte. Die römischen Gerichtshöfe waren zu dieser Zeit längst Vergangenheit und außerhalb jeder Erfahrung.

Die Gerichtsbarkeit des Frühmittelalters entwickelte sich während der Staatswerdung aus dem germanischen Thing hin zu einer Sühne erzwingenden Gerichtsbarkeit der Ordnungsmacht. Der Kaiser war also der oberste Richter und ernannte die Grafen als Rechtspfleger. Allerdings hatten diese lediglich den Vorsitz zu führen, aber nicht zu urteilen. Das Urteil zu fällen oblag der Versammlung der freien, ehrenhaften und wehrfähigen Männer und seit Karl dem Großen den Schöffen. Diese aus der germanischen Stammestradition übernommene genossenschaftliche Rechtsprechung erforderte eine dem einfachen Volk einleuchtende Form von Gerechtigkeit. Und zwar war das Delikt bei schweren Vergehen an »Leib und Leben des Täters« zu ahnden.[340] Den germanischen Kontext erkennt man u.a. bei Anselms Zentralbegriff der »Ehre«. Denn wer seine Ehre verloren hatte (z.B. durch eigene Verurteilung), war aus dieser Versammlung ausgeschlossen.

Nun zu Anselms »Satisfaktionslehre« (v. lat. *satisfactio*, »Genugtuung«); ich folge hier dem Erlanger Kirchen- und Dogmengeschichtler Karlmann Beyschlag.[341] Anselm ging vom Ziel aller Dinge aus, das zugleich ihr Anfang ist, nämlich dem Reich Gottes. Darunter verstand er die Königsherrschaft des Willens Gottes, und dieser Wille äußert sich in *Liebe* und *Gerechtigkeit*. Der Mensch aber widersetzt sich Gottes Willen, und wenn ein Untertan sich dem Willen des Königs bzw. Kaisers widersetzte – das wusste jeder in der damaligen Welt –, war das Majestätsbeleidigung. Nach frühmittelalterlichem Königsrecht konnte solch ein Vergehen nur durch Bestrafung des Täters oder durch Genugtuung wiederhergestellt werden. Eine einfache Hinnahme hätte dem König die Ehre genommen und war darum nicht möglich. Für Anselm war es nur logisch, dass dies bei Gott, dem König der Welt von Ewigkeit zu Ewigkeit, nicht anders ist. Der Mensch befindet sich darum in einer hoffnungslosen Situation. Die Bestrafung durch Gott würde ihn vernichten; eine Genugtuung aber würde ihn überfordern, denn – und das ist Anselms Hauptargument – »du hast noch nicht bedacht, wie schwer die Sünde wiegt«. Sünde ist nach Anselm nicht nur etwas, was man halt falsch gemacht hat und hinterher berichtigen kann. Sie ist vielmehr eine Schuld gegenüber Gottes Heiligkeit. Der Mensch müsste selbst heilig, also *Gott* sein, um Genugtuung leisten zu können, was er nie sein und werden kann. Damit blieb nur ein einziger Ausweg, nämlich dass Gott in Christus Mensch wurde, um diese Genugtuung zu vollziehen. Jesus Christus lebte nach biblischem Zeugnis sündlos; er war zu einer Genugtuung also nicht verpflichtet. Trotzdem gab er sein Leben freiwillig hin. Damit habe er, so Anselm, ein überpflichtmäßiges »Verdienst« (lat. *meritum*) erworben. Dieses Verdienst kann auf den Menschen übertragen werden, und mit ihm kann der Mensch die erforderte Genugtuung leisten. Diese Übertragung erfolgt für Anselm *sakramental*, nämlich im Messopfer in der katholischen Abendmahlsfeier (Eucharistie). Er sagt: »Was könnte barmherziger gedacht werden, als wenn Gott Vater zu dem Sünder, der zu ewigen Strafen verurteilt ist und nichts hat, wodurch er sich befreien könnte, spricht: ›Nimm meinen Eingeborenen und gib ihn für dich‹, und der Sohn: ›Nimm mich und erlöse dich.‹«[342]

Der Erfolg dieser Erklärung war durchschlagend. Indem Anselm zur Veranschaulichung vertraute Assoziationsfelder heranzog, hatte er seinen Zeitgenossen nicht nur den Sinn der Menschwerdung Christi und des Kreuzes, sondern auch des Abendmahles auf einen Schlag plausibel gemacht. Jetzt erschlossen sich ihnen die Paulusbriefe und der Hebräerbrief erstmals mit ihrem zentralen Thema. Und gerade hier punktet Anselm mit zahlreichen Stellen, die bis zu einem gewissen Grad zu seiner Argumentation kohärent sind.[343]

Luthers Rechtfertigungslehre im Vergleich

Anselms Wirkungsgeschichte zieht sich bis in die heutige Zeit, denn die Satisfaktionslehre wurde von der Reformation aufgenommen und weiterverarbeitet. Allerdings hat Luther an vielen Stellen germanische Erklärungsmodelle eliminiert und wieder durch biblische ersetzt:[344]

1. Statt der »Ehre Gottes« geht es nach Luther bei der ganzen Sache um die Gerechtigkeit Gottes nach Röm 1,18. Und zwar fordert der gerechte Gott vom Menschen, dass auch er gerecht lebt. Luther nennt dies *iustitia activa*, die aktive Gerechtigkeit; Maßstab sind Gottes Gebote.
2. Unter Sünde versteht Luther nicht nur die einzelnen Verfehlungen, sondern vielmehr das Sündersein, die »Grundentscheidung des Unglaubens gegen Gott«, wie sie ihm in seinen Anfangszeiten als Mönch schmerzlich bewusst geworden war.[345] In einzelnen Tatsünden manifestiert sich also ein viel tiefer liegendes Problem: »Der Mensch ist ganzheitlich Sünder.« Und da kommt er mithilfe der Gebote nicht heraus, sondern rutscht nur immer tiefer hinein.
3. Nach Anselm stellte Christus das sündlose Verdienst seines stellvertretenden Opfers dem Menschen zur Verfügung, damit dieser durch das Messopfer die Genugtuung gegenüber Gott leisten kann. Luther dagegen erkennt aus der Bibel, dass Jesus Christus am Kreuz die Menschheits*strafe* auf sich nahm, sich also unsere *Sünde* zu eigen machte: »Die Strafe liegt auf ihm, auf dass wir Frieden hätten, und durch seine Wunden sind wir geheilt« (Jes 53,5 mit 2Kor 5,21). Das war in der Theologiegeschichte trotz Joh 1,29 eine völlig neue Erkenntnis und das *unterscheidet* Luther von Anselm.

Überall da, wo gesagt wird, dass Christus am Kreuz unsere Sünden auf sich nimmt, steht nicht Anselm, sondern Luther im Hintergrund!

4. Das Kreuz, an dem Christus stellvertretend die Sünde der Welt trägt, wird zum Wendepunkt, an dem Gottes Gerechtigkeit zu einer gnädigen Gerechtigkeit wird, die sich dem Menschen *schenkt.* Luther nennt sie *iustitia passiva*, die vom Menschen aus betrachtet »passive« Gerechtigkeit: Christus rechnet uns seine eigene Gerechtigkeit aufgrund der durch ihn selbst vollzogenen Sühne ganzheitlich zu, und zwar durch

das verkündigte *Wort* und den *Glauben* und nicht durch das Messopfer. Luther schreibt in der Freiheitsschrift:

Der Glaube »vereinigt [...] die Seele mit Christus wie eine Braut mit ihrem Bräutigam. Aus welcher Ehe folgt, wie S. Paulus sagt [Eph 5,30], dass Christus und die Seele ein Leib werden. So werden auch beider Güter – Fall, Unfall und alle Dinge – gemeinsam. Das, was Christus hat, das ist eigen der gläubigen Seele, was die Seele hat, wird eigen Christi. So hat Christus alle Güter und Seligkeit, die sind der Seele eigen. So hat die Seele alle Untugend und Sünde auf ihr, die werden Christi eigen. Hier hebt sich nun der fröhliche Wechsel und Streit.«[346]

Diese zugeeignete Gerechtigkeit Christi ist von allem menschlichen Vermögen und Unvermögen völlig unabhängig und darum ganz und gar verlässlich und sicher. Luther hat erkannt: »Nicht die Sünde muss von dem Menschen, sondern der Mensch muss von der Sünde getrennt werden.«[347]

Was Luther von Anselm aufnimmt, ist also lediglich die Grundstruktur: Gott erlöst den durch Sünde in tödlicher Verlorenheit schwebenden Menschen, indem er sich in Jesus Christus selbst gibt. Durch seinen stellvertretenden Tod am Kreuz setzt er die Versöhnung des Menschen mit ihm ins Werk, damit dieser daran Anteil erhält und so gerettet wird.

Einwände gegen die Rechtfertigungslehre

Und genau hiergegen richtet sich die moderne Kritik, die Klaus-Peter Jörns mit seinen »notwendigen Abschieden« artikuliert hat. Allerdings trifft dies die protestantische Theologie in ihrem Kern. Das sieht auch Reiner Knieling so, der den Diskussionsstand in seinem Buch »Das Kreuz mit dem Kreuz« zusammengefasst hat und den ich im Folgenden als Beispiel an einigen Punkten diskutieren möchte. Knieling hält Jörns' Forderung, das alles einfach abzuschaffen, in Teilen für überzogen. Aber in Teilen gibt er ihm recht, vor allem hinsichtlich der »Satisfaktionstheorie«. Dabei fällt auf, dass er sich stark auf Anselm von Canterbury fixiert und Luthers Rechtfertigungslehre fast völlig übergeht. Es scheint, als wolle er sich mit Luther selbst nicht offiziell anlegen. Tut er aber! Er sagt »Anselm«, aber er *meint* »Luther«. Das ist in dieser Debatte eine weitverbreitete Argumentationsfigur. Ich kann diese falsche Zuschreibung nicht redlich finden.

Man sieht das daran, wie er die Lehre vom »stellvertretenden Sühnopfer« Christi kritisiert, die ihm im Gemeindebewusstsein u. a. durch zahlreiche Passionslieder »noch relativ stark verankert« erscheint.[348] Das Sühnopfer werde »als Ersatzleistung verstanden, die Jesus stellvertretend für uns Menschen erbringt bzw. bezahlt«.[349] Mit »*Sühnopfer*« aber adressiert er Luther; bei Anselm wäre es ein *Verdienst*opfer. Man hört in seinen Fragen die Anfechtung durch (und zwar G-F-M, gern mal uminterpretiert als M-F-M, vgl. Kap. 4.3): »Was ist das für ein Gott, der das Opfer seines Sohnes braucht, damit seine Ehre wiederhergestellt werden kann? Was ist das für ein Gott, der auf Strafe oder Ersatzleistung angewiesen ist? Was ist das für ein Gott, der der damaligen römisch-germanischen Rechtsüberzeugung untersteht und der seine eigene Gerechtigkeit nicht anders wiederherstellen kann als durch das Opfer seines Sohnes?«[350] Das sind sehr gute Fragen, denen wir oben schon begegnet sind. Sie entzünden sich in großen Teilen am »unmoralischen Gott« (also an Gottes Gerechtigkeit), z. T. aber auch an populären Missverständnissen der Versöhnungslehre, die tatsächlich klärungsbedürftig sind.

Wenn das Alte nicht mehr gelten soll, wird eine alternative Lösung gebraucht. Diese besteht für Knieling zuerst einmal darin, zu dekonstruieren, was ihm an der traditionellen Versöhnungslehre alles falsch zu sein scheint. Zum Beispiel die Vorstellung vom »Opfer«. Bei den Opfern im Alten Testament geht es nach ihm nämlich »nicht um Bezahlung oder um eine Ausgleichsleistung, die *unabhängig von der eigenen Herzenshaltung und Neuausrichtung des Lebens geleistet werden könnte*«.[351] Jedoch: Wen soll diese Unterstellung treffen? Dass das Sühnopfer Christi auf die Erneuerung der Beziehung zwischen Mensch und Gott zielt und das ganze Leben auf Christus hin neu ausrichtet ist, denke ich, allgemeiner Konsens. Die Streitfrage ist, ob der Ausgleichsgedanke dem Opferverständnis des Alten Testamentes tatsächlich so fremd ist, wie Knieling das vorgibt, wenn er schreibt: Gott *brauche* die Opfer nicht, *dami*t er gnädig sein kann, sondern er *ermögliche* sie, *weil* er gnädig ist.[352] Damit will er jeden Gedanken an eine »Ersatzleistung« abräumen, die Christus für die Menschen am Kreuz erbringen würde.

Dazu ein kurzer Exkurs: Sicherlich weicht der Opferbegriff der Satisfaktionslehre Anselms vom alttestamentlich-jüdischen Verständnis ab. Er hat germanische Assoziationen verarbeitet, die z. T. bis heute im Sprachgebrauch wirksam sind. Unter anderem stand bei den germanischen Opfern das Weggeben im Mittelpunkt. Man opferte den Göttern Gaben, die wirklich wertvoll waren – Waffen, Schmuck, kostbare Metalle –, und zerbrach sie dabei. Sie hinterher *nicht mehr* zu haben, darin bestand das Opfern.[353] Auch Israel kannte Opfer, die vollständig verbrannt, also weggegeben wurden (v. a. das Brandopfer 3Mo 1,1-17). Im Mittelpunkt gerade des Passahopfers jedoch – das hier aufgrund der zeitlichen Koinzdidenz zur Kreuzigung Jesu maßgeblich ist – steht das Essen. Der Mensch bringt das Opfertier Gott dar als »Gabe vor dem HERRN« (vgl. 4Mo 9,13). Aber an Gott weggegeben wird nur ein *Teil*, nämlich das Blut, genauer gesagt das Leben – hebr. *näfäsch* – im Blut. Das übrige Tier ist durch den Opferritus geheiligt, und durch Essen erhält man am Opfer Anteil, wodurch der Bundesschluss mit Gott erneuert wird. D. h., Gott empfing das Opfer und genauso auch die Menschen in der Mahlgemeinschaft. In diesem gemeinsamen *Empfangen* waren die Bundespartner vereinigt und versöhnt. Diese Einsicht ist ungemein hilfreich für das Verständnis des Abendmahls.

Dass damit aber keinerlei Ausgleichsdenken verbunden wäre, wie Knieling behauptet,[354] erweist sich bei näherem Hinsehen als unplausibel. Ausgleichszahlungen für einen verursachten Schaden sind eine Zivilisationsleistung und keineswegs auf die römische bzw.

germanische Kultur begrenzt. 2Mo 22,1-16 und 3Mo 4,1–5,26 zeigen, dass auch die Israeliten solche Ersatzleistungen und deren kultische Verwendung kannten.[355] Das gilt gerade auch für das Passahlamm, das Knieling bezeichnenderweise komplett übergeht: Ausgelöst wurde damit laut 2Mo 11–12 die *Erstgeburt Israels* vor dem Gericht Gottes, das sonst auch sie getroffen hätte. Denn wenn Gott richtet, gibt es kein Ansehen der Person. In der Folge beanspruchte Gott alle Erstgeburt von Mensch und Tier für sich. Jedes erstgeborene Tier musste deshalb geopfert werden. Für erstgeborene Menschen führte dies aber zu einem weiteren Ausgleichsopfer, denn sie mussten durch ein Tieropfer ausgelöst werden. Das Tier starb also anstelle des erstgeborenen Menschen, damit dieser leben konnte. Was soll das anderes sein als eine Ersatzleistung?[356] Das zeigt: Es gibt zwischen den Opfervorstellungen zwar deutliche Unterschiede, aber eliminieren lässt sich der Ausgleichsgedanke aus dem Alten Testament keineswegs.

Knieling verdeutlicht nun anhand der englischen Begriffe *victim* und *sacrifice* (Opfer, das jemand durch Gewalt oder Unfall *wird,* bzw. Opfer, das jemand *bringt,* auch kultisch): Im Sinne einer »Bezahlung« sei das Kreuz nicht als *sacrifice* zu verstehen. Es könne jedoch durchaus als *sacrifice* verstanden werden in dem Sinne, dass er sein Leben zu unseren Gunsten einsetzte bis zum Tod, in den er einwilligte.[357] Jesus sei jedoch vor allem *victim* gewesen, und dieses Opfer sei nicht alttestamentlich, weil die, die ihn opferten, sich damit Gott nicht hingaben.[358] Inwieweit ein göttlicher Heilsplan hinter dem Kreuz stehen könnte, das bleibt für Knieling vage. Entschlossener hat das Heinz Zahrnt auf den Begriff gebracht: »Jesu Tod ist weder ein göttlicher Einfall noch nur ein menschlicher Zufall gewesen, sondern die logische Konsequenz seines Lebens.«[359] Mitunter wird nur der letzte Teil dieses Satzes zitiert. Also kein göttlicher Plan – Jesus ist in dieser Anschauung ganz einfach Opfer menschlicher Gewalt. Und Gott? Hat dabei zugesehen. Was das mit dem Gottesverständnis macht, werden wir später ansehen.

Die Wirkung des Opfers

Die englischen Begriffe für »Opfer« dienen in dieser Auffassung als Subtraktionsmethode. Sie unterscheiden nämlich nicht nur die aktive und passive Seite, sondern auch den immanenten (= weltlichen) oder transzendenten (= auf Gott gerichteten) Zusammenhang. *Victim* ist grundsätzlich immanent. *Sacrifice* kann beides sein, wird aber von Knieling ausdrücklich auf die immanente Ebene eingeschränkt. Knieling möchte das Opfer von jedem Gedanken an eine transzendente Wirkung frei halten; es *darf* bei Gott nichts bewirken, das ist das *No-Go*. Wie wir gesehen haben, steht diese Auffassung gegen das Passahopfer, an dem Gott und der Mensch als Bundespartner im gemeinsamen, versöhnenden Empfangen beteiligt sind. Das Kreuzesopfer wiederum unterscheidet sich vom Passah vor allem dadurch, dass Gott die übliche Szene herumdreht. *Er* ist jetzt der Gebende anstelle der Menschen, für die er analog zu Abraham seinen Sohn gibt; schon dort beginnt die Stellvertretung (vgl. Joh 3,16; Röm 8,32; vgl. zu Abraham oben S. 91 f.). Nicht die Menschen sind also die Opfernden – die wissen ja gar nicht, was sie tun (vgl. Lk 23,34). Indem Gott der Sohn sich in ihre Hand gibt und so einwilligt, den Kelch des Leidens und Sterbens nach dem Willen Gottes des Vaters zu trinken, gibt *er* (!) sein Leben »zu einer Erlösung für viele« (vgl. Mk 10,38.45; 14,36). Aber ist Gott denn auch Empfänger des Opfers? Ich habe schon das Argument gehört, dass es dafür keine Belegstelle im Neuen Testament gäbe. Aber das stimmt nicht. In Hebr 9,14 heißt es, dass Christus »sich selbst als Opfer ohne Fehl durch den ewigen Geist Gott *dargebracht* hat«; d. h., Gott war der Empfänger des Opfers. Hebr 10,11-14 drückt durch eine Parallelstellung aus, dass Christus, der Hohepriester, sich selbst so zum Opfer gibt wie die Hohepriester die Opfer im Tempel – und die haben sie Gott dargebracht, wem sonst? Der entscheidende Beleg jedoch sind die Abendmahlsworte Jesu im Kontext des Passahmahles: »Nehmet; das ist mein Leib / Das ist mein Blut des Bundes, das für viele vergossen wird« (Mk 14,22-24par). Sie sind nicht anders zu verstehen, als dass sein Leib und Blut so »gegeben« wurden (Lk 22,19 mit Mk 10,45) wie die Passahlämmer, als »Gabe vor dem Herrn«, vgl. (4Mo 9,13).[360] Dieser Punkt geht also ganz klar an Anselm und Luther. Gott ist nach dem Neuen Testament sowohl der Geber als auch – gemeinsam mit dem Menschen – der Empfänger des Opfers Christi. Genau dadurch, dass *Gott und Mensch* Empfänger der Selbsthingabe Christi und also im Empfangen *vereint* sind, ist Jesu Blut »das Blut des Bundes«, das versöhnt. Warum das Blut Christi den »neuen Bund« begründet und was das mit dem Abendmahl als wirksamem Versöhnungszeichen zu tun hat, wird völlig unverständlich, wenn man wie Knieling die auf Gott bezogene Wirksamkeit des *sacrifice* subtrahiert. Die Aufgabe, die Anselm sich gestellt hatte und der keine Fassung der Kreuzestheologie nach ihm mehr ausweichen kann, kann so nicht mehr eingelöst werden.

Knieling muss nun zwangsläufig den Begriff der »Stellvertretung« uminterpretieren. In Jes 53,5 heißt es: »Die Strafe liegt auf ihm, auf dass wir Frieden hätten, und durch seine Wunden sind wir geheilt« – eine der Hauptstellen für den stellvertretenden Sühnetod Christi. Für Knieling bedeutet dies, dass »die unheilvollen Folgen unsers Handelns verlagert, umgeleitet auf einen anderen gelegt« und wir dadurch befreit werden.[361] »Der leidende Gottesknecht ist der, der *durch seine Solidarität* die verborgene Not der Welt, die Sünde und das Leid, *öffentlich ins Bild setzt* und ihnen einen Namen gibt. Er macht das Leid öffentlich, das Menschen einander zufügen und das manche lieber stillschweigend ertragen, als dagegen zu protestieren.«[362] Dieses Sichtbarmachen, gleichsam Publizieren von Schuld- und Tatfolgen um der Auseinandersetzung mit der Wahrheit willen, ist nach Knieling der eigentliche Kern des Kreuzesgeschehens.

Das Kreuz als Demonstration?

Damit lässt sich die Vorstellungswelt identifizieren, die Knieling für seine Version der Kreuzestheologie heranzieht und mit der er den Opfergedanken (*sacrifice*) substituiert. Es sind die politischen

Demonstrationen, etwa vom Schlag der Ostermärsche, in denen oftmals Särge, Gerippe und ähnliche Verbildlichungen der Folgen von Krieg herumgetragen wurden. Denn der Vorgang, Sünde und Leid öffentlich ins Bild zu setzen, ist nichts anderes als eine Demonstration, eine Vorführung, die Menschen zu etwas bewegen soll: »Dass Schuld- und Tatfolgen sichtbar gemacht werden, fordert zur Auseinandersetzung heraus. [...]. Gott eröffnet uns auf diese Weise einen Weg, in den Folgen des eigenen Handelns nicht zu versinken. Er nimmt sie sozusagen ein Stück vom Menschen weg – und stellt sie uns vor Augen.«[363] Ich bestreite nicht, dass dies nicht *auch* ein Bestandteil des Kreuzesgeschehens wäre. Wenn aber das Kreuz *nichts anderes* als eine Demonstration Gottes ist, deren eigentlicher Zweck es ist, den Menschen die verborgene Schrecklichkeit ihrer Abgründe vor Augen zu führen, dann wird das Kreuz vom »Sühneort« (vgl. Röm 3,25) zum bloßen Zeichen, von einem unmittelbar wirksamen *Vollzug* von Versöhnung zu einem *Appell* für notwendige Selbsterkenntnis, die *im* Menschen angesichts dieses Anblicks *erst noch geschehen muss* und die ihn zu einem *besseren* Menschen macht: »Zugespitzt könnte man sagen, dass das Kreuz uns vor die Frage stellt: Wovor schützt ihr euch? Habt ihr Angst, auf euer Tun und eure Tatfolgen festgenagelt zu werden? *Nagelt ihr lieber einen anderen fest?* Nagelt ihr ihn auf das fest, was ihr ihm unterschiebt – oder was ihr auf ihn projiziert, anstatt euch mit euch auseinanderzusetzen?«[364] Die Wahrnehmung des gekreuzigten Christus führt also – jedenfalls in der Theorie – zur zerknirschten Selbsterkenntnis, und *diese* hat die Heilswirkung. Hier tut sich ein wahrer Abgrund zu Luther und der Reformation auf. Denn diese Selbsterkenntnis ist nach Luther Aufgabe des *Gesetzes*, also von Gottes Geboten. Am Kreuz hingegen sehen wir nach Luther, wie Gott in seiner Liebe zu uns die unmittelbar wirksame Versöhnung zwischen uns und ihm herstellt, indem er unseren »Schuldbrief tilgt« und ihn »an das Kreuz heftet« (vgl. Eph 2,14). Da wird etwas *vollzogen*, nicht nur bezeichnet. Luther legte großen Wert darauf, dass die Versöhnung durch Christus *extra nos*, außerhalb des Menschen, am Kreuz vollgültig erfolgt ist und wir durch den

Glauben an ihr Anteil haben. Knielings Demonstrationslehre hingegen kann die Frage nicht beantworten, warum Jesus am Kreuz unser Heil bewirkt. Es ist *der Mensch*, der sich angesichts des Kreuzes zur Selbsterkenntnis durchringt, die sein Heil bewirkt. Was soll das anderes sein, als »gerecht zu werden aus Werken«?

Entsprechend groß sind die Probleme, nun konkret zu benennen, was das Kreuz denn verändert, wenn jede Veränderung bei Gott (lat. *coram Deo*) abgestritten und alles auf die menschliche Ebene verlagert wird. Hier wird alles sehr schwammig. »Am Kreuz zeigt uns Gott: ›So seid ihr.‹ Und er zeigt uns: ›Ich bleibe bei euch, damit ihr entdeckt, dass ihr euch selbst nicht helfen könnt und deshalb mich und andere festnagelt.‹ So löst Gott die Identifikation von Sünder und Sünde. Solche Stellvertretung eröffnet einen Raum in Gott und neue Lebensmöglichkeiten.«[365] – Wie genau soll dieses »Zeigen« eines Negativen (das entscheidende Wort ist »nicht«) die Identifikation zwischen Sünder und Sünde lösen? Hilft das dem Menschen, der mit der Last einer echten Schuld in die Beichte kommt? Nach Luther wird die Identifikation von Sünder und Sünde durch den Glauben im fröhlichen Tausch mit Christus gelöst, weil Christus meine Sünde auf sich genommen und zu seiner eigenen gemacht hat. Er ist jetzt der Sünder, und ich bin jetzt durch ihn gerecht. Das ist konkret und auf einer tiefen Ebene verständlich. Denn was »tauschen« ist, weiß jedes Kind. Luthers Sprache ist bildhaft, ikonisch und berührt mich im Herzen. Ich staune, wie Jesus mich lieben muss, um etwas so Schlechtes gegen etwas so Gutes zu tauschen. Knielings alternative Formulierungen jedoch sind für mich abstrakte Wortwolken. Ich verstehe sie auf einer gewissen Kopf-Ebene. Mein Herz versteht sie nicht. Es mag anderen Leuten anders gehen. Für mich wirken sie so weit entfernt von der Lebenswirklichkeit der Seele, dass sie mir im Herzen nicht mehr sagen können, warum Jesus für mich gestorben ist und wie er mein Heil erwirkt hat. Sie können mir die Frage nicht beantworten, warum ich durch Christus einen gnädigen, verlässlichen, treuen Gott habe. Jedes mystische Potenzial fehlt. Was sie freisetzen, ist ein aktivistisches Potenzial: das Kreuz als Demonstration der Solidarität mit den vermeintlichen Randgruppen der Gesellschaft. Aber es ist eine ohnmächtige Solidarität, so ohnmächtig wie ein Gott, der danebensteht und sagt: »Siehste wohl!« Erst durch »Haltung« der Menschen, durch »Aufstehen gegen Unrecht und Gewalt«,[366] entfaltet sie gegebenenfalls Wirkung. Wenn ich mir das ein bisschen postmodern ausmale, wirkt Knielings Jesus auf mich wie ein *woker* Jesus.[367] Wie andere »historische Jesusse«, in deren Reihe er sich nahtlos einfügt, spiegelt er ihr Ideal, bestätigt sie in ihrem Weltbild und ihrem performativen Kampf gegen die Bösen, stellt sie aber nicht infrage. Er demonstriert, aber er sühnt und versöhnt nicht. Und damit lässt er die Menschen mit der Last ihrer Sünde allein.

Es gibt drei Gründe, warum ich das dramatisch finde.

a) Gericht oder Zynismus

Die Vorstellung eines grenzenlos solidarischen, aber ohnmächtigen Gottes, der auf die Selbsterkenntnis des Menschen zur Durchsetzung seiner Gerechtigkeit angewiesen ist, entspricht zweifellos dem Ideal der Friedensbewegung, die von Mahatma Gandhi inspiriert wurde. Das hat funktioniert, solange die Welt rechtsstaatlich und politisch einigermaßen stabil war und wir uns in der Illusion wiegen konnten, dass die Menschheit die Lektion der beiden Weltkriege gelernt hat. Sie zerschellt aber restlos an Gräueltaten, wie sie die russische Armee an der Zivilbevölkerung der ukrainischen Städte Butscha und Mariupol verübt hat. So zynisch wie ein »Pazifismus auf Kosten anderer« (Wolfgang Thierse)[368] ist ein Gott, der diese schreiende Ungerechtigkeit ohne Folgen lässt. Zumal es sehr wahrscheinlich ist, dass die meisten Täter, die dort Gräueltaten an der wehrlosen Bevölkerung verübt haben, ohne weltliche Strafe, sogar noch mit Auszeichnung davonkommen werden. Dem entspricht die heute von den meisten evangelischen Theologen vertretene Lehre von der Allversöhnung,[369] die ganz einfach Ausdruck einer Verweigerung von Verantwortung ist. Ein Gott, der nicht Gerechtigkeit schaffend richtet, ist entweder ein ohnmächtiger Gott, der dem Bösen dauerhaft unterlegen ist, oder der Gott des Deismus, der sich nach der Erschaffung der Welt aus ihr zurückzog und die Menschen sich selbst überließ. Ein Gott, der beim Tod seines Sohnes als *victim* einfach zusieht und sagt: »Siehst du wohl«, ist ein Zyniker, aber nicht der gerechte Gott der Bibel. Denn es gibt keine Gerechtigkeit ohne Sanktionierung des Ungerechten.

Das löst für uns nicht die Anfechtung, warum Gott nicht eingreift und das Leid beendet, bevor es solche Auswüchse annimmt. Wir finden diese Klage an so vielen Stellen in der Bibel (vgl. Ps 10; 73). Aus der Ohnmachtserfahrung jedoch hilft die Gewissheit auf, dass Gott das Böse am Ende der Zeiten gerecht richten wird: »Mein ist die Rache, ich will vergelten, spricht der Herr« (Röm 12,19; ELB).

Das stellt die Frage nach der Realität von Sühne und Vergebung völlig neu. Hier hat die traditionelle Versöhnungslehre nach dem Zweiten Weltkrieg eine tiefe reinigende Kraft entwickelt. Die niederländische Holocaust-Überlebende Corrie ten Boom (1882–1983) gehört zu den Menschen, die sie durchglaubt, durchlebt und durchlitten und im Kreuz Christi ihren Frieden gefunden haben, der ihnen echte Vergebung ermöglichte.

b) Die gnadenlose Gesellschaft und die Gnade der Entsühnung

Der zweite Grund: *Die Postmoderne kennt keine Vergebung!* Eine der auffälligsten Erscheinungen der postmodernen »heiligen Gesellschaft« bildet für mich die Lust an der Exkommunikation, verbunden mit einem vollständigen Fehlen jeder Rekonziliation. Das hat einmal sogar Barack Obama in Bezug auf die *Wokeness*-Bewegung gesagt[370], aber tatsächlich trifft es auf die konservative Seite genauso zu. Personen des mehr oder minder öffentlichen Lebens, die auf Twitter o. Ä. etwas Falsches sagen, werden im wahrsten Sinne des Wortes gnadenlos ausgegrenzt und fallen gelassen[371] – die säkularisierte Form des »Zornes Gottes«. Wer wiederum im konservativen Lager nachdenkliche oder selbstkritische Töne von sich gibt oder gar Donald Trump öffentlich kritisiert, wird genauso schnell als *woke* verschrien.[372] Es gibt keinen Mechanismus bzw. kein Ritual, das ihnen die Rückkehr in die Gesellschaft ermöglichen würde – abgesehen von der vollständigen Unterwerfung, und auch die funktioniert längst nicht immer. Der Raum für Debatten wird damit immer enger, denn niemand möchte ja gerne so etwas lostreten. Eine Gesellschaft, die die stellvertretende Sühne des Kreuzes nicht mehr kennt, wird gnadenlos und von Angst geprägt. Ein Kreuz als Demonstration, als bloßes Zeichen, vermag hier kein Gegengewicht mehr zu setzen. Das Kreuz als verlässliches Sühnegeschehen schon. Die Erfahrung, dass Gott uns um Christi willen vergibt, setzt uns instand und nimmt uns in die Pflicht, auch anderen wahre Vergebung zu gewähren. Genau dies legt uns Jesus Christus im Vaterunser in den Mund.

Die Kunst der Vergebung um Christi willen ist einer der wesentlichen Schätze, die wir als Christen unserer horizontlosen Gesellschaft vermitteln können und sollen.

c) Ausgleichende Gerechtigkeit

Die Subtraktion des Stellvertretungsgedankens macht Gott zwar zahm, aber koppelt ihn auch von weiten Bereichen menschlicher Erfahrung ab. Das »Ausgleichsdenken«, das aus dem Verständnis des Kreuzes verbannt werden soll, kennen wir nämlich aus unserem Alltag. Und zwar vor allem beim lieben Geld, bei dem bekanntlich die Freundschaft aufhört. Folgende wahre Geschichte: Eine Gruppe Teenager fuhr gemeinsam mit Privatautos auf eine Wochenendfreizeit. Eine der Leitungspersonen fuhr einen älteren PKW, den sie von einem Freund aus ihrer Gemeinde geliehen hatte. Auf dem Rückweg kam es zu einem schweren Unfall – sie war einen Moment abgelenkt gewesen. Die Insassen waren zum Glück nur leicht verletzt. Aber das Auto war Schrott. Sie konnte es dem Freund nicht zurückgeben. Nun die Frage: Wer trägt den Schaden? Klar – die Versicherung. Aber weil das Auto schon so alt war, hatte es keine Vollkaskoversicherung mehr. Die Leitungsperson selbst? Das Problem war, dass diese Person in großer Armut lebte und nicht das Geld hatte, den Schaden zu begleichen. Da sagte der Freund, dem das Auto gehörte: »Du brauchst mir nichts zu bezahlen; ich trage den Schaden selbst.« Genau das tut Gott in Jesus Christus.

Durch unsere Sünde entsteht ein Schaden. Nicht immer können wir ihn sehen. Der tiefste Schaden entsteht durch unseren tiefen Unglauben, durch die Auflehnung gegen Gottes Gottsein, der uns von Gott, der das Leben gibt, abkoppelt. Eine Versicherung gibt es dafür nicht. *Wir* müssten den Schaden tragen, doch das würde das ewige Getrenntsein von Gott bedeuten, dessen Manifestation der Tod ist. Da sagt Gott: »Ich komme zu dir und trage den Schaden für dich, an deiner Stelle.« Das ist das Kreuz.

Damit ist auch die Frage beantwortet, ob Gott uns nicht einfach so vergeben kann. – »Du hast noch nicht bedacht, wie schwer die Sünde wiegt«, sagte Anselm (vgl. oben S. 266 f.). Der Schaden ist da, er *wird* getragen, so oder so. Aber der Mensch vergeht daran. Jesus nicht – er besiegt durch sein Tragen den Tod, damit der Tod uns nicht mehr besiegen und von Gott trennen kann.

Ich möchte es dabei bewenden lassen, auch wenn es hierzu noch viel zu sagen gäbe,[373] und ziehe in aller Vorläufigkeit eine Bilanz.

Der Goldstandard – und alternative Erzählweisen

Die Satisfaktionslehre und die auf ihr aufbauende Rechtfertigungslehre der Reformation ist sicher nicht die einzige Weise, mit der man das Christusgeschehen und die Erlösung durch das Kreuz erklären kann. Aber sie ist eine bildhaft-konkrete, ikonische, intuitiv verständliche Weise, die mit einem einfachen und gegenständlichen Gerechtigkeitsverständnis arbeitet. Sie geht von der Bibel aus und erschließt eine Fülle von Bibelstellen, die sie in einen verständlichen Zusammenhang bringt, ohne sich erst einen eigenen »Text« herstellen zu müssen. Das müssen alternative Lehren vom Kreuz erst einmal nachmachen! Das Ziel der Lehre ist das zusammenhängende *Verstehen*. Wir verstehen Geistliches anhand konkreter Erfahrung zur Veranschaulichung. Jesus hat in seinen Gleichnissen durchgängig mit konkreter Erfahrung als Bildgeber gearbeitet. Deshalb halte ich den Einwand für nicht stichhaltig, dass das zeitübergreifende Verständnis ausgleichender Gerechtigkeit als Bildgeber delegitimiert sein soll. Schließlich kommt es in der Bibel selbst an prominenter Stelle vor und ist bis heute Gegenstand von konkreter Erfahrung. Auch wenn die Vorstellungen nicht ganz deckungsgleich sind, sehe ich in der traditionellen Rechtfertigungslehre den Goldstandard für jede Kreuzeslehre. Ich möchte darum gerne die Abschiede verabschieden. Sie sind ganz sicher nicht »notwendig«.

Allerdings sehe ich durchaus berechtigte Probleme:
a) Problematisch ist, dass nach der Reformation der Karfreitag vom Ostersonntag immer mehr abgekoppelt wurde. Karfreitag ohne Ostern ist jedoch genauso unverständlich wie Ostern ohne Karfreitag. Dass die Reformation beides in integralem Zusammenhang gesehen hat, ist ein wichtiger und sinntragender Hinweis.

b) Ich kann verstehen, wenn die künstlerische Darstellung des Karfreitags (z. B. in manchen Kirchenliedern) mitunter als problematisch empfunden wird. Das Kreuz erscheint da weniger als »Gottes Kraft und Gottes Weisheit« denn als Quelle eines schlechten Gewissens. Da erfolgt gerade keine »Ver-Sühnung«, sondern man geht sündiger aus dem Gottesdienst, als man hineingekommen ist. Trägt das wirklich zum Verstehen dessen bei, was Christus uns durch das Kreuz geben will? Kunst ist weder Lehre noch Bekenntnis. Wir haben die Freiheit, sie *nicht* zu nutzen, wenn sie uns das Verstehen nicht zu fördern, sondern zu versperren scheint.

Nun kann man sicher an ganz unterschiedlichen Stellen ansetzen, um zum Verstehen des Kreuzes hinzuführen. Ich habe das ja selbst an mehreren Stellen in diesem Buch versucht. Wenn das aber exklusiv statt integrativ verstanden wird, sehe ich folgende Schwierigkeiten:

1. Die meisten der alternativen Kreuzeserzählungen, die ich kenne, haben keinen Selbststand. Sie werden entwickelt aus der ausdrücklichen Abgrenzung zur klassischen Rechtfertigungslehre, hängen selbst also noch daran. Das liegt daran, dass sie den Bezug zu deren Bildmaterial, das sie ablehnen, selbst noch voraussetzen, um sich verständlich zu machen.

Auch das zeigt den durchschlagenden Erfolg dieses Kulturtransfers bis heute.

2. Ich spüre vielen alternativen Kreuzeserzählungen die Anfechtung ab, aus der sie hervorgehen, aber erkenne zugleich die dysfunktionalen Methoden von Distanzierung, Subtraktion und Substitution. Die Gefährdung, am Ende bei einem goldenen Kalb statt bei der Identität Gottes herauszukommen, ist sehr groß. Die Biblizität ist und bleibt der Prüfstein, an dem sich die Identität des verkündigten zum wirklichen Christus zeigen muss,[374] auch wenn wir ihn hier und da neu sehen lernen.
3. Die treibende Kraft bei Klaus-Peter Jörns ist die Negation des Bestehenden. Er fordert eigentlich nicht, die Kreuzesbotschaft *anders* zu sagen (weil er eine neue Version hätte, die in sich selbst besser wäre als die alte), sondern die alte Kreuzesbotschaft *nicht* mehr zu sagen. Es ist kein Appell für eine Innovation, sondern für eine Abschaffung. Das kann nicht wirklich zufriedenstellen. Ich halte Ergänzungen neben der klassischen Formulierung der Rechtfertigungslehre durchaus für sinnvoll. Aber sie bleibt dabei der Goldstandard, an dessen Anschaulichkeit und biblischem Erschließungspotenzial sich jeder andere Entwurf messen lassen muss.

7 Die Identität der Kirche

An welchen Gott, an welchen Jesus wir glauben, hat nicht nur unmittelbare Auswirkungen darauf, wie wir uns als Kirche verstehen, sondern wer, was und wie wir als Kirche *sind*. Nun sind diese beiden Seiten der Medaille einerseits wechselseitig voneinander abhängig. Andererseits ist es allgemeiner ökumenischer Konsens, dass die Kirche sich selbst nicht dem Willen und den Entscheidungen von Menschen, sondern dem Handeln Gottes verdankt. Ihre Existenz beginnt »im Wegblicken ihrer Glieder von sich selbst auf Jesus Christus und damit auf Gott den Vater und den Heiligen Geist«.[375] D. h., das Nachdenken über uns als Kirche ist in diesem Fall eindeutig eine Folge unseres Kirche-*Seins* und geht ihm nicht voraus. Diese sachliche Reihenfolge bestätigt sich auch in der Kirchengeschichte. Womit aber umgehend die oben behandelten Fragen aufpoppen: Auf welchen Jesus Christus, auf welchen Gott blicken wir heute, welcher Geist wirkt – darauf liegt der Fokus in diesem Buch – und was für Konsequenzen hat das für unser gegenwärtiges Kirchesein? Diese letztgenannte Frage bietet Stoff für ein weiteres Buch. Ich kann hier nur noch einige grobe Schneisen schlagen und möchte zum Schluss ein Problem zur Sprache bringen, das für uns als Kirche existenziell, aber derzeit ungelöst ist. Beginnen wir bei dem, worum es im Leben als Kirche überhaupt geht:

7.1 Leben im neuen Bund

Die Auferstehung Jesu war mehr als die Bestätigung Gottes für sein Leben und Lehren. Sie war für seine Jünger der Beginn des Lebens im verheißenen neuen Bund (vgl. Jer 31,31-34). Es ist die durch Vergebung und Gnade geprägte, mit Gott und miteinander versöhnte

Gemeinschaft der Kinder und Hausgenossen Gottes (vgl. 1Joh 1,3; Eph 2,19-22). »Gemeinschaft« meint das bleibende Zusammenleben mit dem auferstandenen Jesus Christus im Miteinander der Jüngerinnen und Jünger. Was diese also während der drei Jahre mit Jesus erlebt hatten, war kein Intermezzo, sondern das Samenkorn dessen, was der neue Bund ist und worin er besteht. In einer Übergangszeit setzte Jesus als der Auferstandene seine Gemeinschaft mit den Jüngern zunächst ähnlich fort, wie sie es schon kannten. Aber sie war zeitlich und örtlich begrenzt. Mit der Rückkehr Jesu zum Vater und dem Pfingstwunder (vgl. Apg 1–2) universalisiert Gott diese Gemeinschaft: Er gießt seinen Heiligen Geist auf die aus, die an ihn glauben und in sein Sterben und Auferstehen miteingetaucht wurden (Taufe). Durch den Heiligen Geist ist Jesus nicht mehr exklusiv an einem Ort, sondern er ist *universal*, d. h. an allen Orten der Welt von allen, die an ihn glauben, jederzeit persönlich erreichbar (vgl. Joh 14,17-18). Wir dürfen mit ihm leben als das »Volk des Eigentums«, das er »berufen hat von der Finsternis in sein wunderbares Licht« (1Petr 2,9). Und als die Gemeinschaft derer, die Gott durch Jesus Christus aus der Finsternis »herausgerufen« hat (griech. *kaléō ek*), sind wir »Kirche« (griech. *ek-klēsía*, dieselbe Wortwurzel).

Derselbe Jesus

Sämtliche Auferstehungszeugnisse sind ohne Ausnahme davon geprägt, dass die Jüngerinnen und Jünger im auferstandenen Jesus denselben Jesus wiedererkennen, der gekreuzigt worden war. Es ist kein *anderer* Jesus, der sich den Frauen, den Zwölfen, den Fünfhundert und am Ende Paulus offenbart (vgl. 1Kor 15,1-11), sondern genau der, der vorher mit ihnen beisammen war. Das ändert sich auch durch Pfingsten nicht. Auch wenn sie Jesus nicht mehr »nach dem Fleisch« kennen, sondern »nach dem Geist« (2Kor 5,16), kennen sie auf diese Weise immer noch denselben Jesus. Jetzt allerdings beginnen sie im neuen Leben mit ihm das Geheimnis, das ihn immer umgab, im Lichte der alttestamentlichen Verheißungen und ihrer

Erfüllung durch ihn erst in vollem Umfang zu verstehen. »›Verheißung‹ war zugegen in der ›Schrift‹ des Alten Testaments, ›Erfüllung‹ war die lebendige Christusgegenwart im Geist der Kirche.«[376]

Darum beschränkt sich diese Gemeinschaft nicht auf diejenigen, die Jesus schon vor dem Ostersonntag gekannt hatten – im Gegenteil. Der Auftrag Jesu an seine Jünger entspricht der Universalität seiner bleibenden Gegenwart: »Gehet hin in alle Welt und machet zu Jüngern alle Völker. Taufet sie auf den Namen des Vaters und des Sohnes und des Heiligen Geistes, und lehret sie alles halten, was ich euch aufgetragen habe. Und siehe, ich bin bei euch alle Tage bis an der Welt Ende« (Mt 28,18-20; LUT 1984).[377] »Predigt das Evangelium aller Kreatur« (vgl. Mk 16,15par). Der WORT (vgl. S. 83) sendet die, die durch sein Wort an ihn glauben und so aus der Welt herausgerufen (nämlich *ek-klēsía*) sind, mit seinen Worten in die weltumspannende Menschheit hinein, der seine Versöhnungstat gilt (vgl. 1Joh 2,2; Röm 5,12-19). Sie sollen dieses »Wort der Versöhnung« (vgl. 2Kor 5,20) an alle Menschen ausrichten, damit auch diese durch den Glauben Gottes Kinder in Christus Jesus (vgl. Gal 3,26-29) und damit Teil seines Leibes, der Gemeinde, werden können (vgl. Eph 3,5-6). Diesen Vorgang hat Jesus vorher mit seinen Jüngern geübt und unter die Verheißung gestellt: »Wer euch hört, der hört mich« (Lk 10,16). Die Kirche ist also universal, insofern sie potenziell »alle Welt« einschließt. Und gleichzeitig ist sie in dieser Universalität bezogen auf diesen selben Jesus Christus, der in seinem Wort gegenwärtig wirkt: »Ein Herr, ein Glaube, eine Taufe, ein Gott und Vater aller, der da ist über allen und durch alle und in allen« (Eph 4,3-6). Das Bindeglied zwischen beiden ist darum das Wort Christi (vgl. Röm 10,17); darum bezeichnet man die Kirche (vor allem in der evangelischen Theologie) mit Luthers Worten als *creatura verbi* (Schöpfung des Wortes).[378]

Die Identität der Kirche ist untrennbar verbunden mit der Identität Jesu Christi: Sie empfängt sie von ihm und mit ihm und durch ihn.

Durst nach Gott

Die Grundlage, die Verheißung und die Frucht des Auftrages Jesu ist der Satz: »Ich bin bei euch.« Darum legt er uns das Leben in der Gemeinschaft mit ihm in seinem Bild vom Weinstock und den Reben so sehr ans Herz: »Bleibt in mir und ich in euch. Wie die Rebe keine Frucht bringen kann aus sich selbst, wenn sie nicht am Weinstock bleibt, so auch ihr nicht, wenn ihr nicht in mir bleibt« (Joh 15,4-5; LUT 1984). Die Verbindung mit ihm zu pflegen, zu leben, immer wieder zu verkosten ist das Herzstück, ja, das Atemholen des Glaubenslebens. Es ist eine unstillbare Sehnsucht, in der sich Ps 63 verwirklicht: »Gott, du bist mein Gott, den ich suche. Es dürstet meine Seele nach dir, mein ganzer Mensch verlangt nach dir aus trockenem, dürrem Land, wo kein Wasser ist« (Ps 63,2; LUT 1984). Und Jesus verheißt uns: »Wen da dürstet, der komme zu mir und trinke! Wer an mich glaubt, von dessen Leib werden, wie die Schrift sagt, Ströme lebendigen Wassers fließen« (Joh 7,37-38).

Diesen nie verlöschenden Durst nach der Gemeinschaft mit ihm hat Mark Galli als innerste Lebensäußerung einer gesunden Kirche beschrieben.[379] Sie drückt sich von Anbeginn der Urgemeinde in vier verschiedenen Vorgängen aus, die in ihrem Miteinander für das Kirchesein konstitutiv sind. Diese sind: (1) das Hören des Wortes Gottes, das die Apostel dem Auftrag Jesu gemäß verkündigten, (2) die Gemeinschaft untereinander, (3) die Feier des Abendmahls und (4) das Gebet (vgl. Apg 2,42). Diese sind in der Theologie als die vier *notae ecclesiae* bekannt, d. h. als die »(Lebens-)Zeichen der Kirche«, an denen man sie *als Kirche* erkennen kann.

Leben im Licht des kommenden Tages

Es gibt einen Gebetsruf der ersten Christen, der ähnlich alt ist wie die Urbotschaft der Auferstehung Jesu (vgl. S. 108 f.): »*Marana tha*«, »Unser Herr, komm!« (1Kor 16,22).[380] Er zeigt die Ausrichtung des Lebens im neuen Bund auf den wiederkommenden Herrn Jesus und den Beginn seines Reiches, des Reiches Gottes. Wir sind unterwegs, wir haben ein Ziel, und dieses ist der Horizont des Missionsbefehls Jesu (das griechische Wort *télos* kann mit »Ende« oder mit »Ziel« übersetzt werden). Das Leben verläuft also nicht zyklisch in immer gleichen Kreisen (so sah das die antike Philosophie),[381] sondern wir gehen auf die Erfüllung aller Verheißungen Gottes in seiner zukünftigen Welt zu, wie sie Jesus in seinen Endzeitreden verkündigt hat (vgl. Mt 24–25par).[382] Und durch den Glauben haben wir jetzt schon daran Anteil (vgl. Joh 5,24). »Das Reich Gottes ist wie ein Senfkorn«, hatte Jesus gesagt. »Es ist anfangs kleiner als alle anderen Samenkörner, aber wenn es gewachsen ist, wird es ein großer Baum, in dessen Zweigen die Vögel wohnen« (Mt 13,31-32). Oder: »Das Reich Gottes ist wie ein Sauerteig, den eine Frau nahm und unter einen halben Zentner Mehl mengte, bis es ganz durchsäuert war« (Mt 13,33). Es ist also etwas Zukünftiges: Es wird kommen mit dem Wiederkommen Jesu (vgl. Mt 16,27-28). Und zugleich beginnt es schon hier im Leben mit dem Auferstandenen in der Gemeinschaft seiner Kirche (vgl. Lk 17,20-21). Das Reich Gottes ist also beides – »schon jetzt« und »noch nicht«. Wir haben hier die kleinen Anfänge innerhalb dieser alten Welt, aber es wird der Tag kommen, an dem Jesus wiederkommt, an dem Gott sein Reich kommen lässt und wir dort hineinkommen (vgl. Mk 10,15).

Die Spannung zwischen diesen beiden Polen – man spricht von »präsentischer« und »futurischer« Eschatologie (= Lehre von den letzten Dingen) – durchzieht das Neue Testament; sie kann nicht einseitig aufgelöst werden. Das ist für unser Leben als Kirche zwischen Pfingsten und dem Wiederkommen Jesu Christi von größter Bedeutung. Denn das hier ist »Zwischenzeit«[383] – aufwachsendes Reich Gottes unter den Lebensbedingungen der alten Welt, die vergehen wird. Wir leben im Licht des kommenden Tages, aber der Tag selbst ist noch nicht da. Wir sehnen uns danach, aber wir wandeln im Glauben, nicht im Schauen (vgl. 2Kor 5,1-10).

Viele Anfechtungen, die Christen heute erleben, haben ihre Ursache in der Vorstellung, dass wir als Glaubende eigentlich jetzt schon im Reich Gottes leben müssten, in dem Gott uns umfassend segnet, beschützt und unsere Bitten erfüllt. Dann gerät unser

Glaube umgehend ins Wanken, wenn wir leidvolle Erfahrungen machen und die Frage aufkommt:

Warum erhört Gott unsere Gebete nicht?

Wir beten, dass Gott den Krieg der Ukraine beendet. Der Krieg endet aber nicht (jedenfalls bisher noch nicht, während ich diese Zeilen schreibe), und die Gebetsinitiativen sind klein und überschaubar geworden. Lohnt sich das Beten überhaupt (Anfechtung durch Gott, im Wollen, zielt auf den Menschen; Typ G-W-M)? Warum greift Gott nicht ein (Anfechtung durch Gott, im Denken, zielt auf Gott; Typ G-D-G)?

Wir beten, dass Gott Dürre von uns nimmt und uns vor Stürmen und Fluten beschützt. Es kommen Dürren, Stürme und Fluten, und das wird in Zukunft nicht ab-, sondern zunehmen. Sagt das etwas aus über die Existenz Gottes (Anfechtung im Denken)? Oder über die Liebe Gottes (Anfechtung im Fühlen)?

Wir beten, dass Gott einen lieben Menschen nicht an seiner Krankheit sterben lässt, sondern ihn heilt. Hier und dort haben wir von solchen Heilungen gehört. Aber unser lieber Mensch stirbt. Warum? Was ist hier falsch? Kann bzw. *will* ich noch glauben (Anfechtung durch Gott, im Fühlen, zielt auf den Menschen; Typ G-F-M)?

Und da singen wir im Lobpreis: *Our God is able* (Hillsong), *Jesus is king* (Selah), *Our God reigns* (Israel Hughton)![384] Was wir damit meinen, erschließt sich keineswegs von selbst: Es nährt die Illusion, als lebten wir jetzt schon im Reich Gottes, wenn wir der Gemeinde nicht erklären, dass dieser Lobpreis das kommende Reich Gottes *kontrafaktisch vorwegnimmt*. Er verweist auf eine Zukunft, die *jetzt noch nicht* sichtbar da ist, aber von der wir fest vertrauen, dass sie einmal da sein *wird*. Wir vertrauen deshalb darauf, weil wir nach dem biblischen Zeugnis glauben, dass Gott, der sie verheißen und versprochen hat, zutiefst vertrauenswürdig ist und wir ihn beim Wort nehmen können wie Abraham, auch wenn wir das Reich Gottes noch nicht sehen. Wenn wir einmal dort sind, wird erfüllt werden, dass Gott alle unsere Gebete erhört und das Leid abschafft (vgl. Offb 21,1-7). Aber das Hier und Jetzt ist noch die alte

Welt, die Welt des »vergänglichen Fleisches«, wie Paulus sagt. Wir leben im falschen Film, wenn wir das nicht realisieren. Der richtige Film geht über das Leben als Gottes Kinder im Glauben, in der Liebe und in der Hoffnung auf die zukünftige Welt – unter den Bedingungen der alten Welt.

Deshalb dürfen und sollen wir trotzdem alle unsere Sorgen auf Gott werfen und für unseren Nächsten beten, unsere Welt vor ihm ausbreiten, wie 1Tim 2,1-4 sagt, und auf seine Hilfe beharrlich und mit Geduld vertrauen, wie Paul Gerhardt in seinem unvergleichlichen Lied »Befiehl du deine Wege« gedichtet hat. Gott gibt uns immer wieder Heilszeichen, die ein Stück Reich Gottes vorwegnehmen, wenn er unsere Not abwendet und uns vor Leiden schützt. Aber wir werden uns immer wieder so in der »alten Welt« finden, dass wir unser Kreuz auf uns nehmen und es tragen müssen (vgl. Mt 10,38-39). *Das* ist eigentlich das »Normale«. Es ist manchmal schwer, ein »Ja« dazu zu finden. Ich weiß das aus eigener Erfahrung. Jesus fiel das auch schwer, als er im Garten Gethsemane betete, bis er sagen konnte: »Vater, wenn es nicht möglich ist, dass dieser Kelch an mir vorübergeht, ohne dass ich ihn trinke, so geschehe Dein Wille« (Mt 26,42). Also wir sind in bester Gesellschaft. Aber wir dürfen wissen, dass die Zeit kommt, wo kein Tod und kein Leid und kein Schmerz mehr sein wird, weil Gott alles neu macht (vgl. Offb 21,1-6). Und dort haben wir als Jüngerinnen und Jünger des lebendigen Jesus Christus schon jetzt Bürgerrecht, Hausrecht und Kindesrecht!

Jesus hat uns mit dem Vaterunser (Mt 6,9-13) ein Gebet beigebracht, das für das Leben im Licht des kommenden Tages unter der Realität der alten Welt konzipiert ist. Es lenkt unseren Blick zuerst auf Gott, den Vater, und das Kommen seines Reiches. Dann wendet es sich der Erde zu. Denn wie der Wille Gottes im Himmel schon geschieht, so möge es auch auf dieser »alten Erde« werden. Da sind Hunger, Schuld, Anfechtungen (Versuchung) und das Böse Realitäten des Lebens. Die Bitte um das tägliche Brot als Symbol für die Stillung unserer Bedürftigkeit, nach der Vergebung, der Bewahrung vor Anfechtung und der endlichen Erlösung von dem Bösen nimmt vorweg, was einmal kommen wird: das Reich Gottes, dessen Kraft und Herrlichkeit in Ewigkeit währt.

Die Unterscheidung zwischen dem »Schon-jetzt« und dem »Noch-nicht« des Reiches Gottes kann uns helfen, Leiderfahrungen zu integrieren, gleichzeitig die Hoffnung auf unsere Erlösung festzuhalten und in dieser alten Welt als »Kinder des Lichts« (vgl. Eph 5,8-9) verantwortungsvoll zu handeln.

Werde, was du bist

Denn das Spannungsfeld von »Schon-jetzt« und »Noch-nicht« bezieht sich ja genauso auf unsere eigene Identität. »Ihr seid alle durch den Glauben Gottes Kinder in Christus Jesus« (Gal 3,26). Das ist unsere Kernidentität – versöhnte, geliebte Kinder Gottes zu sein. So sieht Gott uns an – »in Christus«. Denn wir haben »Christus angezogen«. Dennoch kommen wir aus der »Welt«. Und jeder von uns weiß: Wenn wir an Jesus glauben, ist die »Welt« in uns – unsere Geschichte mit ihren Brüchen und Verletzungen – nicht einfach weg. Sie ist jetzt in Christus hineingenommen, in das Licht des kommenden Reiches Gottes getaucht, und von dort her erleben wir immer wieder Schritte des Wachstums und der inneren Heilung auf unserem Weg mit Jesus. Aber die Vollendung dieser Heilung steht noch aus. Unser Leben hat etwas Fragmentarisches und zugleich die Verheißung, dass diese Fragmente in der Hand unseres Restaurators, der sie alle kennt und sammelt, einmal eine Einheit bilden werden, in der die Brüche geheilt und die zerstörten Teile verwandelt sein werden.

Auch unser eigensüchtiges Ich, das sich gegen Gott auflehnt, ist nicht einfach weg. Es hat schon seine Gründe, warum Jesus uns im Vaterunser beibrachte, täglich zu beten: »Und vergib uns unsere Schuld, wie auch wir vergeben unseren Schuldigern.« Das ist Lebensrealität! Wir erleben nicht nur *successful life*, sondern auch Versagen und Scheitern an unseren Schwachpunkten und Schattenseiten. Paulus kennt das Verzweifeln daran (vgl. Röm 7,1-25). Es wird der Tag kommen, an dem wir davon erlöst sein werden. Auf dem Weg dahin wird uns in 1Joh 1,5–2,2 nahegelegt, Jesus unsere Sünden zu bekennen und uns von ihm reinigen zu lassen[385] – immer wieder neu.

Auf dem Weg zwischen dem »Schon-hier« und dem »Noch-nicht« des Reiches Gottes geht es darum, unter den Bedingungen der »alten Welt« durch den Heiligen Geist immer mehr zu werden, was wir sind: Kinder des Lichts. »Ihr wart früher Finsternis; nun aber seid ihr Licht in dem Herrn. Lebt als Kinder des Lichts; die Frucht des Lichts ist lauter Güte und Gerechtigkeit und Wahrheit« (Eph 5,8b-9; LUT 1984).

Dieses Hineinwachsen in das Leben als Kinder des Lichts nennt Paulus auch »Heiligung« (vgl. 1Thess 4,3.7). Darunter ist keine amerikanisch anmutende Erfolgsstory des persönlichen Lebens zu verstehen, als ob wir »schon jetzt« perfekte Kinder des Lichtes sein oder werden könnten. Das verführt nur dazu, die eigenen Brüche und Schatten nicht sehen zu wollen. Und weil sie eben doch da sind und sich nicht verleugnen lassen, werden dann Kompensationsmechanismen benötigt. Diese bestehen oftmals darin, andere als viel sündiger zu erweisen und dadurch sich selbst als wenigstens »relativ« perfekt zu erweisen. Das ist nicht Heiligung, sondern eine Form von Selbstrechtfertigung.

Das bedeutet: Heiligung führt nicht nur nach oben, sondern auch nach unten. Sie führt uns hinein in die vorbehaltlose Selbsterkenntnis unserer tiefen Erlösungsbedürftigkeit. Und sie leitet uns immer wieder hin zum Kreuz, zu Jesus, der uns in unerschütterlicher Treue liebt, uns rettet und vergibt und erneuert, *weil wir es brauchen.*[386] Andererseits bedeutet Heiligung im Sinne des »Schon-jetzt«, es uns auf dem »Schatten-Sofa« nicht bequem zu machen, sondern uns danach auszustrecken, dass Christus *tatsächlich* »in uns Gestalt gewinnt« (vgl. Gal 4,19). Damit wir das können, brauchen wir die Lebensweisungen des Neuen Testamentes. Wir finden sie in der Lehre Jesu und in den Mahnungen (Paränesen) der neutestamentlichen Briefe. Sie lehren uns zu unterscheiden, was das neue Leben als Kinder des Lichts ist im Unterschied zu der Lebensweise, die mit der »alten Welt« vergeht. Von dem lebensverändernden Prozess des neuen Bundes im Hier und Jetzt heißt es im Propheten Jeremia (vgl. Jer 31,31-34), dass die Gebote Gottes in unser Herz geschrieben werden, sodass wir nach ihnen handeln *wollen*. Und es ist gut, uns immer wieder im Licht des kommenden Tages zu fragen: Ist es mein *Wunsch*, dass Christus in mir Gestalt gewinnt, sodass ich in der Liebe zu ihm handeln *will*, wie es ihm gefällt (Typ G-W-M)?

Eine heilige, allumfassende Kirche?

Die Kirche kommt sowohl im Apostolischen als auch im Nicänischen Glaubensbekenntnis vor (vgl. oben) S. 187; Fußnote 204. Dort heißt es:

> *»Ich glaube … an die eine, heilige, allumfassende (griech. katholikēn) und apostolische Kirche.«*

Diese Worte stehen im Abschnitt zum Heiligen Geist. Die Kirche erscheint gleichsam als dessen Manifestation, als Folge seines Wirkens. Einerseits wird die Kirche in diesen vier Eigenschaften also geglaubt, nicht geschaut. Andererseits haben wir oben S. 187 f. gesehen, dass es im Glaubensbekenntnis weniger um den Gegensatz von Glauben und Sehen geht – das ist eine moderne Fragestellung, die in der Alten Kirche nirgendwo eine Rolle spielt –, sondern um die Frage, an *welchen* Gott wir hier glauben. Zu der Zeit, als das Glaubensbekenntnis formuliert wurde, war z. B. der sog. »Demiurg« der religiösen Bewegung der *Gnosis* (vgl. S. 46) populär. Oder sein Gegenstück, der gnostische Gott der reinen apathischen Gutheit, mit Jesus als dessen Emanation,[387] der die Gläubigen von der Last des Fühlens zur reinen Apathie befreit. Beide Gottes- oder eigentlich Götterbilder waren biblisch teilweise anschlussfähig und darum für die Gemeinde höchst verwirrend – aber eben nicht Gott, wie er sich in Jesus Christus offenbart hat. Mit dem Glaubensbekenntnis kommunizieren die Gläubigen im Gottesdienst die Grundzüge der *Identität* des dreieinigen Gottes, die sicherstellen, dass wir gemeinsam von demselben Gott reden und nicht von einem anderen. Entsprechend stellen die genannten vier Wesenseigenschaften der Kirche deren *Identität* sicher. Einerseits geht es dabei um Eigenschaften, die sie deswegen hat, weil der Heilige Geist sie wirkt. Sie hängen an Gott, nicht an den Menschen. Andererseits sind sie ein Evaluationsmaßstab für das konkrete Leben der Kirche und als solcher ein Anlass zur Selbstprüfung, Umkehr und Neuausrichtung des kirchlichen Lebens am Auftrag Jesu Christi, wodurch wir dem Heiligen Geist angesichts unserer eigenen Fehlbarkeit unter den Bedingungen der »alten Welt« neuen Raum geben.[388] Drei der vier Eigenschaften haben wir oben bereits angesprochen:

- Die *Einheit* der Kirche in der Bezogenheit auf denselben Herrn Jesus Christus wird mit 1Kor 12 zur Aufgabe angesichts der (gerade im Protestantismus multiplen) konfessionellen Spaltung, aber auch durch das Selbstverständnis als Nationalkirchen, wie es in einigen orthodoxen Kirchen der Fall ist.
- Die *Heiligkeit* der Kirche wird mit 1Kor 3,16-17 und Gal 5,16-26 zur Aufgabe angesichts der Realität von Sünde in unserem Leben als Christen, die besonders schwer ins Gewicht fällt, wenn es sich dabei um Amtsträger handelt und diese von der Kirchenleitung in ihrem Sündigen durch Vertuschung unterstützt werden.
- Die Eigenschaft der Kirche, *allumfassend* zu sein, wird zur missionarischen Aufgabe angesichts der Menschen und Völker, die noch nicht die Chance hatten, das Wort von der Versöhnung durch Christus zu hören, aber auch durch die fortschreitende Entchristlichung der westlichen Gesellschaften.

Bleibt die vierte Eigenschaft. Und hier sitzt das am Anfang dieses Kapitels erwähnte Problem.

7.2 Apostolische Kirche

Die Kirche, von der hier die ganze Zeit die Rede war, ist nämlich keineswegs gleichzusetzen mit den verfassten Kirchen oder der Gesamtheit aller Kirchenmitglieder. Diese Verwechselung kam dadurch, dass das Christentum 325 n. Chr. Staatsreligion wurde. Aber Jesus hat gesagt: »Viele sind berufen, wenige aber sind auserwählt« (Mt 22,14). Nach seinen Worten wächst auf Gottes Weizenfeld eben nicht nur Weizen, sondern auch Unkraut - auch wenn es dem echten Weizen täuschend ähnlich ist und vor der Ernte nicht zuverlässig von ihm unterschieden werden kann (vgl. Mt 13,25-30). Nicht einmal die, die zu Jesus sagen: »Herr, Herr«, müssen deshalb zwangsläufig mit ihm verbunden sein (vgl. Mt 7,21-23). In diesem Leben - unter den Bedingungen der »alten Welt« - sind in der äußerlichen Körperschaft von Kirche und Gemeinde also auch Menschen, die zum Glauben selbst noch gar nicht durchgedrungen sind: Kirche ist, wie man in der Theologie sagt, ein *corpus permixtum*, ein gemischter Leib. Von außen kann man das nicht wirklich auseinanderhalten; das wissen nur Gott und der einzelne Mensch selbst. Die Reformatoren unterscheiden darum in den Bekenntnisschriften[389] die *ecclesia visibilis* (sichtbare Kirche), in der auch »falsche Christen, Heuchler und öffentliche Sünder« sind, von der *ecclesia invisibilis* (unsichtbare, d. h. von außen nicht eindeutig unterscheidbare Kirche). Und nur diese letztere, die »Versammlung der Heiligen und wahrhaftig (!) Gläubigen« (CA 7), ist die *ecclesia vera* (wahre Kirche). In ihr »[regiert] Christus inwendig die Herzen [...], stärkt, tröstet, [teilt] den Heiligen Geist samt mancherlei Gaben aus« (Apologie 7). Melanchthon geht davon aus, dass diese Kirche überall auf Erden bei denen ist, »die Christus und das Evangelium recht erkannt haben« (Apologie 7). Es kann sie prinzipiell in allen Konfessionen geben, trotz aller konfessionellen Schwächen. Überall, wo ich oben von der »weltweiten Kirche« und ihrem »Haus des Glaubens« geredet habe, habe ich *diese* Kirche gemeint, die mit diesem Jesus Christus verbunden ist. Das ist übrigens bis hierhin weder neu noch evangelikal, sondern entspricht dem üblichen Sprachgebrauch in der evangelischen Theologie.[390]

Wer gehört dazu?

Nur: Wer gehört denn jetzt eigentlich dazu? Im Pietismus und der Erweckungsbewegung war das anfangs (noch) keine Rechthabe-Frage, sondern eine aus der Not geborene Frage der eigenen Glaubenspraxis. Mit wem kann ich zusammen beten? Mit wem kann ich mich über den Glauben austauschen, sodass ich nicht mit einem Blinden über Farbe rede? Wer kann mich in meinen Anfechtungen und Glaubensnöten verstehen? Wer kann mich stärken und trösten, Wegweisung geben und korrigieren? Wo finde ich Schwestern und Brüder im Glauben, durch die Jesus mit mir redet?

Kirche ist Gemeinschaft und drängt hin zu Mitchristen, die dieselben »Güter im Herzen« haben (Apologie 7). Das muss so sein und ist völlig legitim. Allerdings kommen ebendort auch soziale Faktoren ins Spiel, und wenn die miteinander verwechselt werden, dann entstehen die beliebten »GiuS«-Christen: »gläubig in unserem Sinne«. Also:

- Gläubig sind die, die meine Glaubenssprache benutzen.
- Gläubig sind die, die das Evangelium genau so verkündigen, wie ich es kenne.
- Gläubig sind die, die sich in meiner und ähnlichen Gemeinden oder Konfessionen finden.

So könnte man weiter fortfahren. Die anderen gelten als »nicht gläubig in unserem Sinne« – was bei ihnen starke Empörung auszulösen pflegt. Wenn die eigene Gemeinde und deren Bibel*auslegung* als Maßstab gesetzt wird, kann die Kirche nicht mehr »allumfassend« gedacht werden, sondern nur noch als »kleiner Rest« nach 1Kön 19,18 – unter dem stillschweigenden Eingeständnis, dass der Missionsauftrag Jesu gescheitert wäre. Denominationell nur lose gebundene Gemeinden sind hier nach meiner Erfahrung besonders gefährdet, den Kreis zu eng zu ziehen. Bei manchen Abgrenzungen liberaler oder progressiver Christen gegenüber Konservativen kommen genau dieselben Mechanismen zum Tragen«.

Abgesehen von solchen als problematisch empfundenen Antworten ist *die Frage selbst* jedoch in keiner Weise falsch. Sie ist ja schon in der Bibel angelegt. Hier wird nicht umsonst vor falschen Lehrern und ihren Lehren gewarnt (vgl. 1Tim 4,1-2; 2Tim 3,1-7.14-17). »Sie sind von uns ausgegangen, aber sie waren nicht von uns« (1Joh 2,19; vgl. 18-26). Mit den Methoden der Distanzierung, Subtraktion und Substitution wurden dem Haus des Glaubens der *ecclesia vera* im Lauf der Jahrtausende verschiedenste Anbauten hinzugefügt, bei denen man mit Recht zweifeln kann, ob es darin wirklich noch um denselben Gott, denselben Jesus Christus geht. Wie kann man das eine vom anderen zuverlässig unterscheiden? Die Reformatoren beschäftigte schon genau dieselbe Frage, und sie geben uns zwei »äußere Zeichen« an die Hand: Man kann die »wahre Kirche« daran erkennen, dass dort »das Evangelium recht gepredigt und die Sakramente dem göttlichen Wort gemäß gereicht werden«.[391]

Apostolizität als Merkmal wahrer Kirche

Mit diesen Kennzeichen nimmt das Augsburger Bekenntnis das Wesensmerkmal der »Apostolizität« aus dem Nicänischen Glaubensbekenntnis auf und konkretisiert es. Das wird deutlich, wenn wir uns die Schriftgrundlage der nicänischen Formulierung ansehen:

»So seid ihr nun [...] Mitbürger der Heiligen und Gottes Hausgenossen, erbaut auf den Grund der Apostel und Propheten, da Jesus Christus der Eckstein ist« (Eph 2,19-20). Dieser »Grund der Apostel« ist die Predigt der Apostel, die wir im Neuen Testament in schriftlichem Aggregatzustand vor uns haben.[392] Die eine heilige und allumfassende Kirche ist deshalb und genauso lange *apostolische* Kirche, wie sie auf dem Grund der Apostel gebaut ist und auf diese Weise beständig unter ihrer Leitung steht. So (und nur so) ist gewährleistet, dass wirklich *der Jesus Christus, von dem die Bibel redet*, ihr Eckstein ist und nichts anderes. Kirche, die *nicht* apostolisch ist, *kann* grundsätzlich nie »wahre Kirche« sein. Das ist also eine Identitätsfrage: Apostolische Kirche bezieht ihre Identität von den Aposteln aus der Identität Jesu Christi, des Sohnes Gottes, in welchem uns Gott seine Identität vollgültig und wahrhaftig offenbart. Dies ist wie oben nicht nur eine Wesensbeschreibung der *ecclesia vera* (wahren Kirche), sondern eine *Aufgabe*, die sie – und damit auch die *ecclesia visibilis* (sichtbare Kirche) – erfüllen muss:

> **Die Kirche muss ihre Apostolizität angesichts der Realität der sichtbaren Kirche als *corpus permixtum* dauerhaft gewährleisten.**

Womit die Frage aufgeworfen wäre, *wie* die Kirche ihre Apostolizität denn genau gewährleisten kann und soll. Dabei war von Anfang an klar, dass dies nicht dem Zufall jeweiliger Menschenansammlungen in der »sichtbaren Kirche« überlassen bleiben kann:

> **Die Apostolizität der Kirche kann nur auf strukturellem Wege sichergestellt werden.**

Diese Frage hat tatsächlich verschiedene Antworten gefunden. Eine erste Antwort ist das Nicänum selbst – die Gewährleistung der Apostolizität ist nämlich sein Sinn und Zweck. Indem wir gemeinsam im Gottesdienst die Identität dieses Gottes bekennen, an den wir glauben, stehen wir auf dem Fundament des Glaubens, das die Apostel gelegt haben und das wir in der Bibel vor uns haben. Daneben jedoch gab es, ausgehend von 1Tim 4,14 und 5,22, von Anfang an den amtlich-kultischen Weg der »apostolischen Sukzession«: Die römisch-katholische, orthodoxe und anglikanische Kirche gewährleisten die Apostolizität bis heute durch die seit Petrus ununterbrochene Sukzession der Handauflegungen bei der Bischofsweihe. Sie ist, jedenfalls der Theorie nach, verbunden mit der sorgfältigen Auswahl von bewährten Nachfolgern. Dadurch sehen sie nach ihrer Auffassung gewährleistet, dass diesen Nachfolgern auch wirklich immer derselbe Heilige Geist zur lehramtlichen Leitung der Kirche verliehen wird.[393]

Die Reformatoren waren genau hiervon nicht mehr überzeugt – immerhin hat die Weihe-Sukzession nicht verhindert, dass das

Evangelium von der Kirche über Jahrhunderte völlig verdunkelt wurde. Es kommt offensichtlich vor, dass auch geweihte Priester, Bischöfe und sogar Päpste lediglich Glieder der »sichtbaren«, aber nicht der »wahren Kirche« sind (CA 8; Apologie 7). Ihre Lösung: Die Apostolizität der Kirche muss von der Apostolizität selbst her gewährleistet werden, und zwar mittels des »Grundes der Apostel und Propheten« in Form der biblischen Schriften. Von diesem Grund aus *ereignet* sich die apostolische Sukzession nach Luther in Gestalt einer Predigt-Kaskade: Jesus Christus hat seine Worte den Aposteln in den Mund gelegt. Wer sie hört, der hört ihn (vgl. Lk 10,16). Die Apostel nahmen das Wort aus dem Mund Christi und predigten es der nächsten Generation. Ihre Predigt haben wir im Neuen Testament. Ihre Nachfolger nahmen das Wort aus ihrem Mund und predigten es weiter, und so ist es bis zu uns gekommen, wobei die Bibel selbst Grundlage und Maßstab »rechter Predigt« ist.[394] Diese (kraft Übereinstimmung mit dem »Grund der Apostel«) »richtige« Predigt und die evangeliumsgemäße Verwaltung der Sakramente gewährleisten nach CA 7 und 8 die Apostolizität und damit die Identität der Kirche quasi von unten statt von oben her als Kirche dieses auferstandenen Herrn Jesus Christus.

Strukturelle Probleme

Von hierher erkennen wir das ekklesiologische[395] Problem, das entstehen musste, sobald die Bibel von den Axiomen des »historischen« Denkens aus gelesen und auseinandergenommen wurde. Wenn man sich seinen Text erst selbst bastelt und das »Evangelium« auf Vernunftreligion oder selbst gestrickte »Wesen des Christentums« gründen lässt, wird die Apostolizität der Kirche faktisch nicht mehr gewährleistet. Es wird unklar, an welchen Jesus eine solche Kirche glaubt und inwieweit sie noch eine Vorstellung von einer Identität Jesu hat, damit sie auf *ihn* und nicht nur auf »ihn« als menschliche Vorstellung bezogen sein könnte. Und das ist, so meine Überzeugung, auch die Kernursache des Niedergangs der EKD-Gliedkirchen, dessen Ursachenkette sich entsprechend über mehrere Jahrhunderte aufgebaut hat. Dieser Niedergang ist demnach ein Teilprozess innerhalb eines äußerst trägen Systems, das mit unserer ganzen Gesellschaft wechselseitig interagiert und für kurzfristige Interventionen völlig unempfindlich ist. Ich halte eine Trendwende trotzdem keineswegs für unmöglich, wenn der Heilige Geist sie schenken will. Sie ist aber ein Projekt über mehrere Generationen. Und sie erfordert eine neue, gemeinsame Antwort auf die Frage des Nicänums, wie die evangelische Kirche ihre Apostolizität strukturell gewährleisten will.

Nichts anderes als eine solche Antwort liegt der Glaubensbasis der Evangelischen Allianz in der Version von 1846 zugrunde: Ihre »Partner [...] sollen nur solche Personen sein, die [...] das haben und aufrecht erhalten, was man gewöhnlich unter einer evangelikalen Überzeugung versteht, nämlich: 1. Die göttliche Inspiration, Autorität und Allgenugsamkeit der Heiligen Schriften. 2. Das Recht und die Pflicht eines persönlichen Urteils (*private judgement*) in der Auslegung der Heiligen Schriften. [...]«[396] Die Heiligen Schriften (Altes und Neues Testament) werden also im Gegensatz zu den Axiomen des »Historischen« als göttlich inspiriert angesehen und als unbedingte Autorität anerkannt. Sie gelten für sich alleine als ausreichend, um dem echten Jesus Christus zu begegnen und das ewige Heil zu erlangen (die Artikel 3–9); ein Lehramt daneben ist nicht nötig (das ist die Bedeutung der zweiten Überzeugung). Dieser Konsens beendet nicht die konfessionelle Verschiedenheit und soll es auch gar nicht.[397] Aber er gewährleistet kraft verbindlicher Partnerschaft durch die Bindung unter (!) die Heilige Schrift die Apostolizität der im Detail sehr unterschiedlichen Gemeinden und Denominationen der Ev. Allianz. Damit löst er die Aufgabe des Nicänums ein.

Leider hat diese Lösung nur so lange funktioniert, wie die Sprache auf ein gemeinsames Gemeintes verweisen konnte. In dem Bericht »›Schrift und Tradition‹ und ›Die Rolle der Kirche für das Heil‹«, der auf einen siebenjährigen Dialog zwischen der Weltweiten Evangelischen Allianz und der katholischen Kirche zurückgeht, fragen die Katholiken: »[Wir] bemerken[...], dass unter Evangelikalen, wie auch unter Katholiken, unterschiedliche und manchmal widersprüchliche Interpretationen der Schrift entstehen. Wie wahren Evangelikale die Einheit und schützen sich gegen interne Konflikte in ihrer Interpretation der Heiligen Schrift ohne den Verweis auf ein Lehramt?«[398] Dass diese geschwisterlich gemeinte Frage durchaus berechtigt ist, lässt sich kaum leugnen:

- Wenn biblische Worte wie »Auferstehung«, »Gottes Sohn«, »Versöhnung« usw. nur noch als ambiguitäre Zeichen verstanden werden, denen nichts Gemeintes mehr innewohnt, sodass man sie mit beliebigen Bedeutungen aufladen und interpretieren kann,
- wenn man die Bibel als »Gotteswort im Menschenwort« statt als Gotteswort »in, mit und unter« dem Menschenwort versteht und das Erstere aus Letzterem mittels selbst gebastelter Kriterien herausschälen möchte,
- wenn man sie vor der Schablone einer selbst designten »Antike« aus interpretiert, um deren Bedeutungsgehalte nach eigenem Belieben verschieben zu können,
- wenn man ein nach eigenen Idealen erstelltes »historisches« Jesusbild als »Mitte der Schrift« deklariert, um Sachkritik an biblischen Texten zu rechtfertigen,

dann kann die Heilige Schrift die Apostolizität und Glaubenseinheit der Partner-Denominationen auch nicht mehr gewährleisten. Genau dasselbe ist ja seit Langem in den Landeskirchen der Fall. Damit ist auch in der Evangelischen Allianz die Frage wieder offen: *Auf welchem Wege wird die Apostolizität unserer Gemeinden und Denominationen gewährleistet?*

Eine offene Frage

Das ist das Sachproblem, vor dem die protestantische Konfessionsfamilie heute angesichts der Postmoderne steht und das derzeit in der Evangelischen Allianz für jede Menge Konflikte sorgt. Wie gesehen – es ist ein ökumenisches Sachproblem, vor dem alle Kirchen auf ihre Weise stehen, ob wir nach Moskau schauen, nach Rom, nach Texas oder in unsere kirchliche Landschaft.

Es gibt einen Lösungsversuch, der im Grunde genommen den katholischen Vorschlag aufnimmt und dem *Bekenntnis* die Funktion einer verbindlichen hermeneutischen Richtschnur zuweist. In den Landeskirchen ist das nominell schon immer der Fall gewesen. Wir Pfarrer werden auf Schrift und Bekenntnis ordiniert. Das Problem daran ist schon lange die Verbindlichkeit, die nicht mehr gesehen wird – zumindest nicht so, dass sie einen Einfluss auf die Theologie hätte. Es ist eine persönliche, freiwillige Entscheidung, die Bekenntnisse der Reformation für sich als verbindlich anzuerkennen. Aber es ist keine allgemeine Vorgabe, die *jemand anderen* auf etwas verpflichten würde. Das genau ist der Unterschied zur katholischen Kirche. Der Vorschlag, in der Evangelischen Allianz eine solche Verbindlichkeitskultur zu etablieren, stößt, wie Thorsten Dietz gezeigt hat, auf ein strukturelles Problem: »Als breite Bewegung kann sie theologische Fragen nicht verbindlich klären. Dafür hat sie weder die Strukturen noch die Durchsetzungsmöglichkeit.«[399] Ich glaube allerdings, dass Dietz es sich hier zu einfach macht – immerhin *hat* diese Bewegung die theologischen Fragen, um die es hier geht, schon einmal geklärt, nur dass diese Klärung über der Postmoderne inzwischen implodiert ist und also ersetzt oder zumindest ergänzt werden muss. Man kann dem Versuch einer solchen Ergänzung, um die sich z. B. das »Netzwerk Bibel und Bekenntnis« bemüht, natürlich kritisch gegenüberstehen.[400] Aber dann müssen eben andere Antworten auf das dahinterstehende Sachproblem gefunden werden:

> **Wenn die Apostolizität der Kirche bzw. der Gemeinden nicht durch eine verbindliche Selbstverpflichtung auf die Bekenntnisse sichergestellt werden kann – wie dann? Wie kann strukturell (!) verhindert werden, dass Kirchen und Gemeinden ihre Identität verlieren, weil sie die Identität Jesu verloren haben; dass sie aufhören, »nicht von der Welt« (d. h. »heilig«) zu sein, sondern »Welt« werden und von Welt verschluckt werden?**

Wir als Kirche stehen auch für die Kirche, die nach uns kommt, in der Verantwortung, zu gewährleisten, dass wir mit dem echten, wahren Jesus Christus in Beziehung sind und bleiben. *Wie* darüber unter den Bedingungen der Postmoderne ein neuer Konsens gefunden werden kann, darauf habe ich auch keine schnelle, einfache Antwort. Aber wichtiger als (vor)schnelle Antworten ist vielleicht die Frage selbst, die die Glaubensväter der Alten Kirche uns, den Nachkommen, im Nicänum bleibend vorlegen. Es ist m. E. die Schicksalsfrage des Protestantismus.

Linie und Weg

Damit diese Frage richtig verstanden wird, möchte ich zum Abschluss dieses Kapitels noch einmal Philipp Melanchthon zu Wort kommen lassen:

> »Wir sagen und wissen fürwahr, dass diese Kirche, darin Heilige leben, wahrhaftig auf Erden ist und bleibt, nämlich dass etliche Gotteskinder sind hin und wieder in aller Welt, in allerlei Königreichen, Inseln, Ländern, Städten, vom Aufgang der Sonne bis zum Niedergang, die Christum und das Evangelium recht erkannt haben; Und wir sagen, dieselbe Kirche habe diese äußerlichen Zeichen: das Predigtamt oder Evangelium und die Sakramente. Und dieselbe Kirche ist eigentlich, wie Paulus sagt, ›eine Säule der Wahrheit‹, denn sie behält das reine Evangelium, den rechten Grund. Und wie Paulus sagt: ›Einen andern Grund kann niemand legen außer dem, der gelegt ist, welcher ist Christus.‹ Auf den Grund sind nun die Christen gebaut. Und wiewohl nun in dem Haufen, welcher auf den rechten Grund, das ist, Christum und den Glauben, gebaut ist, viel Schwache sind, welche auf solchen Grund Stroh und Heu bauen, das ist, etliche menschliche Gedanken und Meinungen, mit welchen sie doch den Grund, Christum, nicht umstoßen noch verwerfen, derhalben sie dennoch Christen sind und werden ihnen solche Fehle vergeben, werden auch etwa erleuchtet und besser unterrichtet:

also sehen wir in Vätern, dass sie auch bisweilen Stroh und Heu auf den Grund gebaut haben, doch haben sie damit den Grund nicht umstoßen wollen. Aber viele Artikel bei unsern Widersachern stoßen den rechten Grund nieder, die Erkenntnis Christi und den Glauben. Denn sie verwerfen und verdammen den hohen, größten Artikel, da wir sagen, dass wir allein durch den Glauben ohne alle Werke, Vergebung der Sünden durch Christum erlangen.«[401]

Schöner kann man das Konzept »Einheit in der Vielfalt« kaum in Worte fassen. Es gibt nicht nur die eine allein selig machende Lesart des Glaubens. Aber genauso wenig ist »Vielfalt« ein Wert an sich. Es kommt nicht darauf an, jeden Fitzel von Lehre zu brandmarken, die anders klingt als unsere. Es kommt aber darauf an, uns in dem echten, lebendigen Christus zu gründen und zu verwurzeln. Denn er selbst ist der Wurzelboden, der uns nährt und miteinander verbindet im Glauben und in der Erfahrung seiner Gegenwart. In ihm verwurzelt werden wir wachsen, werden wir (mit Melanchthons Bild) Kirche und Gemeinde bauen, wie wir das eben können – unter der Leitung des Heiligen Geistes, im Licht des kommenden Tages, in der Hoffnung des Reiches Gottes, aber unter den Bedingungen der »alten« Welt.

Manches, das wir bauen, wird Ewigkeitswert haben. Melanchthons Worte z. B. werden fast 500 Jahre später immer noch zitiert (meine wahrscheinlich nicht). Manches andere wird vielleicht hilfreich sein. Und wir werden auch Strohfeuer produzieren. Was wir bauen, ist in den meisten Fällen nicht perfekt, und wir dürfen uns damit aussöhnen, nicht perfekt zu sein. Jesus weiß das sowieso, weil er uns kennt, wie wir wirklich sind. Dennoch liebt er uns! Und dies dürfen wir auch den anderen Geschwistern im Glauben erst einmal zugestehen, wenn wir auf Differenzen stoßen. Nur darauf kommt es an, dass wir auf ihm, dem einzig wahren Grund des Glaubens, bleiben, Gottes Wort der Verlässlichkeit und ewigen Treue hören können, dass wir ihm in Treue glauben und Jesus in Liebe nachfolgen.

Natürlich werden wir uns gegenseitig auf dem Weg der Nachfolge konstruktiv kritisieren, korrigieren und hoffentlich auch motivieren. Was wir bauen, soll ja möglichst Bestand haben. In der Kirchengeschichte wurden auf Christus, den festen Grund, sehr verschiedene Lehrgestalten gebaut – schwache und starke, beständige und unbeständige, langlebige und Strohfeuer. Manche haben Millionen zu Jesus geholfen, manche haben ihre Kräfte rasch verloren. Es ist darum *nicht egal*, was in Gemeinden gepredigt wird, solange es »ankommt« und in guter Absicht vorgetragen wird. Und dennoch ist nicht nur *eine* – im Zweifelsfall *meine* – Lehrgestalt »richtig«. Denn es gibt nicht *die eine Linie* rechter Lehre. Das Bild von der »Linie«, auf der man ist oder nicht ist, ist nicht biblisch. Biblisch ist der »Weg«, und der hat *zwei* Linien. Und dazwischen eine Bandbreite, die sich bereits in den neutestamentlichen Schriften abbildet. Aber wir dürfen nicht die Augen davor verschließen, dass es auch ein »Jenseits« des Weges gibt, ein »Daneben«, wo man den festen Grund, den *echten* Jesus Christus und damit auch die wahre, apostolische Kirche, innerlich verlässt. Nach Melanchthon zeigt sich das daran, dass Glaubensaussagen umgestoßen werden, die Christus biblisch-authentisch verkündigen. Oder, in mein obiges Bild übersetzt: Da wird das Haus des Glaubens der »wahren Kirche« verlassen. Dies vollzieht sich oftmals unter dem Dach der »sichtbaren Kirche« und deshalb ist es so gefährlich. Denn dabei kommt Glaubenslehre heraus, die langfristig andere Christen schwächt, statt sie im Glauben zu stärken, die ihnen die Verbindung zu Jesus nimmt oder sie ihnen verbaut, statt sie zu Jesus zu führen. »Einen anderen Grund kann niemand legen außer dem, der gelegt ist, welcher ist Christus« – und gemeint ist der geschichtliche, biblische, lebendige Christus (vgl. 1Kor 3,11). Denn »Jesus Christus ist derselbe gestern und heute und in alle Ewigkeit« (Hebr 13,8; GNB).

7.3 Worauf es ankommt auf unserem Weg in die Zukunft

Unsere Welt fordert uns in unserem Christsein heraus. Das scheint im Moment stärker zu sein als bisher. Aber wir haben gesehen, dass solche Herausforderungen die Kirche schon immer in aufeinanderfolgenden Wellen begleitet haben. Das Wichtigste in alldem ist, dass wir mit Kol 2,7 in Jesus Christus verwurzelt und gegründet bleiben. Dann werden wir trotz aller Herausforderungen wachsen wie ein Baum – wir persönlich als Christinnen und Christen und wir gemeinsam als Gemeinden und als Kirchen. Das Wasser des Lebens, das unseren Glauben nährt, wird auch in der dürren Hitze der Anfechtungen unserer Zeit nie versiegen, denn er hat versprochen, dass er uns damit immer wieder neu versorgen und auf unserem Weg in die Zukunft stärken wird (Joh 7,37-38). Was bedeutet das nun ganz praktisch? Welchen Effekt können die Erkenntnisse, die wir in diesem Buch gesammelt haben, für unser Glaubens- und Gemeindeleben sowie für das kirchenleitende Handeln entwickeln?

Perspektiven für das christliche Leben

Zusammenfassend kommt es für unseren Weg als Christinnen und Christen darauf an,

1. ... *uns immer wieder neu auf den echten, lebendigen Gott einzulassen,* wie er sich uns in Jesus Christus zeigt, im Wechselspiel von Wahrheit und Treue (Kap. 2), glaubwürdig und konsequent – auch in der Hinsicht, wie wir uns in den Debatten unsrer Zeit geben und verhalten.
2. ... *unseren Durst nach Gott zu pflegen* (»Mystik«, vgl. S. 63 ff.); nicht zuzulassen, dass politisches oder aktivistisches Handeln oder unser Einsatz in kirchlichen Debatten diesen Durst ersetzt. Dieses »Pflegen« zeigt sich ganz praktisch *im regelmäßigen Gebrauch des Wortes der Bibel* (egal ob in »erster« oder in »zweiter Naivität«) *sowie im persönlichen Gebet.*

3. … *die reelle Gemeinschaft zu suchen mit anderen Christen*, bei denen wir die Stärkung unseres Glaubens erleben und die wir im Glauben stärken können. Virtuelle Gemeinschaft wird auf die Dauer nicht reichen.
4. … *Anfechtungen im Glauben als solche wahrzunehmen, in ihrer jeweiligen Eigenschaft zu verstehen und mit den »Acht Methoden« aus Kap. 5 anzugehen.* Versuchen wir auch, die Anfechtung in kontroversen Debatten um den Glauben wahrzunehmen und zu verbalisieren.
5. … *theologische Aussagen und Dekonstruktionen des Glaubens,* die uns merkwürdig oder verwirrend vorkommen, mit dem Handwerkszeug aus Kap. 3 und 6.1 *auf die zugrunde liegenden Denkvoraussetzungen sowie auf die Kennzeichen dysfunktionaler Entwicklung* (Distanzierung, Subtraktion und Substitution) *zu überprüfen.* Das stärkt unsere Kompetenz in der Auseinandersetzung mit der »Welt« sowie mit den Debatten in der Gemeinde. Und worin man kompetent ist, das braucht man nicht mehr zu fürchten oder in pauschaler Abwehr davor zu flüchten. Wenn wir zugleich im hörenden Lesen des Wortes der Bibel und im betenden Kontakt mit Gott verbleiben, können wir in Gelassenheit »alles prüfen und das Gute behalten« (vgl. 1Thess 5,21).
6. … *das »Haus des Glaubens«* (Kap. 5.3) *der traditionellen christlichen Lehre nicht vorschnell zu verlassen* oder umzuziehen in etwas, was auf weltlichen Axiomen direkt daneben gebaut wird, sondern bei Engegefühlen geduldig nach weiteren Räumen innerhalb dieses Hauses zu suchen. Es gibt viele davon (schon bei den Kirchenvätern) und zu manchem, was alt scheint, neue Zugänge, die sie als bleibende Kostbarkeiten erstrahlen lassen.

Perspektiven für das kirchenleitende Handeln

Auf der kirchenleitenden Ebene sehen die Herausforderungen je nach Konfession und Gemeindemodell ganz verschieden aus.

Ich verstehe die folgenden Hinweise in keiner Weise als Patentrezept. Sie ersetzen keine Gemeindeaufbaukonzepte und Kirchenvisionen, sondern stellen Tools für solche bereit. Sie sollen helfen, die *Basics* und die *Additives*, die Grundlagen und die Zutaten, voneinander zu unterscheiden.

In diesem Sinne kommt es für die Zukunft darauf an,

1. … *vielfältige Möglichkeiten für die Begegnung mit Jesus Christus zu schaffen und zu nutzen, die für die unterschiedlichen gesellschaftlichen Milieus zugänglich sind.* Denn die Gemeinschaft mit Christus ist unser Ausgangspunkt und unser Ziel. Sie ist der Grund, warum es uns als christliche Kirche gibt, und unser wesentliches Alleinstellungsmerkmal in der Welt.
2. … *das Hören auf das verlässliche Wortes Gottes und das glaubende Vertrauen in der Breite unserer Mitglieder neu einzuüben*, ohne es mit zu viel intellektuellem Ballast zu belegen. Da es den Kern nur mit der Schale gibt – und diese Unterscheidung ohnehin nicht sinnvoll ist –, sollte die Jetzt-Gestalt der biblischen Texte hierbei den Ausgangspunkt bilden.
3. … *konstruktiv mit Anfechtung umzugehen.* Die Gemeinde vor Anfechtung abzuschirmen ist weniger nachhaltig, als sie fit zu machen, um in ihr zu bestehen. Die hierfür notwendigen Kompetenzen gilt es mit der Gemeinde einzuüben.
4. … *unsere derzeitige kirchliche Situation als Anfechtung zu begreifen und gemeinsam mit den bewährten biblischen und kirchengeschichtlich-seelsorglichen Methoden zu behandeln.* Dies wendet den Fokus von den vorherrschenden betriebswirtschaftlichen Problemen und Lösungskonzepten zur geistlichen Dimension dieser Krise, die gleichzeitig gelöst werden muss, wenn wirtschaftliche Reformen einen nachhaltigen Effekt entwickeln und nicht nur die nächsten nach sich ziehen sollen.

5. … *den »methodischen Atheismus« in der Theologie und im kirchenleitenden Handeln abzulegen.* Geistliche Aufbrüche werden nicht organisiert, sondern erbetet. Ich träume von Synoden, Bezirkssynoden und Ältestenkreissitzungen, in denen wir Gott gemeinsam betend fragen, gemeinsam betend Bibel lesen, uns hörend nach Gottes Wegweisung ausstrecken. Die Kirchenkrise wird dann selbst zum Ort von Glaubenserfahrung – das ist die Chance, die in ihr steckt. Wir können sie aber nicht vom Beckenrand aus ergreifen, sondern nur, indem wir ins Wasser steigen.
6. … *die »seltsamen« Dinge des christlichen Glaubens (Holland)*[402] *nicht schamvoll zu verschweigen, sondern mutig zu predigen* im Vertrauen auf die Selbstwirksamkeit des Wortes Gottes. Das schließt ein, sie verständlich zu machen und hierfür neue Denkräume zwischen Wissenschaft, Theologie und Realität Gottes zu erschließen.
7. … *Kirche zu sein im Licht des kommenden Tages*, die die Wiederkunft Christi freudig erwartet und zugleich unter den Bedingungen der »alten Welt« als »Kinder des Lichts« konstruktiv redet und handelt. Nähe und Distanz zur uns umgebenden Gesellschaft müssen dabei anhand unseres biblischen Auftrags und unserer Identität als »Herausgerufene« immer wieder sorgsam austariert werden.
8. … *die Apostolizität der Kirche strukturell sicherzustellen*, um zu gewährleisten, dass sie nicht falsch verbunden ist, sondern mit dem echten Gott in Beziehung steht, der sich in Jesus Christus offenbart hat, von dem die Bibel redet und dessen Identität in den Bekenntnissen der Kirche zum Ausdruck kommt.

Bei alldem gilt: Jesus Christus baut seine Kirche; wir sind nur Mithelfer – so wie er es immer getan hat und tun wird, bis er wiederkommt und wir ihn schauen in Herrlichkeit.

8 Literatur

Afflerbach, Horst: Die doppelte Perspektive auf das Reich Gottes als Differenzkriterium der Eschatologie, in: ders. / Ebeling, Rainer / Meier, Elke (Hrsg.): Reich Gottes – Veränderung – Zukunft. Theologie des Reiches Gottes im Horizont der Eschatologie, Berlin 2014, S. 173–196.

Aubenque, Pierre: Art. »Prinzip I. Antike«, in: Historisches Wörterbuch der Philosophie, hrsg. v. Joachim Ritter und Karlfried Gründer, Darmstadt 1989.

Bachmann, Arne: Postkonfessionelle Identitäten? Eine Begehung der postevangelikalen Landschaft, in: Jahresheft der Theologischen Fakultät der Universität Heidelberg 11/2015/16, S. 55–68.

Bartsch, Hans-Werner: Art. »Geschichte/Historie«, in: Historisches Wörterbuch der Philosophie Bd. 3, Darmstadt 1974, Sp. 398 f.

Bayer, Oswald: Art. »Anfechtung I: Dogmatisch«, in: RGG3 I, Tübingen 1998, Sp. 478–479.

Beintker, Horst: Art. »Anfechtung III: Reformation und Neuzeit« und »Anfechtung IV: Dogmatisch«, in: TRE 2, Berlin 1978, S. 695–708.

Bendemann, Reinhard von: Art. »Historischer Jesus und kerygmatischer Christus«, in: Schröter, Jens / Jacobi, Christine: Jesus Handbuch, Tübingen 2017, S. 66–74.

Benrath, Gustav Adolf: Art. »Geschichte / Geschichtsschreibung / Geschichtsphilosophie VII/1, in: Theologische Realenzyklopädie 12, Berlin 1984, S. 637.

Benz, Martin: Wenn der Glaube nicht mehr passt. Ein Umzugshelfer, Neukirchen-Vluyn 2022.

Berger, Klaus: Art. »Kirche II: Neues Testament«, in: Theologische Realenzyklopädie Bd. 17, Berlin 1988, S. 201–218.

Berger, Peter L. / Luckmann, Thomas: Die gesellschaftliche Konstruktion von Wirklichkeit, Frankfurt 1969/1987.

Beyschlag, Karlmann: Die Erlanger Theologie, Erlangen 1993.

Ders.: Grundriß der Dogmengeschichte Bd. I: Gott und Welt, Darmstadt 1988^{2}.

Ders.: Grundriß der Dogmengeschichte Bd. II/2: Gott und Mensch, Darmstadt 2000.

Böcking, Daniel: Ein bisschen Glauben gibt es nicht. Wie Gott mein Leben umkrempelt, Gütersloh 2016[3].

Böhm, Thomas: Art. »Wahrheit« C. Altes und Neues Testament, Patristik, in: Historisches Wörterbuch der Philosophie Bd. 12, hrsg. v. Joachim Ritter, Karlfried Gründer und Gottfried Gabriel, Darmstadt 2004, Sp. 57–60.

Bublitz, Hannelore: Judith Butler zur Einführung, Hamburg [5] 2018.

Buldt, Bernd: Art. »Axiomatisches System«, in: Enzyklopädie Philosophie und Wissenschaftstheorie Bd. 4, hrsg. v. Jürgen Mittelstraß, Mannheim 1996.

Childers, Alisha: Ankern. Eine Verteidigung der biblischen Fundamente in postmodernen Gewässern, Basel 2021.

Detje, Malte: Im Zweifel für Gott. Wie wir an Gott dranbleiben, wenn der Glaube nicht trägt, Holzgerlingen 2020.

Die Bekenntnisschriften der evangelisch-lutherischen Kirche, herausgegeben im Gedenkjahr der Augsburgischen Konfession 1930, Göttingen 1986[2] (BSLK).

Dietz, Thorsten: Menschen mit Mission. Eine Landkarte der evangelikalen Welt, Holzgerlingen 2022.

Ders.: Weiterglauben. Warum man einen großen Gott nicht klein denken kann, Moers 2018.

Dreher, Rod: Die Benedikt-Option. Eine Strategie für Christen in einer nachchristlichen Gesellschaft, Kißlegg 2018[2].

Evangelische Kirche in Deutschland (Hrsg.): Die Bedeutung der Bibel für kirchenleitende Entscheidungen. Ein Grundlagentext des Rates der Evangelischen Kirche in Deutschland, Leipzig 2021.

Faix, Tobias / Hoffmann, Martin / Künkler, Tobias: Warum ich nicht mehr glaube. Wenn junge Erwachsene den Glauben verlieren, Witten 2014[3].

Feuerbach, Ludwig: Vorlesung über das Wesen der Religion, Leipzig 1851.

Findeisen, Sven: Unter dem weiten Bogen. Mein Leben, Wuppertal 2002.

Fleischer, Dirk: Kritik und Identitätsbildung. Zum historischen Denken Johann Salomo Semlers, in: Semler, Johann Salomo: Neue Versuche die Kirchenhistorie der ersten Jahrhunderte mehr aufzuklären. Mit Beilagen herausgegeben und eingeleitet von Dirk Fischer, Nordhausen 2010.

Flückinger, Felix: Art. »Liberale Theologie«, in: Evangelisches Lexikon für Theologie und Gemeinde Bd. 2, Wuppertal [2]1998, S. 1238–1240.

Fowler, James: Stufen des Glaubens. Die Psychologie der menschlichen Entwicklung und die Suche nach dem Sinn, Gütersloh 1991.

Gabriel, Markus: Warum es die Welt nicht gibt, Berlin 2015.

Gäckle, Volker: Die gegenwärtige und die zukünftige βασιλεία in der Verkündigung Jesu, in: Afflerbach, Horst / Ebeling, Rainer / Maier,

Elke (Hrsg.): Reich Gottes – Veränderung – Zukunft. Theologie des Reiches Gottes im Horizont der Eschatologie, Berlin 2014, S. 11–34.
Galli, Mark: When did we start forgetting God? The root of the evangelical crisis and hope for the future, Carol Stream 2020.
Graf, Friedrich Wilhelm: Art. »Kulturprotestantismus«, in: TRE 20, Berlin 1990, S. 230–243.
Grau, Alexander: Hypermoral. Die neue Lust an der Empörung, München 2017.
Haacker, Klaus: War das Grab Jesu wirklich leer?, in: Theologische Beiträge 51, 2020, S. 42–48.
Haas, Gerrit: Art. »Induktion«, in: Enzyklopädie Philosophie und Wissenschaftstheorie 2, hrsg. v. Jürgen Mittelstraß, Mannheim 1984, S. 233f.
Hägele, Clemens: Mit Christus gegen die Apostel? Beobachtungen zur Deutung zweier Lutherworte, in: Deutsches Pfarrerblatt 10/2016, URL: https://t1p.de/jsq66. Zuletzt abgerufen am 31.08.2023.
Hägele, Peter C.: Sind Wunder aus naturwissenschaftlicher Sicht denkbar?, in: Theologische Beiträge 51, 2020, S. 186–199.
Härle, Winfried: Art. »Kirche VII«, in: Theologische Realenzyklopädie 17, Berlin 1988, S. 277–317.
Halbfas, Hubertus: Das dritte Auge. Religionsdidaktische Anstöße, Düsseldorf 1997[7].
Hartl, Johannes: Gott ungezähmt. Raus aus der spirituellen Komfortzone, Freiburg 2016.
Ders.: In meinem Herzen Feuer. Meine aufregende Reise ins Gebet, Witten 2014.
Ders.: Metaphorische Theologie. Grammatik, Pragmatik und Wahrheitsgehalt religiöser Sprache, Berlin 2021[2].
Hauskeller, Christine: Judith Butler, Das Unbehagen der Geschlechter (1990), in: Brocker, Manfred (Hrsg.): Geschichte des politischen Denkens. Das 20. Jahrhundert, Berlin 2018, 741–756.
Hebel, Torsten: Freischwimmer. Meine Geschichte von Sehnsucht, Glauben und dem großen weiten Mehr, Holzgerlingen 20163.
Heilmann, Alfons (Hrsg.): Texte der Kirchenväter Bd. 2, München 1963.
Hempelmann, Heinzpeter: Art. »Vernunft«, in: Evangelisches Lexikon für Theologie und Gemeinde Bd. 3, Wuppertal [2]1998, S. 2084–2086.
Ders.: Ist das Evangelium konservativ – und die Postmoderne unchristlich?, Theologische Beiträge 49, Witten 2018, S. 17–35.
Ders.: Keine ewigen Wahrheiten, als unaufhörlich Zeitliche. Hamanns Kontroverse mit Kant über Sprache und Vernunft, in: Theologische Beiträge 18, 1987, S. 5–33.
Ders.: Prämodern, modern, postmodern. Warum »ticken« Menschen so

unterschiedlich? Basismentalitäten und ihre Bedeutung für Mission, Gemeindearbeit und Kirchenleitung, Neukirchen-Vluyn 2013.

Ders.: Schwache Kirche unter der Verheißung eines starken Gottes. Wie die Kirche Zukunft gewinnen kann, in: Theologische Beiträge 52, 2021, S. 78–97.

Ders.: Warum die Kirche keine Zukunft hat. 11 Provokationen, in: Theologische Beiträge 51, 2020, S. 440–456.

Ders.: Wie ich als Jünger Jesu die Bibel lese. Transzendentalpragmatische Reflexionen, in: Theologische Beiträge 51, 2020, S. 360–371.

Ders.: »Wir haben den Horizont weggewischt«. Die Herausforderung: Postmoderner Wahrheitsverlust und christliches Wahrheitszeugnis, Witten 2008.

Ders.: Wissenschaft und Atheismus – eine notwendige Verbindung?, in: Glaube und Denken. Jahrbuch der Karl-Heim-Gesellschaft 6, 1993, S. 19–137.

Ders.: Wunder als Zeichen. Acht Thesen aus wissenschaftstheoretischer Perspektive, in: Theologische Beiträge 51, 2020, S. 200–216.

Hohage, Gerrit: Predigen im Spannungsfeld von Amt und Person, Neukirchen-Vluyn 2005.

Ders. / Kumpf, Herbert: Wahrheit und Pluralität, in: Badische Pfarrvereinsblätter 3–4/2020, S. 111–118.

Hohage, Roderich: Sex, Gender und die Verleugnung der Leiblichkeit, in: Psychodynamische Psychotherapie 4.22, S. 316–327.

Holland, Tom: Dominion. The making of the Western mind, London 2019.

Holthaus, Stephan: Apologetik. Eine Einführung in die Verteidigung des christlichen Glaubens, Muldenhammer 2010².

Ders.: Die Evangelikalen. Fakten und Perspektiven, Lahr (Schwarzw.) 2007.

Hornig, Gottfried: Johann Salomo Semler. Studien zu Leben und Werk des Hallenser Aufklärungstheologen, Tübingen 1996.

Jakobi, Christine: Der aktuelle Stand der historischen Jesusforschung, Vortrag: https://worthaus.org/mediathek/der-aktuelle-stand-der-historischen-jesusforschung-9-2-1/. Zuletzt abgerufen im Juni 2022.

Jannsen, Heinz: Art. »Zorn Gottes«, in: Evangelisches Lexikon für Theologie und Gemeinde Bd. 3, Wuppertal ²1998, S. 2218–2219.

Janowski, Bernd: Sühne als Heilsgeschehen, Neunkirchen-Vluyn 2000².

Jörns, Klaus-Peter: Notwendige Abschiede. Auf dem Weg zu einem glaubwürdigen Christentum, Gütersloh 2004.

Kaegi, Dominic: Art. »Pascal, Blaise«, in: Evangelisches Lexikon für Theologie und Gemeinde Bd. 3, Wuppertal 1998² , S. 1520 f.

Kähler, Martin: Der sogenannte historische Jesus und der geschichtliche, biblische Christus, neu herausgegeben von W. Wolf, München 1956[2].
Kantzenbach; Friedrich Wilhelm: Art. »Harnack, Adolf von«, in: TRE 14, 1985, S. 450–458.
Kessler, Hans: Sucht den Lebenden nicht bei den Toten. Die Auferstehung Jesu Christi in biblischer, fundamentaltheologischer und systematischer Sicht, erweiterte Neuausgabe, Würzburg 2002.
Kettling, Siegfried: Wer bist du, Adam? Gottes Geschichte mit den Menschen, Wuppertal 1979[2].
Kim-Rauchholz, Mihamm: Die historische Verankerung der Christologie. Warum der Jesus, der durch den Staub Galiläas gewandert ist, zurecht angebetet wird, in: Theologische Beiträge 51, 2020, S. 324–335.
Klein, Dietrich: Hermann Samuel Reimarus (1694–1768). Das theologische Werk, Tübingen 2009.
Knieling, Reiner: Das Kreuz mit dem Kreuz. Sprache finden für das Unverständliche, Gütersloh 2016.
Kolozova, Katerina: Cut of the Real, New York 2014.
Küstenmacher, Marion / Haberer, Tilman / Küstenmacher, Werner: Gott 9.0. Wohin unsre Gesellschaft spirituell wachsen wird, Gütersloh 2022[10].
Kuhn, Thomas K.: Art. »Strauß, David Friedrich«, in: TRE 32, Berlin 2000, S. 241–245.
Lange, Ernst: Zur Aufgabe christlicher Rede, in: ders.: Predigen als Beruf. Aufsätze, hrsg. v. R. Schloz, Stuttgart 1976, S. 96–141.
Lehmkühler, Karsten: Inhabitatio. Die Einwohnung Gottes im Menschen, Göttingen 2004.
Luther, Martin: Werke. Kritische Gesamtausgabe, Weimarer Ausgabe (WA), Weimar 1883 ff.
Lyon, Bryce: Art. »Gericht, Gerichtsbarkeit I: Allgemein und deutsches Recht«, in: Lexikon des Mittelalters IV, hrsg. v. Robert-Henry Bautier und Robert Auty, München 1989.
Lyotard, Jean-François: Das postmoderne Wissen. Ein Bericht, überarbeitete Neuausgabe hrsg. v. Peter Engelmann, Wien 1986.
Mahne-Bieder, Johannes: Katholische Glaubensstile in postsäkularen Gesellschaften. Das religiöse Verhalten katholischer Christen in Deutschland, Augsburg 2018.
Malter, Rudolf: Art. »Kant/Neukantianismus I«, in: TRE 17, Berlin 1988, S. 570–581.
Mangalwadi, Vishal: Das Buch der Mitte. Wie wir wurden, was wir sind: Die Bibel als Herzstück der westlichen Kultur, 2015[3].
Mayer, Gerhard: Biblische Hermeneutik, Wuppertal 1998[3].

Mehlhausen, Joachim: Art. »Geschichte / Geschichtsschreibung / Geschichtsphilosophie VII/2«, in: TRE 12, Berlin 1986, S. 643–658.

Möller, Christian: Seelsorglich predigen. Die parakletische Dimension von Predigt, Seelsorge und Gemeinde, Göttingen 1990².

Müller, Gottfried (Gofi): Flucht aus Evangelikalien. Über Gott, das Leiden und die heilende Kraft der Künste, Norderstedt 2019².

Negel, Joachim: Zweite Naivität. Begriffsgeschichte und systematische Erwägungen zu einem vielbemühten, aber selten verstandenen Konzept, in: ders.: Welt als Gabe. Hermeneutische Grenzgänge zwischen Theologie und Phänomenologie, S. 259–288.

Niethammer, Lutz: Posthistorie. Ist die Geschichte zu Ende?, Reinbek 1989.

Oser, Fritz / Gmünder, Paul: Der Mensch – Stufen seiner religiösen Entwicklung, Gütersloh 1996⁴.

Pannenberg, Wolfhart: Der Einfluß der Anfechtungserfahrung auf den Prädestinationsbegriff Luthers, in: Kerygma und Dogma 2, 1957, S. 109–139.

Ders.: Art. »Geschichte / Geschichtsschreibung / Geschichtsphilosophie VIII, in: Theologische Realenzyklopädie Bd. 12, Berlin 1984, S. 658–674.

Perler, Dominik: René Descartes. Das Projekt einer radikalen Neubegründung des Wissens, in: Kremendal, Lothar (Hrsg.): Philosophen des 17. Jahrhunderts. Eine Einführung, Darmstadt 1999, S. 69–90.

Pluta, Alfons: Gottes Bundestreue. Ein Schlüsselbegriff in Röm 3,25a, Stuttgart 1969.

Ratschow, Karl-Heinz: Der angefochtene Glaube. Anfangs- und Grundprobleme der Dogmatik, Gütersloh 1957.

Reiser, Marius: Kritische Geschichte der Jesusforschung. Von Kelsos und Origenes bis heute, Stuttgart 2017².

Riché, Pierre: Von Gregor dem Großen bis Pippin dem Jüngeren, in: Die Geschichte des Christentums: Religion, Politik, Kultur, dt. Ausg. hrsg. v. Eugen Boshof, Band 4: Bischöfe, Mönche und Kaiser (642–1054), Freiburg 1994, S. 603–685.

Ders.: Das Christentum im karolingischen Reich (Mitte 8. bis Ende 9. Jahrhundert), in: Die Geschichte des Christentums: Religion, Politik, Kultur, dt. Ausg. hrsg. v. Eugen Boshof, Band 4: Bischöfe, Mönche und Kaiser (642–1054), Freiburg 1994, S. 686–777.

Riesner, Rainer: Jesus als Lehrer. Eine Untersuchung zum Ursprung der Evangelien, Darmstadt 1988².

Ders.: Messias Jesus. Seine Geschichte, seine Botschaft und Überlieferung, Gießen 2019.

Röd, Wolfgang: René Descartes, in: Hoerster, Norbert (Hrsg.): Klassiker des philosophischen Denkens, München ⁷2003, S. 156–194 (Ph N a 135,1).

Rørth, Charlotte: Die Frau, die nicht an Gott glaubte und Jesus traf, Gütersloh 2018.
Rohr, Richard / Ebert, Andreas: Das Enneagramm. Die 9 Gesichter der Seele, München 202150.
Russell, Jeffrey Burton: Inventing the Flat Earth: Columbus and Modern Historians, Santa Barbara 1997.
Schirrmacher, Thomas (Hrsg.): Bibeltreue in der Offensive: Die drei Chicagoerklärungen zur biblischen Irrtumslosigkeit, Hermeneutik und Anwendung, Bonn 2009[3], https://www.bucer.de/fileadmin/user_upload/Chicago_Book3.pdf. Zuletzt abgerufen am 13.09.2023.
Schlatter, Adolf: Atheistische Methoden in der Theologie. In: ders.: Die Bibel verstehen. Aufsätze zur biblischen Hermeneutik, hrsg. v. Werner Neuer, Gießen 2002, S. 131–148.
Ders.: Das christliche Dogma, Stuttgart 1984[4].
Ders.: Die philosophische Arbeit seit Cartesius. Ihr ethischer und religiöser Ertrag. Im Auftrag der Adolf-Schlatter-Stiftung herausgegeben von Gerhard Schlatter, Stuttgart 2020[66].
Schlink, Edmund: Ökumenische Dogmatik. Grundzüge, Göttingen 1985[2].
Schmitz, Stefan: Art. »Baader, Franz von«, in: Theologische Realenzyklopädie 5, Berlin 1980, S. 64–67.
Scholtz, Gunter: Art. »Geschichte, Historie«, in: Historisches Wörterbuch der Philosophie Bd. 3, hrsg. v. Joachim Ritter, Darmstadt 1974, Sp. 345–398.
Schröer, Henning: Art. »Anfechtung II: Praktisch-theologisch«, in: RGG3 I, Tübingen 1998, S. 479–480.
Schröter, Jens / Jacobi, Christine: Jesus Handbuch, Tübingen 2017.
Schröter, Jens: Die aktuelle Diskussion und ihre Bedeutung für die Christologie, in: Danz, Christian / Murrmann-Kahl, Michael (Hrsg.): Zwischen historischem Jesus und dogmatischem Christus. Zum Stand der Christologie im 21. Jahrhundert, Tübingen 2010, S. 67–86.
Ders.: Jesus. Leben und Wirkung, Tübingen 2020.
Schultze, Harald: Art. »Reimarus, Hermann Samuel (1694–1768)«, in: Theologische Realenzyklopädie 28, Berlin 1997, S. 470–473.
Schuster, Jürgen: Christlicher Glaube im postmodern-pluralistischen Mindset. Eine Fallstudie mit kulturanthropologischen und theologischen Reflexionen, in: Theologische Beiträge 48 (2017), S. 347–362.
Schweitzer, Albert: Geschichte der Leben-Jesu-Forschung, Tübingen 1984[9].
Seebaß, Horst: Art. »Opfer II: Altes Testament«, in: Theologische Realenzyklopädie 25, Berlin 1995, S. 258–267.
Seesemann, Heirich: Art. »πεῖρα κτλ«, in: Theologisches Wörterbuch zum Neuen Testament Bd. 6, Stuttgart 1959, S. 23–37.

Siegel, Ethan: Scientific Proof is a myth, https://www.forbes.com/sites/startswithabang/2017/11/22/scientific-proof-is-a-myth.
Slenczka, Reinhard: Kirchliche Entscheidung in theologischer Verantwortung. Grundlagen, Kritierien, Grenzen, Göttingen 1991.
Smith, James K. A.: Who's afraid of Postmodernism? Taking Derrida, Lyotard, and Foucault to Church, Michigan 2006.
Söffner, Jan: Sinn und Sinnlosigkeit. Die Frage nach der Stellung der Hermeneutik im Zeitalter der künstlichen Intelligenz, in: Kablitz, Andreas / Markschies, Christoph / Strohschneider, Peter: Hermeneutik unter Verdacht, Berlin 2021, S. 1–22.
Sparn, Walter: Art. »Jesus Christus V«, in: Theologische Realenzyklopädie 17, Berlin 1988, S. 1–16.
Spohn, Wolfgang: Art. »Axiom«, in: Handbuch wissenschaftstheoretischer Begriffe, hrsg. v. Josef Speck, Göttingen 1980, S. 47 f.
Stegmüller, Wolfgang: Art. »Hypothese«, in: Handbuch wissenschaftstheoretischer Begriffe, hrsg. v. Josef Speck, Göttingen 1980, S. 284 f.
Steubing, Hans: Bekenntnisse der Kirche, Wuppertal 1997[2].
Stuhlmacher, Peter: Biblische Theologie des Neuen Testaments, Göttingen 1992.
Tetens, Holm: Art. »Naturgesetz«, in: Enzyklopädie Philosophie und Wissenschaftstheorie 2, hrsg. v. Jürgen Mittelstraß, Mannheim 1984, S. 968 f.
Theißen, Gerd / Merz, Annette: Der historische Jesus. Ein Lehrbuch, Göttingen 2011[4].
Thiel, Christian: Art. »Axiom«, in: Enzyklopädie Philosophie und Wissenschaftstheorie Bd. 1: A–G, hrsg. v. Jürgen Mittelstraß, Mannheim 1980.
Trappe, Tobias: Art. »Wirklichkeit«, in: Historisches Wörterbuch der Philosophie Bd. 12, hrsg. v. Joachim Ritter, Karlfried Gründer und Gottfried Gabriel, Darmstadt 2004, Sp. 829–846.
Trawny, Peter: Krise der Wahrheit, Frankfurt 2021.
Troeltsch, Ernst: Der Historismus und seine Probleme Bd.1, in: ders.: Kritische Gesamtausgabe Bd. 16/1, hrsg. v. Friedrich Wilhelm Graf in Zusammenarbeit mit Matthias Schloßberger, Berlin 2008, S. 169–179; 281–291.
Ders.: Ueber historische und dogmatische Methode der Theologie, in: Ernst Troeltsch Lesebuch, hrsg. v. Friedemann Voigt, Tübingen 2003, S. 2–25.
Volf, Miroslav: Öffentlich glauben in einer pluralistischen Gesellschaft, Marburg 2015.
Wallmann, Johannes: Der Pietismus, Göttingen 2005.
Ders.: Kirchengeschichte Deutschlands seit der Reformation, Tübingen 1993[4].

Watzlawick, Paul (Hrsg.): Die erfundene Wirklichkeit. Wie wissen wir, was wir zu wissen glauben? Beiträge zum Konstruktivismus, München 2001[13].

Weber, Max: Gesammelte Aufsätze zur Wissenschaftslehre, Tübingen 1968[3].

Wedderburn, Alexander J. M.: Jesus and the historians, Tübingen 2010.

Wengst, Klaus: Der wirkliche Jesus? Eine Streitschrift über die historisch wenig ergiebige und theologisch sinnlose Suche nach dem »historischen Jesus«, Stuttgart 2013.

Westermann, Claus: Theologie des Alten Testaments in Grundzügen, Göttingen 1978; 1985[2].

White, Hayden: Metahistory. Die historische Einbildungskraft im 19. Jahrhundert in Europa, Frankfurt-1991.

Zahnd, Brian: When Everythng's On Fire. Faith forged from the ashes, Downers Grove 2021.

Zahrnt, Heinz: Mutmaßungen über Gott, München-1994.

Zimmerling, Peter: Evangelische Mystik, Göttingen 2020[2].

Ders.: Beichte. Gottes vergessenes Angebot, Leipzig 2014.

Anmerkungen

1 Informationen zur Evangelischen Allianz unter https://www.ead.de/. Zuletzt abgerufen am 11.08.2023.

2 Vgl. den preisgekrönten Artikel von Ingo Meyer: https://www.berliner-zeitung.de/wochenende/gendern-ist-eine-sprachliche-katastrophe-li.158476, sowie die Infratest-Dimap-Umfrage von 2021: https://www.faz.net/aktuell/feuilleton/debatten/grosse-mehrheit-laut-umfrage-gegen-gendersprache-17355174.html. Beide zuletzt abgerufen am 28.08.2023.

3 F. Nietzsche: Sämtliche Werke. Kritische Studienausgabe, München 1980, Bd. 3, S. 480-482, zit. in: H. Hempelmann: Horizont, S. 68 f.

4 Vgl. Hannelore Bublitz: Judith Butler zur Einführung.

5 W. Thierse: Wieviel Identität verträgt die Gesellschaft?, https://www.faz.net/aktuell/feuilleton/debatten/wolfgang-thierse-wie-viel-identitaet-vertraegt-die-gesellschaft-17209407.html. Zuletzt abgerufen am 28.08.2023.

6 Siehe Fußnote 3.

7 T. Hebel hat in seiner Autobiografie »Freischwimmer« seine Glaubensentwicklung von einem freikirchlich geprägten Christsein über eine Zeit des Nichtglaubens zu einer postmodernen Glaubenshaltung beschrieben. In Kapitel 4.3 werden wir uns mit einigen Aspekten seines Buches beschäftigen. Sein Elternhaus beschreibt er ebd., S. 14 f.

8 J. Hartl: Feuer, S. 16–21; D. Böcking: Glauben, bes. S. 99 ff.; C. Rørth: Die Frau, S. 7–51. Rørth bezeichnet sich selber nicht als evangelikal, aber die Jesusbegegnung, die sie beschreibt und die ihr Leben auf den Kopf stellte, entspricht der Glaubenserfahrung, die der Motor von Pietismus und Erweckungsbewegung war.

9 Ein weiteres populäres Beispiel ist der Comedian Bülent Ceylan, vgl. https://www.deutschlandfunkkultur.de/buelent-ceylan-evangelisch-100.html. Zuletzt abgerufen am 28.08.2023.

10 Das ist natürlich nur eine Illustration, obwohl das Stichwort der »Energie« Gottes durch den Heiligen Geist tatsächlich prominent in Eph 1,19 vorkommt – in inhaltlichem Zusammenhang mit den eben genannten drei Faktoren. Theologisch gesprochen: Diese sind für die Erfahrung der Gegenwart Gottes konstitutiv.

11 J. Hartl: Feuer, S. 19.

12 M. Galli: Forgetting God?, S. 11–26.

13 Ebenso z. B. Ps. 89 (LUT übersetzt *'ämät* hier durchgängig mit »Treue«. Ersetze in der deutschen Übersetzung dieses Psalms probehalber einmal »Treue« mit »Wahrheit« und mit »Beständigkeit«, dann wird es deutlicher).

14 Der große Liederdichter Paul Gerhardt (1607–1676) hat diese Erfahrung in seinem Lied »Befiehl du deine Wege« (EG 361,9–11) in Worte gefasst. Für Martin Luther (1483–1546) ist diese unveränderliche Treue Gottes, der zu seinen Verheißungen steht, ein wesentlicher Bestandteil der Rechtfertigung (= Gerechtmachung) des Menschen allein durch den Glauben, z. B. in seiner gegen den Humanisten Erasmus von Rotterdam (gest. 1536) gerichteten Schrift »Vom unfreien Willen«, vgl. W. Pannenberg, Anfechtungserfahrung, S. 137 ff.

15 Diese griechische Übersetzung des Alten Testamentes, die »Septuaginta« genannt wird, ist für die Auslegung des Neuen Testaments von großer Bedeutung. Die Übersetzer haben sehr sorgfältig gearbeitet. Sie haben sich bemüht, die bedeutungsvollen hebräischen Begriffe so ins Griechische zu übertragen, dass man die ursprünglichen Wortbedeutungen wiedererkennen kann. Das Griechisch geriet dabei mitunter etwas holprig, aber das war ihnen egal, denn sie wollten die hebräische Bibel den griechisch sprechenden Juden der hellenistischen Zeit, die kein Hebräisch mehr konnten, möglichst authentisch vermitteln. Als später die Schriften des Neuen Testamentes entstanden, wurden sie ebenfalls auf Griechisch (der damaligen Verkehrssprache) verfasst, damit auch Nichtjuden das Evangelium verstanden. Für die ursprünglich jüdische Urchristenheit war Jesus der, der die Verheißungen des Alten Testamentes erfüllt hat. Um das zu verdeutlichen, haben sie häufig das Alte Testament zitiert – und zwar auf Griechisch. Sie haben dabei die Septuaginta als Vorlage benutzt und deren Worte in ihre eigene Sprache übernommen. Wenn man also bei bestimmten Begriffen des Neuen Testamentes genauer nachforschen will, was sie eigentlich sagen wollen, dann empfiehlt es sich, diesen Weg zurückzuverfolgen: Man sucht mithilfe einer Septuaginta-Konkordanz heraus, wo der Begriff in der Septuaginta vorkommt und welches hebräische Wort damit übersetzt wird; dann schlägt man dieses im hebräischen Wörterbuch bzw. in Fachliteratur nach. Wenn man die Septuaginta ignoriert und neutestamentliche Begriffe einfach anhand des profanen Griechisch interpretiert – oder gar anhand der griechisch-philosophischen Vorstellungswelt –, dann kann das zu erheblichen Fehlinterpretationen führen. Denn kein einziger Autor des Neuen Testamentes hat

je Plato oder Aristoteles gelesen. Paulus zitiert an einer einzigen Stelle in Tit 1,12 einen unbekannten griechischen Philosophen, und zwar sehr abfällig. Erst viel später in der Alten Kirche erfolgte die Berührung der Bibel mit der Gedankenwelt der griechischen Philosophie, und zwar maßgeblich durch den philosophisch hochgebildeten Kirchenvater Origenes.

16 *Pistis* oder das Adjektiv *pistos* kann gelegentlich auch von Gott ausgesagt werden (z. B. 1Kor 1,9; 1Joh 1,9), dann bedeutet es »Bundestreue«. In diesem Fall sind *alätheia* und *pistis* sogar Synonyme. Vgl. A. Pluta: Gottes Bundestreue, S. 45–56, der die o.g. Wortfeldanalyse über die Septuaginta mustergültig ausgeführt hat. Die auf Anhieb unverständliche erste Zeile des Kirchenliedes »Ach Gott, du frommer Gott« (EG 495) findet hier ihre Erklärung – der Verfasser hatte im Griechischen *pistos* gelesen und die Septuaginta-Bedeutung des Wortes nicht gekannt.

17 Deshalb bedeutet *jada*, wenn es für die Beziehung zwischen zwei Menschen verwendet wird, sogar eine Umschreibung von Sexualität: »Und Adam erkannte Eva, seine Frau, und sie wurde schwanger und gebar den Kain«, 1Mo 4,1 u. a.

18 Lateinisch: *Veritas ... est adaequatio rei et intellectus* (Aristoteles: de veritate 1,1c). Erst Thomas von Aquin (1225–1274) hat diesen Wahrheitsbegriff von Aristoteles in eine philosophische Form gegossen.

19 Vgl. z. B. A. Wacke: *Res iudicata pro veritate accipitur*?, https://kups.ub.uni-koeln.de/6710/1/Wacke_Res-iudicataGS_MMaly.pdf. Zuletzt abgerufen am 28.08.2023. Auch P. Trawny nimmt auf das römische Verständnis Bezug: Krise, S. 43 f.

20 Das biblische Verständnis setzt zwar wie das griechische die Richtigkeit zwischen dem Wort der Verheißung und der tatsächlichen Erfüllung voraus. Aber ihm fehlt der Gedanke der Universalität (nämlich dass nur das »wahr« sein kann, was auch für jeden anderen Menschen an sich selbst »wahr« ist) sowie der Erkennbarkeit durch die Vernunft. Die Wahrheit von Gottes Wort wird stattdessen in der Beziehung zu Gott im Hören und Glauben erfahren; dem Ungläubigen bleibt diese Erfahrung verschlossen. »Wahrheit« bezieht sich zuerst auf ein Handeln Gottes und dann im Rückschluss auf Gottes Verlässlichkeit und Treue (hebr. *ämunah*). Auf Menschen kann man sich nicht in derselben Weise verlassen: Sie sagen das eine, tun dann aber das andere. So kann »Lüge« der Gegenbegriff zu »Wahrheit« sein: 1Joh 1,6 u.ä. – Von daher erscheint mir Thorsten Dietz' Ansicht, dass die Bibel keinen anderen Wahrheitsbegriff habe als die Philosophie (ders.: Weiterglauben, a. a. O., S. 61), doch sehr vereinfachend.

21 Das war ein längerer Prozess, der in der Theologie des Kirchenvaters

Origenes (gest. ca. 253 n.Chr.) gipfelte, vgl. K. Beyschlag: Dogmengeschichte I, S. 210–237.

22 Die Werke des griechischen Philosophen Plotin (205–270) eigneten sich besonders dafür, weil er die Philosophie seines Lehrers Platon (ca. 428–348 v.Chr.) auf eine Weise fortgeführt hatte, die sich leicht mit dem Gedanken verbinden ließ, dass das ewige Wort Gottes (griechisch *lógos*) in Jesus Christus Fleisch geworden war (vgl. Joh 1).

23 Vgl. zur Gnosis ausführlich K. Beyschlag: Dogmengeschichte I, S. 130–152.

24 Tertullian: Prozesseinrede gegen die Häretiker 13, zit. in: A. Heilmann: Texte der Kirchenväter Bd. 2, S. 282. Rechtschreibung von mir angepasst.

25 Das Stichwort *praxis pietatis* wird vom Pietismus eingebracht, die *fides formata* stammt von Thomas von Aquin und ist bis heute in der katholischen Theologie gebräuchlich.

26 Vgl. 5Mo 4, 6 und 9; Ps 111,41–48.

27 Man hat darauf hingewiesen, dass »Wahrheit« nirgends in der Bibel als Eigenschaft Gottes verstanden wird. Das stimmt nicht mehr, seit Gott sich in Jesus selbst verbildlicht hat. »Er ist das Ebenbild des unsichtbaren Gottes« (Kol 1,15), d.h., er ist in seinem ganzen Wesen die Offenbarung von Gottes Treue und Verlässlichkeit (also Wahrheit). Wer ihn sieht, sieht den Vater (Joh 14,9). Und er sagt: »Ich bin die Wahrheit« (Joh 14,6).

28 Der Kirchenvater Augustin (354–430) ist hier noch immer unübertroffen: »Es kommt das Wort zum Element (hier Wasser), so entsteht das Sakrament.«

29 V. lat. *ab-solvo*: loslösen, befreien.

30 Vgl. für das Folgende: D. Perler: Descartes, S. 69–90; W. Röd: Descartes, S. 156–194.

31 Dass Sokrates sterblich ist, wussten die scholastischen Lehrer nämlich aus Platons Dialog »Phaidon« schon vorher. Descartes' Beobachtung des verborgenen »Zirkelschlusses« in Verfahren der Wissens- und Erkenntnisbildung ist sehr wichtig und eine bleibende Rückfrage an jede Methodik, auch in Glaubensfragen.

32 Die »Heisenberg'sche Unschärferelation« – also die Entdeckung, dass ein beobachtetes Objekt unter Beobachtung seine Eigenschaften verändern kann – hat diese Annahme einer Trennung von Erkennendem und Erkenntnisgegenstand endgültig widerlegt. Vgl. dazu https://de.wikipedia.org/wiki/Heisenbergsche_Unsch%C3%A4rferelation, zuletzt abgerufen am 01.09.2023.

33 Der »ontologische Gottesbeweis« funktioniert ungefähr so: Wenn ich

zweifle, folgt daraus, dass ich endlich bin, denn ein unendliches, allwissendes Wesen könnte nicht zweifeln. Da Endlichkeit aber nur als Beschränkung von Unendlichkeit aufgefasst werden kann und beide Ideen im Menschen angelegt sind, und da unbezweifelbar feststeht, dass ich Zweifler als endliches Wesen existiere, ist bewiesen, dass auch ein unendliches, absolutes Wesen - also Gott - existieren muss. Aber: Descartes' Gott ist der Gott der Philosophen (z.B. Platon), nicht der Gott der Bibel. Immanuel Kant (1724-1804) hat Descartes' ontologischen Gottesbeweis später widerlegt.

34 Vgl. A. Schlatter: Cartesius, S. 72.

35 Vgl. F. Flückinger: Art. »Liberale Theologie«, S. 1238 ff. Zur Aufklärungstheologie gehörte unter anderem Heinrich Eberhard Gottlob Paulus (1761–1851), der sich größte Mühe gab, die Wunder Jesu rationalistisch zu erklären. Sie sollten der Vernunft als völlig natürliche und keinesfalls übernatürliche Vorgänge einsichtig werden. Ein weiterer wichtiger Vertreter war Hermann Samuel Reimarus (1694–1768), dessen Schriften erst nach seinem Tod von Gotthold Ephraim Lessing (1729–1781) herausgegeben wurden. Er erklärte die Wunderberichte mit dem Christusglauben der Apostel, der von dem, was Jesus in seinem Leben gelehrt habe, »gänzlich abzusondern« sei.

36 Vgl. P. Zimmerling: Evangelische Mystik. S. 26; D. Kaegi: Art. »Pascal, Blaise«.

37 Diese Wiederentdeckung war nötig geworden, weil die lutherische Orthodoxie sich seit der Gegenreformation im 17. Jahrhundert darauf beschränkt hatte, die evangelische Glaubenslehre gegenüber der katholischen Kirche zu verteidigen und als »rechten Glauben« zu predigen. Man hörte im Gottesdienst, wie man richtig glaubt (*fides quae creditur*, siehe oben S. 48 f.), aber die Erfahrung (*fides qua creditur*) und das praktische Leben (*fides formata*) kamen zu kurz. Diese Verkrustung war allerdings - anders als das mitunter betont wird - ein Phänomen der Spätorthodoxie. In ihrer Hochphase waren Glaubenslehre und Glaubenserfahrung eng zusammengebunden, wie K. Lehmkühler: Inhabitatio, und P. Zimmerling: Evangelische Mystik gezeigt haben.

38 Darum geht es in Speners Schrift Pia Desideria, die als Geburtsstunde des Pietismus bezeichnet wird (vgl. J. Wallmann: Der Pietismus, S. 28-47; 66-102). Die lutherische Orthodoxie sah es mit Argwohn, obwohl es in der Glaubenslehre gar keinen Gegensatz gab. Es ist übrigens interessant, dass zur selben Zeit in der katholischen Kirche Ignatius von Loyola genau dieselbe Entdeckung machte, indem er seine Jesuitenmönche dazu anleitete, mit Gott zu reden wie mit einem Freund.

39 A. Schlatter: Cartesius, S. 77.

40 Vgl. die Untersuchung von K. Lehmkühler: Inhabitatio; Peter Zimmerling: Evangelische Mystik, S. 24 f.

41 WA 56, S. 304.

42 WA 48, S. 421.

43 Darauf hat H. Hempelmann mehrfach hingewiesen, z. B. ders.: Art. »Vernunft«, S. 2085 f. »Vernunft« (griechisch *nous*) taucht demnach in Kol 2,18 auf als »Vernunft des Fleisches«, von Luther übersetzt als »fleischlicher Sinn«, in dem jemand »aufgeblasen« sein kann (unter »Fleisch« versteht Paulus das, was der nicht erneuerten, von Gott noch unerlösten »alten« Welt zugehört). Gegenüber dem aufklärerischen Verständnis der Vernunft als universalem menschheitlichen Erkenntnisvermögen, das alles beurteilen kann, ist das schon eine krasse Herabsetzung.

44 »Treu« = griechisch *pistós*, das hängt wieder mit dem hebräischen Wort *ämät* für »Wahrheit« zusammen!

45 Im Film »Luther« (2004) gibt Johannes von Staupitz, Luthers Beichtvater, dem jungen Mönch zusammen mit einem Kreuz das kleine Gebet mit: »Ich bin dein, erlöse mich!«

46 Augsburger Bekenntnis Art. 5: https://www.ekd.de/Augsburger-Bekenntnis-Confessio-Augustana-13450.htm, zuletzt aufgerufen am 28.08.2023, sprachlich leicht modernisiert.

47 Vgl. https://de.wikipedia.org/wiki/Dynamoelektrisches_Prinzip, zuletzt abgerufen am 28.08.2023

48 A. Schlatter: Dogma, S. 348 ff. Vgl. dazu G. Hohage: Predigen, S. 212–216.

49 Vgl. P. Stuhlmacher: Biblische Theologie, S. 243–252.

50 Proslogion, Kap. 1. Er folgte damit dem Kirchenvater Augustin, der sagte: »Credimus, ut cognoscamus« (lat: wir glauben, um zu erkennen). Vgl. https://de.wikipedia.org/wiki/Credo_ut_intelligam, zuletzt abgerufen am 28.08.2023.

51 Vgl. auch für das Folgende das wirklich lesenswerte Buch von P. Zimmerling: Evangelische Mystik; hier S. 13 und 17.

52 Ebd., S. 20 f.; 37–83. Ein Beispiel ist die Predigt Luthers zu Mariä Empfängnis 1523: WA 9,S. 630 ff. Das »äußere Wort« bedeutet für Luther das lesbare, biblische Wort und dessen Verkündigung im Gegenüber zum inneren »Einraunen« des Heiligen Geistes, vgl. G. Hohage: Predigen, S. 99 ff.

53 P. Zimmerling: Evangelische Mystik, S. 212.

54 Vgl. für das Folgende ebd., S. 27 f.

55 Das ist übrigens m. E. der tiefe Grund, warum Karl Barth und die

Gemeinschaftsbewegung, die aus der Erweckungsbewegung hervorgegangen war, nie zueinanderfanden, obwohl ihr jeweiliges Verständnis von Offenbarung große Ähnlichkeiten hatte.

56 Ebd., S. 237 ff.

57 Diese Verzweckung der Mystik durch Dorothee Sölle ist zusammen mit der »Vagheit ihrer Rede vom Göttlichen im Menschen« und einem problematischen Sündenverständnis der Grund, warum P. Zimmerling ihr ein defizitäres Verständnis der Mystik attestiert (Mystik, S. 197 ff.).

58 T. Dietz: Weiterglauben, S. 161–175.

59 Von hierher erscheint es mir als tief greifendes Missverständnis des christlichen Glaubens, wenn M. Volf schreibt: »Prophetische Religionen sind darauf aus, die Welt im Namen Gottes zu verändern, anstatt aus der Welt hinaus in die Arme Gottes zu flüchten, so wie mystische Religionen es tun«, und dann das Christentum als dezidiert nicht mystische, sondern prophetische Religion charakterisiert: Öffentlich glauben, S. 50 ff.

60 Vgl. R. Malter: Kant, S. 573–576; Schlatter: Philosophische Arbeit, S. 160–163.

61 F. Schleiermacher hat seine ganze Theologie auf dem Glauben als »frommem Selbstbewusstsein« aufgebaut, dessen Kern das »schlechthinnige Abhängigkeitsgefühl von Gott« sei. Das konnte man so und so interpretieren, und so hat Schleiermacher sowohl die liberale Theologie als auch die Erweckungsbewegung inspiriert, vgl. P. Zimmerling: Evangelische Mystik, S. 27 f.

62 Vgl. dazu P. Zimmerling: Evangelische Mystik, S. 218 f.

63 Diese Distanz bezog sich übrigens hauptsächlich auf die Punkte, in denen die Wissenschaft den Glauben »wegzuerklären« versuchte. Wo sie weltanschaulich neutral blieb, gab es dagegen keine Einwände. Eine generelle Wissenschaftsfeindlichkeit kann man der Erweckungsbewegung nicht unterstellen.

64 Vgl. J. Wallmann: Kirchengeschichte, S. 197–207; T. Dietz: Menschen mit Mission, S. 19–31; 55–60.

65 Zu ihnen gehörte auch F. Schleiermacher mit seinen Reden »Über die Religion«, die sich »an die Gebildeten unter ihren Verächtern« richteten. Sie waren eine Initialzündung für die Erweckungsbewegung, die sich dann aber bald von Schleiermacher entfremdete (vgl. J. Wallmann: Kirchengeschichte, S. 197 f.).

66 Vgl. K. Beyschlag: Erlanger Theologie, S. 58–82, das Zitat S. 69.

67 Vgl. H. Hempelmann: Horizont, S. 1195 ff.; ders.: Wahrheiten, S. 5–33.

68 J. G. Hamann: Metakritik, S. 286, zit. in: H. Hempelmann: Horizont, S. 119 f. Das Bild des »Turms der Vernunft« analog des Turmbaus zu Babel stammt übrigens von Hamann selbst.

69 L. Wittgenstein: Philosophische Untersuchungen 43.

70 J. Habermas: Theorie des kommunikativen Handelns, zit. in: https://de.wikipedia.org/wiki/Diskurs#J%C3%BCrgen_Habermas, zuletzt abgerufen am 30.08.2023.

71 Vgl. die von P. Watzlawick herausgegebene Textsammlung: Die erfundene Wirklichkeit. Dazu G. Hohage: Predigen, S. 244 f. – Dort habe ich den radikalen Konstruktivismus diskutiert.

72 P. L. Berger: Konstruktion.

73 Vgl. H. Hempelmann: Horizont, S. 173 ff. Er radikalisiert damit Gedanken, die der sog. »Strukturalismus« bereits vorgebildet hatte.

74 Sie wird auch als »Poststrukturalismus« bezeichnet. Judith Butler ist heute die prominenteste Vertreterin.

75 H. Hempelmann: Horizont, S. 65–129. Ich halte diese Passage in Hempelmanns Buch für unentbehrlich, um die Postmoderne zu verstehen.

76 F. Nietzsche: Aus dem Nachlass, in: ders.: Werke Bd. III, hrsg. v. K. Schlechta, Darmstadt 1954–1956, S. 489, zit. in: H. Hempelmann: Wunder, S. 208; vgl. Hempelmann, Horizont, S. 125 ff.

77 Z. B. E. Kaeser: https://www.nzz.ch/meinung/kommentare/googeln statt-wissen-das-postfaktische-zeitalter-ld.111900; M. Hampe: https://www.zeit.de/2016/52/kulturwissenschaft-theorie-die-linke-donald-trump-postfaktisch-rechtspopulismus. Zuletzt abgerufen am 29.08.2023.

78 Vgl. Fußnote 5; Eric Gujer: https://www.nzz.ch/meinung/wolfgang-thierse-hat-recht-identitaetspolitik-ist-gift-ld.1606241. Zuletzt abgerufen am 29.08.2023.

79 Nach Putins Haus- und Hof-Philosophen A. Dugin ist das Vorgehen dort nichts anderes als angewandte Postmoderne: Interview mit BBC Newsnight vom 28.10.2016, ab 4:25: https://www.youtube.com/watch?v=GGunRKWtWBs, zuletzt abgerufen am 29.09.2023. Von Nietzsches Philosophie aus führt der Faden nach Hitler bereits zum zweiten Mal in eine Katastrophe mit schwersten Verbrechen gegen die Menschlichkeit!

80 Z. B. J. Nida-Rümelin: https://www.welt.de/debatte/kommentare/plus216174152/Meinungsfreiheit-Cancel-Culture-ist-das-Ende-der-Aufklaerung.html; H. Martenstein: https://www.welt.de/kultur/medien/plus237046703/Harald-Martenstein-Es-waechst-eine-neue-totalitaere-Ideologie-heran.html. Beide zuletzt abgerufen am 29.08.2023.

81 https://www.schulz-von-thun.de/die-modelle/das-kommunikationsquadrat. Zuletzt abgerufen am 29.08.2023.

82 Z. B. M. Gabriel: Warum es die Welt nicht gibt, und zahlreiche weitere

Werke. Inwieweit sich so ein Ansatz in einen *common sense* hinein durchsetzen wird, ist völlig offen.

83 H. Hempelmann: Prämodern, modern, postmodern; ders.: Evangelium.

84 J. Mahne-Bieder: Katholische Glaubensstile.

85 Es sei einmal mehr gesagt: Das Modell der flachen, kreisförmigen Erdscheibe, über der das Firmament ausgespannt ist wie eine Glocke und an deren Rändern man hinunterfällt in die Hölle, stammt in dieser Form weder aus dem Altertum noch aus dem christlichen Mittelalter, sondern taucht das erste Mal im 19. Jahrhundert auf aus dem eigenen fortschrittlich-aufgeklärten Selbstbild heraus, das man an den vermeintlich rückständigen Deppen der Vergangenheit demonstrieren wollte (vgl. J. Burton Russell: Inventing). Es handelt sich dabei ganz einfach um eine Fälschung der Historiker. Das tatsächliche Weltverständnis war viel komplexer.

86 Hierzu zähle ich so unterschiedliche Bücher wie z. B. die »Transformative Ethik« von T. Dietz und T. Faix oder »Wenn der Glaube nicht mehr passt« von M. Benz; auf der anderen Seite »Die Benedikt-Option« von R. Dreher oder »Ankern« von A. Childers.

87 Philipp Spitta, EG 406,1.

88 Dies ist die zentrale Einsicht von J. Hartl: Metaphorische Theologie, bes. S. 350–362. T. Dietz schreibt unter ausführlicher Bezugnahme auf ebendieses Buch: »Von Gott reden können wir gar nicht anders als metaphorisch, also zeichenhaft, symbolisch, vermittelt über Bilder und Geschichten« (Weiterglauben, S. 47). Das führt ihn aber zur (ziemlich nach Kant klingenden) Schlussfolgerung, »dass all [!] unsere Worte zu kurz greifen, dass all [!] unsere Einsicht nur eine Annäherung an das Geheimnis Gottes ist …« (S. 49, Hervorhebung von mir). Hartl dient ihm als Gewährsmann für diese Aussage; auch er halte eine naive Glaubenshaltung, die an der wortwörtlichen Wahrheit der Bibel festhält (und dabei übersieht, dass es sich nur um Metaphern handelt), für theologisch unzureichend (ebd., S. 48). Mit dieser Wiedergabe übergeht Dietz jedoch sinnverändernd wesentliche Teile von Hartls Argumentation. Zum einen hat Hartl dem Satz, von Gott könne man nur in Metaphern reden, ausdrücklich widersprochen, da sich dies linguistisch nicht nachweisen lasse. Im Folgenden entkräftet er eine bekannte Argumentationsstrategie der traditionellen historisch-kritischen Exegese, die von einer strengen Dichotomie (Trennung) von Metapher und Wirklichkeit ausgeht; Metaphern werden dort als Erkennungszeichen mythologischer und folglich unhistorischer Sprache angesehen. Hartl weist nach, dass dem ein falscher Metaphernbegriff zugrunde liegt (Hartl, S. 180–211). Metaphern beziehen ihre Aussagekraft nach Hartl

aus der Selbstevidenz von Bildern (engl. *icons*). Sie drücken innerhalb des metaphorischen Konzeptes Wahrheit aus, wenn man sich auf sie einlässt (Hartl, S. 27–92). Er widerspricht also genau der Schlussfolgerung, die Dietz aus seinem Buch gerne ziehen möchte: Eine »Metaphorische Theologie« der »unbeschwerte[n] zweiten Naivität [...] weiß darum, dass sie in Bildern redet. Doch sie akzeptiert nicht den Einwand, es handele sich nur um Bilder. Sie gibt auch nicht vor, erklären zu wollen, was genau jenseits dieses Bildes gemeint sein soll – das Bild ist ihr der genaueste und heiligste Ausdruck, sie fragt nicht nach einem ›jenseits der Bilder‹. Doch sie vertraut ihnen, so wie man auch in der Alltagssprache gewohnt ist, sich – mit Erfolg! – auf Tausende von Metaphern zu verlassen.« Die sogenannte »erste Naivität« eines wörtlichen Bibelverständnisses betrachtet Hartl folgerichtig nicht defizitorientiert, sondern wertschätzend. Auf sie muss Theologie »hingeordnet bleiben«, denn diese »erfindet den Glauben nicht neu. Der Gegenstand der Theologie ist und bleibt der tatsächliche Glaube der meisten Christen zu den meisten Zeiten – nicht eine bestimmte Vorstellung davon, wie Glaube eigentlich aussehen sollte« (Hartl, S. 485–488). Zur »ersten« und »zweiten Naivität« siehe unten S. 248–251..

89 Vgl. S. Kettling: Wer bist du, Adam?, S. 36.

90 Die Schlange redet zwar mit der *Ischa*, aber der *Isch* ist nach Vers 6 die ganze Zeit mit dabei.

91 Vgl. P. Stuhlmacher: Biblische Theologie, S. 254 f.

92 Luther hat dieses Aufnehmen und Weitergeben des Wortes Gottes durch die Zeit u.a. mit dieser Stelle begründet. Ich habe das als »apostolische Sukzession des Wortes« ausführlich beschrieben: G. Hohage, Predigen, S. 77–99.

93 M. Luther in: WA 12, S. 523, sprachlich geglättet von mir.

94 WA 18, S. 202 f. – Vgl. zu diesem ganzen Abschnitt G. Hohage: Predigen, S. 63–72; 89–99.

95 Das kann man im Rekurs auf Martin Luther als »apostolische Sukzession des Wortes« bezeichnen: G. Hohage: Predigen, S. 77–89; 103–114.

96 Wörtlich: »Und wenn jener (der Heilige Geist) kommt, wird er die Welt überführen ...«, von griechisch *elengcho* = überführen, an den Tag bringen.

97 Ausführlich u.a. in H. Hempelmann: Prämodern, modern, postmodern.

98 A. Schlatter: Cartesius, S. 73–80.

99 K. Marx: Zur Kritik der Hegelschen Rechtsphilosophie. Einleitung, in: ders. / Friedrich Engels: Werke, (Karl) Dietz Verlag, Berlin. Band 1, Berlin/DDR 1976, S. 378.

100 Vgl. für das Folgende P. Aubenque: Prinzip, Sp. 1336–1345; C. Thiel: Axiom, S. 240.

101 Dieser Satz wurde als Erstes von Aristoteles formuliert am Beispiel eines Geometers, der »einem Partner gegenüber, der die Prinzipien (der Geometrie) nicht gelten lässt, keine Argumentationsmöglichkeit mehr besitzt«. Er wurde bereits von ihm auf Prinzipienkonflikte allgemein übertragen: Aristoteles: Physikvorlesung, übersetzt von H. Wagner, Darmstadt 1967, S. 6 (= Physik 1,2 185a 1–3).

102 Aristoteles: *Analytica posteriora* I,10, übersetzt und erläutert von W. Detel, Berlin 1993, S. 29, Hervorhebungen von mir.

103 Im Griechischen werden die Verben immer in der ersten Person Singular angegeben statt wie im Deutschen üblich im Infinitiv.

104 Euklid, zit. bei C. Thiel: Axiom, S. 240.

105 W. Spohn: Axiom, S. 47 f.

106 W. Stegmüller: Hypothese, S. 284 f.

107 B. Buldt: Axiomatisches System, S. 185 f.

108 Vgl. H. Tetens: Naturgesetz; S. 968 f.; G. Haas: Induktion, S. 233 f.; H. Hempelmann: Wunder, S. 200 f., Fußnote.1; P. Hägele: Wunder, S. 190–195, vgl. S. 194, Fußnote 20: »Wissenschaftsphilosophen erläutern das gerne an der Untersuchung von Schwänen: Nach der Beobachtung von 100 weißen Schwänen liegt der Schluss nahe: ›Schwan 101 ist weiß.‹ Und dann beobachtet man einen schwarzen Schwan …« Vgl. auch E. Siegel: Scientific Proof.

109 R. Slenczka: Entscheidung, S. 64–73.

110 Vgl. aus der Vielzahl der Medienbeiträge: https://www.bpb.de/themen/gender-diversitaet/geschlechtliche-vielfalt-trans/245271/kulturelle-alternativen-zur-zweigeschlechterordnung-vielfalt-statt-universalismus/, und https://www.welt.de/debatte/kommentare/plus237254107/Gender-Debatte-Es-ist-ganz-einfach-wir-bleiben-Mann-und-Frau.html. Beide zuletzt abgerufen am 31.08.2023.

111 A. Schlatter: Cartesius, S. 73; 75.

112 Das ist biblisch: 1Kor 4,7: »Was hast du, das du nicht empfangen hast?«

113 A. Schlatter: Dogma, S. 91. Auch Schlatter selbst hat die Zutaten dieses Einwandes empfangen, und zwar von dem katholischen Philosophen und Theologen Franz v. Baader (1765–1841), der wiederum Hamann (vgl. oben S. 23) studiert und sich dessen Anfrage an Kants »reine Vernunft« zu eigen gemacht hat. H.-G. Gadamer hat Ähnliches später in der Philosophie formuliert.

114 Ebd., S. 146.

115 H. Hempelmann (Wahrheiten, S. 8–10) hat dies für Kant nachgewiesen (vgl. oben S. 22): Kant setzte vor aller Erfahrung einfach voraus, dass

Gott ausschließlich als »Idee« außerhalb von Raum und Zeit existiert, obwohl die Empirie (in diesem Fall die christliche Glaubenspraxis, die er von seinen Eltern her kannte) etwas ganz anderes sagte.

116 Vgl. zu diesem Abschnitt: H. Hempelmann: Wunder, S. 200–216; Horizont, S. 113–124.

117 Dieses Axiom kann eine atheistische, aber auch deistische Form annehmen. Der Deismus bezeichnet den Glauben, dass Gott bzw. etwas »Göttliches« zwar existiert und die Welt in Gang gesetzt, sich aber danach aus der Welt zurückgezogen und sie vollständig dem Gang der Naturgesetze überlassen habe.

118 Zu Axiom Nr. 1 vgl. oben Fußnote 32..

119 Vgl. oben S. 52.

120 Der Alttestamentler Claus Westermann (1909–2000) hat dieses Problem im hohen Alter immer stärker wahrgenommen. Er schreibt in seiner zweiten Auflage seiner »Theologie des Alten Testamentes« S. 11: »Der moderne Historiker muss an die Stelle des von Gott an die Propheten ergehenden Wortes das subjektive Bewusstsein setzen, dass er ein Gotteswort vernommen zu haben meint. Damit aber verändert der Historiker das, was im Alten Testament ›Wort‹ bedeutet. Er kann das im Alten Testament begegnende Phänomen des Wortes Gottes nur dadurch seinem Geschichtsverständnis angleichen, dass er es anders versteht, als es der Text meint.« In der ersten Auflage von 1978 findet sich diese Passage noch nicht.

121 Ein Beispiel unter vielen ist E. Langes Schrift »Zur Aufgabe christlicher Rede«, S. 19, wo er betont, methodisch sei über das Predigen so nachzudenken, »›*etsi Deus, etsi Spiritus Sanctus non daretur*‹ – zu Deutsch: als ob es Gott, als ob es den Heiligen Geist nicht gäbe«.

122 H. Hempelmann erkennt hierin einen der wesentlichen Gründe, »warum die Kirche keine Zukunft hat«: ebd., S. 450 f.

123 L. Feuerbach: Wesen der Religion, S. 241. Vgl. H. Hempelmann: Wissenschaft, S. 95–137.

124 Vgl. oben S. 27 sowie P. Zimmerling: Evangelische Mystik, S. 27 f.; 218 ff.

125 A. Schlatter: Atheistische Methoden.

126 Z. B. H. Hempelmann: Wissenschaft und Atheismus – eine notwendige Verbindung?

127 Vgl. zuletzt J. Schröter: Jesus, S. 8: »Die biblischen Texte wurden lange Zeit als göttliche Offenbarungen betrachtet [...]. Nunmehr wurden diese Texte als von Menschen geschriebene Zeugnisse betrachtet, die deren Sicht auf Gott, den Menschen und dessen Erlösung zu erkennen geben, aber nicht unmittelbar als göttliches Wort oder als göttlich inspiriert gelten und deshalb auch nicht frei von Irrtümern sind. Es han-

delt sich vielmehr um antike Dokumente [...]. Sie sind deshalb *mit denselben Methoden zu interpretieren wie alle anderen historischen Texte«* (Hervorhebung von mir). Wir werden die Denkvoraussetzungen, die diesen Sätzen zugrunde liegen, in Kap. 6.1 untersuchen.

128 Bedauerlicherweise konnte ich dieses Zitat bisher nicht verifizieren. Da es mich aber sehr inspiriert hat, verwende ich es dennoch, auch wenn es sich um ein Artefakt handeln sollte.

129 Vgl. E. Schlink: Ökumenische Dogmatik, S. 81.

130 Vgl. zu diesem Abschnitt Hempelmann: Horizont, S. 112–129.

131 F. Nietzsche: Der Wille zur Macht, Aph. 493; zit. in: H. Hafner, Wahrheit, S. 2124.

132 J.-F. Lyotard: Das postmoderne Wissen.

133 Vgl. H.-P. Hempelmann: Horizont, S. 113 f. (mit W. Rehfus); 125 ff. (mit Nietzsche).

134 F. Nietzsche: Menschliches, Allzumenschliches. Ein Buch für freie Geister, 1878 (2. erweiterte Auflage 1886). Erster Band. Neuntes Hauptstück. Der Mensch mit sich allein.

135 Vgl. https://www.faz.net/aktuell/karriere-hochschule/hoersaal/warum-die-biologie-nur-zwei-geschlechter-kennt-18182532.html, zuletzt abgerufen am 01.09.2023; Christine Hauskeller: Judith Butler, S. 741–756. Vgl. dazu die Darstellung und Anfragen aus psychotherapeutischer Perspektive von R. Hohage: Sex, Gender und die Verleugnung der Leiblichkeit, S. 316–327.

136 Disclaimer: Nicht alle Beispiele des folgenden Abschnitts stellen meine eigene Meinung dar, sondern ich versuche um des Dialoges willen Fragestellungen nachvollziehbar zu machen, die Menschen heute bewegen und über die sie sich in sozialen Medien artikulieren.

137 H. Schwenke hält das nicht nur für ein zeitgeschichtliches Phänomen, sondern für ein Systemproblem der Naturwissenschaften selbst: ders.: Wissenschaftliche Methode und die Grenzen der Naturwissenschaften, http://www.heidelberger-lese-zeiten-verlag.de/archiv/online-archiv/Schwenke1.pdf. Zuletzt abgerufen am 01.09.2023.

138 P. Tawny hat das Problem bezogen auf die Medien sehr schön zur Sprache gebracht: Krise, S. 51 ff.

139 https://www.spiegel.de/ausland/aktivisten-in-den-medien-wie-man-das-vertrauen-in-den-journalismus-zerstoert-kolumne-a-2c758f2e-0008-42d4-9c0d-2026e9dbaa3c. Zuletzt abgerufen am 01.09.2023.

140 Claas Relotius war ein Journalist beim Nachrichtenmagazin Der Spiegel, der in großem Stil Reportagen und Interviews frei erfunden hatte. Das war nicht aufgefallen, weil er aktuelle Hörerwartungen bedient

hatte. Er flog 2018 auf; das ergab einen Fälschungsskandal, der die Welt des Journalismus erschütterte. Vgl. https://de.wikipedia.org/wiki/Claas_Relotius.

141 Vgl. als Beispiel: https://www.theguardian.com/science/2022/jun/28/do-we-need-a-new-theory-of-evolution. Zuletzt abgerufen am 01.09.2023.

142 https://areomagazine.com/2018/10/02/academic-grievance-studies-and-the-corruption-of-scholarship/; https://www.theatlantic.com/national/archive/2014/01/its-surprisingly-easy-get-fake-study-published-academic-journal/357006/; https://www.nzz.ch/wissenschaft/neue-woerter-texte-vermischen-bilder-klauen-ld.1642192. Alle zuletzt abgerufen am 01.09.2023.

143 Deshalb ist es irgendwie zwischen entlarvend und rührend naiv, wenn der Schweizer Historiker Philipp Sarasin gegen das »angeblich postfaktische Zeitalter« versucht, die heutige Zuverlässigkeit und Vertrauenswürdigkeit von Fakten mit deren Plausibilität innerhalb der *Scientific Community* zu begründen, was nichts anderes als eine Aufforderung ist, dieser *Community* zu glauben. Dabei steht gerade die Glaubwürdigkeit dieser elitären *Community* zur Disposition. Dieses Argument ist also zirkulär, denn die *Community* erscheint als ihre eigene Begründung; das kann nur die bestärken, die ihr bereits glauben, aber nicht diejenigen überzeugen, die an ihr zweifeln (ders.: Fakten und Wissen in der Postmoderne: https://www.bpb.de/themen/parteien/rechtspopulismus/245449/fakten-und-wissen-in-der-postmoderne/; zuletzt abgerufen am 01.09.2023). Dieser immerhin von der Bundeszentrale für politische Bildung publizierte Artikel demonstriert, wie schwerwiegend die Begründungsprobleme sind, vor denen die Wissenschaft (und mit ihr das gemeinsame menschheitliche Wissen) angesichts des »weggewischten Horizontes« steht.

144 Der 1. Thessalonicherbrief (ca. 50 n. Chr.) gilt in der historisch-kritischen Forschung als das älteste schriftliche Dokument der Urchristenheit. Aber Paulus greift darin bereits mündliche Jesus-Verkündigung auf; davon ist diese Formel die älteste. Weitere Vorkommen: Gal 1,1; 1Kor 6,14; 2Kor 4,14; Röm 4,24 und weitere. Vgl. H. Kessler: Sucht den Lebenden nicht bei den Toten, S. 110 ff. – Es ist ein Jammer und zugleich sehr bezeichnend, dass Kessler nach seinen viel Gutes zusammentragenden Untersuchungen und Beobachtungen über die Auferstehung Jesu vor dem Vorwurf des »Supranaturalismus« (also der Annahme eines »übernatürlichen« Ereignisses) eingeknickt zu sein scheint: Hatte er die Frage nach dem leeren Grab zunächst historisch offengelassen, so argumentiert er in einem Anhang zur Neuauf-

lage: »Das Grab musste nicht leer sein« (S. 486 ff.). Abgesehen davon, dass diese Kehrtwende eigentlich allem widerspricht, was er in seinem Buch zusammengetragen hatte, dass seine Begründung die gegenwärtige römisch-katholische, an Aristoteles geschulte Leib-Vorstellung voraussetzt und dass ein volles Grab Jesu mit vorzeigbarem Leichnam zwingend eine jüdische Gegenerzählung zur Auferstehungsbotschaft provoziert hätte, welche jedoch bis ins 8. Jahrhundert völlig fehlt: Man erkennt unschwer, dass es um die obigen Axiome 3 und 4 und deren unbedingte Anerkennung als soziale Voraussetzung für die Beteiligung am wissenschaftlichen Diskurs geht. Wer daran rüttelt, der ist in der Theologie wissenschaftlich erledigt, dem wird der Diskurs verweigert, wie gut seine Argumente auch sein mögen. Kessler ging es bei seiner Kehrtwende m. E. ganz einfach darum, seinen wissenschaftlichen Ruf zu retten. Sein Kollege Klaus Berger hat am leeren Grab ausdrücklich festgehalten (Klaus Berger: Jesus, S. 621 ff.) und ihm ist diese Ausgrenzung aus der *scientific community* tatsächlich widerfahren: Die Zunft der Exegeten schwieg Berger im letzten Jahrzehnt seines Lebens tot. Genauso beklagte der evangelisch-methodistische Theologe Christoph Raedel jüngst eine »Ekelschranke« universitärer Theologie gegenüber der Theologie an den nicht universitären, »evangelikalen« theologischen Ausbildungsstätten (vgl. T. Dietz: Menschen mit Mission, S. 199 f.), die sehr sicher mit diesen beiden Axiomen etwas zu tun hat. Das belegt: Zur Realität von »Wissenschaft« gehört auch die Beobachtung, dass es sich um ein selbststabilisierendes soziales System handelt und dass diese Eigenschaft sich auf das generierte Wissen selbst auswirkt.

145 R. Riesner: Jesus als Lehrer, a. a. O.

146 Wörtlich: »Unser Herr Gott redet nicht wie die Menschen, hat kein maul, *sed loquitur per homines*«: WA 48, S. 688. Dass die Propheten wirklich im Namen Gottes redeten, zeigte sich den Israeliten übrigens daran, dass es eintraf, was sie sagten – im Guten, aber auch im Schlechten.

147 G. Hornig: Johann Salomo Semler, S. 276.

148 Und zwar in seinem Buch »Das Leben Jesu, kritisch bearbeitet«; vgl. T. Kuhn: Strauß, S. 242 ff.

149 https://breakpoint.org/preach-christianitys-weird-stuff. Zuletzt abgerufen am 31.08.2023.

150 WA DB VII, S. 385; vgl. C. Hägele: Mit Christus gegen die Apostel?

151 M. Luther: *Assertio omnio articulorum*, zit. in: J. Cochlovius / P. Zimmerling: Evangelische Schriftauslegung, Wuppertal 1987, S. 26; Ergänzungen in eckigen Klammern von den Herausgebern; Text von mir

sprachlich leicht angepasst. In den heutigen Übersetzungen sind die genauen Formulierungen dieser beiden Verse meist nicht mehr zu erkennen. Vgl. dazu G. Hohage: Predigen, S. 109–114.

152 Die Geschichte steht in verkürzter Form auch in seiner Autobiografie »Unter dem weiten Bogen«, S. 103.

153 So der Titel einer Festschrift zu Sven Findeisens 65. Geburtstag, der einem Satz von ihm entnommen ist.

154 Vgl. z. B. https://www.thomasschirrmacher.info/blog/siegfried-zimmer-und-der-menschensohn/, zuletzt abgerufen am 01.09.2023.

155 Dies und noch mehr hat P. Zimmerling in einem Vortrag über »Anfechtung und Krise« ausführlich dargestellt: https://www.youtube.com/watch?v=syluJs29jtQ. Zuletzt abgerufen am 01.09.2023.

156 Folgender Unterschied: Die »Glaubenskrise« lässt sich vollständig innerhalb des Kant'schen Definitionsbereiches der reinen Vernunft als Widerstreit von menschlichen Glaubensvorstellungen begreifen (s. o., S. 37; 60). »Anfechtung« dagegen setzt die Realität des Mystischen, d. h. der erfahrbaren Wirklichkeit Gottes, als Faktor voraus (s. o. S. 34).

157 Dieser Meinung ist auch P. Zimmerling, ebd.

158 WA 45, S. 237 ff.; WA 10/3,336; vgl. H. Beintker: Anfechtung, S. 700 f.

159 Das griechische Wort *hypakoé* ist zusammengesetzt aus *hypo-*, dt. »unten« oder »(von unten aus) hin-«, und *akoé*, das ist das Ohr oder der Akt des Hörens. Es übersetzt in der Septuaginta am häufigsten das hebräische Verb *Schama'*; das kennen wir vom *Schema' Jisrael* in 5Mo 6,4–5. Es bedeutet also »ganz intensiv und aufmerksam hinhören«. Die dt. Übersetzung »Gehorsam« Hebr 5,8–9, die die Assoziation reiner Befehlserfüllung unter Distanzierung vom eigenen Selbst erweckt, ist m.E. von daher sehr unglücklich. Es geht um das genaue, aufmerksame »Hinhören«, Sichfesthalten und Bleiben bei dem Wort, das Gott geredet hat – und das sind in diesem Fall die beiden unmittelbar vorher zitierten Verheißungen Hebr 5,5–6.

160 Jesu scharfe Ansage an Petrus anlässlich seiner ersten Leidensankündigung verknüpft das griechische Wort *skandalon* (Skandal, Anstößigkeit oder Verführung zur Sünde) inhaltlich mit der Versuchung Jesu in der Wüste (Mt 16,23; vgl. Lk 4,13): »Geh hinter mich, Satan! Du bist mir ein Ärgernis, denn du sinnst nicht, was göttlich, sondern was menschlich ist.« Das Verb *skandalizein* bedeutet im Passiv auch »sich zur Sünde / zum Abfall vom Glauben verleiten lassen« als mögliche Folge von Anfechtung (vgl. Mt 13,21).

161 K. Rahner: Frömmigkeit heute und morgen, in: GuL 39/5 (1966), S. 326–342, 335, zit. in: T. Dietz, Weiterglauben, S. 162.

162 Stephan Holthaus: Die Evangelikalen, S. 91–100.

163 T. Hebel: Freischwimmer, S. 17 f.; 22 f. u. a. – Vgl. zu Torsten Hebels Buch J. Schuster, Christlicher Glaube.

164 R. Dawkins: Der Gotteswahn, Berlin 2008; vgl. dazu A. McGrath: Der Atheismus-Wahn. Eine Antwort auf Richard Dawkins und den atheistischen Fundamentalismus, Asslar 2007.

165 Vgl. zum Beispiel die Vorgänge um das sog. »Aposteldekret« um die Frage, ob Heidenchristen auch ohne vorherigen Übertritt zum Judentum zur christlichen Gemeinde gehören können: Vgl. Apg 10,1–11,18; 15,1–35; Gal 2,11–16.

166 Ein Beispiel hier: https://www.pro-medienmagazin.de/wenn-evanglikale-fuer-trump-beten/, zuletzt aufgerufen am 01.09.2023.

167 https://www.sonntagsblatt.de/dobberahn-kriegstheologie-russland, zuletzt abgerufen am 04.09.2023.

168 Z. B. WA 45, S. 519; 524 ff.

169 WA 45, S. 658 f.

170 Vgl. für das Folgende A. Schlatter: Dogma, S. 20–279; G. Hohage: Predigen, S. 155–225.

171 Das Enneagramm ist als Persönlichkeitstypenlehre auf dieser Erkenntnis aufgebaut: R. Rohr / A. Ebert: Das Enneagramm.

172 A. Childers, Alisha: Ankern. Das Buch wird unten Kap. 5.2 besprochen.

173 C. Ratschow: Glaube, S. 236.

174 https://www.deutschlandfunk.de/mutter-teresa-eine-heilige-der-finsternis-100.html, zuletzt abgerufen am 04.09.2023.

175 Z. B. bei T. Faix u. a.: Warum ich nicht mehr glaube.

176 T. Hebel: Freischwimmer, S. 16–24 u. ä.

177 Z. B. WA 45, S. 524 f.

178 Mit der »Berliner Erklärung« von 1909 haben sich die Landeskirchlichen Gemeinschaften in Deutschland sehr deutlich von der aufkommenden Pfingstbewegung distanziert. Was dort als Wirkungen des Heiligen Geistes betrachtet wurde, war ihnen zutiefst suspekt. Erst 1996 haben die Evangelische Allianz und der Bund Freikirchlicher Pfingstgemeinden ihre Trennung überwunden. Vgl. dazu https://www.eh-tabor.de/de/die-trennung-von-pfingstbewegung-und-gemeinschaftsbewegung. Zuletzt abgerufen am 05.09.2023.

179 https://www.pro-medienmagazin.de/junge-erwachsene-verlassen-kirche/. Zuletzt abgerufen am 05.09.2023.

180 G. Müller: Flucht aus Evangelikalien, S. 54–57.

181 Diesen Erscheinungen widmet sich ausführlich M. Galli: Forgetting God.

182 WA 45, S. 658 f. C. Möller hat Luthers Dreischritt von »oratio, meditatio und tentatio« für die Predigtvorbereitung fruchtbar gemacht: ders.: Seelsorglich predigen, S. 29–43.

183 Vgl. Nietzsches Aphorismus vom »tollen Menschen«, zit. in: H. Hempelmann: Horizont weggewischt, S. 68.

184 WA 45, S. 658f.

185 J. Hartl: In meinem Herzen Feuer, S. 92 f. Ebenso eindrücklich wie diese Tatsache an sich ist die Methode, die Hartls Gesprächspartner Andy ihm vermittelte: »Nur ein Vers. Diesen langsam durchkauen. Ihn zu Gott zurückbeten, also als persönliches Gebet umformulieren. Und singen. Und aufschreiben. Und immer wieder neu kauen. Vier Stunden lang. Ja, er habe herausgefunden, dass das Wort viel tiefer sei als lang. Also auch kurze Verse hätten wahre Tiefendimensionen und verborgene Stockwerke von geistlicher Wahrheit.«

186 Die traditionelle Auffassung des Hohelieds legt das biblisch sogar nahe; es wird da verstanden als Bild von der Beziehung zwischen Gott und uns als seiner Kirche.

187 Die »Chicagoer Erklärung« von 1978 ist ein in den USA entstandenes Bekenntnis, in dem unter anderem vertreten wird, dass die Bibel als Wort Gottes im Ganzen fehlerfrei, irrtumslos und frei von Widersprüchen sei, auch in ihren Angaben über die Schöpfung und die Geschichte. Vgl. https://www.bucer.de/fileadmin/user_upload/Chicago_Book3.pdf. Zuletzt abgerufen am 13.09.2023 sowie Fußnote 291..

188 A. Childers: Ankern, S. 140.

189 Unter *Progressive Christianity* (englisch) versteht man kurz gesagt eine postmoderne, oft ursprünglich evangelikale Glaubensrichtung, in der Traditionen und Autoritäten (einschließlich der Bibel) infrage gestellt werden, eine liberale Sexualethik akzeptiert wird und in der der Fokus auf sozialer Gerechtigkeit statt einem ewigen Heil liegt. Sie überlappt sich dabei weitläufig mit der älteren liberalen Theologie (vgl. oben S. 55), obwohl sie eine wesentlich neuere Bewegung ist. Vgl. https://en.wikipedia.org/wiki/Progressive_Christianity, zuletzt abgerufen am 13.09.2023.

190 B. Zahnd: Fire, S. 56, übersetzt von mir.

191 Ebd., S. 126, übersetzt von mir.

192 Z. B. Martin Luther: Gesammelte Werke. Weimarer Ausgabe, Bd. 45, S. 512–527; Bd. 10,I,1, S. 193. Vgl. W. Pannenberg: Der Einfluß der Anfechtungserfahrung auf den Prädestinationsbegriff Luthers, S. 109–139, zum Stichwort des »Glaubensaktes« S. 124.

193 M. Detje: Zweifel, S. 17 f.; 29; 58 und öfter.

194 So lehnten Karl Barth und Emil Brunner die Apologetik als Teilbereich der Systematischen Theologie grundsätzlich ab, denn sie verstanden darunter die Idee, Menschen durch gedankliche Begründungen von der Richtigkeit des Glaubens überzeugen zu können, wohingegen sie

davon überzeugt waren, dass dies nur durch Offenbarung, d. h. durch den Heiligen Geist, geschehen kann: S. Holthaus: Apologetik, S. 66 f.

195 A. Bachmann: Postkonfessionelle Identitäten.

196 Vgl. ebd.; M. Benz: Glaube; L. Schilp: Warum ich keine Angst vor der Dekonstruktion meines Glaubens habe, https://www.jesus.de/glauben-leben/warum-ich-keine-angst-vor-der-dekonstruktion-meines-glaubens-habe/; J. Bloom: What does »deconstruction« even mean?, https://www.desiringgod.org/articles/what-does-deconstruction-even-mean. Beide zuletzt abgerufen am 12.09.2023.

197 M. Benz: Glaube, S. 9–46.

198 Vgl. oben, S. 139.

199 B. Zahnd: Fire, S. 44–58.

200 So sah das schon Luther, vgl. G. Hohage: Predigen, S. 77 ff.

201 Eph 2,20; vgl. S. 67. Zum Begriff der »wahren Kirche« vgl. unten S. 164.

202 Vgl. ders.: »When did we start forgetting God?«

203 WA 1, S. 159; vgl. H. Beintker: Anfechtung, S. 696.

204 Es wird auch als »Nicäno-Constantopolitanum« bezeichnet, weil es 325 und 386 n. Chr. zwei Mal beschlossen und dabei etwas ausgebaut wurde (vgl. https://de.wikipedia.org/wiki/Nicäno-Konstantinopolitanum. Zuletzt abgerufen am 12.09.2023). Es gehört zu den Glaubensgrundlagen der evangelischen, katholischen und orthodoxen Kirchen und ist im Ev. Gesangbuch abgedruckt (allerdings je nach Landeskirche unter verschiedenen Nummern).

205 Adolf Schlatter: Das christliche Dogma, S. 89; 114; vgl. dazu Gerrit Hohage: Predigen im Spannungsfeld von Amt und Person, S. 171 f.

206 Vgl. Fußnote 148.

207 Vgl. https://www.weser-kurier.de/niedersachsen/archaeologen-finden-5000-jahre-alten-brunnen-doc7e41vgnnzxxo6995543. Zuletzt abgerufen am 12.09.2023.

208 Das sind das babylonische, das medo-persische, das griechische und das römische Weltreich nach Dan 7.

209 E. Hirsch, zit. in: G. A. Benrath: Geschichte, S. 637.

210 H. White: Metahistory, S. 217 f.

211 E. Troeltsch: Methode, S. 4–6; Interpunktion und Rechtschreibung um der besseren Verständlichkeit willen von mir angepasst, Hervorhebung in eckigen Klammern von mir.

212 K. Wengst: Der wirkliche Jesus?, S. 224, unter Bezugnahme auf Jens Schröter, kursiv von mir.

213 E. Troeltsch: Historismus, S. 169–179; 281–291.

214 E. Troeltsch: Historismus, S. 163 f.; M. Weber: Wissenschaftslehre, S. 180 f.

215 Vgl. G. Theissen / A. Merz: Der historische Jesus, S. 22 f.; R. Riesner, Messias Jesus, S. 463. Mit Reimarus' Person und den biografischen Hintergründen seines »historischen« Jesusbildes werden wir uns S. 133 ff. noch ausführlicher beschäftigen.

216 »So fand jede folgende Epoche der Theologie ihre Gedanken in [ihrem jeweiligen historischen] Jesus, und anders konnte sie ihn nicht beleben. Und nicht nur die Epochen fanden sich in ihm wieder: jeder einzelne schuf ihn nach seiner eigenen Persönlichkeit«: A. Schweitzer: Leben-Jesu-Forschung, S. 48, Erläuterung in eckigen Klammern von mir. Vgl. dazu M. Reiser: Kritische Geschichte; K. Wengst: Der wirkliche Jesus?, S. 208 f.

217 K. Wengst (Der wirkliche Jesus?, S. 223) demonstriert das sehr schön an J. Schröter (Diskussion, S. 67 ff.): Schröter plädiere »dafür, die narrativen Darbietungen der Jesusgeschichte mit gegenwärtigen Erkenntnisbedingungen zu vermitteln und in an eine an den Quellen orientierte Erzählung zu überführen«, und zwar »unter den Bedingungen neuzeitlichen historischen Bewusstseins«. Wengst konstatiert: »Der hier leitende Wirklichkeitsbegriff ist damit der empirischer Verifizierbarkeit. Ist das wirklich ein anderer Ansatz als der, den schon die alten Rationalisten hatten?«

218 Diese Axiome sind der Grund, warum ich Versuche skeptisch betrachte, bereits in der Alten Kirche Frühformen »historischer Forschung« an den biblischen Texten erkennen zu wollen. Origenes und die Kirchenväter gehen von einem Geschichtsverständnis aus, das auf einer völlig anderen axiomatischen Basis steht. Ihr Interesse gilt mit Lk 1,1-4 der »Zuverlässigkeit der Überlieferung«, die dargelegt werden musste, aber nicht einem Erweis der Historizität innerhalb eines korrelativen Systems, in dem Gott keinen Platz hat. Diese Trennlinie lässt sich m. E. nicht ohne Weiteres überschreiten, insbesondere nicht unter dieser Begrifflichkeit. Anders R. Riesner: Messias Jesus, S. 461 f., mit M. Reiser.

219 So nennt G. Theissen als »die drei axiomatischen Ideen historischen Bewußtseins«: 1. »die Idee menschlicher Irrtumsfähigkeit« (alias »Kritik«), 2. die Idee »historischer Relativität«, d. h., alle Geschichte ist »ableitbar aus vorhergehenden Traditionen und Vorgängen« (alias »Analogie« und »Korrelation«), 3. die Idee »hermeneutischer Distanz« als »jüngste Idee historischen Bewußtseins«; da geht es um die »Fremdheit der Vergangenheit«, die nicht einfach nach Modellen und Maßstäben der Gegenwart beurteilt werden kann: G. Theißen, / A. Merz: Jesus, S. 122. Zum o. g. Axiom H4 äußert er sich nicht direkt, nur dort, wo er sich vom »Supranaturalismus« abgrenzt (d. i. die Vorstellung,

dass etwas außerhalb natürlicher Zusammenhänge tatsächlich geschehen könnte): S. 282.

220 E. Troeltsch: Methode, S. 2.

221 Ich meine damit »echte« Wunder, für die sich keine Analogien finden lassen. Das ändert sich immer wieder. Z. B. hat man die Heilungswunder Jesu lange Zeit für unhistorisch gehalten – bis die Medizin anfing, plötzliche und unerklärliche Heilungen durch charismatische Persönlichkeiten, die es in vielen Teilen der Welt gibt, als »Spontanheilung« wissenschaftlich zu klassifizieren. Plötzlich galten die Heilungswunder Jesu als historisch.

222 H. White: Metahistory, S. 38, kursiv von mir. A. Schweitzer hatte sogar gesagt, dass das Vorstellungsmaterial (d. h. die »historischen Tatsachen«) gegenüber dem sinngebenden Willen sekundär ist: »Die durch den Wandel in dem Vorstellungsmaterial bedingten Differenzen sind letztlich sekundärer Art, ob sie sich auch noch so stark bemerkbar machen, da derselbe Wille, mag er sich in noch so verschiedenem Vorstellungsmaterial manifestieren, immer Weltanschauungen schafft, die sich in ihrem Wesen nach entsprechen und decken«: Leben-Jesu-Forschung, S. 623.

223 W. Pannenberg: Geschichte, S. 662.

224 K. Wengst (Jesus, S. 204): »Das grundsätzliche Elend der historischen Jesussuche besteht schlicht darin, dass sie sich ihre Textgrundlage aus den Texten der Evangelien und gegen sie selbst zurechtbasteln muss. Und dieses Basteln fällt sehr unterschiedlich aus – je nach den Vorlieben die jemand hat.« – Nichts demonstriert das übrigens so eindrücklich wie die Meta-Historiografie der historisch-kritischen Forschung selber. M. Reiser (Kritische Geschichte, S. 8 f.) konstatiert: »Bei Forschungsüberblicken zum historischen Jesus fällt auf, dass sie oft ganz einseitig eine gewisse Forschungsrichtung berücksichtigen, die generell als liberal-skeptizistisch charakterisiert werden kann.« Als Ursache erkennt er die Sinngebung, die ihre eigene Forschungsrichtung als Fortschritt darstellen und korrelativ in Phasen einteilen will (Axiom H5). Diese Sinngebung wird aber nur »durch die Ausblendung einer zweiten Forschungsrichtung erreicht, die man generell als konservativ-kritisch bezeichnen kann«. Das lässt Rückschlüsse auf die quellenkritische Arbeit zu: Es finden sich immer Argumente, mit denen sich Unliebsames ausblenden lässt. Das Verfahren erweist sich also (wie schon bei Rudolf Bultmanns »Geschichte der synoptischen Tradition«) als Zirkelschluss.

225 Vgl. die kurze Zusammenfassung bei J. Schröter / C. Jakobi: Jesus Handbuch, S. 488 f.

226 Z. B. C. Jakobi: Der aktuelle Stand der historischen Jesusforschung.

227 Vgl. z. B. zu J. Schröter oben Fußnote 127.

228 Das konzedieren sogar G. Theissen / A. Merz: Jesus, a. a. O., S. 443 mit einer Erwägung, warum das Analogieprinzip an dieser Stelle eine Ausnahme zulassen könnte.

229 N. T. Wright: Die Auferstehung des Sohnes Gottes, Marburg 2014 (über 1000 Seiten). Kürzer: Heinzpeter Hempelmann: Wirklich auferstanden!, Witten 2011. Vgl. auch: R. Werner: Auferstehung von Jesus – Mythos oder Wirklichkeit?, https://www.youtube.com/watch?v=WUFQe0sx9qA; J. Spieß: Die Auferstehung Jesu aus der Sicht eines Althistorikers, https://www.fthgiessen.de/fthpodcast/dr-juergen-spiess-die-auferstehung-jesu-aus-der-sicht-eines-althistorikers/. Beide zuletzt abgerufen am 19.09.2023.

230 Von hierher ergibt sich übrigens eine Konsequenz qua Analogie. Wenn nämlich prinzipiell angenommen werden muss, dass es ein Ereignis außerhalb des methodisch-atheistischen Definitionsbereiches der Axiome gegeben haben kann, ist es wissenschaftlich unstatthaft, seine Erstreckung *a priori* (d. h. ohne empirische Beweisführung) auf dieses eine Ereignis zu begrenzen. Gerade die Wissenschaft kann einen solchen Beweis innerhalb ihrer Prämissen nicht führen, d. h., sie kann nicht begründet darlegen, dass sich die Wirksamkeit Gottes prinzipiell nicht auch auf andere Ereignisse erstrecken könnte, mindestens in demselben Sinnzusammenhang. Das hat Konsequenzen, denen wir gleich nachgehen werden.

231 H. Hempelmann: Wunder, S. 213 f.

232 Das ist der Grund, warum die im Folgenden von mir vorgeschlagene Lösung von anderen Lösungen aus dem biblisch-konservativen Raum abweicht, die versuchen, den Begriff des »Historischen« zu weiten und hierfür von seiner methodisch-atheistischen Axiomatik abzulösen. Ich bin zu der Überzeugung gekommen, dass solches nicht funktionieren kann und wird, da diese Axiomatik den Begriff überhaupt erst hervorgebracht hat – er ist untrennbar mit ihr verbunden. Mein Vorschlag ist, den Begriff so zu nehmen, wie er ist, und für das Übrige – die »Darlegung« der »Tatsachen« (gr. *pragmata*, vgl. Lk 1,1), die sich von Gott her in der Welt zugetragen haben – alternative Begrifflichkeiten zu verwenden. Ich bringe diesen Vorschlag deswegen ein, weil ich überzeugt bin, dass wir mit dem »Historischen« nicht weiterkommen. Solange wir die Bibel gegen ihre dauerhafte Infragestellung auf derselben Ebene zu retten versuchen, werden wir beständig in der Defensive verbleiben. M. E. ist es an der Zeit, aus der Defensiv-Theologie auszusteigen und in neue Räume des Denkens vorzustoßen.

233 Vgl. auch P. Trawny: Krise, S. 24–35 (mit Verweis auf Hannah Arendt); S. 76–87.

234 Dass sie nicht passen, haben wir oben S. 37 schon gesehen, und zwar bei der Notwendigkeit, das »Reden Gottes« in der Bibel im Zuge des wissenschaftlichen Zugriffes umzuinterpretieren, um es an die Axiome H3 und H4 anzupassen.

235 Vgl. die Darstellung bei P. Hägele: Wunder, S. 190 ff.

236 P. Trawny: ebd.

237 Vgl. die Übersicht bei A. Wedderburn: Jesus, S. 110–125.

238 Ebd.

239 Vgl. N. Bolz: https://www.welt.de/kultur/plus209589521/Politische-Korrektheit-Kant-der-alte-Rassist.html. Zuletzt abgerufen am 19.09.2023.

240 Mit diesem Begriff meine ich nicht das in den späten 80er-Jahren unter diesem Label diskutierte »Ende der Geschichte« (etwa L. Niethammer: Posthistorie), in dem es um das vermeintliche Ende kohärenter Sinndeutungen von Geschichte angesichts ihrer Beliebigkeit ging, sondern im genauen Gegenteil um die sprachliche Markierung eines Paradigmenwechsels, in dem performative Sinndeutungsansprüche sich Inhalte und Methodik unterwerfen und so auch an Sachinhalten orientierte Debatten unmöglich machen, insofern jeder Widerspruch von vornherein moralisch delegitimiert wird.

241 https://www.faz.net/aktuell/karriere-hochschule/klassenzimmer/wie-chatgpt-die-schule-veraendern-wird-ki-im-klassenzimmer-18681147.html. Zuletzt abgerufen am 12.03. 2023.

242 Vgl. die diesbezügliche Problemanzeige bei J. Söffner: Sinn und Sinnlosigkeit. Die Frage nach der Stellung der Hermeneutik im Zeitalter der künstlichen Intelligenz, S. 1–13.

243 Immanuel Kant: Beantwortung der Frage: Was ist Aufklärung?, in: Berlinische Monatsschrift 4 (1784), S. 481, zit. in: https://de.wikipedia.org/wiki/Beantwortung_der_Frage:_Was_ist_Aufkl%C3%A4rung. Zuletzt abgerufen am 19.09.2023.

244 Dass es bei der Auflösung nicht bleiben kann, hat einfache ökonomische Gründe – denn die Historiker könnten die Geschichtsschreibung nur noch einstellen, wenn es beim postmodernen Verständnis bliebe (so R. J. Evans, zit. in: R. Riesner: Messias Jesus, S. 475). Und wovon sollten sie dann leben?

245 Vgl. Scholtz: Art. »Geschichte«, a. a. O., Sp. 352. »Geschichte«, althochdeutsch *giskhit*, von »geschehen« abgeleitet, beschreibt seit dem 8. Jhdt. ein Einzelereignis (»eine G'schicht«), später dann im Lauf der Zeit größere Zusammenhänge und wird ab dem 16. Jahrhundert auch als Synonym für »Historie« verwendet.

246 A.a.O., S. 36f. Schon Kähler hat also diesen *Frame* im Prinzip als solchen ausgemacht.

247 Vgl. zu ihm K. Wengst: Der wirkliche Jesus?, S. 113–128.

248 Bultmann zog aus Kählers Vortrag den Schluss, dass das »Historische« überhaupt keine Bedeutung mehr habe und es nur auf die Wirkungsgeschichte Jesu ankomme. Diese Abtrennung des einen vom anderen setzt jedoch M. Heideggers Existenzphilosophie voraus, auf die ich hier nicht näher eingehen kann. Sinnhaftigkeit ist demnach nur durch einen »Sprung im Glauben« zu erreichen, auch wenn alles sinnlos scheint. Mit zunehmendem Abstand von den Weltkriegen hat dieses Konzept seine Plausibilität verloren.

249 Das wird von R. v. Bendemann: Jesus, S. 66–74, m. E. richtig gesehen.

250 Alle Seitenangaben in diesem Abschnitt beziehen sich auf M. Kähler: Der sogenannte historische Jesus.

251 Vgl. hierzu oben S. 34.

252 E. Wolf: Vorwort, in: M. Kähler: Der sogenannte historische Jesus, S. 5f.; Kähler selber S. 33f.

253 Luther spricht oft von der Vereinigung der Seele mit Christus als ihrem Bräutigam, vgl. S. 269.

254 H. Hempelmann: Wunder, S. 207f.: »Wenn nicht von vornherein definiert wird, was die Konstituentien und was die Gesetze in einem System sind, dann ist es jedenfalls nicht von vornherein ausgeschlossen, dass es auch zu Einwirkungen kommt, die im System und mit den theoretischen Mitteln des Systems nicht ausreichend beschrieben werden können. ›Gott‹ als Faktor wäre nicht grundsätzlich ausgeschlossen. Das Konzept eines offenen Systems müsste folgerichtig noch nicht einmal von einem ›von außen‹ kommenden Eingriff reden. Die Unterscheidung von Naturalismus und Supernaturalismus ist aus dieser Perspektive problematisch, weil sie eben eine solche feste Grenze zwischen dem, was ›natürlich‹, ›naturgegeben‹ und dem, was nicht natürlich ist, unterstellt. Diese Grenze existiert nur im Kopf.«

255 Vgl. oben, S. 98f..

256 H. Marou, vgl. Hempelmann: Wunder, S. 208.

257 Vgl. H. Hempelmann: Wunder, S. 210–214.

258 Vgl. für diesen Abschnitt P.C. Hägele: Sind Wunder aus naturwissenschaftlicher Sicht denkbar?

259 Ein Beispiel für solche Wunder ist der Fels, von dem Israel trank (2Mo 17,1–7). Es gibt dort Felsschichten, die eingeschlossenes fossiles Wasser enthalten und genau in diesem Moment der Not an dieser Stelle war, ohne dass die Israeliten das wussten. Das Wunder war diese Koinzidenz und dass Gott Mose die richtige Stelle zeigte, auf die er schlagen musste,

um an das Wasser zu kommen. P.C. Hägele zeigt für die stillstehende Sonne Jos 10,7–14 einen ähnlichen Zusammenhang mit einem möglichen Meteorfall, der einen Lichtleitereffekt in der Atmosphäre ausgelöst haben könnte (Sind Wunder aus naturwissenschaftlicher Sicht denkbar?, S. 186–189). Ein nach oben offener Geschichtsbegriff öffnet die (menschliche, kontingente, konstruierte) Vorstellung von »Zufall« für die Möglichkeit eines absichtsvollen Handelns Gottes: »Der Zufall ist nicht der Gegenspieler Gottes, sondern lediglich Ausdruck unseres sehr begrenzten Wissens« (S. 197).

260 A. Schlatter: Das christliche Dogma, S. 94, im Zusammenhang mit dem Denken.

261 Z.B. setzte die »Betrugstheorie« zur Auferstehung Jesu von H. Reimarus (vgl. oben S. 204 einen objektiven, zweifelsfreien Faktenstand voraus, was wirklich passiert ist, und einen solchen zu besitzen ist selbst eine grundsätzlich fiktive Vorstellung, wie wir gesehen haben.

262 Nach derzeitigem Stand der archäologischen Forschung lassen sich Zerstörungsschichten der Stadt Jericho (von denen es mehrere gibt) entweder früher oder später zuordnen, aber nicht für diese Zeit. Wie schnell sich solche »negativen« Befunde ändern können, zeigt jedoch der jüngste Fund einer spätbronzezeitlichen Fluchtafel mit der jetzt ältesten Erwähnung des Gottesnamens JHW(H) auf dem Berg Ebal, der Jos 8,33–35 (mit 5Mo 27,11–26) auch von der zeitlichen Einordnung her bestätigen würde: https://antikewelt.de/2022/03/25/althebraeische-fluchtafel-vom-berg-ebal/; https://biblearchaeology.org/current-events-list/4896-abr-researchers-discover-the-oldest-known-proto-hebrew-inscription-ever-found. Beide zuletzt abgerufen am 20.09.2023.

263 Die skeptisch-historisch-kritische Theologie setzt dabei voraus, dass die Glaubenden auf keinen Fall wegen der tatsächlichen Ereignisse glauben könnten – das würde ja bedeuten, dass Gott tatsächlich eingreift und die entsprechenden Ereignisse nicht gleichrangig mit anderen Ereignissen sind (Axiom H4 und H5), und das hält sie mit »methodischem Atheismus« für ausgeschlossen.

264 Vgl. C. Jakobi: Stand.

265 Der Unterschied zu Rudolf Bultmann ist, dass dieser dem Ereignis selbst keinerlei Bedeutung mehr beimaß – nach ihm offenbart sich Gott nicht (!) im Ereignis, sondern nur (!) im Kerygma (= Verkündigung).

266 5Mo 5,15 lautet: »Denn du sollst daran denken, dass auch du Knecht in Ägyptenland warst und der Herr, dein Gott, dich von dort herausgeführt hat mit mächtiger Hand und ausgerecktem Arm.« Im Gedenken am Sabbat wird die alte Geschichte zur Lebensgeschichte derer, die den

Sabbat halten. Jos 24,17 sagt das Volk nach dem Gedenken an Gottes Taten: »Der HERR, unser Gott, hat uns und unsere Väter aus Ägyptenland geführt.«

267 Mischna Pessachim 10,5, zit. in: K. Wengst: Der wirkliche Jesus?, S. 56.

268 K. Wengst: Der wirklich Jesus?, S. 305.

269 Vgl. Fußnote 5.

270 T. Dietz: Weiterglauben, S. 47. Vgl. dazu oben Fußnote 88..

271 Das ist seit Jahrzehnten fester Bestandteil der Bildungspläne für den ev. Religionsunterricht im Themenbereich »Gott«. Für diese Fokusverschiebung gibt es einen einfachen rechtlichen Grund: die weltanschauliche Neutralität des Staates.

272 Vgl. Fußnote 122.

273 Mehr Metaphern dieses Bedeutungsspektrums bei J. Hartl: Metaphorische Theologie, S. 183 f.

274 Vgl. J. Hartl: Gott ungezähmt, S. 51–60.

275 T. Dietz (Weiterglauben, S. 39–51) macht die unser menschliches Verstehen übersteigende Größe Gottes sehr stark. Nichts dagegen einzuwenden. Allerdings gewinnt man bei ihm den Eindruck, dass aus der Unverfügbarkeit eine Ungreifbarkeit Gottes wird, da all unsere Sprache ihn niemals erreicht. Natürlich ist unsere menschliche Gotteserkenntnis immer nur partiell, perspektivisch und auf die Verstehensmittel unseres Lebensraumes und -umfelds eingegrenzt. Ich sehe aber nicht, dass das wirklich ein Streitpunkt wäre. Der Streitpunkt ist, ob das, was wir, geschult an der Bibel, eingedenk unserer Partialität, Perspektivität und Bildhaftigkeit von Gott sagen und verkündigen können, verlässlich und suffizient ist und inwieweit es verbindlich ist (nämlich in der Weise, dass es uns mit Gott und untereinander verbindet).

276 Vgl. K. Wengst: Der wirkliche Jesus?, S. 208 f.: »Bei Bultmann konnte […] deutlich gesehen werden, dass der über die Echtheit überlieferter Jesusworte Befindende bereits ein bestimmtes Jesusbild voraussetzt, das ihn über ›echt‹ und ›unecht‹ entscheiden lässt. Da unterschiedlichen Menschen Unterschiedliches wichtig ist, verwundert auch ein weiterer Punkt nicht, dass nämlich immer wieder neu ein Chaos unterschiedlichster Jesusbilder entsteht.«

277 Vgl. C. Jakobi: Stand. Dieser Sicht folgt (leider) auch K. Wengst: Der wirkliche Jesus?, S. 282 ff., der dabei das Johannesevangelium, die »implizite Christologie« in den synoptischen Evangelien sowie die Paulusbriefe übergeht. An dieser Stelle verlässt er auch den Konsens mit Kähler.

278 Vgl. z. B. J. Schröter / C. Jakobi (Hrsg.): Jesus Handbuch, Teil E: Frühe Spuren von Wirkungen und Rezeptionen Jesu.

279 Vgl. z.B. S. Zimmer: Der Prozess vor Pilatus, https://worthaus.org/mediathek/der-prozess-vor-pilatus-mk-15-1-15-9-4-2/ 52:00-1:01. Zuletzt abgerufen am 20.09.2023.

280 Nach J. Schröter besteht die Aufgabe des Geschichtsschreibers darin, die Quellen durch »›phantasiegeleitete Konstruktionen‹, also durch Imagination der historischen Erzählung, zum Leben zu erwecken«. Da ergibt sich die Rückfrage, »wie es um die Möglichkeit oder Unmöglichkeit bestellt ist, bei einer ›heutigen Jesusdarstellung‹ ›zwischen Geschehenem und Erfundenem‹ zu unterscheiden«: Klaus Wengst: Der wirkliche Jesus?, S. 227.

281 Vgl. G. Theißen / A. Merz: Jesus, S. 455–462.

282 Von diesem Befund her ergibt sich, dass der Evangelist Markus den Sachverhalt mit dem »Messiasgeheimnis« völlig zutreffend in Szene gesetzt hat. W. Wrede (1859–1906) hatte Markus in seinem Buch »Das Messiasgeheimnis« (1901) verdächtigt, dieses Konstrukt erfunden zu haben, um den nachösterlichen Glauben an den Messias mit dem angeblich unmessianischen Wirken Jesu in Einklang zu bringen. Dagegen R. Riesner: »Das sogenannte Messiasgeheimnis ist fest in der Überlieferung verankert und keineswegs nur ein urchristliches Konstrukt«: Messias Jesus, S. 104. Das ist nur ein Beispiel für die Rehabilitierung der urchristlichen Überlieferung in Teilen der Forschung.

283 Vgl. K. Beyschlag: Dogmengeschichte I, S. 240 ff.

284 Vgl. Fußnote 87.

285 C. Hägele hat nachgewiesen, dass Luther diesen Satz so nie formuliert hat; es handelt sich um eine kreative, jedoch sinnverändernde Wiedergabe zweier Lutherworte: ders.: Mit Christus gegen die Apostel.

286 Vgl. G. Hohage: Wie die Kirche mit der Bibel in der Hand leiten will, https://www.pro-medienmagazin.de/wie-die-kirche-mit-der-bibel-in-der-hand-leiten-will/. Zuletzt abgerufen am 20.09.2023.

287 Zuletzt im EKD-Text: Die Bedeutung der Bibel für kirchenleitende Entscheidungen, S. 34 ff. u. ä.

288 Dies hat C. Hägele eindrucksvoll dargelegt: ders.: Mit Christus gegen die Apostel.

289 So lautet die Formulierung des Konzils von Chalcedon 451: H. Steubing, Bekenntnisse der Kirche, S. 27 f.

290 Deswegen ist die Leiblichkeit der Auferstehung so wichtig, über die sich manche Theologen mitunter mit falschen Unterstellungen mokieren, weil sie vor allem im englischsprachigen Raum explizit nachgefragt wird. *Bodily resurrected* bedeutet ganz einfach, dass das, was in der Auferstehung Jesu geschehen ist, am Leib Jesu geschehen ist (also nicht nur in den Köpfen der Jünger). Mir ist nicht einmal unter Fundamentalisten

ein Theologe bekannt, der darunter die einfache »Wiederbelebung eines Leichnams« verstehen und ignorieren würde, dass der Auferstehungsleib Jesu die irdische Leiblichkeit in genau derselben Weise überbietet wie die Neuschöpfung die Schöpfung (vgl. 2Petr 3,13). Ich finde, es wäre irgendwann mal an der Zeit, auf derartige Foulspiele zu verzichten.

291 Vgl. u.a. H. Frey: Die Krise der Theologie, Wuppertal 1971 (vgl. zum Zusammenhang zwischen Inkarnation und Inspiration S. 66 und 85 im Kontext der ausführlichen Begründung). Ihm folgt G. Maier: Biblische Hermeneutik, S. 105–111. Dies war die Position, die die Deutsche Evangelische Allianz in der Nachkriegszeit gegenüber der Weltweiten Evangelischen Allianz vertrat, die vom US-amerikanischen Bibelverständnis (vgl. die spätere »Chicagoer Erklärung zur Unfehlbarkeit der Schrift«) geprägt war. T. Schirrmacher hat allerdings darauf hingewiesen, dass die Chicagoer Erklärung nicht zwangsläufig fundamentalistisch interpretiert werden muss: ders.: Bibeltreue, S. 7–14; 93–129. Vgl. dazu die Beschreibung der historischen Hintergründe bei T. Dietz: Menschen mit Mission S. 256–263.

292 T. Dietz: Weiterglauben, S. 81, kursiv von mir.

293 Mündlich durch Sven Findeisen tradiert.

294 Vgl. oben S. 51..

295 H. Schulze: Reimarus, S. 471.

296 Vgl. für diesen Abschnitt D. Klein: Reimarus.

297 Ebd., S. 6–15.

298 Ebd., S. 37–41.

299 F. Kantzenbach: Harnack, S. 451.

300 Vgl. K. Wengst: Der wirkliche Jesus?, S. 282 (in Auseinandersetzung mit W. Stegemann).

301 K. Wengst, ebd., S. 44–59.

302 B. Zahnd: When everything is on fire, S. 49–54; vgl. auch S. 70–74, wo es um Maria, die Mutter Jesu, geht.

303 J. Negel: Zweite Naivität, a.a.O, S. 262f.

304 Besonders einflussreich wurde in Deutschland der Religionsdidaktiker H. Halbfas, z.B.: ders.: Das dritte Auge, S. 98f.

305 J. Hartl: Metaphorische Theologie, S. 485–488; B. Zahnd: Fire, S. 139–150.

306 Vgl. J. Negel: Zweite Naivität, S. 261.

307 So sagt auch J. Hartl: Metaphorische Theologie, S. 486..

308 J. Hartl: ebd., S. 485, vgl. Fußnote 88; B. Zahnd: ebd., S. 140: »Als Kinder lesen wir die Bibel in Einfachheit; wir lesen sie auf einer wörtlichen Ebene. Und daran ist nichts Falsches. Wenn es für Menschen unproblematisch bleibt, die Bibel wortwörtlich zu lesen – eine wört-

lich verstandene Schöpfung in sechs Tagen, Adam und Eva in wörtlichem Sinne mit einer wörtlich sprechenden Schlange […], dann bin ich nicht dazu da, um sie davon abzubringen. Es ist nicht meine Aufgabe, jemandem Schwierigkeiten zu bereiten oder die Dekonstruktion in ihnen zu erzwingen« (übersetzt von mir). – Die EKD-Denkschrift »Die Bedeutung der Bibel für kirchenleitende Entscheidungen« stellt auf S. 44 den Gebrauch der Schrift als »religiöse Texte« in der Auslegungsgemeinschaft der Kirche heraus. Durch sie entsteht in der Gemeinde ein unmittelbarer Verstehens- und damit Auslegungsvorgang, der als Gegengewicht zu historischer Forschung anzusehen wäre und eine eigene Berechtigung gewönne.

309 C. Möller: Seelsorglich predigen, S. 29.

310 J. Negel, a. a. O, S. 267 f. Ich übergehe an dieser Stelle den jüdischen Philosophen Ernst Simon, den Negel ebenfalls referiert, den Ricœur aber wohl nicht zur Kenntnis genommen hatte.

311 Ebd., S. 280 f.

312 B. Zahnd: ebd., S. 143 f.

313 J. Hartl: ebd., S. 487 f.

314 J. Negel: ebd., S. 283.

315 Z. B. J. Negel, a. a. O., S. 267 f. – ich habe in Kap. 6.1 versucht, zu zeigen, dass dieses Problem eher in unserem Begriff des »Historischen« als in den biblischen Texten begründet liegt.

316 Vgl. Mt 5,22.29; Mt 13,49–50; Mt 18,9par; Mt 10,28par; Mt 23,15.33; Mt 25,30–46 und andere. Von einem beachtlichen Teil der Leben-Jesu-Forschung (z. B. A. Schweitzer) wurde gerade die Eschatologie Jesu für »historisch echt« gehalten.

317 Vgl. H. Janssen: Zorn Gottes.

318 C. Ratschow: Der angefochtene Glaube, S. 236.

319 Vgl. oben, S. 46.

320 So z. B. bei M. Benz: Glaube, S. 74–90.

321 Vgl. H. Janssen: Zorn Gottes.

322 J. Hartl hat das in seinem Buch »Gott ungezähmt« vorgeführt, z. B. S. 47–60; 161–170.

323 https://www.spiegel.de/politik/deutschland/russlands-krieg-gegen-die-ukraine-vier-szenarien-gastbeitrag-a-6c9f88fa-265d-4b28-944b-20c96ba0d971. Zuletzt abgerufen am 28.09.2023. Vgl. ähnlich M. Willaschek: Moral ohne Sanktion?, S. 197–207.

324 Auch Hiobs Leid (vgl. oben S. 164 f.) stellt das nicht infrage. Er erlebt es als ungerechte Sanktion ohne Ursache; das ist seine Anfechtung. Indem er aber trotzdem im Glauben an Gott festhält, erweist er sich als Gerechter.

325 R. Malter: Kant, S. 577.
326 Vgl. dazu die Kurzzusammenfassung https://de.wikipedia.org/wiki/Diskurs#J%C3%BCrgen_Habermas. Zuletzt abgerufen am 21.09.2023.
327 Alexander Grau: Wo wir sind, ist vorne. Modere Eliten müssen ihre Macht teilen, https://www.furche.at/gesellschaft/wo-wir-sind-ist-vorne-moderne-eliten-muessen-ihre-macht-teilen-1385211; ders.: So weltoffen, so borniert!, https://www.tagesspiegel.de/gesellschaft/so-weltoffen-so-borniert-8107729.html (beide zuletzt abgerufen am 21.09.2023); ders.: Hypermoral. Die neue Lust an der Empörung, München 2021. Ähnlich Michael Hartmann: Die Abgehobenen. Wie Eliten die Demokratie gefährden, Frankfurt 2018.
328 So beschreibt das Nicänische Glaubensbekenntnis eigentlich die Kirche; dazu mehr unten S. 292 ff.
329 Vgl. G. Hornig: Semler, S. 144 f.
330 F. Lyotard: Das postmoderne Wissen.
331 Vgl. dazu A. Grau: Hypermoralismus.
332 Vgl. dazu https://de.wikipedia.org/wiki/Schatten_(Archetyp). Zuletzt abgerufen am 21.09.2021.
333 Die traditionelle evangelische Glaubenslehre bezeichnete dieses Aufbegehren, das alle Menschen teilen, als *peccatum originale* oder *peccatum personale*, d. h. Ursünde, Personsünde oder Erbsünde (ein problematischer Begriff, weil er die Herkunft von der Geschichte in die Biologie verlagert und zu starken Systemzwängen führt). »›Personsünde‹ […] ist für Luther eine Ganzheitsbestimmung für den menschlichen Selbstbehauptungswillen, damit Mißachtung des 1. Gebotes, sprich: Unglaube«: K. Beyschlag: Dogmengeschichte II/2, S. 336.
334 Augsburger Bekenntnis Artikel 3 und 4: www.ekd.de/Augsburger-Bekenntnis-Confessio-Augustana-13450.htm. Das »Augsburger Bekenntnis« ist das wichtigste evangelische Glaubensbekenntnis, mit dem die Reformatoren dem deutschen Kaiser ihren Glauben erklärten.
335 K.-P. Jörns: Notwendige Abschiede.
336 Z. B. im Nicänischen Glaubensbekenntnis. Weitere Beispiele in: Texte der Kirchenväter, hrsg. v. A. Heilmann, S. 212–236.
337 K. Beyschlag: Dogmengeschichte II/2, S. 24–28; 63–68.
338 A. Childers: Ankern, S. 263 f., mit N. Geisler. Sie spricht allerdings vom »mindestens impliziten« Glauben und das dürfte auch auf die ersten tausend Jahre der Christenheit zutreffen.
339 Vgl. P. Riché: Gregor, S. 669–681; ders.: Christentum, S. 747–774.
340 B. Lyon: Gericht, Sp. 1322 f.
341 K. Beyschlag: Dogmengeschichte II/2, S. 194 f.
342 Zit. nach R. Knieling: Das Kreuz mit dem Kreuz, S. 67. Obwohl Knieling

diese Stelle selbst zitiert, fällt ihm der Bezug zum Messopfer nicht auf. Das verändert die Sache nämlich an einer ganz entscheidenden Stelle. Es ist natürlich eine sehr katholische Vorstellung, auf deren Probleme ich hier im Einzelnen nicht eingehen kann.

343 Vgl. in der Reihenfolge Röm 7,10par; Röm 3,23; Röm 6,23; Mt 16,26; Hebr 2,17; Hebr 4,15; 1Kor 15,3; Röm 3,25; 1Kor 11,25; Röm 6,23.

344 Vgl. im Folgenden K. Beyschlag: Dogmengeschichte II/2, S. 328–344.

345 Ebd., S. 336, kursiv von mir.

346 WA 7, S. 25, sprachlich von mir angepasst. Vgl. G. Hohage: Predigen im Spannungsfeld von Amt und Person, S. 61 ff.

347 K. Beyschlag, Dogmengeschichte II/2, S. 337.

348 R. Knieling: Kreuz, S. 65.

349 R. Knieling: Kreuz, S. 67.

350 R. Knieling: Kreuz, S. 68.

351 R. Knieling: Kreuz, S. 70, kursiv von mir.

352 R. Knieling: Kreuz, S. 75.

353 Vgl. https://www.welt.de/geschichte/article180080032/Goetter-der-Germanen-Menschenopfer-und-wilde-Orgien-in-Walhalla.html. Zuletzt abgerufen am 11.09.2023.

354 Mein Verdacht ist, dass die diesbezügliche historisch-kritische Forschung der letzten Jahrzehnte von einem klar christologischen Erkenntnisinteresse (und von einem Richtungsstreit zwischen der »Tübinger Schule« und anderen Schulrichtungen) motiviert ist. Ich genieße sie deshalb mit Vorsicht.

355 Vgl. H. Seebaß: Opfer, S. 258–264; B. Janowski: Sühne, S. 153–181. Janowski führt den Nachweis, dass die hebräischen Wörter für »Entschädigung«, »Sündopfer« und »Sühne« auf dieselbe Wortwurzel (*kpr) zurückgehen.

356 Vgl. 2Mo 13,2.12–13; 22,27 (Opfer); 4Mo 8,17–18; 18,15 (das ist eine Ausgleichszahlung!). Auch für Jesus als Erstgeborenen galt das übrigens – deshalb brachten seine Eltern nach seiner Geburt als Auslöseopfer der armen Leute zwei Tauben dar (Lk 2,22-24).

357 Wenn also gesagt wird, Jesus sei nur *victim* – nicht (!) *sacrifice* – gewesen, ist dies selbst in der liberalen Theologie eine Extremposition.

358 R. Knieling: Kreuz, S. 91 ff.

359 H. Zahrnt: Mutmaßungen, S. 84.

360 Es ist ein durchschaubares Manöver, wenn die Einsetzungsworte hin und wieder nicht vom »historischen Jesus« stammen sollen – da bestimmt die Sinndeutung die Methode.

361 R. Knieling: Kreuz, S. 80.

362 R. Knieling: Kreuz, S. 81, kursiv von mir. Vgl. ebd., S. 100 f.

363 R. Knieling: Kreuz, S. 101.

364 R. Knieling: Kreuz, S. 101, kursiv im Original.

365 R. Knieling: Kreuz, S. 101.

366 R. Knieling: Kreuz, S. 105 f.

367 Der Begriff *woke* oder auch *wokeness* »kommt aus dem Englischen und bedeutet übersetzt ›aufgewacht‹ bzw. ›wachsam‹. Verwendet wird der Begriff heute umgangssprachlich vor allem für die Aufmerksamkeit (Wachsamkeit) bzw. die Feinfühligkeit gegenüber Menschen von Minderheiten und Momenten von Diskriminierungen. Im Fokus der *Wokeness*-Bewegung stehen vor allem Themen wie Rassismus, Sexismus und ähnliche Diskriminierungen. Nicht selten wird der Begriff aber auch für vermeintlich allgemein strukturelle und politische Missstände benutzt.« https://www.stuttgarter-zeitung.de/inhalt.was-bedeutet-woke-mhsd.e98ad6e7-a8b7-42e8-aae7-7bb0563e0a36.html, zuletzt abgerufen am 11.09.2023. Wenn ich für diese Bewegung mitunter kritische Worte finde, dann vor allem wegen der Maßlosigkeit, mit der sie ihre Anliegen überzieht, und der Methoden, die sie dabei zur Anwendung bringt.

368 W. Thierse: Um des lieben Friedens willen?, https://www.faz.net/aktuell/feuilleton/pazifismus-reichen-demonstrationen-gegen-wladimir-putins-krieg-17927631.html. Zuletzt abgerufen am 11.09.2023.

369 Die Allversöhnungslehre besagt, dass es keine Hölle gibt (oder eine, in der niemand drin ist), d. h., alle kommen in den Himmel.

370 www.welt.de/politik/ausland/article231687313/Barack-Obama-warnt-vor-den-Gefahren-der-Cancel-Culture.html. Zuletzt abgerufen am 11.09.2023.

371 https://www.stuff.co.nz/life-style/life/124653419/woke-cultures-lack-of-forgiveness-only-destroys-its-own-voices. Zuletzt abgerufen am 11.09.2023.

372 Beispiel: https://www.pro-medienmagazin.de/einflussreiche-bibellehrerin-verlaesst-southern-baptists/. Zuletzt abgerufen am 11.09.2023.

373 Weitere Aspekte in: Frauke Bielefeldt (Hrsg.): Die Kraft des Kreuzes, Gießen 202.4

374 Folgende klassische Bibelstellen müssen von einer Kreuzeslehre in einen verständlichen und kohärenten Zusammenhang gebracht und erklärt werden: Mk 8,31; 10,45par; 14,22–24par; Joh 1,29.36; 10,15–18; Apg 8,32–35; Röm 3,25; 5,6–11; 8,32; 1Kor 5,7; 15,3; 2Kor 5,19–21; Gal 1,4; 2,20; 3,13; 4,5; Eph 1,7; 2,15–16; 5,2; Kol 1,20–22; 2,14; 1Thess 5,9–10; Hebr 2,17; 9,12–15.24–28; 10,10–14; 1Petr 1,18–19; 1Joh 1,7–9; 2,1–2; 4,10; Offb 1,5; 5,6–10 u. a.

375 E. Schlink: Ökumenische Dogmatik, S. 561; 555; W. Härle: Kirche, S. 281.

376 K. Beyschlag: Dogmengeschichte I, S. 176.

377 Dass die neue Luther-Übersetzung von 2017 den griechischen Imperativ *mathäteusate* (v. *mathätäs* = Jünger) nicht mehr mit »machet zu Jüngern«, sondern einem einfachen »lehret« übersetzt hat, ist nicht nur eine Textfälschung wider besseres Wissen, sondern ein handfestes Krisensymptom einer Kirche, die Jüngerschaft offensichtlich nicht mehr als ihre Kernkompetenz ansieht.

378 W. Härle: Kirche, S. 281.

379 M. Galli: Forgetting God?, S. 11–26.

380 Vgl. H. Kessler: Sucht den Lebenden nicht bei den Toten, S. 113 f. Das Alter zeigt sich daran, dass er in aramäischer Sprache formuliert ist, die Jesus in Galiläa mit seinen Jüngern sprach: Riesner: Messias Jesus, S. 221.

381 Vgl. Hans-Werner Bartsch: Art. »Geschichte/Historie«.

382 Vgl. Volker Gäckle: Die gegenwärtige und die zukünftige βασιλεία, S. 18–30.

383 Vgl. das gleichnamige Lied von Albert Frey.

384 Dt.: Gott ist's möglich / Jesus ist König / Unser Gott regiert.

385 Zur Beichte im evangelischen Raum vgl. Peter Zimmerling: Beichte, S. 83–127.

386 Luther sagte: »Wir sind *simul iustus et peccator*« – gerecht und Sünder zugleich: WA 56, S. 268–272.

387 Als Emanation bezeichnen die gnostischen Systeme der Antike unter Zuhilfenahme eines neuplatonischen Gedankens das Ausfließen der Vielheit aus der Einheit. Jesus wäre in diesem Konzept nicht Schöpfungsmittler (Kol 1,15–17), sondern das oberste Geschöpf.

388 E. Schlink: Ökumenische Dogmatik, S. 585–589.

389 Im »Augsburgischen Bekenntnis« von 1530 (lat. *Confessio Augustana*, abgekürzt »CA«) haben die Wittenberger Reformatoren unter Philipp Melanchthons Führung ihren Glauben vor dem Deutschen Kaiser zusammengefasst und bekannt. Es gehört zu den Bekenntnisschriften der lutherischen Landeskirchen, der lutherischen Gemeinden in den unierten Kirchen sowie in der Badischen Landeskirche (https://www.ekd.de/Augsburger-Bekenntnis-Confessio-Augustana-13450.htm. Zuletzt abgerufen am 21.09.2023). Später hat Melanchthon noch eine erklärende Verteidigung hinzugefügt (»Apologie der Konfession«). Sie gilt als Bekenntnisschrift in sämtlichen VELKD-Gliedkirchen (https://www.glaubensstimme.de/doku.php?id=bekenntnisse:apologie_der_konfessionen. Zuletzt abgerufen am 21.09.2023).

390 Vgl. W. Härle: Kirche, S. 277 ff.

391 CA 8; Apologie 7; vgl. Fußnote 389.

392 Vgl. dazu ausführlich G. Hohage: Predigen, S. 77–89; 104–107.

393 Dass die Sukzession Lücken aufweist, ist ein gerne eingeworfenes Argument von protestantischer Seite.

394 Vgl. Gerrit Hohage: Predigen im Spannungsfeld von Amt und Person, S. 77 ff.

395 Ekklesiologie = Lehre von der Kirche.

396 Zit. nach H. Steubing: Bekenntnisse, S. 298 f. In der heute gültigen Version der Weltweiten Evangelischen Allianz (WEA) lautet der erste Satz: »Wir glauben an die Heiligen Schriften als ursprünglich von Gott gegeben, göttlich inspiriert, unfehlbar und vollkommen vertrauenswürdig; und die höchste Autorität in allen Fragen des Glaubens und der Lebensführung.« Der zweite Satz ist gestrichen. Vgl. https://worldea.org/who-we-are/statement-of-faith/, zuletzt abgerufen am 24.09.2023.

397 Vgl. T. Schirrmacher: Bibeltreue, S. 128 ff., zur noch strafferen »Chicagoer Erklärung«.

398 https://www.idea.de/fileadmin/ideade/pdf/Oekumenisches_Dialogpapier_WEA-PCPCU_dt_28022018.pdf, Nr. 48. Zuletzt abgerufen am 21.09.2023.

399 Thorsten Dietz: Menschen mit Mission, S. 185; vgl. auch S. 201 f.

400 Ebd., S. 202.

401 Apologie 7, sprachlich angepasst von mir.

402 Vgl. oben S. 116.

FASZINATION BIBEL

Das Buch der Bücher lieben lernen

Jetzt die faszinierende Wirklichkeit von Gottes Wort neu entdecken!

- **Faszinierendes Wissen**
  Von archäologischen Entdeckungen bis zum jüdischen Alltag oder der Lebenswelt der ersten Gemeinden.
- **Persönliche Erfahrungen**
  Die lebendige Wirklichkeit von Gottes Wort verstehen lernen durch persönliche Berichte und erlebte Wahrheit.
- **Wege in die Bibel**
  Einen eigenen Zugang finden in die Welt der Bibel und ihre Relevanz für heute neu verstehen und anwenden.

Ein Abonnement (4 Ausgaben und ein Sonderheft) erhalten Sie in Ihrer Buchhandlung oder unter:

www.bundes-verlag.net/faszination-bibel

Telefon:
(D) 02302 93093 910
(CH) 043 288 80 10

www.faszination-bibel.net

SCM
Bundes-Verlag